ADHD

GEORGE J. DuPAUL
LEE KERN

MAŁE DZIECI Z ADHD
WCZESNA IDENTYFIKACJA I INTERWENCJA

TŁUMACZENIE
ANNA BINDER
MAREK BINDER

REDAKCJA NAUKOWA POLSKIEGO WYDANIA
ARTUR KOŁAKOWSKI
MONIKA SZANIAWSKA

PWN

Dane oryginału
Young Children with ADHD: Early Identification and Intervention
George J. DuPaul, Lee Kern, First Edition

Projekt okładki i stron tytułowych ***Agata Muszalska***

Wydawca ***Aleksandra Małek-Leśniewska***

Redaktor prowadzący ***Jolanta Kowalczuk***

Redaktor ***Marta Höffner***

Produkcja ***Mariola Iwona Keppel***

Łamanie ***Polico-Art, Warszawa***

Recenzent **dr hab. Małgorzata Święcicka**

ISBN 978-83-01-17955-7

Wydanie I
Warszawa 2014

Wydawnictwo Naukowe PWN SA
02-460 Warszawa, ul. Gottlieba Daimlera 2
tel. 2269 54 321; faks 22 69 54 228
infolinia 801 33 33 88
e-mail: pwn@pwn.com.pl; www.pwn.pl

Druk i oprawa: Pabianickie Zakłady Graficzne SA

Spis treści

Przedmowa

Zespół nadpobudliwości psychoruchowej z zaburzeniami uwagi (*attention deficit hyperactivity disorder* – ADHD), zaliczany do zaburzeń eksternalizacyjnych[1], charakteryzuje się nieadekwatnym rozwojowo stopniem zaburzeń uwagi oraz nadruchliwości i impulsywności bądź kombinacji tych cech. Dzieci z ADHD zazwyczaj doświadczają dużych trudności z oczekiwanymi zachowaniami społecznymi i osiągnięciami szkolnymi, z kolei trudności te zwiększają ryzyko pojawienia się zaburzeń zachowania, przestępczości i słabych wyników w nauce (Barkley, 2006). Jest to zaburzenie występujące dosyć często (u 5–10% populacji dzieci)[2] i wymagające długoterminowej terapii z wykorzystaniem strategii behawioralnych, ewentualnie równoległego leczenia farmakologicznego. Do niedawna większość badań na temat oceny i leczenia ADHD skupiało się na dzieciach w wieku szkolnym, mimo że objawy ADHD i powiązane z nimi pogorszenie funkcjonowania nierzadko można zaobserwować wcześniej. W rezultacie małe dzieci z ADHD często rozpoczynają naukę w szkole ze znacznym opóźnieniem pod względem umiejętności szkolnych i prawidłowych zachowań społecznych w porównaniu z typowo rozwijającymi się rówieśnikami. Dlatego od początku XXI w. wzrasta zainteresowanie trudnościami, potrzebami i leczeniem dzieci w wieku przedszkolnym (tj. 2–5 lat), u których rozpoznaje się ADHD lub cechy ADHD.

Wspólnie z naszymi współpracownikami i studentami z Lehigh University i Lehigh Valley Health Network opracowaliśmy i zbadaliśmy wszechstronny program wczesnej interwencji dla małych dzieci z ADHD. Głównym celem tego programu jest zapobieganie, odraczanie lub redukowanie negatywnych konsekwencji powiązanych zwykle z wczesnym ADHD, takich jak problemy z zachowaniem (tj. agresja i łamanie zasad), trudności z rozwojem wczesnych umiejętności czytania i liczenia oraz problemy w interakcjach z rówieśnikami i dorosłymi,

[1] *Disruptive behavior disorder* – kategoria diagnostyczna w *DSM-IV-TR*, do której oprócz ADHD włączono zaburzenie opozycyjno-buntownicze i zaburzenia zachowania (przyp. red. nauk.).

[2] Z danych europejskich wynika, że zaburzenie to dotyka raczej 3–5% dzieci (przyp. red. nauk.).

którzy pełnią funkcję autorytetów. Próbowaliśmy przede wszystkim uwzględnić ponadśrodowiskową naturę ADHD przez wdrożenie strategii interwencji behawioralnej i szkolnej w środowisku domowym i przedszkolnym. Dlatego program wczesnej interwencji zakłada współpracę rodziców i nauczycieli przez dłuższy czas (tj. rok lub dłużej), tak aby zapewnić spójne podejście do ADHD i powiązanych z nim trudności.

W trakcie naszych badań stało się jasne, że nie wszystkie dzieci wymagają pełnego protokołu wczesnej interwencji. Niektóre z nich osiągnęły wystarczającą poprawę, gdy pod naszym kierownictwem rodzice wdrożyli pewne strategie behawioralne. Inne dzieci wymagały całej intensywności terapii we wszystkich środowiskach przez dłuższy czas. Opracowaliśmy więc trójpoziomowe podejście do wczesnej interwencji, które oparte jest na modelach stosowanych w edukacji specjalnej i psychologii szkolnej (np. wspieranie pozytywnego zachowania na szczeblu szkoły; Horner, Sugai, Todd i Lewis-Palmer, 2006). Celem podejścia wielopoziomowego jest skupianie odpowiedniego nakładu zasobów terapeutycznych zgodnie z potrzebami dzieci (tj. indywidualizacja terapii). Poziom lub intensywność terapii niezbędnej dla każdego dziecka określa się indywidualnie na podstawie jego odpowiedzi na interwencję na każdym poziomie. W niniejszej książce obszernie omawiamy składniki tego wielopoziomowego podejścia, a także wyzwania łączące się z jego wdrażaniem.

Przedstawiamy również szczegółowy opis naszej wczesnej interwencji dla dzieci z ADHD, a także dotyczące rezultatów dane, które dotąd zebraliśmy na poparcie tego modelu. Książka wypełnia wyraźną lukę w literaturze na temat ADHD, ponieważ nie znamy żadnej innej pracy poświęconej zagadnieniu wczesnej interwencji w tej populacji. Publikacja przeznaczona jest dla profesjonalistów zajmujących się zdrowiem psychicznym i edukacją, którzy pracują z małymi dziećmi przejawiającymi trudne zachowania, zwłaszcza ADHD. Kierujemy zatem naszą pracę do psychologów szkolnych, dziecięcych psychologów klinicznych, pedagogów specjalnych, pracowników socjalnych i terapeutów. Może być ona również przydatną lekturą na podyplomowych kursach z dziedziny wczesnej interwencji lub pokrewnej. Choć nadal staramy się opracować skuteczny i ekonomiczny program wczesnej interwencji, mamy nadzieję, że książka ta pomoże profesjonalistom projektować i wdrażać efektywne strategie we współdziałaniu z rodzinami i nauczycielami przedszkolnymi, pracującymi z małymi dziećmi z ADHD.

Badania leżące u podstaw rozwoju opisywanego tu programu wczesnej interwencji sfinansowane zostały częściowo dzięki kilku grantom ze środków fundacji oraz źródeł stanowych i państwowych. Chcielibyśmy wymienić tu zwłaszcza wsparcie ze strony D.R.Pool Healthcare Trust oraz grant z funduszu Commonwealth of Pennsylvania Tobacco Settlement dla Lehigh University. Głównym źródłem finansowania naszych badań był grant nr R01-MH61563 przyznany przez National Institute of Mental Health. Opinie i poglądy autorów wyrażone w niniejszej książce są wyłącznie opiniami autorów, a nie zewnętrznych agencji finansujących.

Jesteśmy również bardzo wdzięczni wielu naukowcom i asystentom za trud, jaki włożyli w pracę nad naszymi projektami badawczymi w dziedzinie wczesnej interwencji. Należą do nich: Kate Ackley, Lauren Arbolino, Charles Barrett, Genery Booster, Amy Boyajian, Rachel Brandt-Greenfield, Lindsey Brookes, Megan Brotz, Lauren Dullum, Tulani Freeman, Marcie Handler, Jocelyn Heldwig, Clarissa Henry, Shelley Hosterman, Suzanne Irvine, Karen Jensen, Anju Kaduvettoor, Anastasia Kokina, Jaana Lehtinen, Rebecca Masters, Kristen Mehr, Karen Neifer, Nina Nonnemacher, Sean O'Dell, Mary Pipan, Katherine Reilly, Catherine Riley, Christy Rothermel, Laura Rutherford, Peter Slay, Natalie Sokol, Lisa Thomas, Brigid Vilardo i Dongyuan Yu. Szczególnie podziękowania składamy naszym głównym współpracownikom w tych projektach badawczych, między innymi Grace Caskie, J. Gary'emu Lutzowi, Johnowi Van Brakle'owi i Robowi Volpemu. Kristen Carson zapewniła nam nieocenioną pomoc w kwerendzie literatury przedmiotu i odnajdywaniu istotnych badań.

Na koniec dziękujemy wielu dzieciom, rodzicom, nauczycielom oraz pracownikom służby zdrowia, którzy brali udział w naszych projektach badawczych dotyczących wczesnej interwencji. Nie trzeba dodawać, że ich wysiłek miał decydujące znaczenie dla udanego opracowania wszechstronnego protokołu wczesnej interwencji. Dlatego tę książkę dedykujemy uczestniczącym dzieciom i rodzinom w nadziei, że przyszłe pokolenia małych dzieci z ADHD będą mogły skorzystać z dobrodziejstwa wczesnej interwencji.

Wstęp

Zachowania symptomatyczne dla zespołu nadpobudliwości psychoruchowej z zaburzeniami uwagi (*attention deficit hyperactivity disorder* – ADHD) w znacznym stopniu pogarszają funkcjonowanie behawioralne, rodzinne, szkolne i zdrowotne małych dzieci. Problemy związane z ADHD pojawiają się zazwyczaj we wczesnym wieku i zwykle mają charakter przewlekły (Lahey i in., 2004; Massetti i in., 2008; Pierce i in., 1999). Dzięki rozwojowi diagnostyki zwiększyła się trafność wczesnego rozpoznawania, więc zastosowanie interwencji we wczesnym dzieciństwie stwarza najlepszą możliwość zapobiegania znacznym deficytom, pozwala zredukować zapotrzebowanie na interwencje medyczne oraz poprawia umiejętności związane z gotowością szkolną. Wyniki naszego poprzedniego badania finansowanego przez National Institute of Mental Health (NIMH) w połączeniu z nowymi pracami badawczymi dostarczają wstępnych dowodów, które potwierdzają, że zastosowanie interwencji we wczesnym dzieciństwie przynosi dużą poprawę. Istnieją silne przesłanki teoretyczne i empiryczne przemawiające za potrzebą identyfikacji małych dzieci dotkniętych bądź zagrożonych tym zespołem w celu zmniejszenia towarzyszących mu problemów i zapobiegania poważniejszym negatywnym następstwom.

ADHD to zaburzenie eksternalizacyjne charakteryzujące się nieadekwatnym rozwojowo stopniem zaburzeń uwagi oraz nadruchliwości i impulsywności (American Psychiatric Association, 2000). Chłopcy z ADHD przewyższają liczebnie dziewczynki z tym zaburzeniem, przy czym według badań epidemiologicznych prowadzonych w szkołach stosunek ten wynosi 2 do 1, natomiast wśród dzieci kierowanych do klinik sięga 5 do 1 lub nawet więcej (Barkley, 2006). ADHD powiązane jest z istotnym upośledzeniem funkcjonowania szkolnego, społecznego i zawodowego, które w większości przypadków utrzymuje się przez całe życie (Barkley, 2006). Dlatego opracowanie i wdrożenie skutecznych interwencji jest bardzo ważne, a ostatnio zaczęto też podkreślać znaczenie jak najwcześniejszego rozpoznawania i poddawania terapii dzieci dotkniętych ADHD.

W niniejszym wstępie przybliżymy czytelnikowi ogólne informacje o ADHD, zwłaszcza w kontekście funkcjonowania małych dzieci (tj. w wieku 2–5 lat). Po pierwsze, przedstawimy w nim kryteria ADHD z *Diagnostic and Statistical Manual of Mental Disorders* (wyd. 4, popr.; *DSM-IV-TR*; American Psychiatric Association, 2000) pod kątem objawów występujących u małych dzieci. Po drugie, omówimy obszary zaburzeń związanych z ADHD we wczesnym dzieciństwie, takie jak problemy w interakcjach między rodzicami a dzieckiem oraz w interakcjach rodzinnych, rozwój zachowań antyspołecznych, trudności w funkcjonowaniu przedszkolnym oraz trudności w rozwoju relacji z rówieśnikami i funkcjonowaniu społecznym, a także większe ryzyko odniesienia obrażeń i, co za tym idzie, częstsze korzystanie z opieki medycznej. Po trzecie, opiszemy typowy przebieg rozwoju małych dzieci z ADHD w dzieciństwie i okresie dojrzewania z wyszczególnieniem następstw szkolnych, behawioralnych, społecznych i zawodowych. Po czwarte, pokrótce przedstawimy teorię i badania dotyczące rozwoju ADHD jako przesłankę wczesnej interwencji. Na koniec w skrócie omówimy treść poszczególnych rozdziałów.

ADHD we wczesnym dzieciństwie

Według klasyfikacji *DSM-IV-TR* kryteria ADHD obejmują listę 18 objawów behawioralnych podzielonych na dwie grupy. Pierwsza zawiera 9 objawów związanych z zaburzeniami koncentracji:

(1) często dziecko nie jest w stanie skupić uwagi na szczegółach,
(2) często nie jest w stanie wykonać następujących po sobie instrukcji i nie kończy zadań,
(3) często ma trudności ze zorganizowaniem sobie zadań i innych czynności,
(4) często unika zadań, które wymagają dłuższego wysiłku umysłowego,
(5) często gubi rzeczy niezbędne do wykonywania zadań lub innych czynności,
(6) często zapomina o codziennych czynnościach,
(7) często wydaje się, że nie słyszy tego, co się do niego mówi,
(8) często łatwo rozprasza się pod wpływem zewnętrznych bodźców,
(9) często ma trudności z utrzymaniem uwagi na zadaniach lub zabawach.

Druga grupa obejmuje 9 objawów związanych z nadruchliwością i nadmierną impulsywnością:

(1) często dziecko ma nerwowe ruchy rąk lub stóp albo wierci się na krześle,

(2) często wstaje z miejsca w czasie lekcji[1],
(3) często biega lub wspina się w sytuacjach, gdy jest to nieaprobowane,
(4) często ma trudności ze spokojnym bawieniem się,
(5) często jest w ruchu, biega jak „nakręcone",
(6) często jest nadmiernie gadatliwe,
(7) często wyrywa się z odpowiedzią, zanim pytanie zostanie zadane do końca,
(8) często ma trudności z czekaniem na swoją kolej,
(9) często przerywa lub przeszkadza innym (np. wtrąca się do rozmowy).

Kryteria diagnostyczne *DSM-IV-TR* określają ponadto, że:

- część objawów ADHD musi spowodować upośledzenie przed upływem 7 roku życia;
- część upośledzeń wynikających z objawów musi występować w przynajmniej dwóch środowiskach (np. w domu, szkole);
- konieczny jest wyraźny dowód klinicznie istotnego upośledzenia w funkcjonowaniu szkolnym lub społecznym oraz
- widocznych objawów ADHD nie da się lepiej wyjaśnić obecnością innych zaburzeń emocjonalnych lub behawioralnych, takich jak autyzm, depresja, zaburzenia lękowe czy schizofrenia.

Wyróżnia się trzy podtypy ADHD:

(1) *typ z przewagą zaburzeń uwagi* (tj. duże problemy wyłącznie z zaburzeniami koncentracji),
(2) *typ z przewagą nadruchliwości i impulsywności* (tj. duże problemy wyłącznie z nadruchliwością i nadmierną impulsywnością),
(3) *typ mieszany* (tj. duże problemy zarówno z zaburzeniami koncentracji, jak i z nadruchliwością i nadmierną impulsywnością).

Na podstawie wymienionych wcześniej kryteriów diagnostycznych dzieci z ADHD muszą z definicji przejawiać objawy pogorszonego funkcjonowania już we wczesnym dzieciństwie (tj. przed 7 rokiem życia). Z różnych względów, takich jak szybkie zmiany rozwojowe między 2 a 6 rokiem życia, diagnozowanie dzieci w wieku przedszkolnym jest obarczone niepew-

[1] Dotyczy to także innych sytuacji wymagających spokojnego siedzenia (przyp. red. nauk.).

nością (Lahey i in., 1998), jednak ostatnie badania dowodzą, że objawy ADHD pojawiają się w bardzo wczesnym wieku (Egger, Kondo i Angold, 2006; Spira i Fischel, 2005; Sterba, Egger i Angold, 2007; Wolraich, 2006). Na przykład w obszernym przeglądzie opublikowanych badań nad dziećmi w wieku 2–5 lat Egger, Kondo i Angold (2006) stwierdzili, że objawy ADHD odpowiadające kryteriom *DSM-IV-TR* można rzetelnie oceniać i wykraczają one poza zakres normy dla dzieci w wieku przedszkolnym. Ponadto ADHD obserwowane u młodszych dzieci ma podobną charakterystykę jak u dzieci starszych w odniesieniu do częstości występowania, podtypów i różnic płciowych, co dodatkowo przemawia za trafnością nozologiczną.

Szacunki dotyczące częstości występowania ADHD wśród dzieci w wieku szkolnym wahają się od 3% do 5%, co oznacza, że jest ono jednym z najczęstszych zaburzeń psychiatrycznych. W przypadku dzieci w wieku przedszkolnym (tj. w wieku 3–5 lat) szacunki dotyczące występowania znacznie się różnią. Lavigne i in. (1996) stwierdzili, że odsetek ten wynosi około 2%, natomiast według Keenana i in. (1997) kryteria diagnostyczne ADHD spełnia 5,7% pięciolatków w grupie o niskich dochodach. W nowszym, epidemiologicznym badaniu zaburzeń na dużej grupie środowiskowej czterolatków Lavigne, LeBailly, Hopkins, Gouze i Binns (2009) stwierdzili ADHD u 6,8–15,1% dzieci, w zależności od nasilenia dodatkowych zaburzeń. ADHD u małych dzieci łączy się z klinicznie istotnym zaburzeniem funkcjonowania behawioralnego, społecznego i przedszkolnego – dzieci z ADHD sytuują się mniej więcej dwa odchylenia standardowe poniżej swoich zdrowych rówieśników we wszystkich trzech wskazanych wcześniej obszarach (DuPaul i in., 2001). W badaniu podłużnym Lahey i współpracownicy (1998) stwierdzili, że dzieci przedszkolne z diagnozą ADHD po trzech latach nadal gorzej funkcjonowały i że nasilenie objawów było najistotniejszym wskaźnikiem ich utrzymywania się w środkowym okresie dzieciństwa. Wyniki badań wskazują zatem wyraźnie na wczesne występowanie zespołu objawów charakterystycznych dla ADHD. Zespół ten nie jest typowy dla dzieci w wieku przedszkolnym, ale występuje często w tej grupie wiekowej i wiąże się z istotnym zaburzeniem funkcjonowania w różnych środowiskach.

ADHD zazwyczaj ma charakter przewlekły, dlatego przynajmniej 70–80% dzieci w wieku przedszkolnym, u których występuje to zaburzenie, będzie nadal przejawiać istotne objawy ADHD w szkole podstawowej (Lahey i in., 2004). Dzieci przejawiające wysoki poziom zachowań nadruchliwych i impulsywnych (tj. ADHD podtypu mieszanego lub z przewagą nadruchliwości i nadmiernej impulsywności) są bardziej niż przeciętnie narażone na rozwój innych zaburzeń z grupy zaburzeń eksternalizacyjnych (*disruptive behawior disorder*), na przykład zaburzeń opozycyjno-buntowniczych (*oppositional defiant disorder* – ODD) i zaburzeń zachowania (*conduct disorder* – CD), oraz na deficyty umiejętności szkolnych i społecznych

(Campbell i Ewing, 1990). Poza tym 59–67% dzieci z ADHD, których trudności utrzymują się w momencie rozpoczęcia nauki szkolnej, będzie w środkowym dzieciństwie i na początku okresu dojrzewania nadal wykazywać istotne objawy zaburzeń eksternalizacyjnych (Pierce, Ewing i Campbell, 1999), a prawie 90% nie będzie uchodzić za osoby dobrze przystosowane w wieku dorosłym (Lee i in., 2008a). Istotne objawy ADHD powiązane są z chronicznym pogorszeniem społecznego i szkolnego funkcjonownaia u dużego odsetka młodzieży dotkniętej tym zaburzeniem. Stwierdzono na przykład, że dzieci (*N* = 303) z Preschool ADHD Treatment Study (PATS; Greenhill i in., 2006) przejawiały znaczne pogorszenie funkcjonowania korelujące z nasileniem ADHD, przy czym największe nasilenie objawów zaobserwowano u młodszych dzieci. Ogółem większość próby PATS (69,6%) miała przynajmniej jedno zaburzenie współistniejące – najczęściej były to ODD, zaburzenia komunikacji i zaburzenia lękowe. Dane te wyraźnie podkreślają znaczenie wczesnej interwencji w celu zredukowania wpływu ADHD oraz przerwania typowego ciągu następstw tego zaburzenia.

Opisy przypadków

Zamieszczamy cztery krótkie opisy przypadków ilustrujące różnorodność sposobów przejawiania się ADHD we wczesnym dzieciństwie, a także stopnia wpływu ADHD na funkcjonowanie w kilku obszarach. Przedstawione dzieci uczestniczyły w naszym projekcie badawczym dotyczącym wczesnej interwencji (Kern i in., 2007), który omówiono w dalszej części książki. We wszystkich opisach przypadków przytoczonych w tej pracy zmieniono charakterystyczne szczegóły, tak aby zapewnić dzieciom anonimowość.

Bobby M. to czteroletni biały, nielatynoski chłopiec, który został skierowany na terapię przez nauczycielkę z przedszkola z powodu częstych problemów z koncentracją i trudnych zachowań zarówno w trakcie zajęć ustrukturyzowanych (np. czas w kręgu), jak i nieustrukturyzowanych (np. swobodna zabawa). Chłopiec chodzi do przedszkola 3 razy w tygodniu na trzy godziny. Jego rodzice są w separacji, on sam mieszka z matką, babcią i młodszą siostrą. Oceny zachowania Bobby'ego według skal dla rodziców i nauczycieli Conners Rating Scales-Revised (CRS-R; Conners, 1997) wskazują, że poziom zaburzeń uwagi, impulsywności i nadmiernej ruchliwości jest u niego wyższy niż u 95% chłopców w tym samym wieku. Ponadto z przeprowadzonego z matką wywiadu diagnostycznego wynika, że zachowanie jej syna spełnia kryteria *DSM-IV-TR* dla ADHD podtypu mieszanego. Choć nauczycielka Bobby'ego zaobserwowała pewne nieposłuszne zachowania w klasie, chłopiec nie spełnia kryteriów diagnostycznych ODD. Punktacja w skali Differential Ability Scales (DAS; Elliott, 1990) lokuje go w nisko średnim przedziale zdolności poznawczych. Wyniki testów Bracken

School Readiness Composite (SRC; Bracken, 1998) oraz Social Skills Rating System (SSRS; Gresham i Elliott, 1990) pokazują, że w porównaniu ze swoimi rówieśnikami Bobby ma braki w zakresie umiejętności szkolnych oraz społeczych. Nie radzi sobie zwłaszcza z opanowaniem i utrwalaniem umiejętności nazywania liter i liczb. Ma tylko jednego przyjaciela w grupie, innego chłopca, który przejawia podobne trudne zachowania. Według relacji matki Bobby'ego trudno kontrolować jego zachowanie w domu, zwłaszcza kiedy prosi się go, by przestrzegał zasad lub ukończył zadanie, lub kiedy bawi się z młodszą siostrą.

Jerilyn S. to pięcioletnia biała, nielatynoska dziewczynka, skierowana do naszego projektu przez nauczycielkę z przedszkola. Jerilyn chodzi do przedszkola 5 razy w tygodniu na pół dnia. Mieszka z rodzicami i dwoma starszymi braćmi. W przedszkolu zaobserwowano, że ma znaczne trudności z usiedzeniem na miejscu, ze skupieniem uwagi na przydzielonych zadaniach czy zajęciach dydaktycznych oraz z nawiązywaniem dobrych relacji z dziećmi z grupy. Czasami Jerilyn agresywnie odzywa się do rówieśników i często przyjmuje otwarcie buntowniczą postawę wobec nauczycielki. Ze skal dla rodziców i nauczycieli CRS-R (Conners, 1997) wynika, że Jerilyn przejawia problemy z koncentracją, nadruchliwość i nadmierną impulsywność oraz zachowania buntownicze częściej niż 98% dziewczynek w jej wieku. Ponadto rodzice zaobserwowali symptomatyczne zachowania odpowiadające ADHD typu mieszanego oraz ODD. Choć zdolności poznawcze (mierzone wg DAS) mieszczą się w przedziale średnim, Jerilyn ma problemy w zakresie wczesnych umiejętności czytania (np. świadomości fonologicznej). W ocenie nauczycielki i rodziców umiejętności społeczne dziewczynki sytuują się poniżej średniej. Nauczycielka martwi się, że Jerilyn nie robi odpowiednich postępów w nauce i zachowaniu, dlatego zaproponowała, by zatrzymać dziewczynkę w przedszkolu na kolejny rok.

Carlos R. to czteroletni biały, latynoski chłopiec, który został zgłoszony przez matkę, ponieważ przejawia nadmierną ruchliwość i nie słucha poleceń rodziców. Carlos mieszka z rodzicami, starszym bratem oraz dziadkami ze strony matki. Carlos chodzi do przedszkola 5 razy w tygodniu na pół dnia. Nauczycielka przedszkolna opisuje go jako bardzo aktywne, ciekawe dziecko, które dobrze radzi sobie z nauką, pod warunkiem że się skupi. Ocena zachowania według skali CRS-R (Conners, 1997) wskazuje, że symptomatyczne zachowania związane z ADHD i ODD występują u Carlosa częściej niż u 98% chłopców w jego wieku. Z odpowiedzi rodziców udzielonych podczas wywiadu diagnostycznego wynika, że zachowanie Carlosa spełnia kryteria *DSM-IV-TR* dla ADHD podtypu mieszanego oraz ODD. Zgodnie z relacją nauczycielki przedszkolnej wyniki DAS i SRC plasują go w przeciętnym zakresie pod względem zdolności poznawczych i umiejętności przedszkolnych. Natomiast oceny na skali SSRS dla nauczycieli i rodziców mieszczą się w zakresie poniżej średniej, co odzwierciedla znaczne upośledzenie relacji społecznych z rówieśnikami oraz dorosłymi. Rodzice chłopca twierdzą, że w ubiegłym roku Carlos częściej miał napady złości i był nieposłuszny. Został usunięty z dwóch poprzednich przedszkoli z powodu wysokiego poziomu aktywności i wybuchów złości.

Scott C. to trzylatek o mieszanym pochodzeniu rasowym, skierowany przez pediatrę z poradni, gdyż rodzice byli zaniepokojeni jego wysokim poziomem aktywności oraz impulsywnym zachowaniem w domu. Scott mieszka z matką oraz siostrą i uczęszcza do prywatnego przedszkola 3 razy w tygodniu. Według relacji matki i nauczycielki z przedszkola Scott ma trudności z pozostawaniem w jednym miejscu, często przerywa rozmowy i zajęcia, a także jest „szaleńczo śmiały". Oceny na skalach dla rodziców i nauczycieli CRS-R (Conners, 1997) sytuują Scotta w górnych 5% pod względem poziomu aktywności oraz impulsywności w porównaniu z innymi chłopcami w jego wieku. Jednakże ocena problemów z uwagą mieści się w zakresie średnim. Informacje uzyskane od matki w wywiadzie diagnostycznym odpowiadają diagnozie ADHD z przewagą nadruchliwości i nadmiernej impulsywności oraz ODD. Z relacji wynika, że Scott przejawia więcej niż sześć objawów nadruchliwości i nadmiernej impulsywności, ale tylko dwa objawy zaburzeń uwagi. Według DAS zdolności poznawcze Scotta mieszczą się w zakresie wysoko średnim, a punktacja SRC wskazuje na przeciętny poziom umiejętności przedszkolnych. Natomiast oceny SSRS dokonane przez matkę i nauczycielkę były znacznie poniżej średniej, co świadczy o poważnych trudnościach z utrzymywaniem dobrych relacji z innymi i nawiązywaniem przyjaźni z rówieśnikami. Zarówno matka, jak i nauczycielka są zaniepokojone nasilającym się nieposłuszeństwem Scotta i jego agresją fizyczną w stosunku do rówieśników, szczególnie wtedy gdy koledzy nie robią tego, czego chce chłopiec. Scott został usunięty z dwóch poprzednich przedszkoli z powodu agresywnego zachowania i wysokiego poziomu aktywności.

W tych czterech opisach przypadków ukazaliśmy kilka ważnych kwestii dotyczących manifestacji ADHD u małych dzieci. Po pierwsze, nawet we wczesnym wieku zachowania związane z tym zaburzeniem wpływają na funkcjonowanie dzieci w różnych środowiskach – najwyraźniej wpływ ten widać w domu i przedszkolu. Po drugie, objawy ADHD spotyka się niezależnie od pochodzenia, rasy, płci czy klasy społecznej i nie są one ograniczone do żadnej populacji czy grupy społecznej (choć zaburzenie to częściej dotyka chłopców niż dziewczynki). Po trzecie, zaburzenie przejawia się w rozmaitych postaciach (tj. podtypach) i może – ale nie musi – łączyć się z innymi zaburzeniami. Na przykład zachowanie Carlosa jest charakterystyczne dla podtypu z przewagą nadruchliwości i nadmiernej impulsywności, ponieważ według relacji przejawia on bardzo wysoki poziom aktywności fizycznej i zachowań impulsywnych, lecz nie wykazuje przy tym istotnych problemów z uwagą czy koncentracją na zadaniach. Z kolei Jerilyn przejawia pełną konstelację zachowań składających się na ADHD i jej objawy spełniają kryteria podtypu mieszanego. Najczęstszym zaburzeniem współwystępującym jest ODD – aż 75% dzieci w naszym badaniu nad wczesną interwencją przejawiało zachowania odpowiadające zarówno ADHD, jak i ODD. Po czwarte, problemy z koncentracją oraz nadruchliwość i impulsywność łączą się z zasadniczym upośledzeniem umiejętności szkolnych lub społecznych (lub obu rodzajów umiejętności jednocześnie). Natura i stopień upośledzenia różnią się u poszczególnych dzieci, ale jest oczywiste, że zaburzenie to naraża małe dzieci na poważne ryzyko wystąpienia znacznych trudności w momencie rozpoczęcia nauki szkolnej. Wreszcie, trudności z koncentracją, wysoki poziom ruchliwości i zachowanie impulsywne mogą prowadzić do usuwania małych dzieci dotkniętych ADHD z przedszkola lub żłobka, co jeszcze bardziej zakłóca rozwój ich umiejętności społecznych i szkolnych.

Pogorszenie funkcjonowania związane z ADHD

Objawy ADHD zwykle mają charakter przewlekły i rzadko występują jako izolowane zaburzenie. Jak wspomniano wcześniej, dzieci z tym rozpoznaniem częściej niż ich zdrowi koledzy zachowują się buntowniczo lub agresywnie w środowisku domowym i szkolnym, osiągają niższy od oczekiwanego poziom postępów i sukcesów szkolnych i nawiązują gorsze relacje z rówieśnikami (Barkley, 2006). Ponadto w porównaniu z typowo rozwijającymi się rówieśnikami małe dzieci z ADHD częściej odnoszą obrażenia fizyczne i są leczone farmakologiczne (Lahey i in., 2004).

Rozwój zachowań antyspołecznych

Rozwój społeczny jest, przynajmniej częściowo, wypadkową warunkowanych temperamentem zachowań dzieci (np. objawów symptomatycznych dla ADHD) i umiejętności rodziców w zakresie zarządzania zachowaniem (Tremblay i in., 1992). Matki małych dzieci z ADHD wydają znacznie więcej poleceń i krytycznych ocen oraz częściej wymierzają kary niż matki dzieci bez ADHD (Barkley, 1988; DuPaul i in., 2001). Ponadto matki dzieci w wieku przedszkolnym z ADHD zgłaszają wyższy poziom stresu rodzicielskiego w porównaniu z matkami dzieci bez ADHD w podobnym wieku, czy nawet z rodzicami starszych dzieci z ADHD (DuPaul i in., 2001; Fischer, 1990).

Rodzina jest podstawową komórką społeczną i jako taka ma olbrzymi wpływ na wczesny rozwój poznawczy i społeczny dzieci (Levenstein, 1992). Najwięcej wzmocnień dostarczają osoby, które mają największy kontakt z dziećmi (tj. rodzice), a zatem pozytywne interakcje z głównymi opiekunami stanowią znaczny wkład w rozwój społeczny dzieci (Patterson, Reid i Dishion, 1992). Zgodnie ze sformułowaną przez Pattersona teorią rozwoju zachowań antyspołecznych (Patterson i in., 1992) zaczynają się one kształtować w domu już od 2 roku życia. Przede wszystkim dzieci uczą się, że ich własne zachowania awersyjne (np. krzyczenie, nieposłuszeństwo) skutkują powstrzymaniem zachowania awersyjnego rodziców (np. poleceń). Drogą wielokrotnych prób dzieci uczą się wykorzystywać zachowania awersyjne jako metodę kontrolowania sytuacji nieprzyjemnych i chaotycznych (Dishion i in., 1992). Wraz z rozwojem dzieci takie interakcje oparte na wymuszaniu stają się coraz częstsze i bardziej nasilone, utrzymują się w czasie, ulegają generalizacji na różne środowiska i powodują odrzucenie przez rodziców i rówieśników (Reid i Eddy, 1997).

U chłopców z ADHD od 5 do 17 razy częściej pojawia się CD przed ukończeniem 16 roku życia niż u chłopców bez ADHD (Loeber i in., 1995; Offord, Boyle i Racine, 1991). Co więcej, ADHD jest jednym z najsilniejszych prognostyków rozwoju CD o wczesnym początku (wystąpienie objawów przed ukończeniem 10 roku życia) (Lahey i Loeber, 1997). Nawet badania epidemiologiczne (czyli nie tylko kliniczne) dostarczają obszernych dowodów na podstawową rolę zaburzeń koncentracji jako podłoża agresywnych zachowań i nieadekwatnych osiągnięć szkolnych (Kellam i Rebok, 1992). Należy uznać to za alarmujące, ponieważ dzieci z ADHD i CD o początkach we wczesnym okresie życia zwykle doświadczają uporczywych objawów obu zaburzeń, a także poważnego upośledzenia funkcjonowania społecznego i szkolnego przez całe życie (np. Lahey i Loeber, 1997; Rutter, 1997).

Choć ADHD współwystępuje z CD, związek obu tych zaburzeń przypisuje się w dużej mierze towarzyszącym objawom ODD, przynajmniej u chłopców, natomiast u dziewcząt do rozwoju CD przyczyniają się zarówno objawy ADHD, jak i ODD (van Lier i in., 2007). ODD stanowi zatem główne ogniwo między ADHD a CD, zwłaszcza u chłopców. Ponadto ryzyko CD jest większe u tych dzieci, których rodzice nie są zaangażowani w życie szkolne, oraz u tych, które otrzymują ubogą stymulację poznawczą (Hawkins, Catalano i Miller, 1992).

Konieczne jest zatem zwiększenie zaangażowania rodziców w rozwój szkolny dziecka oraz zwrócenie większej uwagi na kształtowanie umiejętności poznawczych i przedszkolnych. Za wczesny rozwój tych umiejętności odpowiadają również rodzice, dlatego interwencje mające zapobiegać przyszłym niepowodzeniom szkolnym muszą obejmować wzmocnienie zapewnianiej przez rodziców stymulacji poznawczej (Hart i Risley, 1995; Levenstein, 1992).

Dzieci z ADHD często zachowują się w sposób destrukcyjny, są nieposłuszne, a czasem fizycznie agresywne w przedszkolu lub żłobku (Campbell, Endman i Bernfield, 1977; DuPaul i in., 2001). Zachowania te nie tylko wpływają na relacje z dorosłymi opiekunami, lecz także mogą negatywnie oddziaływać na kontakty z rówieśnikami. Rzeczywiście, wśród dzieci w wieku przedszkolnym odrzucenie przez rówieśników jest silnie powiązane z wysokim poziomem agresji w ocenie rówieśników i nauczycieli (Milich, Landau, Kilby i Whitten, 1982). Nie powinno to zaskakiwać, skoro dzieci z ADHD, które przy tym przejawiają agresję, przeszkadzają innym dzieciom w zabawie i są nadmiernie roszczeniowe oraz hałaśliwe w interakcjach z rówieśnikami (Campbell, Endman i Bernfield, 1977; Campbell, Schleifer i Weiss, 1978).

Rozwój umiejętności czytania i pisania oraz liczenia

Z licznych badań wynika, że pierwsze doświadczenia dzieci związane z czytaniem, pisaniem i liczeniem mają istotny wpływ na późniejsze umiejętności szkolne. Stwierdzono na przykład, że początki nauki czytania i pisania, na przykład ćwiczenia rozwijające świadomość fonologiczną (*phonemic awareness*) (Snow, Burns i Griffin, 1998), oraz ćwiczeniami w liczeniu (Gersten, Jordan i Flojo, 2005) mają istotne znaczenie dla późniejszych umiejętności językowych, czytania i pisania oraz osiągnięć matematycznych.

Dzieci rozpoczynające naukę szkolną różnią się znacznie pod względem świadomości fonologicznej oraz znajomości i rozumienia alfabetycznej natury naszego systemu językowego (Torgesen i in., 1999). Świadomość fonologiczna (tj. zrozumienie, że słowa składają się z głosek) oraz zasada alfabetyczna (tj. zdolność do kojarzenia głosek z literami) są niezbędne do nauki czytania (Wagner i Torgesen, 1987), a wczesna wiedza dzieci w tych obszarach stanowi silny prognostyk późniejszych osiągnięć w zakresie czytania i pisania (Foorman i Torgesen, 2001; Torgesen, 2000; Torgesen i in., 2001). Podobnie, zróżnicowane doświadczenia z opowiadaniami ustnymi i literaturą sprawiają, że dzieci rozpoczynają szkołę z odmiennymi zasobami słownictwa (Biemiller, 2001; Hart i Risley, 1995; Snow, Burns i Griffin, 1998). Rozwój słownictwa ma też ogromne znaczenie dla biegłego czytania (Cunningham i Stanovich, 1998; National Reading Panel, 2000; Storch i Whitehurst, 2002).

Oprócz umiejętności czytania i pisania ważne są także wczesne umiejętności matematyczne (tj. płynność i sprawność posługiwania się liczbami, rozumienie, co znaczą liczby, oraz zdolność porównywania) (Gersten i Chard, 1999). Choć przeprowadzono niewiele badań poświęconych tym kwestiom, z wstępnych publikacji wynika, że pierwsze doświadczenia z wielkościami i liczbami mogą pomagać dzieciom w nabywaniu podstawowych umiejętności matematycznych (np. dodawania, odejmowania), kiedy zaczynają edukację przedszkolną (Griffin, 2004).

Wyniki badań prowadzą do wniosku, że małe dzieci z ADHD lub z cechami ADHD mają trudności z wczesnymi umiejętnościami w zakresie czytania, pisania i liczenia. Na przykład DuPaul i współpracownicy (2001) zaobserwowali, że przedszkolaki spełniające kryteria diagnostyczne ADHD uzyskują istotnie niższe wyniki w teście funkcjonowania poznawczego, rozwojowego i szkolnego w porównaniu z typowo rozwijającymi się rówieśnikami. Dzieci z ADHD otrzymywały wyniki średnio o jedno odchylenie standardowe poniżej oczekiwanej średniej dla ich wieku i w stosunku do średnich wyników uzyskiwanych przez typowo rozwijających się uczestników badania z grupy kontrolnej. Ta różnica w osiągnięciach szkolnych zbliżona jest do różnicy zaobserwowanej u starszych dzieci i nastolatków z ADHD (Frazier, Youngstorm, Glutting i Watkins, 2007), co sugeruje, że u wielu małych dzieci z ADHD upośledzenie szkolne rozpoczyna się przed podjęciem nauki w szkole. Nic dziwnego, że trzylatki i czterolatki z ADHD znacznie częściej korzystają z nauczania specjalnego w porównaniu ze swoimi rówieśnikami bez ADHD (Marks i in., 2009). Marks i współpracownicy (2009) stwierdzili, że ok. 25% grupy dzieci z ADHD korzystało nauczania specjalnego w porównaniu z ok. 5% dzieci z grupy kontrolnej.

Kwestie medyczne

Małe dzieci z ADHD mogą częściej korzystać z usług medycznych w porównaniu ze zdrowymi rówieśnikami z co najmniej dwóch przyczyn. Po pierwsze, wydaje się, że są bardziej niż przeciętnie narażone na obrażenia fizyczne i przypadkowe zatrucia, przypuszczalnie z powodu wysokiego poziomu zachowań impulsywnych i nadmiernej ruchliwości (Hartsough i Lambert, 1985; Lahey i in., 1998; Mitchell, Aman, Turbott i Manku, 1987; Szatmari, Offord i Boyle, 1989). Na podstawie ocen dokonywanych przez cztery lata Lahey i in. (2004) stwierdzili, że małe dzieci z ADHD są siedmiokrotnie bardziej narażone na odnoszenie przypadkowych obrażeń niż ich rówieśnicy bez ADHD. Ponadto obrażenia dzieci z ADHD częściej są poważne (łącznie z utratą przytomności) niż obrażenia dzieci bez ADHD (DiScala, Lescohier, Barthel i Li, 1998; Lahey, 2000). Związek między ADHD a przypadkowymi obrażeniami wydaje się najmocniejszy u dzieci z podtypem nadruchliwości i namiernej impulsywności (Lahey i in., 1998) i nasilany jest przez agresywność (Bijur, Golding, Haslum i Kurzon, 1988; Davidson, Hughes i O'Connor, 1988). Po drugie, podobnie jak niektóre starsze dzieci z ADHD, również i część dzieci w wieku przedszkolnym z ADHD przyjmuje leki psychotropowe (np. metylofenidat)[2] w celu zredukowania objawów zaburzenia. Choć nie są dostępne dokładne dane na temat stosowania tych leków, według Zito i współpracowników (2000) w latach 90. ubiegłego wieku w grupie dzieci mających od 2 do 4 lat metylofenidat zaczęto podawać od 1,7 do 3,1 raza częściej niż dekadę wcześniej. Ponadto 17% badanych przez Laheya i współpracowników (2004) dzieci w wieku 4–7 lat z ADHD miało przepisane leki psychostymulujące w momencie pierwszej oceny, a trzy lata później odsetek ten

[2] W Polsce ten lek jest zarejestrowany do stosowaniu u dzieci powyżej 6 roku życia (przyp. red. rauk.).

wzrósł do 48,4%. Można zatem przypuszczać, że znaczny odsetek dzieci z ADHD zażywa leki psychostymulujące, które wymagają nadzoru lekarskiego[3].

Rozwój małych dzieci z ADHD

Dla większości osób dotkniętych ADHD jest ono zaburzeniem przewlekłym – objawy i związane z nimi zaburzenie funkcjonownania mają wpływ na dalsze życie (Barkley, Murphy i Fischer, 2008). Objawy utrzymują się nie tylko przez całą szkołę podstawową, lecz także później, poza tym pojawiają się jeszcze powikłania w postaci nieadekwatnych osiągnięć w nauce, zachowań antyspołecznych, ryzyka urazów i wypadków oraz długotrwałego przyjmowania leków psychotropowych (zob. rys. 1).

Przedszkolaki oceniane jako znacznie nadruchliwe przejawiają objawy, które utrzymują się także w szkole podstawowej (Campbell i in., 1986; McGee i in., 1991). Na przykład Lahey i współpracownicy (2004) przez cztery lata monitorowali dwie grupy dzieci w wieku 4–7 lat, w tym 96 dzieci spełniających kryteria ADHD i 130 dzieci bez ADHD. Narastająco 79,2% dzieci z ADHD nadal spełniało kryteria diagnostyczne tego zaburzenia przynajmniej dwukrotnie podczas oceny dwa, trzy i cztery lata później w porównaniu z jedynie 3,1% z grupy porównawczej. Grupa ADHD przejawiała również znacznie większe pogorszenie całościowego, szkolnego i społecznego funkcjonowania między drugim a czwartym pomiarem niż dzieci z grupy kontrolnej bez ADHD. W rezultacie dzieci z grupy ADHD trzykrotnie częściej niż ich rówieśnicy bez ADHD korzystały z nauczania specjalnego, nawet uwzględniwszy współwystępującą psychopatologię i poziom IQ. Duże różnice w objawach ADHD (w stosunku do rówieśników z grupy kontrolnej) utrzymywały się w ciągu ośmioletniego okresu oceny i stanowiły również prognostyk znacznej liczby objawów CD, depresji i zaburzeń lękowych (Lahey i in., 2007). Wreszcie małe dzieci z ADHD istotnie rzadziej uznawano za dobrze przystosowane pod względem destrukcyjnego zachowania, relacji z rówieśnikami i osiągnięć szkolnych w wieku nastoletnim (Lee i in., 2008). Jedynie 12–14% badanych z ADHD uznawano za dobrze przystosowanych w wieku nastoletnim w porównaniu z 64,3–67,5% uczestników z grupy kontrolnej. Zatem ADHD obecne we wczesnym dzieciństwie z dużym prawdopodobieństwem będzie utrzymywać się w czasie i wiązać ze znacznym upośledzeniem funkcjonowania w trakcie edukacji w szkole podstawowej oraz w wieku nastoletnim.

[3] W Polsce, inaczej niż w USA, lek ten mogą przepisać po raz pierwszy tylko psychiatra, psychiatra dzieci i młodzieży lub neurolog dziecięcy (przyp. red. nauk.).

W momencie rozpoczęcia nauki w szkole małe dzieci z ADHD często są w tyle za swoimi zdrowymi rówieśnikami pod względem podstawowych pojęć matematycznych, umiejętności niezbędnych do nauki czytania oraz motoryki małej (DuPaul i in., 2001; Lahey i in., 1998; Mariani i Barkley, 1997; Shelton i in., 1998). Te edukacyjne deficyty są szczególne niepokojące, jeśli weźmie się pod uwagę silny związek między wczesnymi umiejętnościami szkolnymi a późniejszymi osiągnięciami (np. Ferriero i Teberosky, 1982; Kame'enui, 1993). Na przykład Massetti i współpracownicy (2008) przez osiem lat monitorowali grupę 125 dzieci z ADHD w wieku 4–6 lat. Wyniki wskazują, że dzieci te częściej radziły sobie gorzej z czytaniem, matematyką oraz ortografią i pisaniem w porównaniu z 130 rówieśnikami z grupy kontrolnej. Po uwzględnieniu poziomu IQ okazało się, że dzieci z podtypem z przewagą zaburzeń uwagi uzyskiwały wyniki poniżej oczekiwań we wszystkich trzech obszarach, podczas gdy dzieci z podtypem mieszanym uzyskiwały wyniki poniżej oczekiwań z matematyki. Z metaanalitycznych badań Fraziera i współpracowników (2007) wynika, że średni deficyt wynosi 0,71 jednostki odchylenia standardowego między uczniami z ADHD a uczniami zdrowymi, a związek między ADHD a nieadekwatnymi osiągnięciami szkolnymi utrzymuje się jeszcze w college'u. Obecność szkolnych (i innych) czynników ryzyka u dzieci z ADHD potwierdzają dane wskazujące, że małe dzieci z ADHD mogą być statystycznie częściej umieszczane w placówkach edukacji specjalnej na etapie szkoły podstawowej[4] (Lahey i in., 1998, 2004) oraz że uczniowie z ADHD rzadziej kończą szkołę średnią niż ich pełnosprawni rówieśnicy (np. Barkley, Murphy i Fischer, 2008).

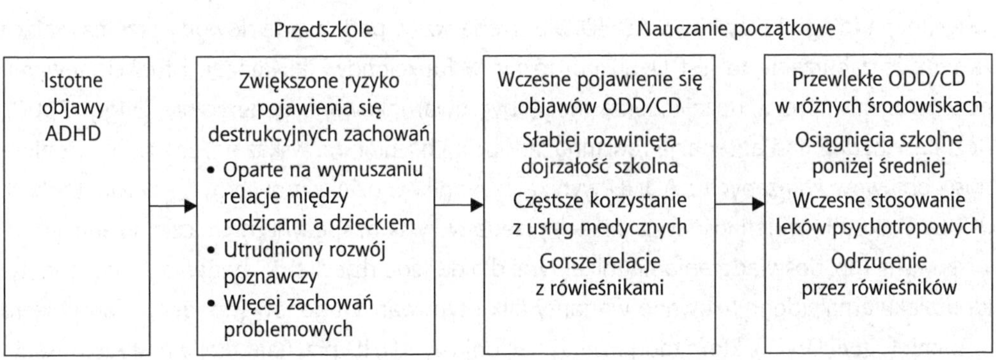

CD = zaburzenie zachowania
ODD = zaburzenie opozycyjno-buntownicze

Rysunek 1. Typowy rozwój małych dzieci z zespołem nadpobudliwości psychoruchowej z zaburzeniami uwagi (ADHD)

---

[4] W Polsce rozpoznanie ADHD, poza możliwością dostosowania metod pracy do potrzeb dziecka, nie daje prawa do innych form nauczania specjalnego (przyp. red. nauk.).

Zważywszy na wszechobecne i chroniczne trudności związane z ADHD, zaburzenie to pociąga za sobą koszty łączące się zarówno z utraconą produktywnością, jak i nakładami edukacyjnymi i tymi, które są powiązane ze zdrowiem psychicznym. W latach przedszkolnych małe dzieci z ADHD korzystają z 2–4 razy większej liczby usług (np. edukacji specjalnej, logopedii, terapii zajęciowej) niż dzieci bez ADHD (Marks i in., 2009). Ponadto Pelham, Foster i Robb (2007) szacują, że roczny koszt tego zaburzenia waha się między 12 005 a 17 458 dolarów (dane z 2005 r.) na gospodarstwo domowe, a roczny koszt społeczny między 36 a 52,4 mld dolarów. Należy jednak pamiętać, że te szacunkowe koszty są ostrożne, ponieważ w analizach nie uwzględniono niektórych czynników (np. wpływu potencjalnego uzależnienia od substancji psychoaktywnych, kosztów związanych z ADHD u dorosłych). Niewątpliwie ADHD jest przewlekłym i kosztownym zaburzeniem, które wymaga długofalowej interwencji w środowiskach domowym i szkolnym. Trudności napotykane we wczesnym okresie życia przez małe dzieci z ADHD lub zagrożone ADHD wymagają wczesnego zastosowania intensywnej terapii. Z najnowszych badań wynika, że wczesna interwencja może zredukować stopień upośledzenia i zminimalizować koszty związane z zaburzeniem w dłuższej perspektywie (Kern i in., 2007).

Rozwój ADHD: podstawy teoretyczne i empiryczne

W zakresie tej książki nie mieści się omówienie literatury empirycznej i teoretycznej poświęconej etiologii i rozwojowi ADHD, ale trzeba wziąć pod uwagę dowody przemawiające za tym, że zaburzenie to jest wynikiem różnic w funkcjonowaniu mózgu i funkcjonowaniu poznawczym, które w dużej mierze mogą być uwarunkowane genetycznie (Nigg, 2006). Rezultaty badań nad agregacją rodzinną, adopcją i bliźniętami wskazują, że ok. 80% zmienności objawów związanych z ADHD wynika z czynników dziedzicznych (tj. genetyki; Barkley, 2006). Pozostałą zmienność wyjaśnia się przede wszystkim specyficznymi czynnikami środowiskowymi (np. doświadczeniami unikalnymi dla danego dziecka). W badaniach nad genetyką molekularną zidentyfikowano warianty kilku typowanych genów (np. genu transportera dopaminy, czyli DAT1), które mogą wyjaśniać objawy ADHD przynajmniej u małego odsetka populacji (Nigg, 2006). Stanowisko genetyki behawioralnej jest takie, że ADHD najprawdopodobniej ma związek z wieloma genami i nie jest „wywoływane" przez jakiś pojedynczy gen. Większość typowanych do tej pory genów prawdopodobnie wpływa na działanie dopaminy, neuroprzekaźnika aktywnego w wielu regionach mózgu.

Wydaje się, że w porównaniu z typowo rozwijającymi się rówieśnikami osoby z ADHD wykazują subtelne różnice w budowie i funkcji mózgu (Nigg, 2006). Najważniejsze są różnice widoczne w płatach czołowych mózgu, które – jak się uważa – kontrolują planowanie i czynności organizacyjne. Interesujące, że różnice odkryto w tych częściach mózgu, w których dopamina jest najbardziej aktywna, co łączy wnioski płynące z badań neurologicznych i genetycznych. Wydaje się zatem, że symptomatyczne dla ADHD zachowania mogą być spowodowane częściowo przez dziedziczne różnice w funkcjonowaniu mózgu, zwłaszcza w tych jego regionach, które wpływają na kontrolę impulsów i utrzymywanie uwagi. Jednocześnie nasilenie objawów ADHD jest w dużym stopniu łagodzone przez zdarzenia środowiskowe i czynniki sytuacyjne (Barkley, 2006). Na przykład dzieci z ADHD nie przejawiają wysokiego poziomu zachowań destrukcyjnych, nieuważnych i impulsywnych, kiedy otrzymują częste, natychmiastowe informacje zwrotne. Ekspresja tego zaburzenia jest więc wynikiem interakcji między dziedzicznymi różnicami w budowie i funkcji mózgu a czynnikami środowiskowymi.

Wychodząc od zasadniczej roli, jaką interakcja wewnętrznych czynników biologicznych dziecka i zdarzeń środowiskowych odgrywa w determinowaniu nasilenia objawów ADHD, sformułowano kilka teoretycznych koncepcji deficytów stanowiących podłoże tego zaburzenia. Mimo prymatu sformułowania *zaburzenia uwagi* w nazwie ADHD większość teoretyków nie uznaje uwagi za centralne pojęcie o podstawowym znaczeniu (np. Rapport i in., 2008). Barkley (1997, 2006) przedstawił teorię, że centralną cechą ADHD jest upośledzenie odraczania reakcji (tj. hamowania behawioralnego), a nie same zaburzenia uwagi. Wiele ważnych sytuacji (np. zajęcia w klasie) oraz zdolności (np. uwewnętrznienie mowy) wymaga zdolności do odraczania reakcji na otoczenie. A zatem deficyty w zakresie odraczania reakcji prowadzą do przejawiania symptomów ADHD w różnych sytuacjach i szkodliwie wpływają na rozwój zachowania rządzonego regułami.

Barkley (1997, 2006) w swoim modelu teoretycznym ADHD jako zaburzenia hamowania behawioralnego postuluje, że upośledzenie odraczania reakcji na otoczenie zakłóca rozwój czterech decydujących funkcji wykonawczych: pamięci operacyjnej, samoregulacji afektu–motywacji–pobudzenia, uwewnętrznienia mowy i rekonstrukcji (np. analizy i syntezy możliwych czynności behawioralnych). Z kolei upośledzenie funkcji wykonawczych prowadzi do wielu problemów w funkcjonowaniu poznawczym, szkolnym i społecznym. Za tym modelem teoretycznym przemawia duża część literatury na temat tego zaburzenia (przegląd piśmiennictwa, zob. Barkley, 2006). Z teorii tej płynie wniosek, że interwencje w ADHD obejmujące zmiany w wewnętrznych zmiennych dziecka (np. czasowa zmiana w funkcjonowaniu mózgu przez podawanie leków stymulujących) oraz zmiany w bodźcach poprzedzających oraz konsekwencjach mogłyby zwiększyć prawdopodobieństwo odraczania reakcji, prowadząc w ten sposób do uważnego, produktywnego zachowania (Barkley, 2006). Niestety środowiska domowe i szkolne na ogół ustrukturyzowane są w taki sposób, że wzmocnienia są odroczone i rzadkie, co najczęściej prowadzi wprost do zachowań nieuważnych, destrukcyjnych (tj. upośledzonego hamowania reakcji) u dzieci z ADHD. Wyzwaniem dla wczesnej interwencji jest zatem włączenie bodźców środowiskowych, o których wiadomo, że sprzyjają sukcesowi dziecka, do środowisk, w których przejawiają się zachowania impulsywne, nieuważne.

Większość koncepcji teoretycznych i dowodów empirycznych wskazuje, że ADHD to zaburzenie, które stanowi wypadkową czynników dziedzicznych i środowiskowych, ujawniające się we wczesnym okresie życia, w dużej mierze spowodowane jest upośledzonym funkcjonowaniem neuropsychologicznym i łączy się z przewlekłym upośledzeniem szkolnym lub społecznym (albo jednym i drugim) przez całe życie. Wszystkie te wnioski mają poważne konsekwencje dla wczesnej identyfikacji i interwencji w leczeniu tego zaburzenia u dzieci w wieku przedszkolnym.

Leczenie ADHD we wczesnym dzieciństwie

Na temat interwencji u dzieci w wieku szkolnym z ADHD istnieje bogata literatura, która obejmuje między innymi opisy przeprowadzonych na dużą skalę badań randomizowanych z grupą kontrolną (np. MTA Cooperative Group, 1999, 2004). Najczęściej stosowane interwencje o udowodnionej skuteczności to leczenie farmakologiczne oraz interwencje behawioralne (przegląd piśmiennictwa zob. Barkley, 2006). Niewiele jest analogicznych badań z udziałem dzieci w wieku przedszkolnym. Jednakże coraz częściej podaje się małym dzieciom leki, zwłaszcza chlorowodorek metylofenidatu (MPH) (np. Rappley, 2006). Jak wspomniano wcześniej, dane pochodzące z dużych i reprezentatywnych ogólnokrajowo grup dzieci w wieku 2–4 lat, ubezpieczonych w systemie koordynowanej opieki zdrowotnej i Medicaid, wykazały, że w ostatnim dziesięcioleciu ubiegłego wieku nastąpił 1,7–3,1-krotny wzrost stosowania MPH (Zito i in., 2000). Z badania przeprowadzonego później przez Centers for Disease Control and Prevention (2005) wynika, że ok. 2,6% dzieci w wieku 4–8 lat leczonych jest lekami stosowanymi w przypadku ADHD. Większość recept przepisanych przedszkolakom obejmuje leki psychostymulujące (Zito i in., 2007). W latach 2000–2005 u młodszych chłopców (w wieku 0–9 lat) o 4,0% wzrosło leczenie psychostymulantami, co stanowi istotnie wyższy wzrost niż w populacji starszych chłopców (w wieku 10–19 lat; wzrost o 2,3%; Castle i in., 2007).

Stosowanie leków psychostymulujących u bardzo małych dzieci wzbudziło wiele obaw dotyczących bezpieczeństwa i skuteczności. Jednakże w świetle gwałtownego wzrostu stosowania farmakoterapii u dzieci w wieku 2–4 lat konieczne były dalsze badania. Dlatego NIMH sfinansował zakrojone na szeroką skalę badania, aby w kontrolowanych warunkach ocenić kwestie bezpieczeństwa i skuteczności. Columbia University oraz New York State Psychiatric Institute koordynowały dokonywaną w wielu ośrodkach ocenę stosowania MPH u dzieci w wieku 36–66 miesięcy (badania te nazwano Preschool ADHD Treatment Study, w skrócie PATS). Wyniki PATS pokazały, że (a) niskie dawki MPH prowadzą do znacznej redukcji objawów ADHD u małych dzieci, która utrzymywała się przez 10 miesięcy u większości badanych (Greenhill i in., 2006; Vitiello i in., 2007); (b) brak zaburzeń współwystępujących lub obecność jednego zaburzenia współwystępującego (zwłaszcza ODD) pozwalają oczekiwać większej odpowiedzi na leczenie (podobnie jak u starszych dzieci), podczas gdy w grupie dzieci z trzema lub więcej zaburzeniami współwystępującymi nie stwierdzono reakcji na leczenie (Ghuman i in., 2007); (c) w zestawieniu z dziećmi ze szkół podstawowych wyższy odsetek małych dzieci doświadczał istotnych działań ubocznych związanych z MPH (Wigal i in., 2006); oraz (d) przyrost wagi ciała i wzrostu może być zahamowany w przypadku niektórych małych dzieci leczonych MPH (Swanson i in., 2006).

Ze względu na ryzyko pojawienia się poważnych skutków ubocznych do stosowania psychostymulantów w leczeniu ADHD u małych dzieci należy podchodzić z rozwagą. Panuje powszechna zgoda – popierana przez naukowców z PATS i zbieżna z wytycznymi American Academy of Child and Adolescent Psychiatry oraz American Academy of Pediatrics – że interwencja behawioralna oraz ustrukturyzowane środowisko przedszkolne powinny być podstawowymi sposobami postępowania, zanim w ogóle zacznie się rozważać stosowanie leków (Gleason i in., 2007; Kollins i Greenhill, 2006; Rappley, 2006). Poza tym nie wiadomo dokładnie, jakie są długofalowe korzyści podawania leków psychostymulujących w porównaniu z interwencjami behawioralnymi lub psychospołecznymi (Molina i in., 2009). Dlatego też wczesne wdrożenie interwencji psychospołecznej wydaje się sprawą pierwszorzędnej wagi.

Wiele danych empirycznych przemawia za stosowaniem u małych dzieci z ADHD interwencji w postaci szkoleń behawioralnych dla rodziców oraz behawioralnego zarządzania klasą (Ghuman, Arnold i Anthony, 2008; McGoey, Eckert i DuPaul, 2002; Pelham i Fabiano, 2008). U małych dzieci (zwłaszcza chłopców) z istotnymi objawami ADHD trening rodzicielski może doprowadzić do większej redukcji problemów z zachowaniami eksternalizacyjnymi niż u małych dzieci bez objawów ADHD (Hartman i in., 2003). Sonuga-Barke i współpracownicy (2001) przeprowadzili serię badań, które wykazały pozytywny wpływ szkolenia rodziców na destrukcyjne i społeczne zachowanie małych dzieci z ADHD. Podobne rezultaty zaobserwowano w kontekście konsultacji behawioralnych udzielanych nauczycielom pracującym z przedszkolakami, które przejawiają zachowania destrukcyjne, w tym istotne objawy ADHD (Barkley i in., 2000; Williford i Shelton, 2008). Strategie leczenia oceniane w tych nowatorskich badaniach stanowią główne komponenty naszego programu wczesnej interwencji.

Trójpoziomowy model interwencji

Choć wykazano skuteczność edukacji rodziców i innych nieinwazyjnych metod, z badań wynika, że są dzieci, które z powodu stopnia nasilenia objawów, obecności istotnych czynników ryzyka oraz innych zmiennych wymagają bardziej intensywnych interwencji. W ostatnich latach z powodzeniem stosuje się wielopoziomowy model profilaktyki i interwencji jako skuteczny i ekonomiczny sposób świadczenia właściwej metody leczenia (np. Chard i in., 2008). Dobiera się w nim indywidualną częstotliwość bądź sposób interwencji dla poszczególnych osób w zależności od różnych czynników, między innymi od ich odpowiedzi na wcześniejsze interwencje (Collins, Murphy i Bierman, 2004). Model ten bywa nazywany „opieką stopniowaną" (*stepped-care approach*) (np. Breslin i in., 1998).

Źródeł trójpoziomowego podejścia do profilaktyki i interwencji należy szukać w publicznej służbie zdrowia. W ten sposób od ponad 50 lat działa system klasyfikacji w profilaktyce chorób (Gordon, 1983). W 1952 r. grupa robocza Commission on Chronic Illness zaproponowała dwupoziomowe rozwiązanie w postaci profilaktyki pierwotnej i wtórnej, a wkrótce potem dodano jeszcze trzeci poziom (profilaktykę trzeciorzędową; zob. Commission on Chronic Illness, 1957). Profilaktykę pierwotną w sferze zdrowia stosuje się wobec całej populacji przed wystąpieniem choroby lub problemu zdrowotnego – służy ona ograniczeniu bądź wyeliminowaniu ryzyka. Przykładem profilaktyki pierwotnej jest uodparnianie w celu zapobiegania chorobom, fluoryzacja w celu zmniejszenia próchnicy oraz pasy bezpieczeństwa, które pomagają ograniczyć obrażenia podczas wypadków (Gordon, 1983). Profilaktykę wtórną stosuje się wobec wybranych grup, w których rozpoznano czynniki ryzyka lub chorobę, ale nie doszło jeszcze do wystąpienia poważnych konsekwencji. Profilaktyka na tym poziomie to między innymi coroczne szczepienia na grypę dla osób starszych, częste wizyty u dentysty dla osób, które mają defekty jamy ustnej i z tego powodu są podatne na próchnicę, stosowanie okularów bezpieczeństwa dla operatorów maszyn i poduszek powietrznych w razie wypadku. Profilaktykę trzeciorzędową stosuje się wobec ludzi, którzy już zachorowali bądź są obciążeni jakąś anomalią silnie narażającą ich na wystąpienie choroby – celem jest tutaj zapobieganie dalszemu pogorszeniu stanu zdrowia. Przykładami mogą być farmakoterapia w HIV powstrzymująca replikację wirusów, terapeutyczne interwencje w celu kontrolowania nadciśnienia i leczenie kanałowe, które umożliwia powstrzymanie dalszej infekcji zębów.

W ostatnich latach model trójpoziomowy zaczął funkcjonować w edukacji, obejmując kwestie zachowania i postępów w nauce. Zarządzanie zachowaniem tradycyjnie stosowano na poziomie klasy i poszczególnych uczniów. W latach 70. ubiegłego wieku uświadomiono sobie znaczenie profilaktyki na szczeblu całej szkoły i podjęto badania nad skutecznością interwencji ogólnoszkolnych w redukowaniu zachowań problemowych (np. Mayer i Butterworth, 1979; Sulzer-Azeroff i Mayer, 1986). Na ich postawie opracowano system wspierania pozytywnego zachowania na poziomie całej szkoły (*schoolwide interventions for reducing problem behavior* – SWPBS) z trójpoziomowym modelem profilaktyki, który obecnie stanowi wiodące rozwiązanie w zakresie zapobiegania problemom z zachowaniem w szkołach (Sugai i Horner, 2002). Ten trójpoziomowy model zastosowano również w odniesieniu do postępów w nauce i w tym przypadku przyjął on postać odpowiedzi na interwencję (*response to intervention* – RtI; Glover i Vaughn, 2010).

Choć modele SWPBS i RtI są przede wszystkim modelami profilaktycznymi, wielopoziomowe podejście do leczenia oparte na indywidualnej odpowiedzi można zastosować do wczesnej interwencji u małych dzieci z ADHD. Nasz program wczesnej interwencji jest właśnie wielopoziomowym protokołem, który indywidualizuje strategie leczenia na podstawie indywidualnych potrzeb oraz odpowiedzi na wcześniejsze poziomy interwencji (więcej na ten temat w rozdz. 2). Ponieważ większość zasobów związanych z intensywną terapią dostarcza się jedynie tym, którzy takich usług potrzebują, model ten pozwala zaoszczędzić czas i zmniejszyć koszty.

Omówienie treści książki

Celem tej książki jest przedstawienie obszernych i ugruntowanych empirycznie informacji na temat oceny i wczesnej interwencji u przedszkolaków z ADHD. W kolejnych rozdziałach przedstawiamy szczegółowe wytyczne do oceny i leczenia, które opierają się na danych i mają praktyczny charakter (tj. uwzględniają nieuniknione wyzwania związane z kompleksową oceną oraz leczeniem w rzeczywistych sytuacjach). Liczne opisy przypadków dostarczają przykładów zastosowania wczesnej identyfikacji i interwencji w praktyce.

W układzie książki uwzględniono kilka czynników. Po pierwsze, opisujemy domowy składnik wczesnej interwencji, ponieważ z naszych doświadczeń wynika, że większość pacjentów z ADHD jest kierowanych na terapię przez lekarzy pierwszego kontaktu oraz rodziców, więc strategie leczenia będą wdrażane najpierw w domu. Poza tym część małych dzieci nie uczęszcza do przedszkoli czy żłobków i w takich przypadkach interwencja ogranicza się do środowiska domowego. Dlatego informacje dotyczące interwencji w domu prezentujemy przed omówieniem interwencji w przedszkolu. Po drugie, jednym z celów wczesnej interwencji psychospołecznej jest odroczenie bądź uniknięcie farmakoterapii z uwagi na ograniczone dane na temat skuteczności i bezpieczeństwa stosowania leków we wczesnym dzieciństwie. Dlatego terapią lekową zajmujemy się w dalszej części książki. Na koniec prezentujemy rezultaty naszych badań nad wczesną interwencją, ocenialiśmy bowiem nasz program jako całościowy pakiet leczenia (zamiast analizować efekty poszczególnych składników); we wcześniejszych rozdziałach skupiliśmy się natomiast na klinicznie istotnych szczegółach interwencji.

W rozdziale 1 opisujemy proces badań przesiewowych i oceny objawów ADHD u małych dzieci, kładąc nacisk na korzystanie z rozmaitych metod (np. wywiadu diagnostycznego, skal oceny zachowania, obserwacji bezpośrednich) oraz różnych respondentów (tj. rodziców i nauczycieli przedszkolnych). Omówione tu zostały wyzwania związane ze stawianiem diagnozy ADHD oraz strategie, które pozwalają najlepiej poradzić sobie z tymi wyzwaniami. Nacisk położono na wykorzystanie danych z oceny (np. informacji o funkcjonowaniu behawioralnym) do projektowania potencjalnie skutecznych strategii interwencji.

W rozdziale 2 przedstawiamy model tworzenia i wdrażania strategii wczesnej interwencji w środowisku domowym i przedszkolnym. Pokrótce omawiamy poszczególne składniki modelu interwencji, podkreślając zalety wsparcia wielopoziomowego jako najbardziej ekonomicznej strategii. W modelu wczesnej interwencji nacisk położony jest na zajmowanie się wszystkimi obszarami, w których małe dzieci doświadczają trudności, takimi jak zachowania problemowe, umiejętności przedszkolne, interakcje społeczne i profilaktyka obrażeń. Dajemy także wskazówki co do udanych konsultacji i współpracy.

Domowy składnik modelu wczesnej interwencji opisujemy w rozdziale 3. Składnik ten opiera się na podejściu wielopoziomowym i obejmuje: (a) grupową edukację rodziców, (b) coaching w domu oraz (c) interwencję opartą na behawioralnej analizie zachowań. Interwencja nakierowana jest na poprawę funkcjonowania behawioralnego i społecznego. Szczegółowo przedstawiamy strategie na każdym poziomie oraz dane przemawiające za ich stosowaniem.

W rozdziale 4 omawiamy przedszkolny składnik modelu wczesnej interwencji. Ten wielopoziomowy model obejmuje: (a) interwencję uniwersalną, (b) naukę umiejętności w małych grupach oraz (c) interwencję opartą na behawioralnej analizie zachowania. Nakierowany jest na poprawę funkcjonowania behawioralnego i społecznego w zależności od potrzeb. Dokładnie opisujemy wszystkie poziomy interwencji i przybliżamy dane ilustrujące ich zastosowanie. Ponadto omawiamy ogólne cechy klasy przedszkolnej (np. ustalony porządek codziennych zajęć, praktyki odpowiednie pod względem rozwojowym), które są niezbędne do osiągnięcia postępów przez małe dzieci z ADHD lub z cechami ADHD.

Potwierdzone empirycznie strategie, które rodzice i nauczyciele mogą stosować w celu promowania wczesnych umiejętności językowych i matematycznych, opisujemy w rozdziale 5. Praktycy mogą uczyć tych strategii podczas grupowej edukacji prowadzonej dla rodziców lub bieżących konsultacji ze specjalistami zajmującymi się od zdrowiem psychicznym albo edukacją specjalną.

W rozdziale 6 przedstawiamy potwierdzone empirycznie strategie, które rodzice mogą wykorzystywać, aby zapobiegać obrażeniom i poprawiać bezpieczeństwo w domu. Szczegóły tych strategii ukazujemy w kontekście grupowej edukacji rodziców i bieżących konsultacji prowadzonych przez specjalistów od zdrowia psychicznego lub edukacji specjalnej.

Najczęstszym sposobem leczenia dziecięcego ADHD jest stosowanie leków psychostymulujących (Barkley, 2006). W rozdziale 7 opisujemy badania naukowe dotyczące podawania leków u małych dzieci z ADHD, między innymi ich wpływu na symptomatyczne zachowania i upośledzenie funkcjonalne oraz potencjalne negatywne skutki uboczne. Przedstawiamy strategie, za pomocą których specjaliści zajmujący się zdrowiem psychicznym i edukacją specjalną mogą pomóc rodzicom i lekarzom określić, czy dostatecznie wdrożono i oceniono alternatywne interwencje, a następnie stwierdzić, czy konieczne jest zastosowanie farmakoterapii, oraz ocenić i objaśnić zarówno jej pożądane rezultaty, jak i skutki uboczne.

Rodzice dzieci niepełnosprawnych bądź zagrożonych niepełnosprawnością często doświadczają ogromnego stresu, który może wpływać na to, czy interwencje są wdrażane i z jakim wynikiem. Zachowanie dziecka może też wpływać na interakcje między rodzicami a dzieckiem. W rozdziale 8 opisujemy często spotykane wyzwania, z którymi mierzą się rodziny, oraz skutki, jakie wywierają one na rodzicielstwo i wychowanie dziecka. Omawiamy także aktualne podejścia do pracy z rodzinami. Na koniec zamieszczamy wskazówki, które pozwalają wesprzeć rodziny i unikać typowych problemów pojawiających się w związku z wychowywaniem dziecka z ADHD.

W rozdziale 9 przedstawiamy nasze badania nad wczesną interwencją. Kreślimy również główne tematy wczesnej interwencji wraz z zaleceniami dotyczącymi przyszłych badań w tej grupie wiekowej. Opisane tu także zostały obiecujące strategie edukacyjne i psychologiczne, które z powodzeniem stosuje się wobec małych dzieci z innymi zaburzeniami i które mogą mieć zastosowanie w leczeniu małych dzieci z ADHD.

ROZDZIAŁ 1

Ocena i identyfikacja zespołu nadpobudliwości psychoruchowej z zaburzeniami uwagi

Objawy cechujące zespół nadpobudliwości psychoruchowej z zaburzeniami uwagi, czyli ADHD (tj. nieuwaga, impulsywność i wysoka aktywność) często występują u dzieci w wieku przedszkolnym, stąd niezbędne są procedury kompleksowej oceny, umożliwiające podejmowanie rzetelnych i trafnych decyzji diagnostycznych. Taka ocena ma ogromne znaczenie nie tylko dla diagnozy dzieci z ADHD wymagających dodatkowej pomocy, lecz także dla podejmowania wstępnych i bieżących decyzji dotyczących ich leczenia (Greenhill i in., 2008). Skale diagnostyczne powinny zatem skupiać się na istotnych objawach i ważnych zmiennych środowiskowych, które mogą wywoływać lub podtrzymywać te zachowania. Choć kryteria diagnostyczne ADHD rozpatrywane są w kontekście modelu medycznego (tj. za pomocą *Diagnostic and Statistical Manual of Mental Disorders, DSM-IV-TR*; American Psychiatric Association, 2000), kompleksowa ocena również stanowi źródło danych na temat czynników środowiskowych i możliwego upośledzenia w zakresie funkcjonowania szkolnego i społecznego (DuPaul i Stoner, 2003).

Większość dotychczasowych prac teoretycznych i badań empirycznych nad procedurami diagnozy ADHD skupia się na dzieciach w młodszym wieku szkolnym (przegląd piśmiennictwa zob. Anastopoulos i Shelton, 2001; Pelham, Fabiano i Massetti, 2005). W ostatnich latach opracowano specyficzne narzędzia i strategie oceny zaburzeń emocji i zachowania u małych dzieci, które zwiększyły rzetelność i trafność diagnozy ADHD we wczesnym dzieciństwie (Egger, Kondo i Angold, 2006). Na kompleksową diagnozę składają się zwykle wywiady diagnostyczne i skale ocen zachowania oparte na informacjach uzyskanych od rodziców i nauczycieli. Dodatkowo przeprowadza się bezpośrednie obserwacje zachowania w klasie, na placu zabaw lub w analogicznych warunkach klinicznych. W większości przypadków bezpośrednie testy uwagi i kontroli impulsów (np. Continuous Performance Test) dają ograniczone korzyści w porównaniu z pomiarami zebranymi w rzeczywistych warunkach. Biorąc pod uwagę różnice rozwojowe między dziećmi w wieku szkolnym i przedszkolnym, a także heterogeniczność zachowania wśród małych dzieci, ważne jest zidentyfikowanie rzetelnych i trafnych metod oceny dla tej grupy wiekowej, które mogą być odmienne od tych stosowanych u starszych dzieci.

W tym rozdziale przedstawiamy skale i procedury oceny, które można stosować do identyfikowania małych dzieci z ADHD i opracowania dla nich odpowiednich interwencji. Na początku opisujemy metody badań przesiewowych w kierunku ADHD u małych dzieci. Badania przesiewowe mają podstawowe znaczenie, ponieważ zachowania, które na pozór świadczą o ADHD, mogą być symptomatyczne dla innego zaburzenia (np. autyzmu) albo odzwierciedlać zdezorganizowane środowisko domowe lub przedszkolne. Następnie omawiamy wielokierunkową metodę diagnozy ADHD u małych dzieci. Stosuje się cztery podstawowe obszary oceny: standaryzowane skale diagnostyczne, ustrukturyzowane wywiady, bezpośrednie obserwacje zachowania i ewentualnie bezpośrednie testy zaburzeń uwagi i impulsywności-nadmiernej ruchliwości (Smith i Corkum, 2007). Wśród najważniejszych osób, od których zbieramy informacje, są rodzice, nauczyciele i opiekunowie. Nacisk jest położony na ocenę zarówno zachowań, jak i zmiennych środowiskowych wpływających na zachowanie. Przedstawiamy również skale służące do oceny możliwych upośledzeń w zakresie funkcjonowania szkolnego i społecznego. Dalej wskazujemy na specyficzne wyzwania związane z przeprowadzaniem oceny ADHD u małych dzieci wraz ze strategiami radzenia sobie z tymi wyzwaniami. Następnie pokazujemy, jak wykorzystać dane z oceny (np. funkcjonalnej analizy zachowania) do zaprojektowania i ewaluacji interwencji. Ocena ADHD nie kończy się bowiem na postawieniu diagnozy, lecz wykorzystywana jest na bieżąco i wielokrotnie do wybierania i modyfikowania strategii interwencji.

Procedury przesiewowe

Jak wcześniej wspomniano, problemy z uwagi, nadmierną impulsywnością, wysokim poziomem aktywności lub kombinacją tych objawów często występują wśród dzieci w wieku 2–5 lat, zwłaszcza w pewnych sytuacjach (np. podczas nieustrukturyzowanej aktywności w większej grupie) i w określonych porach dnia (np. pod koniec dnia, kiedy dzieci są zmęczone). Zachowania, które na pierwszy rzut oka wydają się przejawem ADHD, mogą być również typowe dla innych zaburzeń (np. autyzmu, zaburzeń lękowych) lub wynikać z przebywania w chaotycznym, zdezorganizowanym otoczeniu (np. w wielkich salach przedszkolnych z minimalnym nadzorem dorosłych). Tak więc kiedy rodzice, nauczyciele lub opiekunowie zgłaszają, że dziecko przejawia istotne problemy z uwagą lub nadmierną impulsywnością–nadruchliwością, przed przeprowadzeniem obszerniejszej oceny behawioralnej należy najpierw zebrać dane we wstępnym badaniu przesiewowym.

Celem badania przesiewowego jest rozpoznanie: (a) czy zachodzi potrzeba dodatkowej, bardziej kosztownej diagnozy oraz (b) czy przed oceną pod kątem ADHD należy najpierw sprawdzić alternatywną hipotezę (np. inne zaburzenia, czynniki związane z sytuacją środowiskową). Pierwszy krok w badaniu przesiewowym to poproszenie osoby zgłaszającej trudności z uwagą i zachowaniem u dziecka (np. rodzica, nauczyciela, opiekuna) o wypełnienie kwestionariusza, w którym respondenci muszą podać częstość występowania zachowań symptomatycznych dla ADHD. Na przykład kwestionariusz Conners Rating Scale (Conners, 2008) zawiera podskalę ADHD, który obejmuje 18 objawów ADHD według *DSM-IV-TR*. Korzystając z dostępnych danych normatywnych dla każdego wieku i płci, można ustalić, w jakim stopniu częstość zachowań związanych z ADHD odbiega od innych dzieci w tym samym wieku i tej samej płci. Sugeruje się, by na użytek badania przesiewowego przyjąć dosyć swobodny próg (90 centyl) w celu ustalenia, czy zasadna jest dodatkowa ocena ADHD. Jeśli punktacja zachowania dziecka osiąga lub przekracza 90 centyl (tj. mieści się w górnych 10% wśród dzieci w tym samym wieku i tej samej płci), to należy wówczas przeprowadzić kompleksową ocenę ADHD (opisaną w dalszej części rozdziału). Jeśli wyniki nie spełniają tego progu, to diagnoza ADHD jest mało prawdopodobna i należy rozważyć możliwość występowania innego zaburzenia lub wprowadzenia modyfikacji środowiskowych (porządek codziennych czynności, harmonogramy), tak aby ograniczyć problemy z zachowaniem i koncentracją.

Inna metoda przesiewowa mogłaby polegać na poproszeniu osoby zgłaszającej trudności z koncentracją lub zachowaniami dziecka o wypełnienie skali oceniającej obecność objawów ADHD i określenie, czy liczba objawów spełnia kryteria *DSM-IV-TR*. McGoey i współpracownicy (2007) zaadaptowali skalę ADHD Rating Scale-IV (DuPaul, Power, Anastopoulos i Reid, 1998) dla populacji przedszkolnej w taki sposób, by punkty zawierały przykłady zachowań, które są ważniejsze pod względem rozwojowym dla tej grupy wiekowej. Na przykład dla objawu: „Nie stosuje się do poleceń i nie kończy zadań" podano takie przykłady, jak: „Dziecko ma trudności z przechodzeniem od jednej czynności do drugiej". Punkty zgłoszone jako „częste" lub „bardzo częste" liczone byłyby jako obecne objawy, natomiast punkty zgłoszone jako występujące „czasami" lub niewystępujące „nigdy" stanowiłyby objawy nieobecne. Liczbę zatwierdzonych objawów można by porównać z kryteriami *DSM-IV-TR*, które wymagają obecności sześciu z dziewięciu objawów nieuwagi lub sześciu z dziewięciu objawów nadaktywności–impulsywności. W ten sposób ustalono by, czy uzasadnione jest przeprowadzenie dodatkowej, obszerniejszej oceny. Można oczywiście zastosować liberalniejszy próg czterech bądź pięciu objawów zgłoszonych jako obecnych, jest to bowiem etap przesiewowy i czasami lepiej dopuścić osoby z wynikami fałszywie pozytywnymi (tj. rozpoznanie tych, którzy faktycznie nie będą mieli zaburzenia po pełnej ewaluacji) do dalszej oceny niż przedwcześnie odsiać dzieci, które w rzeczywistości mogą mieć ADHD.

Pisaliśmy już, że problemy z koncentracją, kontrolą impulsów i nadmierną ruchliwością mogą być przejawami innych zaburzeń rozwojowych lub behawioralnych. Kiedy zgłasza się takie problemy u małych dzieci, zgodnie z jedną z hipotez można przyjąć, że zachowania te stanowią inne zaburzenie rozwojowe, na przykład autyzm. Dlatego zawsze dobrze jest przeprowadzić jednocześnie badanie przesiewowe w kierunku autyzmu za pomocą krótkiego kwestionariusza autyzmu dla rodziców. W naszym programie badań nad wczesną interwencją stosujemy dwuetapowy proces badań przesiewowych w kierunku autyzmu. Po pierwsze, rodzicom zadaje się pytania z kwestionariusza Checklist for Autism in Toddlers (CHAT; Robins i in., 2001). Jeśli rodzic odpowie twierdząco na dwa lub więcej pytań w CHAT, to stosuje się wówczas skalę Gilliam Autism Rating Scale (Gilliam, 1995). Dziecko, które uzyska „iloraz autyzmu" w wysokości 121 lub wyższy, będzie wymagało dalszej oceny autyzmu przed rozważeniem możliwości występowania ADHD. Badania przesiewowe w kierunku innych potencjalnych zaburzeń (tj. zaburzeń lękowych, depresji, zaburzenia opozycyjno-buntowniczego, czyli ODD), a także ocena problematycznych kontekstów środowiskowych (np. zdezorganizowana, słabo kontrolowana klasa przedszkolna) powinny stanowić część kompleksowej oceny ADHD, którą opisujemy w dalszej części tego rozdziału.

Jeśli badanie przesiewowe wskazuje, że dziecko może mieć ADHD przy braku istotnych objawów autyzmu, to zwykle uzasadniona jest dalsza ocena. Trzeba podkreślić, że pozytywne wyniki badania przesiewowego niekoniecznie muszą oznaczać, że u dziecka zostanie rozpoznane ADHD, a jedynie, że istnieje silna przesłanka przemawiająca za koniecznością dalszej diagnozy. Przede wszystkim należy wystrzegać się wyciągania przedwczesnych wniosków na temat ostatecznej diagnozy dziecka na podstawie jednej czy dwóch miar wypełnionych przez jednego respondenta. Wnioski oparte na ograniczonych informacjach nie są ani rzetelne, ani trafne, zwłaszcza kiedy podejmuje się brzemienne w skutki decyzje dotyczące ostatecznej diagnozy dziecka.

Kompleksowa ocena ADHD

Kompleksowa ocena ADHD i powiązanych z nim zaburzeń eksternalizacyjnych u małych dzieci wymaga zebrania rozmaitych ocen z różnych środowisk, tj. domu i przedszkola lub żłobka, na podstawie informacji od różnych osób. Do oceny zachowania stosuje się cztery podstawowe metody: wywiady ustrukturyzowane, standaryzowane skale ocen, bezpośrednie obserwacje zachowania i ewentualnie bezpośrednie testy zaburzeń uwagi oraz nadruchliwości i nadmiernej impulsywności (Smith i Corkum, 2007). Gromadzone są dane dotyczące nie tylko zachowań związanych z ADHD, lecz także obszarów możliwego zaburzonego funkcjonowania (tj. szkolnego i społecznego) oraz czynników środowiskowych (np. zdarzeń poprzedzających oraz konsekwencji zachowań), które mogą wywoływać lub podtrzymywać dane zachowania. Wywiady należy przeprowadzić z rodzicami, nauczycielami i opiekunami (Murray i in., 2007). Ponadto kompleksowa ocena powinna obejmować pomiary nastawione na zaburzenia, które mogą naśladować objawy ADHD lub współwystępować z ADHD (np. ODD, depresja, zaburzenia lękowe).

Wywiad diagnostyczny z rodzicem (rodzicami)

Rodzice stanowią główne źródło informacji w procesie diagnozy, ponieważ obserwują zachowanie dziecka o różnych porach i w różnych sytuacjach, a także mają bezpośrednią wiedzę o historii chorób, rodziny i leczenia dziecka. Przeprowadzenie wywiadu z jednym lub obojgiem rodziców jest zatem ważnym składnikiem procesu diagnozy. Wyróżnia się trzy formy wywiadów: ustrukturyzowane, częściowo ustrukturyzowane i nieustrukturyzowane. Wywiady *nieustrukturyzowane* mają zasadniczo charakter otwarty – sposób i kolejność zadawania pytań zależą od tego, co interesuje osobę przeprowadzającą wywiad, oraz od odpowiedzi rodziców. W wywiadach *ustrukturyzowanych* wymaga się, by diagnosta zadawał pytania w określony sposób i w określonej kolejności zgodnie z ustaloną formułą. Rodzice często otrzymują szczegółowe instrukcje dotyczące sposobu udzielania odpowiedzi (np. tak lub nie, wybór jednej z odpowiedzi na skali Likerta). Wywiady *częściowo ustrukturyzowane* obejmują zwykle określony zestaw pytań, lecz nie zawsze trzeba zadawać pytania po kolei, rodzice mogą też udzielać odpowiedzi otwartych, bez narzuconej z góry formuły. Każdy format wywiadu ma swoje wady i zalety. Preferowane są jednak wywiady ustrukturyzowane bądź częściowo ustrukturyzowane, gdyż zapewniają większą rzetelność i trafność decyzji diagnostycznych (Anastopoulos i Shelton, 2001).

Dostępnych jest kilka ustrukturyzowanych wywiadów psychiatrycznych (szczegółowe omówienie wywiadów diagnostycznych, zob. Barkley, 2006), między innymi Diagnostic Interview Schedule for Children Version IV (DISC-IV; Shaffer i in., 2000), Diagnostic Interview for Children and Adolescents (Herjanic i Reich, 1982) oraz Schedule for Affective Disorders and Schizophrenia for School Age Children (Orvaschel i Puig-Antich, 1994). W naszych badaniach nad wczesną interwencją korzystaliśmy z DISC-IV, ponieważ punkty w tym wywiadzie są ściśle powiązane z kryteriami *DSM-IV-TR*. DISC-IV można wypełnić za pomocą komputera i podobnie można zliczyć punktację. Dostępna jest wersja dla wczesnego dzieciństwa. Wywiad obejmuje pytania do rodziców dotyczące obecności lub braku każdego z zachowań symptomatycznych dla ADHD, stopnia, w jakim objawy te upośledzają funkcjonowanie dziecka w zakresie umiejętności szkolnych lub społecznych, a także tego, czy objawy występują więcej niż w jednym środowisku oraz czy często występowały one w ciągu ostatnich sześciu miesięcy. Ponadto pyta się rodziców o objawy typowe dla innych zaburzeń eksternalizacyjnych (tj. ODD i zaburzenie zachowania – CD)[1] i zaburzeń internalizacyjnych (np. separacyjne zaburzenie lękowe, depresja). Podstawową zaletą takiej formy wywiadu ustrukturyzowanego jest to, że odpowiedzi są punktowane, widać więc, czy spełnione są kryteria diagnostyczne ADHD lub innych zaburzeń. Poza tym pytania zadaje się w standaryzowany sposób, co może zminimalizować potencjalne zafałszowanie i zmienność informacji uzyskiwanych od różnych rodziców (tj. zwiększa rzetelność decyzji diagnostycznych). Wywiady ustrukturyzowane, takie jak DISC-IV, świetnie odpowiadają potrzebom badań naukowych, w których postępowanie zgodnie ze standaryzowanymi procedurami wobec wszystkich uczestników ma podstawowe znaczenie. Można jednak wskazać kilka wad, przede wszystkim to, że wywiad zajmuje przynajmniej 60 minut, a przeprowadzający ma ograniczone możliwości improwizowania pytań czy sondowania odpowiedzi rodziców.

Dla celów klinicznych najlepszym rozwiązaniem mogą być wywiady częściowo ustrukturyzowane, ponieważ pozwalają wydobyć od rodziców informacje na temat objawów *DSM-IV-TR*, dając jednocześnie osobom prowadzącym wywiad pewną elastyczność zadawania w razie potrzeby pytań otwartych i zgłębiania odpowiedzi rodziców. Barkley i Murphy (2006) zaproponowali częściowo ustrukturyzowany wywiad diagnostyczny, który można przeprowadzić z rodzicami. Obejmuje on wszystkie istotne kategorie diagnostyczne *DSM-IV-TR*, a także zawiera punkty dotyczące historii chorób, leczenia i rodziny dziecka. Pytania o historię rozwoju dziecka z tego wywiadu można wykorzystać do uzupełnienia ustrukturyzowanego wywiadu diagnostycznego, gdy używa się tego formatu (warto zwrócić uwagę, że większość ustrukturyzowanych wywiadów diagnostycznych nie uwzględnia historii chorób, leczenia i rodziny). Ten częściowo ustrukturyzowany wywiad może zająć mniej czasu, ponieważ osoba prowadząca ma możliwość pominięcia pewnych części lub konkretnych pytań, jeśli nie dotyczą one danego przypadku. Omawiany wywiad nie ma niestety wersji komputerowej i trzeba go wypełniać ręcznie.

Na ocenę starszych dzieci z ADHD składa się zwykle wywiad z nauczycielem, skupiający się na objawach, funkcjonowaniu w klasie oraz na wcześniejszych bądź obecnych strate-

[1] Warto dodać, że w Polsce i wielu innych krajach europejskich rozpoznawanie wielu zaburzeń u dzieci w wieku 3–5 lat uważa się za bardzo kontrowersyjne (przyp. red. nauk.).

giach interwencji (DuPaul i Stoner, 2003). Jeśli małe dziecko uczęszcza do przedszkola lub żłobka, to można przeprowadzić wywiad również z nauczycielem lub opiekunem na temat obecności lub braku objawów ADHD oraz zachowań związanych z innymi zaburzeniami (np. autyzmem, depresją, ODD). Co ważne, nauczyciele lub opiekunowie mogą udzielić informacji o zdarzeniach poprzedzających i konsekwencjach, które wywołują bądź wzmacniają dane zachowania. Prowadzenie z nauczycielami i rodzicami wywiadów poświęconych funkcjonowaniu behawioralnemu oraz zdarzeniom środowiskowym omówiono szerzej w części „Diagnoza jako punkt wyjścia: powiązanie oceny z interwencją".

Skale oceny zachowania

Standaryzowane skale oceny zachowania stanowią źródło istotnych informacji o tym, w jakim stopniu trudne zachowania dzieci odbiegają od zachowań rówieśników tej samej płci, przynajmniej z punktu widzenia rodziców i nauczycieli. Ważne, by uzyskać ocenę przynajmniej na jednej skali szerokiej i na jednej skali wąskiej. Kwestionariusze szerokie zawierają punkty dotyczące różnych zaburzeń eksternalizacyjnych i internalizacyjnych. Miary te dostarczają podstawowych danych, które mogą przydać się przy ustalaniu, czy zachowania uważane pierwotnie za przejaw ADHD nie są przejawem innego zaburzenia lub czy obok ADHD nie występują zachowania symptomatyczne dla innych zaburzeń. Do najczęściej stosowanych kwestionariuszy szerokich, które służą badaniu populacji małych dzieci, należą: Child Behavior Checklist (Achenbach i Rescorla, 2000) i uzupełniający Teacher Report Form (Achenbach i Rescorla, 2000), a także wersje dla rodziców i nauczycieli Behavior Assesment System for Children-2 (BASC-2; Reynolds i Kamphaus, 2002). Szeroką miarą, która zawiera punkty ściśle powiązane z kryteriami *DSM-IV-TR* dla rozmaitych zaburzeń, jest Early Childhood Inventory-4 (Gadow i Sprafkin, 1997). Popularne Conners Rating Scales (Conners, 2008) obejmują spektrum objawów zaburzeń eksternalizacyjnych (w tym ADHD), lecz w ograniczonym zakresie odnoszą się do zaburzeń internalizacyjnych. Wszystkie wymienione kwestionariusze mają doskonałe właściwości psychometryczne i każdy z nich można z powodzeniem wykorzystać w protokole oceny (zob. przegląd w: Pelham, Fabiano i Massetti, 2005). Wybór jednego z tych narzędzi jest więc głównie kwestią preferencji danego praktyka.

Wąskie skale oceny to krótkie miary, za pomocą których od rodziców i nauczycieli uzyskuje się informacje na temat zachowań związanych z ADHD. Takie kwestionariusze obejmują zwykle punkty bezpośrednio łączące się z objawami ADHD opisanymi w *DSM-IV-TR*. Przykładem może być ADHD Rating Scale-IV-Preschool Version (McGoey i in., 2007), ADHD Symptoms Rating Scale (ADHD-SRS; Phillips i in., 2002) oraz Conners Teacher Rating Scale-

Revised for Preschoolers (Purpura i Lonigan, 2009). Podobnie jak miary szerokie, także i skale specyficzne dla ADHD mają odpowiednie właściwości psychometryczne i opierają się na aktualnych danych normatywnych. Zatem podstawą wyboru jednego spośród dostępnych kwestionariuszy są również preferencje danego praktyka.

Bezpośrednia obserwacja zachowania

Wywiady diagnostyczne i skale oceny zachowania stanowią ważne składniki protokołu kompleksowej diagnozy ADHD, jednak dane uzyskane za pomocą tych narzędzi są z natury subiektywne, ponieważ odzwierciedlają postrzeganie dziecka przez rodziców i nauczycieli. Dlatego przydatne okazują się dodatkowe, bardziej obiektywne wskaźniki. Praktycy, przeszkoleni paraprofesjonaliści lub studenci mogą przeprowadzić bezpośrednie obserwacje zachowania dzieci w domu, przedszkolu lub analogicznym środowisku klinicznym (DeWolfe, Byrne i Bawden, 2000). Spostrzeżenia obserwatorów zewnętrznych są prawdopodobnie w mniejszym stopniu podatne na zafałszowanie niż spostrzeżenia rodziców i nauczycieli, szczególnie jeśli stosuje się ustrukturyzowane systemy kodowania. Ustrukturyzowane systemy kodowania określają definicje operacyjne najważniejszych zachowań oraz standaryzowane przedziały czasu, czyli interwały, w których obserwuje się zachowanie. Objawy ADHD występują w różnych środowiskach i mogą przejawiać się na rozmaite sposoby w różnych okolicznościach, dlatego najlepszym rozwiązaniem jest przeprowadzanie obserwacji w kilku miejscach, zarówno w sytuacjach ustrukturyzowanych, jak i nieustrukturyzowanych.

Wśród systemów obserwacji zachowania, które z powodzeniem stosuje się do oceny małych dzieci z ADHD i powiązanymi zaburzeniami, można wymienić kod obserwacji w klasie (Abikoff, Gittelman-Klein i Klein, 1977), system kodowania Early Screening Project (ESP) (Feil, Walker i Severson, 1995) oraz kod obserwacji interakcji rodzice–dziecko (Strain, Steele, Ellis i Timm, 1982). Ponadto DeWolfe i współpracownicy (2000) opracowali kod obserwacji klinicznej skupiający się na takich zmiennych, jak zaangażowanie w zadanie, trwanie zabawy oraz zmiany aktywności, które dobrze odróżniają przedszkolaków z ADHD od kolegów bez ADHD. Kod obserwacji w klasie często stosuje się w badaniach nad ADHD, również tych z udziałem małych dzieci. Zachowania kodowane w tym systemie (zob. tab. 1.1) są szczególnie ważne w ustrukturyzowanych sytuacjach w klasie przedszkolnej, takich jak zajęcia w kręgu lub inne zajęcia, które wymagają od dziecka, by usiedziało na miejscu, skupiło uwagę i czekało na swoją kolej. Obserwacje przeprowadza się przez 15–30 minut, przy czym każda minuta podzielona jest na trzy obserwacje trwające 15 sekund z 5 sekundami przerwy w rejestracji. Po zakończeniu sesji obserwacyjnej można obliczyć odsetek interwałów, w których występowały poszczególne zachowania.

System kodowania ESP można wykorzystać do obserwacji zachowania w nieustrukturyzowanych sytuacjach przedszkolnych (np. podczas swobodnej zabawy), ponieważ uwzględnia on specyficzne kategorie zabawy i zachowania społecznego (zob. tab. 1.1). Podobnie jak w kodzie obserwacji w klasie, również i w tym przypadku sesje trwają od 15 do 30 minut z trzema 15-sekundowymi interwałami obserwacyjnymi na minutę. Zbiera się dane zarówno dla danego ucznia, jak i dla losowo wybranych rówieśników tej samej płci, aby możliwe było porównanie ze zdrowymi rówieśnikami z tego samego środowiska. Porównanie obserwacji dotyczących danego ucznia i jego rówieśników pomaga określić, w jakim stopniu zachowanie danego dziecka odbiega od zachowania kolegów z klasy, a także stanowi wskaźnik umiejętności kierowania grupą przez nauczyciela. Dane rówieśników warto uwzględnić również w ustrukturyzowanych obserwacjach w klasie, gdyż na podstawie takich informacji można stwierdzić, czy zachowania ADHD u dziecka odstają od normy klasowej, czy też są przejawem szerszego problemu w postaci niewłaściwego zarządzania zachowaniem w całej klasie.

Obserwacja dzieci w domach nie zawsze jest możliwa, jednak dane dotyczące interakcji między rodzicami a dzieckiem przydają się zarówno do celów diagnostycznych, jak i planowania terapii. Negatywne interakcje między rodzicami a dziećmi są charakterystyczne nie tylko dla sytuacji rodzinnych małych dzieci z ADHD, lecz także dla relacji opartych na wymuszaniu, które mogą promować rozwój antyspołecznego zachowania dziecka (Patterson, Reid i Dishion, 1992). Pracując nad wczesną interwencją, przeprowadziliśmy obserwacje zachowania rodziców i dziecka w porze kolacji, czyli w typowej sytuacji domowej, podczas której mogą zachodzić problematyczne interakcje. Kod obserwacji rodzice–dziecko obejmuje kilka kategorii zachowań rodziców i dziecka (zob. tab. 1.1) obserwowanych podczas sesji trwającej 20–30 minut. Każda minuta podzielona jest na trzy 15-sekundowe obserwacje z 5 sekundami przerwy na rejestrację, co pozwala na obliczenie odsetka interwałów, w których występują poszczególne zachowania. Praktycy mogą skorzystać z tego systemu również w celu zbadania mikrointerakcji między rodzicami a dziećmi, w których prawdopodobieństwo specyficznych zachowań dziecka lub rodziców w danym interwale można określić na podstawie zachowania występującego w interwałach wcześniejszych lub późniejszych. Innymi słowy, można w ten sposób zbadać łańcuch interakcji zachowań rodziców i dziecka w kolejnych interwałach. Dane te mogą być przydatne przy formułowaniu hipotez na temat funkcji zachowania dziecka, a co za tym idzie, przy wyborze możliwych strategii interwencji (zob. rozdz. 3).

Tabela 1.1. Systemy obserwacji bezpośredniej i kategorie kodowania

System obserwacji	Kategorie kodowania
Kod obserwacji w klasie (Abikoff i in., 1977)	Przeszkadzanie, nagabywanie, brak skupienia na zadaniu, ruchy z zakresu motoryki małej, ruchy z zakresu motoryki dużej
System kodowania Early Screening Project (Walker i in., 1995)	Negatywne zachowanie werbalne, negatywne zachowanie fizyczne, zachowanie destrukcyjne, brak skupienia na zadaniu, zmiana aktywności, rodzaj zabawy (w pojedynkę, równoległa), pozytywne zachowania społeczne
Obserwacja interakcji rodzic–dziecko (Strain i in., 1982)	*Zachowania rodziców:* rodzaj poleceń (alfa, beta), pozytywna reakcja, negatywna reakcja *Zachowania dziecka:* nieposłuszeństwo, pozytywne zachowanie społeczne, negatywne zachowanie społeczne, adekwatne zachowanie niespołeczne, nieadekwatne zachowanie niespołeczne

Kliniczne testy uwagi i nadaktywności–impulsywności

Specjaliści zajmujący się ADHD spierają się o to, czy kliniczne testy uwagi i nadruchliwości i nadmiernej impulsywności dostarczają danych, które są przydatne w diagnozie i planowaniu interwencji. Niektórzy badacze (Barkley, 2006; DuPaul i Stoner, 2003) twierdzą, że testy kliniczne mają ograniczoną wartość, ponieważ ocenia się w nich wykonywanie sztucznie wymyślonych zadań w warunkach, które nie przypominają „rzeczywistego świata" domu czy klasy. Ich zdaniem testy te mają ograniczoną trafność zewnętrzną, a praktycy powinni raczej wykorzystać czas i zasoby na zebranie danych o zachowaniu dzieci w naturalnym otoczeniu. Inni natomiast (DeWolfe, Byrne i Bawden, 1999; Mahone, Pillion i Hiemenz, 2001; Mahone i in., 2005; Tandon i in., 2009) uważają, że nowo opracowane miary mogą dostarczyć danych na temat uwagi i impulsywności, które stanowią przydatne uzupełnienie informacji zebranych przy użyciu wywiadów i skal diagnostycznych.

Przykłady klinicznych testów uwagi lub nadruchliwości–nadmiernej impulsywności to Auditory Continuous Performance Test for Preschoolers (Mahone, Pillion i Hiemenz, 2001), Conners Continuous Performance Test – Kiddie Version (Conners, 2001) oraz Gordon Diagnostic System (Gordon, 1996). Choć twórcy tych miar empirycznie uzasadniają rzetelność i trafność danych z testu, pojawia się jednak pytanie, czy uzyskane informacje warte są czasu, wysiłku i zasobów, gdy porówna się je z danymi, które można uzyskać za pomocą wywiadów, skal diagnostycznych i bezpośrednich obserwacji. Naszym zdaniem dzieci i rodziny odniosą większe korzyści, jeśli praktycy przeznaczą czas, który poświęciliby na takie testy, na przeprowadzenie obserwacji zachowań dzieci, a także zdarzeń je poprzedzających oraz konsekwencji w środowisku domowym i przedszkolnym. Takie dane będą pomocne nie tylko w kontekście diagnozy i oceny, lecz także dostarczą podstawowych informacji, które można wykorzystać przy planowaniu interwencji (zob. „Diagnoza jako punkt wyjścia: powiązanie oceny z interwencją"). Nie ma żadnych dowodów na przydatność klinicznych testów uwagi oraz nadruchliwości–nadmiernej impulsywności w planowaniu leczenia.

Badanie przesiewowe w kierunku zaburzeń alternatywnych lub współwystępujących

Ważnym krokiem w kompleksowej ocenie ADHD jest zebranie danych rzucających światło na inne hipotezy tłumaczące zachowania, które mogą przypominać objawy ADHD. Na przykład małe dzieci z autyzmem mogą mieć problemy z angażowaniem się w zajęcia, reagować impulsywnie lub przejawiać wysoki poziom aktywności ruchowej (American Psychiatric Association, 2000). Choć w pierwszej chwili może wydawać się, że zachowania te stanowią objawy ADHD, niewykluczone jednak, że są przejawami całościowych zaburzeń rozwoju. Należy zatem uwzględnić narzędzia umożliwiające rozpoznanie bądź wykluczenie innych zaburzeń, które można błędnie wziąć za ADHD (zob. tab. 1.2). Zachowania symptomatyczne dla innych zaburzeń można sprawdzić podczas wywiadu diagnostycznego z rodzicami, a także ocenić za pomocą szerokich skal oceny zachowań. Jeśli odpowiedzi uzyskane w trakcie wywiadu lub dane z podskali kwestionariusza wskazują na nasilone objawy innych zaburzeń, to przed postawieniem diagnozy uzasadnione jest przeprowadzenie dalszej diagnostyki różnicowej.

Tabela 1.2. Możliwe zaburzenia alternatywne oraz współwystępujące

Zaburzenia o objawach pokrywających się z ADHD	Możliwe zaburzenia współwystępujące
Autyzm, zespół Aspergera, zaburzenia zachowania, cyklotymia, dystymia, zaburzenie lękowe uogólnione, depresja, zaburzenie opozycyjno-buntownicze, zaburzenie afektywne dwubiegunowe o początku w dzieciństwie	Zaburzenia zachowania, zaburzenie lękowe uogólnione, specyficzne trudności w uczeniu się, depresja, zaburzenie opozycyjno-buntownicze, zaburzenie lęku separacyjnego, zaburzenia tikowe

ADHD to zaburzenie, które rzadko występuje pojedynczo, przynajmniej według wyników większości badań klinicznych (Barkley, 2006). Z ADHD może współwystępować kilka zaburzeń eksternalizacyjnych i internalizacyjnych (zob. tab. 1.2). Jak zauważyliśmy wcześniej, w rozpoznaniu potencjalnych schorzeń współwystępujących, które mogą wymagać przeprowadzenia dodatkowej oceny, przydają się dane z wywiadu diagnostycznego oraz szerokiej skali oceny. Rzecz jasna, obecność zaburzeń współwystępujących komplikuje nie tylko sam proces podejmowania decyzji diagnostycznych, lecz także planowanie interwencji. W takiej sytuacji klinicyści muszą pomóc rodzinie i nauczycielom w ustaleniu, które zachowania spośród objawów dwóch lub więcej zaburzeń należy obrać za cel interwencji w pierwszej kolejności.

Ocena funkcjonowania szkolnego i społecznego

Diagnoza ADHD wymaga z definicji, by dzieci wykazywały zaburzenie funkcjonowania szkolnego lub społecznego będące konsekwencją ich objawów (American Psychiatric Association, 2000). Innymi słowy, nie wystarczy stwierdzić u dziecka wymaganej liczby objawów związanych z zaburzeniami uwagi lub nadruchliwości i nadmiernej impulsywności – dziecko musi przejawiać również pewne zaburzenia funkcjonowania w związku z tymi objawami. Upośledzenie funkcjonowania można ocenić przynajmniej na trzy sposoby (Healey i in., 2008). Po pierwsze, można zapytać rodziców i nauczycieli o możliwe zaburzenie funkcjonowania podczas wywiadu diagnostycznego. Wiele ustrukturyzowanych wywiadów zawiera pytanie do rodziców, czy zaobserwowane przez nich objawy powodują problemy z funkcjonowaniem szkolnym lub społecznym. Jest to rzecz jasna bardzo ogólny wskaźnik upośledzenia funkcjonowania, który nie dostarcza precyzyjnych danych i może mieć raczej ograniczoną rzetelność i trafność.

Druga i bardziej precyzyjna metoda dokumentowania zaburzonego funkcjonowania opiera się na ocenach rodziców i nauczycieli. Praktycy mogą poprosić respondentów o wypełnienie szerokiej skali oceny upośledzenia funkcjonowania, takiej jak Impairment Rating Scale (Fabiano i in., 2006) lub Children's Problem Checklist (Healey i in., 2008), lub bardziej specyficznych skal oceny najważniejszych obszarów, takich jak Social Skills Improvement Systems Rating Scales (Gresham i Elliott, 2008) czy Academic Competence Evaluation Scale (DiPerna i Elliott, 2000). Dzięki uzyskanym informacjom można określić, w jakim stopniu dzieci wykazują zaburzenia funkcjonowania w tych obszarach w porównaniu ze zwykłą populacją.

Ostatnią i najbardziej precyzyjną metodą oceny funkcjonowania szkolnego i społecznego jest zastosowanie bezpośrednich pomiarów w każdym obszarze. Testy oceniające (*norm-referenced tests*) wczesne zdolności w zakresie języka, matematyki i czytania, takie jak Bracken Basic Concept Scale-Revised (Bracken, 1998), dostarczają adekwatnych do wieku informacji o wczesnych umiejętnościach szkolnych (dojrzałości szkolnej). Jeszcze większą wartość mogą mieć testy, które pozwalają mierzyć (*criterion-referenced tests*) poszczególne umiejętności ważne dla rozwoju dojrzałości szkolnej, ponieważ uzyskane dane można bardziej bezpośrednio przełożyć na strategie nauczania. W przypadku umiejętności związanych z czytaniem i, ogólnie, językiem dobre właściwości psychometryczne dla populacji małych dzieci mają testy Phonological Awareness Literacy Screening (Invernizzi, Sullivan, Meier i Swank, 2004) oraz Dynamic Indicators of Basic Early Literacy Skills (Kaminski i Good, 1996). Wybór narzędzi pomiaru wczesnych umiejętności matematycznych jest mniejszy, jednak niedawno opracowano między innymi Early Numeracy Skills Assessment (Sokol, 2002) oraz Preschool Numeracy Indicators (Floyd, Hojnoski i Key, 2006; Hojnoski, Silberglitt i Floyd, 2009).

Bezpośrednia ocena umiejętności społecznych i pozycji w grupie rówieśniczej jest sprawą bardziej złożoną. Można przeprowadzić obserwacje behawioralne zachowania dzieci w sytuacji nieustrukturyzowanej lub na placu zabaw, aby udokumentować częstotliwość występowania pozytywnych i negatywnych zachowań społecznych w stosunku do rówieśników (zob. wcześniejsze omówienie bezpośrednich obserwacji zachowania). Mimo pozornego waloru obiektywizmu obserwacje zachowania społecznego z definicji mają ograniczoną wartość, dostarczają bowiem danych jedynie z niewielkiego wycinka czasu. Jest to tym bardziej problematyczne w przypadku oceny zachowań rzadkich, takich jak agresja fizyczna. Ocena pozycji społecznej w grupie rówieśniczej obejmuje zwykle zebranie pomiarów socjometrycznych – dzieci określają, kogo lubią, a kogo nie lubią. Takie informacje mogą być pomocne w udokumentowaniu akceptacji bądź odrzucenia dzieci przez rówieśników, lecz uzyskanie tego typu danych jest sprawą drażliwą, gdyż edukatorzy i rodzice mogą uznać za niestosowne pytanie dzieci o ocenę swoich relacji z innymi (zwłaszcza wskazywanie rówieśników, za którymi nie przepadają), dlatego rzadko pozyskuje się je poza badaniami naukowymi.

Interpretacja danych uzyskanych w trakcie diagnozy

Po zebraniu danych z kompleksowej diagnozy klinicyści muszą zinterpretować te dane, aby postawić diagnozę i opracować plan interwencji. W przypadku diagnozy ADHD podstawową kwestią jest jak najściślejsze kierowanie się kryteriami *DSM-IV-TR* (zob. załącznik 1.1). Na początku trzeba ustalić, ile behawioralnych objawów ADHD potwierdzono w obu kategoriach objawów (tj. nieuwagi oraz nadruchliwości–nadmiernej impulsywności). Liczbę objawów można ustalić na dwa sposoby. Pierwszy polega na zsumowaniu liczby objawów zgłoszonych jako częste przez rodziców w wywiadzie diagnostycznym. Drugim sposobem jest zsumowanie liczby objawów zgłoszonych przez rodziców lub nauczyciela jako częste lub bardzo częste w wąskiej skali oceny objawów ADHD. Następnie liczbę objawów należy porównać z kryteriami *DSM-IV-TR*, które wymagają obecności minimum 6 z 9 objawów w zakresie nieuwagi lub 6 z 9 objawów w zakresie nadruchliwości–nadmiernej impulsywności (bądź w obu zakresach). Pamiętając o tym, że wiele małych dzieci przejawia czasem zachowania nieuważne lub nadruchliwe–impulsywne, należy oczywiście ustalić również, czy częstotliwość i nasilenie tych zachowań rzeczywiście odbiegają od oczekiwanego poziomu rozwojowego. Obecnie najlepszym sposobem jest porównanie wyników dzieci ze skali oceny dla rodziców i nauczycieli z normami populacyjnymi dla danego wieku i płci. Jeśli wyniki znajdują się w 93 centylu lub wyżej dla danego wieku i płci, to objawy uważa się za klinicznie istotne (Anastopoulos i Shelton, 2001; Barkley, 2006).

Załącznik 1.1

Etapy przeprowadzania diagnozy

1. Określić liczbę behawioralnych objawów zaburzeń uwagi oraz nadruchliwości–nadmiernej impulsywności na podstawie wywiadu diagnostycznego z rodzicem i/lub liczbę objawów z oceny zachowania przez rodziców i nauczycieli.
2. Określić, czy zachowania nieuważne lub nadruchliwe–nadmiernie impulsywne odbiegają znacząco od norm dla danego wieku i płci za pomocą skali ocen dla rodziców i nauczycieli.
3. Określić, czy istnieje klinicznie istotne upośledzenie funkcjonowania szkolnego lub społecznego na podstawie skali ocen dla rodziców i nauczycieli i/lub bezpośrednich pomiarów funkcjonowania.
4. Ustalić, czy objawy ADHD i powiązane upośledzenie przejawiają się w co najmniej dwóch środowiskach – na podstawie obserwacji bezpośrednich, ocen rodziców i nauczycieli oraz bezpośrednich pomiarów funkcjonowania.
5. Rozpoznać, czy rzekome objawy ADHD da się lepiej wyjaśnić innym zaburzeniem (np. autyzmem) na podstawie wywiadu diagnostycznego oraz ocen zachowania przez rodziców i nauczycieli.
6. Ocenić, czy zdarzenia środowiskowe oraz czynniki kontekstowe (np. brak struktury oraz jasnego, konsekwentnego zarządzania w klasie przedszkolnej) mogą lepiej wyjaśnić zachowania, które wydają się być objawami ADHD.

ADHD = zespół nadpobudliwości psychoruchowej z zaburzeniami uwagi.

Drugie kryterium *DSM-IV-TR*, które należy wziąć pod uwagę, dotyczy tego, czy istnieją wyraźne dowody na klinicznie istotne upośledzenie funkcjonowania społecznego lub szkolnego powiązane z zachowaniami ADHD. W obszarze funkcjonowania społecznego praktycy powinni przeanalizować wyniki na wypełnianej przez rodziców skali oceny umiejętności społecznych (np. Social Skills Improvement System Rating Scales; Gresham i Elliot, 2008), aby sprawdzić, czy trudności interpersonalne przekraczają oczekiwany poziom dla wieku i płci dziecka. Zalecamy przyjąć nieco bardziej liberalną granicę wyników w wysokości 90 centyla lub wyżej, co oznacza, że trudności społeczne znajdują się w górnych 10% dla wieku i płci dziecka. Jeśli dziecko chodzi do przedszkola lub żłobka, to ocenę umiejętności społecznych należy uzyskać również od nauczycieli lub opiekunów. Dokonana przez nauczyciela ocena umiejętności społecznych dziecka powinna poprzedzać ocenę rodziców, gdyż nauczyciele mają więcej możliwości obserwowania interakcji dzieci z rówieśnikami.

Ocena możliwych zaburzeń funkcjonowania szkolnego wśród przedszkolaków jest utrudniona, ponieważ wiele dzieci w tym wieku nie ma kontaktu z nauką szkolną i w standaryzowanych testach osiągnięć należy spodziewać się „efektu podłogi". „Efekt podłogi" oznacza sytuację, w której wyniki dzieci skupiają się na dole rozkładu, ponieważ test jest zbyt trudny dla danej grupy dzieci. Większość różnicujących standaryzowanych testów osiągnięć opracowano z myślą o testowaniu umiejętności szkolnych dzieci od zerówki do końca szkoły średniej. W rezultacie wiele przedszkolaków może nie być w stanie udzielić odpowiedzi na więcej niż kilka pytań w każdym podteście. Dlatego standaryzowane testy osiągnięć, a przynajmniej te wykorzystywane zwykle do oceny uczniów szkół podstawowych i średnich, mają ograniczoną przydatność w ocenie małych dzieci. Jako alternatywę opracowano standaryzowane pomiary umiejętności przedszkolnych (np. Bracken Basic Concept Scale-Revised) do stosowania u małych dzieci. Wyniki o ponad jedno odchylenie standardowe poniżej norm wiekowych mogą wskazywać na istotne upośledzenie rozwoju umiejętności, które przygotowują do nauki czytania i przyswajania wiedzy matematycznej oraz innych umiejętności związanych z dojrzałością szkolną – co oznacza, że wyniki dziecka w zakresie wczesnych umiejętności szkolnych mieszczą się w najniższych 16% w porównaniu z jego rówieśnikami.

Trzecim kryterium *DSM-IV-TR* jest wymóg, by upośledzenie funkcjonowania będące następstwem zachowań związanych z ADHD było zgłaszane w co najmniej dwóch środowiskach. Innymi słowy, dane z oceny powinny wykazywać, że objawy ADHD i powiązane z nimi zaburzenia funkcjonowania występują w różnych sytuacjach. Praktycy mogą zatem przejrzeć wąskie skale objawów i oceny umiejętności społecznych w domu, przedszkolu i żłobku. Kryterium to jest spełnione, jeśli rodzice i nauczyciele zgodnie zgłaszają istotny poziom objawów i upośledzenia funkcjonowania. Jeśli natomiast oceny w różnych środowiskach są rozbieżne, to kryterium nie jest wówczas spełnione i diagnoza ADHD staje się wątpliwa. Obecność objawów w różnych środowiskach ma duże znaczenie, ponieważ przemawia to za diagnozą ADHD, a nie jedynie za obecnością problemowego zachowania wynikającego z czynników środowiskowych (np. z braku struktury) występujących w jednym miejscu. Rozbieżność w ocenach poszczególnych osób może również odzwierciedlać różnice w poziomie tolerancji dla problemowego zachowania, z tego też powodu należy ostrożnie rozważyć diagnozę ADHD. W przypadku rozbieżnych ocen przydają się bezpośrednie obserwacje zachowania dziecka w domu i przedszkolu, na podstawie których można stwierdzić, czy objawy ADHD i związane z nimi zaburzenie funkcjonowania występują w danym środowisku. Ogólnie rzecz biorąc, większą wagę należy przykładać do wywiadu z rodzicami i do rodzicielskiej oceny objawów ADHD ze względu na prawdopodobnie lepszą znajomość zachowań dziecka. Natomiast w odniesieniu do zaburzeń funkcjonowania społecznego i szkolnego pierwszeństwo należy dać ocenie nauczyciela, ponieważ ma on lepsze możliwości obserwacji interakcji interpersonalnych i rozwoju umiejętności przedszkolnych.

Następne kryterium *DSM-IV-TR* dotyczy tego, czy lepszym wyjaśnieniem domniemanych objawów ADHD nie jest obecność innych zaburzeń (np. autyzmu, ODD lub separacyjnego zaburzenia lękowego). Rozpatrując to kryterium, można zastosować trzy składniki kompleksowej oceny. Można podliczyć odpowiedzi rodzica na pytania z wywiadu diagnostycznego dotyczące objawów różnych zaburzeń innych niż ADHD, by sprawdzić, czy spełnione są kryteria tych zaburzeń. Jest to szczególnie istotne w przypadku objawów autyzmu, które mogą lepiej wyjaśniać trudności dziecka z koncentracją uwagi i zachowaniem. Sam fakt spełnienia kryteriów diagnostycznych innego zaburzenia (innego niż autyzm czy schizofrenia) nie musi oczywiście oznaczać, że dziecko nie ma też ADHD, zważywszy na wysoki wskaźnik współwystępowania zaburzeń w tej populacji.

Drugim składnikiem oceny, który należy uwzględnić przy rozpatrywaniu możliwości, że pozorne objawy ADHD da się wyjaśnić obecnością innych zaburzeń, jest szeroka skala oceny zachowania (np. Child Behavior Checklist) wypełniona przez rodziców i nauczycieli. Szerokie skale oceny zazwyczaj zawierają osobne podskale dotyczące poszczególnych zaburzeń. Na przykład BASC-2 obejmuje podskale wychwytujące objawy behawioralne kilku zaburzeń, w tym ODD i CD. Klinicyści mogą zatem porównać wyniki podskali dzieci z normami dla danego wieku i płci, stosując 93 centyl jako próg istotności klinicznej. Podskale, w których wyniki osiągają lub przekraczają 93 centyl, mogą wskazywać na obecność danego zaburzenia, zwłaszcza jeśli: (a) odpowiedzi w wywiadzie diagnostycznym są pozytywne dla tego zaburzenia, oraz (b) oceny nauczyciela i rodzica są zbieżne (tj. wskazują na występowanie objawów w różnych sytuacjach).

Zważywszy, że w odniesieniu do dzieci w wieku przedszkolnym szczególny nacisk kładzie się na wykluczenie autyzmu, trzecim składnikiem oceny do uwzględnienia są odpowiedzi rodziców w kwestionariuszu autyzmu. Jeśli wyniki z kwestionariusza osiągają ustalone progi punktowe dla obecności autyzmu, to uzasadniona jest dalsza ocena tego zaburzenia, zanim przystąpi się do podejmowania decyzji w sprawie diagnozy ADHD. Gdy wynik spełnia kryteria przesiewowe autyzmu, niekoniecznie oznacza to, że dziecko ma autyzm i nie ma przy tym ADHD, lecz trzeba wtedy przyjąć, że wskazana jest dalsza ewaluacja. Jeśli po dodatkowej ewaluacji diagnoza autyzmu okaże się trafna, to priorytetem jest interwencja ukierunkowana na zachowania związane z tym zaburzeniem (np. deficyty językowe, problemy z uwspólnioną uwagą, wycofanie społeczne), a obecność lub brak ADHD staje się sprawą drugorzędną. Jeśli natomiast dalsza ocena wykluczy autyzm, to należy ponownie rozważyć ADHD.

Oprócz uwzględnienia kryteriów *DSM-IV-TR* dotyczących ADHD należy również ocenić inne hipotezy wyjaśniające zachowania, które wydają się przejawem tego zaburzenia. Zwłaszcza uwarunkowania środowiskowe i czynniki sytuacyjne mogą – pod nieobecność ADHD – wywoływać zachowania nieuważne, impulsywne lub znaczną ruchliwość u małych dzieci. Na przykład dzieci w źle zarządzanej lub chaotycznej klasie czy domu łatwo mogą się rozpraszać i wydawać destrukcyjne i aktywne fizycznie z powodu braku struktury i wyraźnych oczekiwań co do ich zachowań w danym środowisku. Z perspektywy teorii behawioralnej zdarzenia poprzedzające (np. stawianie niejasnych wymagań) mogą powodować zachowanie nieuważne, destrukcyjne, a zdarzenia następujące, czyli konsekwencje (np. zainteresowanie nauczyciela nieodpowiednim działaniem), mogą podtrzymywać te zachowania w czasie. Bezpośrednie obserwacje, szczególnie w kontekście behawioralnej analizy zachowania, mogą dostarczyć danych przydatnych w ustaleniu, czy do trudnego zachowania w klasie lub w domu przyczyniają się uwarunkowania środowiskowe. W źle zarządzanym, zdezorganizowanym otoczeniu trudno rozstrzygnąć, czy zachowania dzieci świadczą o obecności zaburzenia eksternalizacyjnego, takiego jak ADHD, czy też są jedynie przejawem sposobu funkcjonowania tego środowiska. Najrozsądniejszym wyjściem jest więc praca z nauczycielami lub rodzicami w celu zmiany struktury otoczenia i zarządzania nim, tak aby sprawdzić, czy po wprowadzeniu owych zmian poszczególne dzieci będą nadal przejawiać trudne zachowania.

Innym możliwym środowiskowym czynnikiem ryzyka pojawienia się objawów zaburzeń uwagi i nadruchliwości–nadmiernej impulsywności u małych dzieci jest doświadczenie znaczącej, zazwyczaj negatywnej, zmiany w ich życiu. Zdarza się, że dzieci po traumatycznym wydarzeniu (np. śmierci rodzica, rodzeństwa lub ulubionego zwierzątka) mają czasowo problemy z koncentracją, kontrolą zachowania lub jednym i drugim. Częściej natomiast mogą przejawiać oznaki stresu, takie jak wywołane lękiem łatwe rozpraszanie uwagi, wiercenie się czy obniżona wydajność wykonywania zadań. Reakcje te mogą mieć charakter przejściowy bądź też mogą być powiązane z bardziej chronicznymi trudnościami, takimi jak zespół stresu pourazowego. W każdym razie zdarzenia traumatyczne lub ważne wydarzenia życiowe mogą łączyć się z pewnymi zachowaniami, które czasami przypominają objawy ADHD, lecz takie zdarzenia nie prowadzą do „prawdziwego" obrazu klinicznego tego zaburzenia (Barkley, 2006).

Trudności w diagnozowaniu ADHD u małych dzieci

Brak jednego obiektywnego „testu" na ADHD sprawia, że wyciąganie wniosków w sprawie diagnozy tego zaburzenia może stanowić nie lada wyzwanie nawet w najbardziej sprzyjających okolicznościach, a w przypadku małych dzieci z kilku powodów okazuje się jeszcze trudniejsze. Po pierwsze, dzieci w wieku przedszkolnym przejawiają szerokie spektrum zachowań zależnie od tego, z kim przebywają, oraz od zmiennych (np. zajęć, struktury) charakterystycznych dla danego otoczenia. Ta naturalna heterogeniczność zachowania utrudnia rozstrzygnięcie, czy obserwowane problemy z uwagą lub nadruchliwością i nadmierną impulsywnością stanowią jakieś zaburzenie (tj. zachowanie, które istotnie odbiega od norm dla danego wieku i płci), czy też są to po prostu zachowania sytuujące się na skraju skali zachowań typowych (tj. reprezentują „ogon" naturalnego rozkładu takich zachowań w populacji). Campbell (2002) przedstawiła wskazówki, jak dokonywać takiego rozróżnienia diagnostycznego. Klinicyści muszą zidentyfikować kombinację zachowań problemowych, które występują w połączeniu ze znacznie wyższą częstością i nasileniem w porównaniu z rówieśnikami, a problemy te muszą występować dostatecznie długo, by odróżnić je od przystosowania do jakiegoś wydarzenia życiowego (np. narodzin rodzeństwa) lub od zmiany rozwojowej (np. rozpoczęcia przedszkola). Ponadto problemowe zachowania powinny przejawiać się w różnych środowiskach oraz w relacjach z różnymi dorosłymi, muszą także upośledzać rozwój typowych umiejętności i zdolności.

Drugim wyzwaniem związanym z diagnostyczną oceną ADHD u małych dzieci jest możliwe zmniejszanie się nasilenia trudnych zachowań w miarę ich rozwoju (Loughran, 2003). Z serii badań przeprowadzonych przez Campbell i współpracowników (np. Campbell i Ewing, 1990; Campbell i in., 1986) w latach 80. i 90. ubiegłego wieku można wysnuć wniosek, że około 50% przedszkolaków z pozornym ADHD „wyrastało" z zaburzenia, kiedy oceniano je później jako uczniów szkoły podstawowej. Innymi słowy, dzieci te tak naprawdę nie miały ADHD, zwłaszcza że niemal zawsze jest to schorzenie chroniczne, które utrzymuje się przez cały okres rozwoju (zob. Barkley, Murphy i Fischer, 2008). Część małych dzieci może przejawiać brak koncentracji i/lub nadruchliwość–nadmierną impulsywność przez rok czy dwa we wczesnym dzieciństwie, przypuszczalnie z powodu różnic lub opóźnień rozwojowych. Dlatego zawsze należy ostrożnie stawiać diagnozę ADHD u małych dzieci, ponieważ znaczna ich część nie będzie przejawiać tego zaburzenia w szkole podstawowej. Takie dzieci lepiej byłoby określać jako *obserwowane w kierunku ryzyka rozwoju ADHD*, zamiast szufladkować je jako zdiagnozowane bez zastrzeżeń. Trzeba podkreślić, że z nowych badań podłużnych, w których stosuje się aktualne kryteria diagnostyczne i skale ocen, wynika, że większość małych dzieci spełniających kryteria diagnostyczne ADHD będzie w dalszym ciągu przejawiać istotne objawy w okresie dzieciństwa i dorastania (np. Lahey i in., 2004). Niemniej jednak w pracy z małymi dziećmi, których trudności mogą mieć charakter raczej przejściowy, w wielu przypadkach należałoby się zastanowić nad takimi wstępnymi rozpoznaniami jak *dziecko obserwowane w kierunku ADHD*.

Ostatnim wyzwaniem w ocenie ADHD u małych dzieci jest przeważnie ograniczony zasób informacji na temat ich zachowania poza środowiskiem domowym. Część dzieci nie chodzi ani do przedszkola, ani do żłobka, a te dzieci, które chodzą, często korzystają z przedszkola w okrojonym wymiarze godzin. Nauczyciele z przedszkola oraz opiekunowie ze żłobka mogą udzielić informacji w toku procesu diagnostycznego, lecz zdarza się, że rzadko mają okazję obserwować zachowanie dziecka w różnorodnych okolicznościach i przez dostatecznie długi czas. Dlatego głównymi, a niekiedy jedynymi, informatorami w odniesieniu do objawów

ADHD pozostają rodzice. Zdanie się na relację rodziców może niestety prowadzić do nierzetelnych lub nietrafnych decyzji diagnostycznych; z badań wynika, że opieranie się wyłącznie na relacjach matek może prowadzić do nadrozpoznawania (Gimpel i Kuhn, 2000) lub niedorozpoznawania (Maniadaki i in., 2007) ADHD. Nawet wtedy, gdy dostępne są oceny pochodzące od nauczycieli, korelacje między ocenami objawów ADHD dokonanymi przez rodziców i nauczycieli są niskie (tj. $r < 0,30$), co wskazuje, że zachowanie dziecka różni się znacznie w poszczególnych środowiskach (Murray i in., 2007).

Decyzje diagnostyczne i oceny dotyczące ADHD u małych dzieci mogą co prawda stanowić niełatwe wyzwanie, istnieje jednak kilka strategii, które pomagają klinicystom skutecznie się z nimi uporać. Po pierwsze, należy korzystać z psychometrycznie trafnych miar diagnozy, które zawierają dane normatywne dla małych dzieci. Od końca lat 90. ubiegłego wieku opracowano wiele skal diagnostycznych dla nauczycieli i rodziców służących do oceny objawów ADHD u małych dzieci (zob. „Kompleksowa ocena ADHD" wcześniej w tym rozdziale). Trzeba starannie wybierać miary najlepiej reprezentujące populację, do której należą dane dzieci. Na przykład przy ocenie dzieci rasy innej niż kaukaska należy zastosować skalę oceny zawierającą dane normatywne z populacji zróżnicowanej etnicznie.

Po drugie, w procesie oceny i przy podejmowaniu decyzji diagnostycznych pomaga stosowanie wielu skal – nie polega się wówczas tylko na jednym wskaźniku. Wskazywaliśmy wcześniej, że nie ma jednej metody diagnozowania dzieci z ADHD, zwłaszcza w fazie rozwojowej obejmującej gwałtowne zmiany funkcjonowania, które są ogromnie zróżnicowane wśród dzieci. Prawdopodobieństwo podjęcia rzetelnych i trafnych decyzji dotyczących diagnozy i leczenia jest większe, kiedy w ocenie zachowania w różnych środowiskach korzysta się z informacji od wielu respondentów (tj. rodziców i nauczycieli) oraz z wielu metod (tj. wywiadów z rodzicami, skal ocen zachowania wypełnianych przez rodziców i nauczycieli, bezpośrednich obserwacji oraz ewentualnie testów klinicznych). To ostatnie może być szczególnie przydatne w sytuacjach, w których nie dysponuje się oceną nauczyciela.

Po trzecie, ewaluacja ADHD musi skupiać się na takich zaburzeniach funkcjonowania, jakie mogą wiązać się z objawami. Jak już wspomniano, wiele małych dzieci może przejawiać wysoką aktywność, słabą zdolność koncentracji i/lub zachowania impulsywne, zatem wskaźnikiem odróżniającym dzieci z ADHD od typowo rozwijających się rówieśników jest stopień zaburzenia funkcjonowania spowodowany wymienionymi zachowaniami. Ponadto włączenie obiektywnego pomiaru upośledzenia funkcjonowania może zredukować diagnozę ADHD u przedszkolaków o 46–77% w porównaniu z ocenami opartymi jedynie na obecności lub braku objawów (Healey i in., 2008). Kompleksowa ocena obejmuje ocenę funkcjonowania społecznego, przedszkolnego i rodzinnego. Stwierdzenie obecności wyraźnych zaburzeń funkcjonowania oraz ich związku z objawami ADHD daje klinicystom solidniejsze podstawy do sformułowania diagnozy. Jeśli nie występuje upośledzenie funkcjonowania, to diagnoza ADHD jest niezasadna (American Psychiatric Association, 2000).

W badaniach poprzecznych (np. DuPaul i in., 2001) i podłużnych (np. Lahey i in., 2004) udokumentowano ostre i przewlekłe trudności, których doświadczają małe dzieci z ADHD. Jasno z tego wynika, że kryteria włączenia zastosowane w tych badaniach identyfikują grupę dzieci bezpośrednio i długoterminowo narażonych na ryzyko doświadczania trudności behawioralnych i szkolnych. Do identyfikacji uczestników wspomnianych badań wykorzystano rozmaite metody i różnych respondentów, między innymi wywiady diagnostyczne z rodzicami, oceny zachowania dziecka dokonywane przez rodziców i nauczycieli oraz próbę wykluczenia innych ewentualnych diagnoz (np. autyzmu) dla pozornych objawów ADHD. Dane te stanowią empiryczne wsparcie dla stosowania metod oceny opisanych w tym rozdziale.

Korzystanie z opisanych tu strategii oceny nie zwalnia jednak z zachowania należytej ostrożności przy podejmowaniu decyzji diagnostycznych co do ADHD u małych dzieci. Pewnym wyjściem jest stosowanie określenia *obserwacja w kierunku ADHD* w opisie małych dzieci, które spełniają kryteria diagnostyczne, lecz dane z ich oceny są niepełne (np. nie dysponuje się oceną nauczyciela) lub ich istotność jest marginalna (np. objawy dziecka mieszczą się w zakresie umiarkowanym pod względem nasilenia i upośledzenia). Określenie to sygnalizuje, że zachowanie dziecka odbiega od normy rówieśniczej na tyle, by narazić dziecko na ryzyko wystąpienia różnych trudności, informując jednocześnie, że z jednoznacznym wnioskiem na temat diagnozy należy poczekać na dalszy rozwój dziecka (np. kiedy dziecko rozpocznie naukę w szkole podstawowej).

Przykład diagnozy

Jason D., trzyletni biały, nielatynoski chłopiec, został skierowany do naszego programu wczesnej interwencji przez dyrektorkę placówki przedszkolnej zaniepokojoną jego bardzo wysokim poziomem aktywności, problemami z dostosowaniem się do przedszkolnych zasad i zajęć oraz trudnościami w nawiązaniu dobrych stosunków z rówieśnikami i nauczycielami. Jason uczestniczył w całorocznym programie przedszkolnym i chodził do placówki cztery razy w tygodniu. Pani D., jego dwudziestodwuletnia matka, zgłaszała podobne trudne zachowania Jasona w środowisku domowym. W momencie skierowania rodzice Jasona pozostawali w separacji i chłopiec mieszkał z matką oraz starszym bratem. Zarówno matka, jak i ojciec Jasona mieli wykształcenie średnie i stałą pracę.

Pani D. i główna nauczycielka Jasona z przedszkola wypełniły Conners Rating Scales. Zachowania Jasona związane z ADHD oraz ODD u obu ocenach sytuowały się powyżej

98 centyla dla płci i wieku chłopca. Jason uzyskał standardowy wynik 90 (w ocenie zarówno rodzicielskiej, jak i nauczycielskiej) na podskali zachowań opozycyjnych oraz standardowy wynik 88 (rodzic) i 81 (nauczyciel) na wskaźniku ADHD. Z przeprowadzonego z użyciem DISC-IV wywiadu klinicznego z panią D. wynikało, że Jason przejawia wszystkie 9 objawów zaburzeń uwagi i wszystkie 9 objawów nadruchliwości – nadmiernej impulsywności z kryteriów ADHD według *DSM-IV-TR*. Według uzyskanych informacji zachowania te występowały bardzo często, miały charakter przewlekły (tj. utrzymywały się przynajmniej przez jeden rok) i powodowały upośledzenie funkcjonowania w środowisku domowym i przedszkolnym. Ponadto pani D. podała, że Jason przejawia z dużą częstotliwością wszystkie 8 objawów behawioralnych ODD. Dane z wywiadu klinicznego odpowiadały więc diagnozie ADHD podtypu mieszanego oraz ODD.

Zgłoszono, że Jason przejawia jeden objaw CD (tj. okrucieństwo fizyczne wobec innych osób), lecz chłopiec nie spełniał pełnych kryteriów tego zaburzenia. Na podstawie odpowiedzi pani D. w kwestionariuszu Checklist for Autism in Toddlers wykluczono objawy autyzmu i stwierdzono, że nie ma podstaw do dalszego diagnozowania całościowych zaburzeń rozwoju. Ponadto Jason uzyskał nisko średnie standardowe wyniki (niewiele ponad 90) w zakresie zdolności werbalnych i niewerbalnych według Differential Ability Scales. Wydaje się zatem, że trudne zachowania nie wiązały się z deficytami poznawczymi. Przeprowadzono krótką (20 minut) obserwację zachowania Jasona w przedszkolu przy użyciu kodu obserwacji w klasie (Abikoff i in., 1977). Dane te zebrano, aby ustalić zachowanie Jasona w sytuacji ustrukturyzowanej (np. grupowy czas w kręgu). Zebrano również dane dotyczące losowo wybranego rówieśnika tej samej płci. W trakcie obserwacji Jason dość często przejawiał zachowania świadczące o braku skupienia na zadaniu, a także o nieposłuszeństwie. Nie skupiał się na zadaniu podczas 18% interwałów, natomiast porównywany rówieśnik jedynie podczas 8% interwałów. Nieposłuszeństwo przejawiał w 5% interwałów, podczas gdy rówieśnik nie wykazał żadnego zachowania nieposłusznego. Nie zaobserwowano, by Jason był fizycznie agresywny w sytuacji ustrukturyzowanej. Dodatkowo przeprowadzono trwającą 15 minut obserwację przy użyciu systemu kodowania ESP (Feil i in., 1995) w czasie swobodnej zabawy na placu zabaw tuż obok klasy. Jason przejawiał niski poziom pozytywnego zaangażowania społecznego (15% interwałów) w porównaniu z losowo wybranym rówieśnikiem (54% interwałów) i przejawiał więcej negatywnych zachowań werbalnych (13% w stosunku do 1% u rówieśnika) oraz fizycznych (5% w stosunku do 0% u rówieśnika) wobec kolegów z klasy.

Dane oceny w spójny sposób wskazywały na chroniczne, występujące w różnych sytuacjach i upośledzające funkcjonowanie objawy behawioralne ADHD u Jasona. Wykluczono również inne hipotezy diagnostyczne (np. CD, autyzm, deficyty poznawcze) dla tych zachowań. Co więcej, zarówno rodzic, jak i nauczyciel informowali o zachowaniach odpowiadających ODD. Wydaje się zatem, że Jason spełniał kryteria diagnostyczne ADHD typu mieszanego i ODD. W rezultacie matka i nauczycielka zgodziły się na uczestnictwo w naszym programie wczesnej interwencji, aby zredukować trudne zachowania Jasona i poprawić jego funkcjonowanie behawioralne i społeczne. Zebrano dodatkowe dane oceny przydatne do zaplanowania interwencji zgodnie z opisem podanym w następnej części.

Diagnoza jako punkt wyjścia: powiązanie oceny z interwencją

W przypadku dzieci z podejrzeniem ADHD proces diagnozy nie kończy się wraz z jej postawieniem, lecz toczy się nadal podczas wybierania i wdrażania strategii terapeutycznych. Można wręcz powiedzieć, że wybór i ewaluacja interwencji stanowią pod wieloma względami najważniejsze aspekty procesu badania – z perspektywy klinicznej istotniejsze nawet niż samo postawienie diagnozy (DuPaul i Stoner, 2003). Dane oceny na kilka sposobów pomagają w wyborze leczenia. Po pierwsze, wraz z danymi gromadzonymi dla celów diagnostycznych należy zbierać dane bezpośrednio dotyczące programu interwencji. Na przykład w trakcie bezpośrednich obserwacji zachowania klinicyści – zamiast skupiać się wyłącznie na rejestrowaniu częstotliwości występowania zachowań związanych z ADHD (np. brak skupienia na zadaniu) – mogą notować również zdarzenia środowiskowe, które poprzedzają lub wywołują te zachowania, a także zdarzenia, które następują po konkretnych zachowaniach i mogą być konsekwencjami tych zachowań. Tym sposobem można jednocześnie uzyskać informacje przydatne zarówno w diagnozie, jak i programie interwencji.

Ważną decyzją, zwłaszcza w odniesieniu do leczenia ADHD, jest to, czy należy zastosować leczenie lekami psychotropowymi (zob. rozdz. 7). Choć podawanie leków psychostymulujących (np. metylofenidatu) prowadzi do znacznego ograniczenia objawów ADHD u wielu dzieci, z badań naukowych wynika, że przedszkolaki mogą być bardziej podatne na negatywne skutki uboczne niż starsze dzieci i że rodzice małych dzieci w mniejszym stopniu akceptują farmakoterapię niż rodzice starszych dzieci i młodzieży z ADHD (Greenhill i in., 2006; Swanson i in., 2006). Dlatego na ogół unika się stosowania leków albo opóźnia się moment ich wprowadzenia, zwłaszcza w grupie dzieci w wieku przedszkolnym (zob. rozdz. 7). Przy podejmowaniu decyzji o farmakoterapii wskazówką mogą być dane dotyczące nasilenia objawów ADHD i powiązanego z nimi upośledzenia funkcjonowania, a także odpowiedź na wcześniejsze interwencje. Farmakoterapię można by rozważać jako leczenie pierwszego rzutu wyłącznie u tych małych dzieci, które przejawiają bardzo częste i silne objawy tego zaburzenia (tj. przynajmniej dwa odchylenia standardowe powyżej średniej dla danego wieku i płci) wraz z poważnymi deficytami umiejętności szkolnych lub społecznych (tj. przynajmniej dwa odchylenia standardowe poniżej średniej dla wieku dziecka). We wszystkich przypadkach – z wyjątkiem najcięższych – preferowanym leczeniem pierwszego rzutu byłyby interwencje psychospołeczne, edukacyjne i dotyczące bezpieczeństwa w domu (opisane w następnych rozdziałach).

Dane z procesu diagnozy mogą stanowić wskazówkę nie tylko co do ogólnej decyzji o ewentualnym zastosowaniu farmakoterapii, lecz także co do bardziej szczegółowych decyzji dotyczących interwencji terapeutycznych. Najbardziej znamiennym przykładem interwencji opartej na ocenie jest projekt strategii interwencji, którego podstawę stanowi funkcjonalna analiza zachowania (Watson i Steege, 2003). Funkcjonalna analiza zachowania służy identyfikacji tych zdarzeń środowiskowych, które poprzedzają dane zachowanie lub następują po nim i najwyraźniej są funkcjonalnie powiązane z przejawem tego zachowania. W następnych rozdziałach bardziej szczegółowo opisujemy konkretne kroki składające się na behawioralną analizę zachowania, zarówno w środowisku domowym (zob. rozdz. 3), jak i przedszkolnym (zob. rozdz. 4). Ogólnie rzecz biorąc, funkcjonalna analiza zachowania obejmuje zebranie od rodziców lub nauczycieli informacji opisowych dotyczących możliwych zdarzeń poprzedzających lub konsekwencji (następstw), które mogą wywoływać i podtrzymywać dane zachowania. W niektórych przypadkach można przeprowadzić analizę eksperymentalną, tak aby przez bezpośrednią manipulację konsekwencjami określić ich funkcję behawioralną. Ostatni etap behawioralnej analizy zachowania obejmuje testowanie interwencji, która wywołuje lub wzmacnia przejaw odpowiedniego zachowania spełniającego taką samą funkcję jak pierwotne trudne zachowanie.

Dane z behawioralnej analizy zachowania z powodzeniem wykorzystuje się w projektowaniu skutecznych interwencji dla przedszkolaków z ADHD (Boyajian i in., 2001). Na rysunku 1.1 przedstawiono dane z przeprowadzonej w przedszkolu behawioralnej analizy zachowania (eksperymentalnej) dla trzyletniego dziecka z ADHD (Jasona), który brał udział w badaniu zrealizowanym przez Boyajiana i współpracowników (2001). Z danych wynika, że unikanie wykonania wymaganego zadania podtrzymywało nieposłuszne, agresywne zachowanie Jasona (tj. trudne zachowanie pojawiało się częściej, jeśli wymagano od niego wykonania zadania). Krótki test odwrócenia zależności (tj. chłopiec mógł uniknąć wykonania zadania, jeśli poprosił o przerwę, ale musiał je wykonać, jeśli pojawiło się nieposłuszne, agresywne zachowanie) wykazał wzrost zaangażowania w wykonanie zadania i spadek nieposłuszeństwa w porównaniu z warunkami wyjściowymi (zob. rys. 1.2). Podstawą projektu interwencji są więc bardzo szczegółowe dane dotyczące funkcji zachowania oraz prawdopodobieństwa, że interwencja oparta na tej funkcji będzie skuteczna.

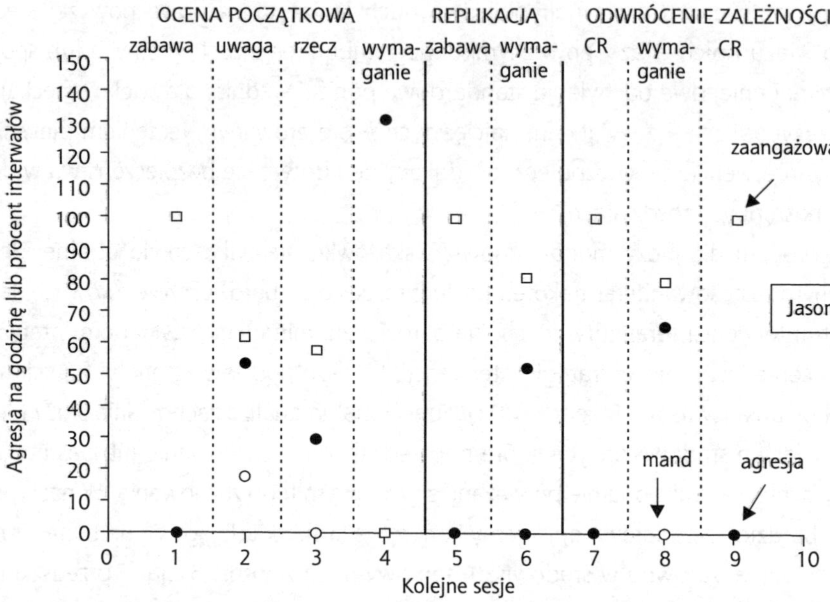

Rysunek 1.1. Poziom agresji, żądań (mandów) oraz procent zaangażowania w różnych warunkach w fazach oceny początkowej, replikacji i odwrócenia zależności (*Contingency Reversal*, CR) dla Jasona

Źródło: Boyajian, A.E., DuPaul, G.J., Handler, M.W., Eckert, T.L., McGoey, K.E. (2001). The Use of Classroom-Based Brief Functional Analyses With Preschoolers at-Risk for Attention Deficit Hyperactivity Disorder, *School Psychology Review, 30*, 287. Copyright © 2001 by the National Association of School Psychologists, Bethesda, MD. Przedruk za zgodą wydawcy. www.nasponline.org

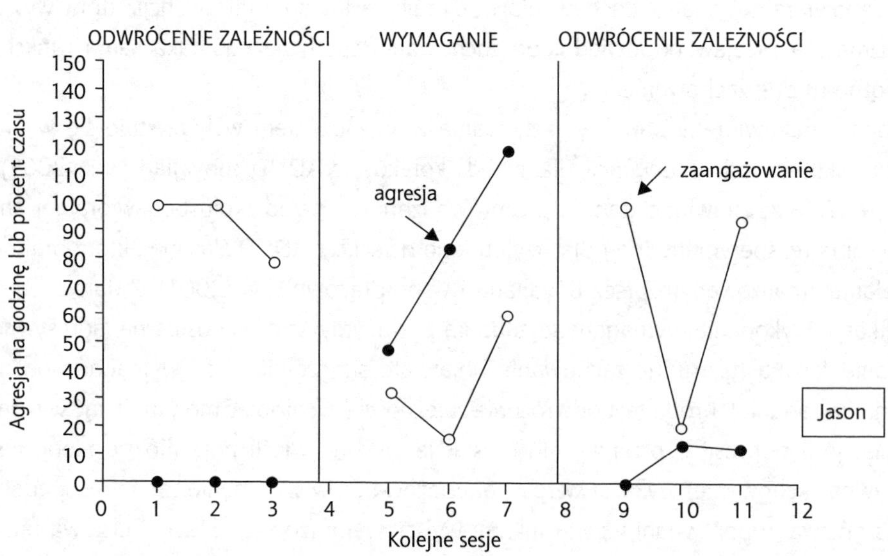

Rysunek 1.2. Poziom agresji, żądań (mandów) oraz procent zaangażowania w fazach odwrócenia zależności (tj. interwencji) oraz fazie wyjściowej (wymagań) dla Jasona

Źródło: jak do rys. 1.1.

Stałe zbieranie danych diagnostycznych

Po wdrożeniu strategii interwencji należy okresowo zbierać dane, aby udokumentować, czy leczenie jest skuteczne. Można na przykład przeprowadzić bezpośrednie obserwacje modyfikowanych zachowań przed interwencją i po niej w celu udokumentowania wyników leczenia, widocznych w postaci zmian poziomu, trendu i punktu przecięcia danych. Inną możliwością byłoby zebranie ocen objawów ADHD od nauczycieli i rodziców (za pomocą wąskich skal oceny) zarówno przed interwancją, jak i po niej. Za pomocą skal oceny, obserwacji bezpośrednich lub bezpośrednich pomiarów funkcjonowania należy również określić, czy leczenie redukuje upośledzenie funkcjonowania szkolnego i społecznego powiązane z objawami ADHD. Innymi słowy, o skuteczności leczenia świadczy nie tylko sama redukcja objawów ADHD, lecz także klinicznie istotna poprawa funkcjonowania w domu i szkole. Jeśli dane nie wskazują na poprawę bądź wskazują jedynie na częściową poprawę, to należy rozważyć zmodyfikowanie interwencji, a następnie wybrać modyfikacje, wdrożyć je i poddać wielokrotnej ocenie.

W naszych badaniach nad wczesną interwencją zbieramy dane dotyczące zmian w zakresie symptomów, a także funkcjonowania szkolnego, behawioralnego i społecznego co 6 miesięcy, aby monitorować zmiany funkcjonowania dziecka w czasie. Ten odstęp między kolejnymi ocenami daje czas na pojawienie się efektów leczenia i pozwala wykluczyć obawy, że powtarzane pomiary za pomocą tego samego narzędzia obciążone będą efektem „wprawy". Ponadto dane trzeba pozyskiwać od różnych respondentów (tj. rodziców i nauczycieli) oraz z użyciem rozmaitych metod pomiaru (np. skal oceny, obserwacji bezpośrednich), aby ograniczenia jednego pomiaru lub respondenta równoważone były przez mocne strony pozostałych pomiarów czy respondentów. Na przykład dane skali ocen mogą odzwierciedlać częściowo stronnicze spostrzeżenia respondenta i warto je uzupełnić bezpośrednimi obserwacjami przeprowadzonymi przez neutralnego obserwatora, który przypuszczalnie nie podziela podobnego nastawienia. Wreszcie w bieżących pomiarach odpowiedzi na leczenie należy korzystać z istniejących miar służących do dokumentowania zmian w czasie. W odniesieniu do wczesnych umiejętności w zakresie czytania i matematyki preferuje się ocenę opartą na programie nauczania zamiast standaryzowanych testów różnicujących (np. Woodcock-Johnson Test of Educational Achievement) ze względu na stosunkową zwięzłość i wykorzystanie alternatywnych formularzy.

Wnioski

ADHD to zaburzenie, które pojawia się zazwyczaj we wczesnym okresie życia i wiąże się z trwałym upośledzeniem funkcjonowania szkolnego lub społecznego (bądź jednego i drugiego). Należy jak najwcześniej ustalić, które małe dzieci mogą spełniać kryteria diagnostyczne tego zaburzenia, aby wdrażać skuteczne interwencje w domu, przedszkolu i żłobku[2]. W tym rozdziale omówiliśmy psychometrycznie trafne metody wykrywania i kompleksowej oceny objawów ADHD oraz powiązanych z nim zaburzeń funkcjonowania u małych dzieci. Kompleksowa ocena ADHD i powiązanych zaburzeń eksternalizacyjnych wymaga różnorodnych pomiarów dokonywanych w środowisku domowym, przedszkolnym i żłobkowym i wykorzystujących informacje od różnych respondentów (rodziców, nauczycieli i opiekunów). Do oceny zachowania stosuje się cztery podstawowe metody: ustrukturyzowane wywiady, standaryzowane skale ocen, bezpośrednie obserwacje zachowania oraz – w rzadkich przypadkach – bezpośrednie pomiary uwagi i nadruchliwości–nadmiernej impulsywności. Kryteria diagnostyczne *DSM-IV-TR*, choć dalekie od doskonałości, stanowią najlepsze dostępne standardy służące do interpretacji danych w celu podjęcia decyzji diagnostycznych. Podkreśliliśmy, że ocena nie kończy się na decyzji diagnostycznej, lecz stanowi nieodłączny składnik procesu wyboru, projektowania i ewaluacji interwencji, o czym piszemy w kolejnych rozdziałach. Ocena diagnostyczna małych dzieci to wyzwanie ze względu na rozmaitość kwestii rozwojowych, niemniej dzięki psychometrycznie trafnym pomiarom i rozważnym decyzjom diagnostycznym dzieci mogą otrzymać skuteczną wczesną interwencję, która może złagodzić chroniczne trudności szkolne i społeczne lub im zapobiec.

[2] Ponownie należy przypomnieć, że tak wczesne stawianie diagnozy ADHD w Polsce i Europie nie jest jednoznacznie akceptowane (przyp. red. nauk.).

ROZDZIAŁ 2

Model wczesnej interwencji

W ostatnich dwóch dziesięcioleciach nastąpił znaczny rozwój interwencji nakierowanych na problematyczne zachowania u dzieci przedszkolnych. Opracowano między innymi modele interwencji pomocne klinicystom i terapeutom. Jednym z nowych modeli cechujących się wysoką skutecznością jest interwencja prowadzona w sposób wielopoziomowy, w której najpierw wdraża się mniej inwazyjne podejścia, natomiast bardziej inwazyjne strategie stosuje się tylko wobec osób nieodpowiadających na wcześniejsze działania (np. Müller, 2007; Sugai i Horner, 2002). Interwencja wielopoziomowa ma wiele zalet. Jedną z nich jest to, że wszystkie dzieci otrzymują jakiś rodzaj wsparcia, który służy zarówno zapobieganiu zachowaniom problemowym, jak i minimalizowaniu trudności już istniejących. Co więcej, wiele dzieci reaguje na interwencje, których wdrożenie jest mało pracochłonne, a intensywniejszych działań wymaga zdecydowana mniejszość dzieci. Pozwala to na ekonomiczne spożytkowanie zasobów.

Kolejnym postępem w obszarze zachowania problemowego jest lepsze zrozumienie znaczenia wczesnej interwencji. Działania interwencyjne często są dużo mniej intensywne, jeśli wprowadza się je wówczas, gdy problemy pojawiają się po raz pierwszy, zanim zdążą utrwalić się w repertuarze zachowań dziecka. Ponadto wczesna interwencja może zapobiegać negatywnym następstwom, takim jak odrzucenie społeczne czy porażki szkolne, które zwykle idą w ślad za powtarzającym się zachowaniem problemowym, lub te następstwa redukować.

Coraz powszechniejsze jest również stanowisko, że leczenie jest najbardziej skuteczne wtedy, gdy można je zastosować w różnych środowiskach. Ma to szczególne znaczenie w przypadku dzieci z zespołem nadpobudliwości psychoruchowej z zaburzeniami uwagi (ADHD) lub z cechami ADHD, które ze względu na charakter tego zaburzenia przejawiają problemowe zachowania w rozmaitym warunkach. Kiedy dzieci mają do czynienia z tym samym rodzajem ustrukturyzowanych środowisk z jasnymi oczekiwaniami, odpowiednim wsparciem i konsekwentnymi reakcjami ze strony wszystkich opiekunów, poprawa zachowania następuje bardzo szybko i gwałtownie.

W tym rozdziale opisujemy model interwencji oparty na wspomnianych wcześniej zasadach. Model obejmuje wielopoziomowe, wielośrodowiskowe podejście opracowane dla małych dzieci z ADHD lub z cechami ADHD. Zaczynamy od przedstawienia krótkiej historii oraz założeń tego modelu. Następnie opisujemy dostosowanie modelu do środowisk przedszkolnego, żłobkowego i domowego. Omawiamy również sposób, w jaki osoby przeprowadzające interwencję, na przykład dziecięcy psychologowie kliniczni, psychologowie szkolni czy pedagodzy specjalni, mogą skutecznie pełnić funkcje konsultantów i współpracowników w pracy z nauczycielami, personelem i członkami rodziny.

Opis modelu wczesnej interwencji

Dzieci z ADHD w większym stopniu niż dzieci z innego rodzaju niepełnosprawnością czy zaburzeniami przejawiają wiele poważnych problemów behawioralnych. Stąd najbardziej oszczędne podejście interwencyjne obejmuje model wielopoziomowy, który opracowano z myślą o zapewnieniu kontinuum wsparcia w zależności od potrzeb dziecka (Horner i in., 2006). Zgodnie z tym modelem działanie rozpoczyna się od poziomu 1, czyli od *interwencji uniwersalnej* dla danej populacji. Interwencje na tym poziomie to oparte na dowodach strategie, które przeważnie są skuteczne w odniesieniu do dużej liczby dzieci w danej populacji. Poziom 2, czyli *interwencja drugiego stopnia*, stosowany jest jedynie wobec tych dzieci, które nie odpowiadają na interwencję na poziomie uniwersalnym. Działania na tym poziomie prowadzone są zwykle w małych grupach i obejmują interwencje specjalne lub edukacyjne. Z kolei poziom 3, czyli *interwencja trzeciego stopnia*, zastrzeżona jest do małego odsetka populacji, który przejawia intensywne i uporczywe problemy behawioralne i nie reaguje na interwencje drugiego stopnia. Interwencja na poziomie 3 jest zindywidualizowana i opracowana zwykle na podstawie danych z diagnozy.

Ten model profilaktyki i interwencji jest dziś powszechnie stosowany w szkołach na terenie całych Stanów Zjednoczonych w formie wspierania pozytywnego zachowania na szczeblu szkoły (*schoolwide positive behavior support* – SWPBS; Sugai i Horner, 2002) oraz odpowiedzi na interwencję (*response to intervention* – RtI; Fuchs i Fuchs, 2006). W tych dwóch wiodących formach poziom 1, czyli interwencja uniwersalna, dotyczy wszystkich uczniów w danej szkole. W przypadku SWPBS poziom 1 obejmuje wprowadzenie ogólnoszkolnych oczekiwań co do zachowania, przedstawienie uczniom tych oczekiwań i przyznawanie nagród za postępowanie zgodne z oczekiwaniami oraz wyciąganie spójnych konsekwencji za niedostosowanie się do oczekiwań. RtI na poziomie 1 składa się z wdrożenia opartych na dowodach programów nauczania, takich jak program nauki czytania poparty badaniami naukowymi. Poziom 2 polega na intensywniejszych, ukierunkowanych interwencjach, takich jak uczenie umiejętności społecznych w przypadku SWPBS lub nauka w małych grupach w modelach RtI. Wreszcie poziom 3 to zindywidualizowana interwencja nakierowana na poważniejsze problemy behawioralne lub szkolne. Interwencja SWPBS na poziomie 3 zazwyczaj obejmuje zindywidualizowany plan interwencji opracowany na podstawie behawioralnej analizy zachowania (Kern, Hilt-Panahon i Sokol, 2009). W obrębie RtI przykładem interwencji w zakresie nauki na poziomie 3 jest program zajęć wyrównawczych z czytania (np. Fuchs i Fuchs, 2006).

Model wielopoziomowy szczególnie nadaje się dla dzieci z ADHD bądź z cechami ADHD. Po pierwsze, jak wynika z naszych wcześniejszych badań, wiele problemów behawioralnych typowych dla małych dzieci z ADHD można z powodzeniem wyeliminować za pomocą metod poziomu 1 (Kern i in., 2007). Podejście to jest więc bardzo ekonomicznym rozwiązaniem, ponieważ interwencja na tym poziomie wymaga małego nakładu czasu i wysiłku w porównaniu z interwencjami na poziomach 2 i 3. Ponadto metody poziomu 1, choć wyjątkowo dobrze służą dzieciom z ADHD, mogą przynieść korzyści wszystkim dzieciom w przedszkolu, żłobku lub domu (np. Sokol i in., 2009). Na przykład wprowadzenie struktury i adekwatnych do wieku dzieci sposobów postępowania sprzyja rozwojowi wszystkich małych dzieci (Bredekamp i Copple, 1996). Co więcej, przedszkola czy społeczności na ogół dysponują ograniczonymi zasobami, dlatego pulę świadczeń można skutecznie i ekonomicznie rozdysponować zgodnie z potrzebami wszystkich dzieci, przeznaczając więcej nakładów jedynie tam, gdzie jest to wskazane. Ma to ogromne znaczenie, zwłaszcza jeśli uwzględni się częstość występowania ADHD i potencjalnie wielkie koszty związane z tym zaburzeniem w skali całego życia dotkniętej nim osoby (Pelham, Foster i Robb, 2007).

Ewaluacja odpowiedzi na interwencję

Wielopoziomowe podejście do interwencji ma zapewniać wszystkim dzieciom skuteczne postępowanie, przy czym poziom wsparcia określany jest według indywidualnych potrzeb. Ważną część tego modelu stanowi opracowanie procedury pozwalającej ustalić poziom wsparcia dla poszczególnych dzieci. W modelach SWPBS za kryterium wskazujące na potrzebę intensywniejszej interwencji zazwyczaj przyjmuje się dyscyplinarne rozmowy z dyrektorem danej placówki[1]. Po wprowadzeniu interwencji na poziomie 1 uznaje się, że

[1] W polskich placówkach oświatowych dzieci są odsyłane raczej do pedagoga lub psychologa szkolnego (przyp. red. nauk.).

częste odsyłanie do dyrektora świadczy o braku odpowiedzi i że tacy uczniowie potrzebują interwencji na poziomach 2 lub 3. Odsyłanie na dyscyplinarną rozmowę z dyrektorem stanowi zasadną miarę, ponieważ na ogół stosuje się je w przypadku poważnych naruszeń zasad zachowania (np. agresji, braku szacunku), a nie pomniejszych problemów, jakie często występują w klasie (np. brak skupienia na zadaniu, mówienie poza kolejnością). Systemy SWPBS obejmują zresztą odpowiednie szkolenie, tak aby nauczyciele konsekwentnie stosowali odsyłanie do dyrektora w przypadku wcześniej określonych naruszeń zasad zachowania. Przy przestrzeganiu tej procedury odsyłanie do dyrekcji zazwyczaj pozwala zidentyfikować uczniów z problemami behawioralnymi, którzy rzeczywiście potrzebują dodatkowej interwencji. Ponadto dyscyplinarne odsyłanie do dyrekcji nie wymaga tak znacznych nakładów starań personelu, jak inne formy monitorowania zachowania, na przykład obserwacja bezpośrednia.

W szkołach, w których wykorzystywana jest procedura RtI, stosuje się wybrany rodzaj bieżącego monitorowania postępów w nauce w celu określenia odpowiedniego poziomu interwencji. Na przykład najczęstszą formą analizy w interwencjach związanych z umiejętnością czytania jest liczba przeczytanych poprawnie słów na minutę. Regularnie przeprowadza się krótkie trzyminutowe sprawdziany, aby ocenić postępy uczniów, dostępne są również znormalizowane dane, na podstawie których można określić, jak uczniowie wypadają na tle rówieśników. Uczniowie nieosiągający wyników zgodnych z oczekiwaniami przechodzą na kolejny poziom intensywniejszej interwencji.

W przypadku małych dzieci z ADHD określanie odpowiedzi na interwencję nie jest tak proste jak procedury SWPBS czy RtI. Przede wszystkim nie da się za pomocą jednej miary ocenić potrzeby interwencji, ponieważ problemy z zachowaniem są bardzo różne i obejmują szerokie spektrum – od nieuwagi do agresji i nieposłuszeństwa. Ponadto, jak wspomnieliśmy wcześniej, większość dzieci w wieku przedszkolnym przejawia wysoki poziom aktywności, dlatego też postawienie diagnozy ADHD wymaga stwierdzenia, że poziom aktywności danego dziecka dalece przekracza normę. Poza tym w bardzo wczesnym wieku różnice rozwojowe mogą być ogromne. Dzieci, które rzadko wcześniej miały okazję uczestniczyć w zajęciach typu przedszkolnego lub dopiero uczą się języka otoczenia, przy pierwszym zetknięciu z przedszkolem i nowymi doświadczeniami mogą koncentrować uwagę tylko przez krótki czas. Dzieci, które miały wcześniej większy kontakt z literami, liczbami i książkami, często potrafią dłużej utrzymać uwagę na tego typu zajęciach. Wreszcie dorośli mają różne oczekiwania zarówno co do zachowania, jak i co do umiejętności przedszkolnych. Na przykład niektórzy nauczyciele wykazują wysoki poziom tolerancji w odniesieniu do stopnia aktywności i głośności dzieci. Może to utrudniać określenie, czy niezbędna jest bardziej intensywna interwencja.

Zdając sobie sprawę z tego, jak złożoną kwestią jest określenie odpowiedzi na interwencję, zalecamy trzymanie się kilku wytycznych. Po pierwsze, należy indywidualnie ustalać zachowania, które mają być modyfikowane, ponieważ zakres problemów przejawianych przez dzieci z ADHD powoduje, że nie wystarcza identyfikacja pojedynczego zachowania i odpowiedniej miary, jak to się robi w SWPBS czy RtI. Dlatego najlepiej indywidualnie uszeregować pod względem ważności niepożądane zachowania, przy czym najwyższy priorytet przysługuje tym zachowaniom, które przypuszczalnie mogą być niebezpieczne dla dziecka lub innych osób (Janney i Snell, 2000).

Drugą wytyczną oceny odpowiedzi na interwencję jest rozważenie początkowej częstości występowania zachowania problematycznego i późniejszego postępu. Należy pamiętać, że diagnoza ADHD implikuje problemy behawioralne przekraczające dalece normę, konieczna jest więc ocena poprawy zachowania, a nie samej jego częstości czy intensywności. Na przykład kiedy dziecko ma poważne trudności ze skupieniem się na zadaniu, zaangażowanie jego uwagi przez połowę czasu przeznaczonego na daną aktywność może stanowić znaczną poprawę, choć nadal może być dużo niższe od typowego poziomu zaangażowania. W przypadku takiego dziecka możemy mówić o dużej odpowiedzi na interwencję, o ile zaangażowanie będzie zmierzać w pożądanym kierunku.

Po trzecie, przy wprowadzaniu każdego poziomu interwencji należy przeznaczyć na to dostateczną ilość czasu, tak aby interwencja mogła odnieść skutek. Jest to tym ważniejsze, że czasami, kiedy wprowadza się nowe interwencje, poprawę zachowania poprzedza przejściowe pogorszenie. Na przykład dziecko przyzwyczajone do zbyt późnego chodzenia spać może początkowo zachowywać się gorzej, gdy rodzice próbują przestrzegać odpowiedniej pory spania. Podobnie, kiedy po raz pierwszy wdraża się porządek codziennych zajęć w klasie, dzieci mogą powoli przyzwyczajać się do nowych oczekiwań i niechętnie odnosić się do utraty wolnego czasu.

Wydaje się, że wśród dzieci w wieku szkolnym wielopoziomowe strategie interwencji mają dość przewidywalny przebieg pod względem odpowiedzi na interwencję. Przeprowadzono wiele badań, w których przeanalizowano rozkład poziomów interwencji w populacjach poszczególnych szkół. W przypadku SWPBS i RtI większość uczniów (ok. 80%) będzie odpowiadać na interwencję uniwersalną na poziomie 1. Mniej więcej 15% uczniów danej szkoły pomyślnie zareaguje na interwencję drugiego stopnia. Pozostałych 5% uczniów będzie wymagało intensywniejszego wsparcia w zakresie zachowania lub nauki.

Nasilenie problemów z zachowaniem przejawianych przez populację małych dzieci z ADHD lub z cechami ADHD powoduje, że interwencji na poziomach 2 i 3 wymaga większa liczba dzieci. Choć niewiele jest danych na ten temat, z naszych wstępnych badań wynika, że ok. 40% dzieci zareaguje na interwencję na poziomie 1 (Kern i in., 2007). W przypadku kolejnych 40% interwencja na poziomie 2 przyniesie rezultat w postaci akceptowalnej poprawy zachowania. Pozostałe 20% dzieci wymagać będzie intensywniejszej interwencji na poziomie 3. Nawet jeśli uwzględni się niższy poziom odpowiedzi w porównaniu z interwencjami na szczeblu całej placówki, to okaże się, iż ten model nadal stanowi podejście umożliwiające oszczędność pracy i nakładów finansowych. Ponadto model ten umożliwia odpowiednie dopasowanie rodzaju interwencji do istniejącego zapotrzebowania.

W przypadku poważnych problemów z zachowaniem konieczne może się okazać natychmiastowe wdrożenie intensywnej interwencji (na poziomach 2 lub 3). Kiedy rozważa się potrzebę szybkiego wdrożenia intensywnej interwencji, należy wziąć pod uwagę kilka czynników. Po pierwsze, trzeba ocenić nasilenie objawów. Jeśli problemowe zachowanie skutkuje obrażeniami dziecka (autoagresja) bądź innych (agresja) lub jeśli wywołuje poważne problemy społeczne, to należy natychmiast wprowadzić intensywną interwencję. Po drugie, trzeba określić nasilenie zaburzenia funkcjonowania związanego z problemami behawioralnymi. Jeśli na przykład stopień deficytu uwagi przeszkadza w opanowaniu podstawowych umiejętności przedszkolnych, to zazwyczaj uzasadniona jest intensywna interwencja. Po trzecie, trzeba rozważyć prawdopodobieństwo ograniczenia problemowego zachowania na niższych poziomach. Gdy dziecko w przedszkolu nie jest w stanie dostosować się do żadnych zasad wyznaczanych przez nauczyciela ani do stałych zajęć, interwencja na poziomie 1 (ustalenie oczekiwań wobec całej klasy) najprawdopodobniej nie zredukuje zachowań problemowych. W takim przypadku należy natychmiast wprowadzić interwencję na poziomach 2 lub 3. Trzeba również podkreślić, że bardziej intensywne interwencje (np. interwencję opartą na behawioralnej analizie zachowania) można wdrażać jednocześnie z interwencją na poziomach 1 (np. ze szkoleniem dla rodziców, określeniem oczekiwań wobec całej klasy).

Opracowanie kompleksowego podejścia do interwencji

Dzieci z ADHD doświadczają rozmaitych trudności, które rzadko występują w pojedynkę (zob. Wstęp i rozdz. 1). Do tych problemów ujawniających się we wczesnym wieku mogą należeć: (a) zachowanie buntownicze i agresywne (Loeber i in., 1995; Offord, Boyle i Racine, 1991), (b) trudności w kontaktach i relacjach z rówieśnikami (np. Barkley, 2006), (c) brak umiejętności związanych z gotowością do podjęcia nauki w przedszkolu lub szkole (Campbell i in., 1986; McGee i in., 1991), oraz (d) wysoka liczba przypadkowych obrażeń fizycznych (Lahey i in., 1998, 2004; Mitchell i in., 1987; Szatmari, Offord i Boyle, 1989). Choć nie każde dziecko z ADHD będzie przejawiać wszystkie z wymienionych problemów, to z uwagi na ich częste współwystępowanie należy ocenić obecność każdego z nich i określić potrzebę interwencji (np. Barkley, 2006). Ponadto te szczególne problemy mogą mieć duży wpływ na funkcjonowanie dziecka i jego prognozy na przyszłość. Na przykład trudności w kontaktach z rówieśnikami we wczesnym dzieciństwie mogą prowadzić do późniejszych problemów z zawieraniem i podtrzymywaniem przyjaźni, co jest ważnym czynnikiem wpływającym na późniejszą jakość życia (Milich i in., 1982; Watson i Keith, 2002; Wehmeyer i Schalock, 2001). Podobnie dzieci, które mają deficyty w zakresie dojrzałości szkolnej, częściej borykają się z trudnościami w dalszej nauce (Gersten i Jordan, 2005; Good, Simmons i Smith, 1998; Juel, 1988). Kompleksowy plan interwencji obejmować będzie wszystkie wymienione wcześniej problemy, które przejawia konkretne dziecko.

Interwencja powinna być nakierowana na każdy problematyczny obszar oraz przeprowadzona w każdym środowisku, w którym problemy występują lub prawdopodobnie mogą występować. Zgodnie z definicją *Diagnostic and Statistical Manual of Mental Disorders* (wyd. 4 popr.; *DSM-IV-TR*; American Psychiatric Association, 2000) objawy muszą występować więcej niż w jednym środowisku (zob. rozdz. 1). W tym kontekście warto podkreślić, że z licznych badań nad interwencjami wynika, że skutki interwencji wdrożonej w jednym środowisku niekoniecznie uogólniają się na inne środowiska (np. Chandler, 1992; Stokes, 1992). Aby mieć gwarancję, że pożądane zachowanie będzie przejawiać się we wszystkich środowiskach, trzeba wprowadzić interwencję w każdym miejscu, w którym dzieci zwykle spędzają czas. Dzieci w wieku przedszkolnym zazwyczaj spędzają większość czasu w domu i w przedszkolu lub żłobku. Interwencja przeprowadzona w tych dwóch środowiskach obejmuje więc na ogół większość dnia dziecka. Ponadto interwentami będą te osoby (rodzice i opiekunowie, nauczyciele i personel przedszkola lub żłobka), które kontaktują się z dzieckiem najczęściej i mają możliwość najczęstszego realizowania interwencji. Kiedy główni opiekunowie w poszczególnych środowiskach konsekwentnie realizują interwencję wielośrodowiskową, jej skutki najprawdopodobniej będą wyraźnie widoczne w całym otoczeniu dziecka.

Załącznik 2.1. Wyzwania związane z wdrażaniem interwencji

Problem: W naszym przedszkolu nie mamy zasobów, by wdrożyć zindywidualizowane interwencje na poziomie 3.

Możliwe rozwiązanie: Interwencje na poziomie 3 wymagają dużego nakładu pracy. Jednakże większość nauczycieli poświęca dużo czasu na zajmowanie się zachowaniami problemowymi. Często nie zdają sobie sprawy z tego, jak wiele minut w ciągu dnia zabiera im korygowanie problemowego zachowania dzieci. Wielopoziomowe podejście do interwencji może zapobiec większości zachowań problemowych i zmniejszyć ogólne zapotrzebowanie na intensywniejsze interwencje na poziomach 2 i 3. Kiedy stosuje się podejście wielopoziomowe, na ogół poświęca się w sumie mniej czasu na zarządzanie zachowaniem.

Problem: Nauczyciele w naszym przedszkolu spodziewają się natychmiastowej zmiany po wdrożeniu interwencji behawioralnych i mają skłonność do poddawania się, kiedy problemy behawioralne nadal się utrzymują.

Możliwe rozwiązanie: To zrozumiałe, że nauczyciele przedszkolni opracowujący i wdrażający interwencje bardzo liczą na sukces. Trzeba jednak pamiętać o tym, że dzieci muszą nauczyć się nowych sposobów zachowania, co często zajmuje im nieco czasu. Dlatego należy zbierać dane i cieszyć się z niewielkich postępów, zamiast oczekiwać natychmiastowego ustąpienia zachowań problemowych.

Problem: Terrance ciągle sprawia problemy w przedszkolu, ale jego rodzice twierdzą, że w domu jest grzeczny, i nie chcą przyjąć do wiadomości, że ich syn zachowuje się nieznośnie w przedszkolu.

Możliwe rozwiązanie: Należy zrozumieć, że oczekiwania w przedszkolu mogą bardzo różnić się od tych w domu. W przedszkolu oczekuje się na przykład, że dzieci będą uczestniczyć w zajęciach dydaktycznych. Wymaga się zatem od dzieci uważnego słuchania nauczyciela przez dłuższy czas (np. 10–15 minut), natomiast nie zawsze wymaga się tego od nich w domu. W przedszkolu dzieci powinny też utrzymywać właściwe relacje społeczne z rówieśnikami, na przykład dzielić się zabawkami i wspólnie uczestniczyć w zajęciach. Niektóre dzieci nie są jednak przyzwyczajone do tego typu wymagań społecznych, zwłaszcza te, które nie mają rodzeństwa. Wreszcie rodzice różnią się znacznie pod względem poziomu tolerancji wobec zachowań problemowych. Czasami rodzicom nie przeszkadzają skrajnie aktywne lub niesforne dzieci. Należy zatem pomóc rodzicom zrozumieć, czego wymaga się w szkole, i konkretnie przedstawić rodzaj zachowań, które stanowią problem.

Ogólny zarys modelu wielopoziomowego w środowisku domowym

Dotychczas niewiele badań poświęcono ocenie wielopoziomowego modelu wsparcia w środowisku domowym dla małych dzieci z ADHD. Istnieją jednak silne przesłanki przemawiające za jego stosowaniem. Po pierwsze, interwencja w domu stawia specyficzne wyzwania (zob. załącznik 2.1), zwłaszcza że często trudno uzyskać dostęp do środowiska domowego, a nawet jeśli się to uda, to świadczenie usług w indywidualnych domach jest kosztowne. Przedstawiona przez nas interwencja na poziomie 1 (edukacja rodzicielska) jest więc szczególnie korzystna, ponieważ można ją przeprowadzić poza otoczeniem domowym, unikając problemów z dostępem i kosztami, które wiążą się z wizytami domowymi. Ponadto przetestowaną przez nas interwencję na poziomie 1 (np. Kern i in., 2007) można prowadzić w formie grupowej, co obniża koszty przypadające na jedną rodzinę. Wreszcie, jak wynika z naszych wstępnych badań, interwencja na poziomie 1 powoduje znaczne ograniczenie problemów behawioralnych u dużego odsetka małych dzieci z objawami ADHD, jest to więc skuteczne pierwsze podejście do interwencji.

Interwencja domowa na poziomie 1 obejmuje edukację rodzicielską, której celem jest omówienie najważniejszych kwestii, z jakimi borykają się rodzice dziecka, i wyposażenie ich w strategie interwencji służące redukcji problemów behawioralnych, wspieraniu zachowań właściwych i pożądanych, zapobieganiu przypadkowym obrażeniom i wprowadzaniu umiejętności przedszkolnych. Szkolenie dla rodziców rozpoczyna się od przedstawienia objawów ADHD oraz typowych następstw tego zaburzenia, a także roli wczesnej interwencji. Później omówione zostają podstawowe strategie interwencji behawioralnej, zgodnie z którymi rodzice i opiekunowie powinni nagradzać właściwe zachowanie dzieci, ignorować drobne niepożądane zachowania i wymagać wykonywania przez dziecko poleceń czy spełniania zasad. Ponadto rodzice uczą się technik zapobiegania uniwersalnym problemom, takim jak trudności z przechodzeniem od jednej czynności do drugiej, oraz – w przypadku rodzin z wieloma dziećmi – umiejętnego dzielenia uwagi na wszystkie dzieci. Z myślą o ograniczeniu przypadkowych obrażeń porusza się również temat bezpieczeństwa w domu, w tym kwestie odpowiedniego zabezpieczenia domu i nadzorowania dzieci. Inną kwestią jest częste u małych dzieci z ADHD opóźnienie w zakresie podstawowych umiejętności matematycznych i przygotowujących do nauki czytania. Rodzicom przedstawia się zatem ćwiczenia, dzięki którym mogą poprawić te umiejętności swoich dzieci i przygotować je do pójścia do przedszkola.

Podczas sesji szkoleniowych dla rodziców wykorzystuje się odpowiednie zabiegi dydaktyczne, tak aby zwiększyć prawdopodobieństwo, że rodzice i opiekunowie w pełni zrozumieją przesłanki i procedury wdrażania strategii interwencyjnych (Codding i in., 2005; Mortenson i Witt, 1998; Noell i in., 1997). Najpierw opisuje się każdą technikę, wyjaśniając, na czym polega jej skuteczność. Poza tym nagrania wideo i modelowanie przez prowadzącego umożliwiają rodzicom obserwowanie strategii w trakcie wdrażania. Potem następuje odgrywanie scenek, dzięki którym rodzice uczą się wdrażania każdego kroku strategii zgodnie z planem i nabierają w tym wprawy. Na koniec jest czas przeznaczony na pytania. Podczas następnej sesji rodzice dzielą się sukcesami i problemami związanymi z wdrażaniem interwencji i przeprowadzają burzę mózgów dotyczącą sposobów lepszego wdrażania.

Rodzice łączeni są w grupy skupiające ok. 10–12 rodzin i razem uczestniczą w kolejnych sesjach. Ten grupowy charakter szkolenia ma kilka zalet. Po pierwsze, jak wcześniej wspomniano, prowadzenie interwencji jednocześnie dla wielu rodziców pozwala zmniejszyć koszty. Poza tym rodzice mówią, że czują się swobodnie i mają poczucie wsparcia w obecności innych rodzin, które borykają się z podobnymi problemami wychowawczymi. Rodzice mogą też dzielić się wskazówkami, kiedy i jak wdrażali interwencje.

Zajęcia edukacyjne dla rodziców mają duże znaczenie, dlatego należy wdrożyć strategie zwiększające prawdopodobieństwo uczestnictwa. Do wyższej frekwencji na szkoleniach przyczynia się kilka technik o udowodnionej skuteczności (np. Robinson i in., 2007). Po pierwsze, sesje powinny odbywać się w terminach najbardziej dogodnych dla rodziców z danej grupy. Większość rodziców pracuje, więc zwykle są to wieczory lub weekendy. Z kolei przeszkód związanych z dojazdem można uniknąć, pokrywając koszty biletu lub taksówki, można też zaproponować rodzicom, by wzajemnie się podwozili. Zaoferowanie opieki dla rodzeństwa i zapewnienie poczęstunku również poprawiają frekwencję. Pomaga również wprowadzenie dodatkowych zachęt w postaci nagród materialnych. Opracowaliśmy system loterii, w którym rodzice na każdej sesji wypełniają kupon. Co pewien czas w ciągu całego kursu szkoleniowego losuje się jeden kupon i wybrana rodzina otrzymuje bon upominkowy na 25 dolarów.

W przypadku dzieci, które po interwencji na poziomie 1 nadal zachowują się problemowo, należy zastosować interwencję na poziomie 2, obejmującą domowy coaching w zakresie strategii uczonych na szkoleniu dla rodziców. Niektórym rodzicom wiedza i ćwiczenia z sesji szkoleniowych nie wystarczają do konsekwentnego wdrażania nowych technik. Czasem wynika to z głęboko zakorzenionych wzorów ich interakcji z dziećmi lub reagowania na zachowania problemowe, które rodzicom trudno zmienić. Niekiedy zaś dzieci przejawiają problemy nietypowe lub w nietypowych sytuacjach, co wymaga pewnego zmodyfikowania strategii.

Podczas indywidualnych sesji coachingowych powtarza się wszystkie techniki, których uczono na sesjach szkoleniowych dla rodziców. Sesje coachingowe specjalnie planuje się wtedy, gdy istnieje prawdopodobieństwo wystąpienia problemowych zachowań dziecka. Terapeuta przeprowadzający interwencję w domu obserwuje, jak rodzice wdrażają poszczególne kroki strategii, dając im informację zwrotną na temat poprawności wdrażania oraz – w razie potrzeby – dodatkowy instruktaż. Terapeuta może też skorygować strategię, aby dostosować ją do specyficznych sytuacji lub do zachowań dziecka. Jeśli na przykład rodzic potrafi zapewnić wzmocnienie właściwego zachowania, kiedy dziecko jest z nim samo, lecz nie umie tego zrobić w obecności rodzeństwa, to można wówczas opracować dodatkowe strategie, takie jak wykorzystanie minutnika, który od czasu do czasu wydaje sygnał dźwiękowy, przypominając rodzicowi, by zajął się dzieckiem objętym interwencją.

Jak wcześniej wspomniano, interwencję na poziomie 3 przeprowadza się dla małej liczby dzieci, które nie reagują na interwencję na poziomie 2. Podobnie jak w przypadku przedszkolnej interwencji na poziomie 3, także i tu opracowuje się indywidualny plan wsparcia oparty na behawioralnej analizie zachowania. Rodziców lub opiekunów uczy się gromadzenia w domu danych wskazujących, jakie zachowanie problemowe wystąpiło, co poprzedzało zachowanie problemowe i jak zareagowali na problem. Dane zebrane przez rodziców uzupełnia się danymi z obserwacji bezpośredniej przeprowadzonej przez konsultanta. Dodatkowo można przeprowadzić behawioralną analizę zachowania w celu uzyskania szczegółowych informacji na temat zdarzeń poprzedzających i wzmacniających zachowanie problemowe. Aranżuje się wówczas określone sytuacje, żeby ocenić, czy dane zachowanie problemowe nie spełnia jakiejś często spotykanej funkcji. Do takich testowalnych funkcji zachowania problemowego należą: zwracanie na siebie uwagi, unikanie zadań lub wymagań oraz uzyskiwanie preferowanych rzeczy lub czynności.

Po przeprowadzeniu oceny funkcjonalnej opracowuje się interwencje, których składowe są takie same jak w interwencjach przedszkolnych opartych na ocenie. Są to: modyfikacja otoczenia, by zapobiegać problemom, nauczenie dziecka alternatywnych umiejętności oraz identyfikacja sposobów reagowania na zachowanie problemowe, tak aby go nie wzmacniać.

Ogólny zarys modelu interwencji w przedszkolu i żłobku

Za stosowaniem wielopoziomowego podejścia do interwencji w przedszkolach i żłobkach przemawiają silne przesłanki teoretyczne oraz coraz liczniejsze dowody empiryczne (np. Fox i in., 2003). Przede wszystkim, choć małe dzieci z objawami ADHD mogą potrzebować specjalistycznego i zindywidualizowanego wsparcia, by uporać się z problemami behawioralnymi i problemami w nauce, wiele z nich zareaguje na mniej intensywne interwencje obejmujące całą klasę. Jak wspomnieliśmy wcześniej, umożliwia to oszczędność kosztów i pracy. Poza tym wdrożenie podstawowych interwencji i praktyk na szczeblu całej klasy tworzy pozytywne środowisko klasowe, uczy właściwych zachowań zamiast skupiania się na karaniu za zachowania problemowe, i zapewnia wszystkim dzieciom optymalne warunki do nauki. Co więcej, interwencje ogólnoklasowe przygotowują grunt dla wprowadzenia intensywniejszych interwencji i pozwalają określić, czy zachodzi taka potrzeba. Trudno przecież wprowadzić zindywidualizowane interwencje w klasie chaotycznej lub w takiej, w której stosowane są niewłaściwe praktyki. Jeżeli na przykład czas w kręgu trwa w przedszkolu całą godzinę, przekracza to możliwości skupienia uwagi przeciętnego dziecka w wieku 3–5 lat. Opracowanie interwencji dla dziecka z objawami ADHD będzie w takiej sytuacji zarówno trudne, jak i przeciwwskazane. Kiedy tego typu zajęcia mają odpowiednią długość dostosowaną do czasu, przez jaki większość przedszkolaków powinna być w stanie utrzymać uwagę, wówczas łatwo zidentyfikować te dzieci, które potrzebują dodatkowej interwencji lub wsparcia. Poza tym gdy w klasie są stosowane stałe, konsekwentne praktyki, zwiększa się prawdopodobieństwo powodzenia interwencji, ponieważ większość klasy powinna uważać na zajęciach.

Dziecko zachowujące się problemowo jest otoczone dobrymi wzorami zachowania, uczniowie otrzymują wzmocnienie za to, że uważają na zajęciach, a pracy nad zmianą zachowania pojedynczego ucznia nie zakłóca cała grupa dzieci z podobnymi problemami.

Interwencja przedszkolna na poziomie 1 obejmuje wszystkie osoby, podobnie jak w przypadku SWPBS i RtI. W tym środowisku interwencja skupia się nie tyle na szczeblu szkoły, ile grupy. W dużych placówkach z wieloma klasami przedszkolnymi można wprowadzić taką samą interwencję w poszczególnych klasach. Interwencja kierowana do całej grupy przedszkolnej ma służyć poprawie stosowanych w niej praktyk. Ustala się na przykład obowiązujące zasady i wymagania, tak aby wszystkie dzieci wiedziały, jakiego zachowania się od nich oczekuje. Wprowadza się też system wzmocnień, żeby dzieci były nagradzane za właściwe zachowanie i zdawały sobie sprawę, że postępowanie niezgodne z oczekiwaniami pociąga za sobą jasno określone konsekwencje. Ponadto interwencja na poziomie 1 obejmuje ustrukturyzowanie zajęć w ciągu całego dnia szkolnego, by dostosować je odpowiednio do poziomu rozwoju dzieci w wieku przedszkolnym.

Interwencja na poziomie 2 zapewnia bardziej intensywne wsparcie kierowane do dzieci, które nie zareagowały na interwencję obejmującą całą klasę. Jeśli na przykład kilkoro dzieci nadal podejmuje zachowania problemowe w czasie zabawy, to w małej grupie można przeprowadzić dodatkowe zajęcia poświęcone umiejętnościom społecznym. Nauczyciel może skupić się na konkretnym problemie, takim jak dzielenie się lub czekanie na swoją kolej.

Interwencja na poziomie 3 jest zindywidualizowana i powiązana z uzyskaną diagnozą. Wymaga przeprowadzenia behawioralnej analizy zachowania w celu precyzyjnego określenia natury zachowania problemowego oraz ustalenia, jakie zdarzenia poprzedzają zachowanie problemowe i jakie następują po nim. Na podstawie informacji z tak przeprowadzonej diagnozy można opracować interwencje, które zmieniają otoczenie, umożliwiają naukę niezbędnych umiejętności oraz identyfikują takie reakcje dorosłych, jakie najprawdopodobniej nie będą wzmacniać zachowania dziecka. Oparte na diagnozie i zindywidualizowane podejście do interwencji stanowi efektywną metodę postępowania wobec istniejącego zachowania problemowego, ponieważ w tym podejściu wyboru interwencji nie dokonuje się przypadkowo z szerokiej puli możliwości, lecz na podstawie oceny typuje się te poziomy interwencji, które powinny przynieść pozytywne rezultaty.

Współpraca i doradztwo

W ostatnich latach nastąpił zwrot w dziedzinie doradztwa i obecnie kładzie się w nim nacisk na współpracę (Erchul i Martens, 2010). Doradcy, tacy jak psychologowie szkolni, terapeuci behawioralni oraz inne osoby przeprowadzające interwencje z dziećmi przejawiającymi zachowania problemowe, dysponują pewnym zestawem umiejętności i wiedzy. Jednakże członkowie rodziny oraz personel przedszkola i żłobka również mają unikalną wiedzę i doświadczenie związane z danym dzieckiem. Członkowie rodziny zazwyczaj są z dzieckiem od urodzenia, spędzają z nim wiele godzin każdego dnia i są żywo zainteresowani jego długofalowymi osiągnięciami. Wnoszą tym samym szczególne zrozumienie i zainteresowanie. Wszystkie te różnorodne formy wiedzy są nieocenione przy tworzeniu planu wsparcia. Interwencję najlepiej zatem planować w partnerskiej współpracy.

Każde środowisko, w którym wdrażana będzie interwencja, wnosi nie tylko szczególną wiedzę, czy to członków rodziny, czy to profesjonalnego personelu, lecz także swoją środowiskową specyfikę, którą należy wziąć pod uwagę podczas projektowania interwencji. Jeśli na przykład klasa przedszkolna liczy 25 dzieci, to stałe poświęcanie uwagi jakiemuś konkretnemu dziecku może być uciążliwe. Również środowiska rodzinne są znacznie zróżnicowane pod względem liczby osób w gospodarstwie domowym, umiejętności i postaw rodziców, poziomu stresu rodzicielskiego oraz harmonii bądź niesnasek wśród członków rodziny. Zmienne te mogą wpływać na wolę i zdolność rodziców do wdrażania interwencji. Współpraca jest zatem warunkiem dobrego dopasowania planów wsparcia do naturalnego środowiska dziecka. Innymi słowy, plan musi zgadzać się z wartościami osób go wdrażających, a osoby te powinny być w stanie realizować go w zwykłym codziennym otoczeniu.

Pierwszy i ważny krok polega na tym, by w pełni zrozumieć priorytety personelu przedszkola lub żłobka oraz rodzin w odniesieniu do interwencji (Fleming i Monda-Amaya, 2001; Straka i Bricker, 1996). Kiedy współpracujące ze sobą osoby nie zgadzają się w kwestii zachowań, które należy zredukować, bądź umiejętności, które trzeba rozwinąć, wówczas plan wsparcia nie ma szans powodzenia. Dlatego wszystkie strony powinny najpierw uzgodnić cele interwencji. Należy przy tym pamiętać, że poszczególne osoby mają różne oczekiwania co do przyszłości i różny poziom tolerancji dla zachowań problemowych. Janney i Snell (2000) zaproponowały przydatną heurystykę ustalania hierarchii ważności problemów behawioralnych. Grupa zachowań uznanych za *irytujące* (*distracting behaviors*), takich jak nieodpowiednie interakcje czy machanie rękami, odbiega od oczekiwanych norm, lecz zasadniczo nie przeszkadza w nauce lub innych typowych zajęciach. Zachowania irytujące należy uznać za najmniej ważne w interwencji. Zachowania z kategorii *zakłócających* (*disruptive behaviors*), takie jak odmowa wykonania zadania, krzyk, nie stanowią bezpośredniego zagrożenia dla ucznia ani innych osób, ale przeszkadzają otoczeniu i utrudniają naukę. W interwencji należy zająć się nimi w drugiej kolejności. Wreszcie zachowania *destrukcyjne* (*destructive behaviors*), takie jak agresja, niszczenie rzeczy, przynoszenie broni do szkoły, samookaleczanie, są szkodliwe lub zagrażają bezpieczeństwu ucznia lub innych osób i stanowią priorytet w interwencji.

Personel przedszkola i członkowie rodziny powinni nie tylko osiągnąć konsensus w sprawie zachowań wymagających zmiany, lecz także rozumieć sam proces interwencji. Szczególnie ważne jest jasne uświadomienie sobie powiązań między zdarzeniami środowiskowymi a zachowaniem. Ma to duże znaczenie, zwłaszcza w pracy z dziećmi z ADHD, ponieważ często zakłada się, że takie zachowania jak nadruchliwość są zdeterminowane biologicznie i nie da się ich kontrolować. Osoby pracujące z dziećmi z ADHD muszą rozumieć, że istnieje związek między środowiskiem a występowaniem zachowania problemowego. Niezależnie od przyczyny zachowania problemowego zmiany środowiskowe mogą je zredukować (np. Dunlap, Harrower i Fox, 2005). Personel przedszkola lub żłobka oraz członkowie rodziny muszą uświadomić sobie, że zmiana zachowania dziecka wymaga zmiany *ich własnego* zachowania.

Należy też systematycznie zajmować się konfliktami, o ile się pojawią. Biorąc pod uwagę długi okres wdrażania interwencji, istotne jest opracowanie strategii rozwiązywania problemów (np. DuPaul i Stoner, 2003). Omówieniu i ocenie skutecznych strategii rozwiązywania problemów poświęcono wiele artykułów, książek i opracowań naukowych (np. Isaksen, Treffinger i Dorval, 2000; McNamara, Dennis i Carte, 2008; Snell i Janney, 2000). Badania na ten temat obejmują różnorodne dyscypliny, lecz w większości opisują analogiczne kroki postępowania. Co więcej, z większości badań wynika, że systematyczne podejście do problemu jest ważniejsze od wyboru konkretnej strategii (LaFasto i Larson, 2001).

Rozwiązywanie problemów

Niezależnie od umiejętności i doświadczenia praktyka we współpracy z członkami rodziny i opiekunami, z pewnością od czasu do czasu pojawiać się będą problemy. Dlatego też wcześniej należy przygotować procedurę ich rozwiązywania. W tej części opisujemy ogólny pięciostopniowy schemat rozwiązywania problemów.

Pierwszym krokiem jest zidentyfikowanie problemu. Kiedy wystąpi problem, zainteresowane osoby powinny uzgodnić, jaka dokładnie kwestia wymaga rozwiązania. Czasem, zwłaszcza kiedy członkowie rodziny lub personel przedszkola bądź żłobka czują się przytłoczeni trudnym zachowaniem dziecka, może się wydawać, że problemów jest wiele. W takich sytuacjach należy zajmować się jedną kwestią w danym czasie, zaczynając od najważniejszej. Definiując problem, trzeba się skoncentrować na znalezieniu rozwiązania, a nie na samym stwierdzeniu istnienia problemu. Na przykład konstatacja: „Przedszkole odmawia wdrożenia interwencji", nie jest skoncentrowana na rozwiązaniu. Skoncentrowanym na rozwiązaniu sposobem ujęcia problemu byłoby stwierdzenie: „Musimy określić, jakiego wsparcia i szkolenia potrzebuje przedszkole, aby było w stanie wdrożyć interwencję".

Kiedy problem zostanie już rozpoznany, kolejnym krokiem jest znalezienie możliwych rozwiązań za pomocą burzy mózgów. *Burza mózgów* to oparty na współpracy proces, który umożliwia wszystkim zainteresowanym stronom wymyślenie możliwych rozwiązań. Istnieje kilka konkretnych technik przeprowadzania burzy mózgów. Na przykład podczas *podaj dalej* każda osoba zapisuje pomysł na kartce, a następnie przekazuje ją innemu członkowi grupy, żeby dopisał swoje spostrzeżenia. Inną techniką jest *zespołowa mapa myśli*, która polega na tym, że każdy przeprowadza burzę mózgu samodzielnie, a następnie wszystkie pomysły są zbierane i przestawiane w formie dużej mapy myśli. Celem burzy mózgów jest wymyślenie możliwie największej liczby rozwiązań. Mile widziane są wszystkie twórcze i nietypowe rozwiązania, których nie należy oceniać ani krytykować na tym etapie.

Po burzy mózgów następuje trzeci krok, w którym analizuje się potencjalne rozwiązania. Przed przystąpieniem do oceny potencjalnych rozwiązań warto stworzyć listę kryteriów oceniania każdego pomysłu (Janney i Snell, 2000). Zastanawiając się na przykład, jak poprawić wdrożenie interwencji w środowisku przedszkolnym, dobrze byłoby najpierw przemyśleć to, czy nauczyciel może wdrożyć daną interwencję, jaka jest szansa poprawy zachowania dziecka i czy istnieje ryzyko, że interwencja okaże się stygmatyzująca. Analizuje się wszystkie rozwiązania, zostawiając te pomysły, które prawdopodobnie najlepiej się sprawdzą. Niekiedy połączenie kilku propozycji daje lepsze rozwiązanie niż pojedynczy pomysł.

Czwartym krokiem jest wybór rozwiązania. Najlepiej jeśli udaje się osiągnąć w tej sprawie konsensus. Czasami jednak można wskazać kilka akceptowalnych rozwiązań lub poszczególne osoby mają odmienne zdanie na temat tego, co będzie najlepszym rozwiązaniem. W takich przypadkach rozwiązanie można wybrać drogą głosowania lub kompromisu. Warto również uzgodnić, że najpierw wypróbuje się jedno rozwiązanie, a jeśli problem nie zostanie pomyślnie rozwiązany, to wówczas wypróbuje się następne.

Ostatnim krokiem jest opracowanie planu wdrożenia rozwiązania. Rozwiązania często są jedynie pewnymi pomysłami, trzeba więc dodać do nich konkretne etapy i harmonogram wdrożenia. Można również ustalić kryteria ewaluacji, aby określić, czy rozwiązanie się sprawdziło.

Wnioski

Najnowszym osiągnięciem w dziedzinie interwencji odnośnie do zachowań problemowych jest wielopoziomowy model wsparcia, w którym wszystkie dzieci otrzymują wsparcie uniwersalne, a intensywność interwencji wzrasta dopiero wtedy, gdy dzieci nie odpowiadają na mniej intensywne działania. Podejście wielopoziomowe koncentruje się na profilaktyce i w dużej mierze ma charakter edukacyjny. To rozwiązanie pozwala zaoszczędzić czas i pieniądze oraz świetnie się sprawdza zwłaszcza u najmłodszych dzieci. Model wielopoziomowy ma zastosowanie zarówno w środowisku domowym, jak i w przedszkolu czy żłobku, co jest szczególnie istotne w przypadku dzieci z ADHD, ponieważ przejawiają one objawy tego zaburzenia w różnych środowiskach. Interwencję wielopoziomową mogą uzgadniać i organizować dziecięcy psychologowie kliniczni, psychologowie szkolni, terapeuci behawioralni, nauczyciele edukacji specjalnej oraz inni praktycy, działając zgodnie z modelem współpracy i doradztwa. Przy wdrażaniu ważnych kroków, takich jak identyfikacja zachowań dziecka, które mają zostać objęte interwencją, czy opracowanie strategii rozwiązywania problemów, praktycy i rodziny mogą skutecznie ze sobą współpracować.

ROZDZIAŁ 3

Strategie interwencji behawioralnej w środowisku domowym

Bardzo małe dzieci mają kontakt przede wszystkim ze swoimi rodzicami. Nawet dzieci uczęszczające do żłobków spędzają z rodzicami dużo czasu rano i wieczorem oraz w weekendy. We wczesnym dzieciństwie interakcje między rodzicami a dzieckiem odgrywają istotną rolę w rozwoju dziecka (Levenstein, 1992). Rodzice dzieci z ADHD mówią jednak, że nie czują się przygotowani na to, by sprostać wyzwaniom stawianym przez ich dzieci (np. Keown i Woodward, 2002; Sobol i in., 1989). Z badań faktycznie wynika, że interakcje między rodzicami a dzieckiem z ADHD mogą różnić się od ich interakcji z pozostałymi dziećmi (np. Cunningham i Barkley, 1979). Patterson (1982) stwierdził, że oparte na wymuszaniu interakcje w okresach przedszkolnym i wcześniejszym zaogniają problemy behawioralne i mogą prowadzić do pojawienia się późniejszych problemów z zachowaniem oraz zachowań antyspołecznych. Interwencja w środowisku domowym ma zatem podstawowe znaczenie.

Wczesna interwencja w środowisku domowym ma wiele zalet. Po pierwsze, rodzice spędzają dużo czasu z dziećmi, dlatego wdrożenie skutecznych strategii behawioralnych może mieć całościowy charakter. Wdrażanie interwencji przez członków rodziny na bieżąco przez cały dzień w różnych otoczeniach (np. w domu, lokalnej społeczności, domach krewnych i znajomych) zwiększa prawdopodobieństwo szybkiej poprawy zachowania dziecka. Poza tym wczesna interwencja przebiega pomyślniej niż późniejsza, ponieważ dzieci miały niewiele możliwości wyćwiczenia zachowań problemowych, a styl interakcji dorosłych jest bardziej podatny na modyfikacje (Reid i Eddy, 1997). Ponadto rodzice odgrywają znaczącą rolę w kształtowaniu zachowania bardzo małych dzieci, jednak z wiekiem ich rola maleje, stopniowo ustępując miejsca wpływom rówieśników i środowiska zewnętrznego (Patterson, Reid i Dishion, 1992). Co chyba jednak najważniejsze, jeśli nie podejmie się wczesnej interwencji w środowisku domowym, to problemy behawioralne prawdopodobnie będą się utrzymywać i nasilać, często prowadząc do poważniejszych problemów, takich jak zaburzenia zachowania (Lahey i Loeber, 1997).

Udowodniono, że interwencja w środowisku domowym skutecznie zmniejsza objawy ADHD u małych dzieci (np. Kern i in., 2007). Rodzice różnią się jednak pod względem zdolności do konsekwentnego wdrażania interwencji, co wynika z kilku przyczyn, takich jak stres rodzicielski, trudne do pogodzenia potrzeby domowe oraz stosunek do problemów behawioralnych i stopień ich tolerowania (np. Cunningham, Bremner i Boyle, 1995). Niektórzy rodzice wymagają zatem większego wsparcia niż inni. Dzieci też różnią się pod względem odpowiedzi na interwencję. Nie zawsze da się je przewidzieć *a priori*, wydaje się jednak, że nasilenie objawów ma znaczenie dla określenia intensywności interwencji potrzebnej do zredukowania problemów behawioralnych (Egger, Kondo i Angold, 2006). Z tych powodów model wielopoziomowy świetnie pasuje do wczesnej interwencji w środowisku domowym, pozwala bowiem na stosowanie różnych poziomów czy stopni intensywności interwencji w zależności od potrzeb. Dzieci wykazujące brak odpowiedzi powinny przejść na wyższy szczebel do bardziej intensywnej interwencji. A jeśli zachowanie problematyczne jest poważne, to zawsze można natychmiast (lub jednocześnie z innymi poziomami) wprowadzić interwencję na poziomie 3.

W tym rozdziale opisujemy wielopoziomowy i realizowany w środowisku domowym model interwencji kierowanej do małych dzieci z ADHD lub zagrożonych ADHD. Dokładnie omawiamy konkretne strategie interwencji i rodzaje wsparcia na poszczególnych poziomach interwencji.

Model interwencji w środowisku domowym

W wielopoziomowym modelu wsparcia opisanym w tym rozdziale zakłada się wprowadzanie coraz intensywniejszych strategii wsparcia w zależności od potrzeb dziecka. Wczesna interwencja jest więc rozwiązaniem zarówno skutecznym, jak i ekonomicznym. Interwencja na poziomie 1 obejmuje *grupowe szkolenia dla rodziców*. Z naszych poprzednich badań (Kern i in., 2007) wynika, że ok. 40% dzieci z wczesnymi objawami ADHD odpowie na interwencje wdrożone na poziomie 1. Dzieciom, które po zastosowaniu metod z poziomu 1 nadal sprawiają problemy behawioralne, poziom 2 zapewnia dodatkowy trening i wsparcie w postaci *coachingu w środowisku domowym*. Na tym etapie rodzice otrzymują wsparcie w domu, aby dostosować strategie behawioralne zarówno do specyficznych potrzeb dziecka, jak i zmiennych w danej sytuacji domowej. Coaching ma pomóc rodzicom w rzetelnym wdrażaniu strategii. Dla małej grupy dzieci przejawiających zachowania problemowe, które utrzymują się po interwencjach na poziomach 1 i 2, wprowadza się poziom 3. Na tym poziomie opracowuje się indywidualną interwencję na podstawie informacji zebranych podczas behawioralnej analizy zachowania. *Interwencja oparta na indywidualnej diagnozie* obejmuje więc opracowanie kompleksowego i wieloskładnikowego planu wsparcia dla środowiska domowego i społecznego. W dalszej części tego rozdziału opisujemy interwencję domową wdrażaną na poszczególnych poziomach. Schemat modelu interwencji w środowisku domowym przedstawiono na rysunku 3.1.

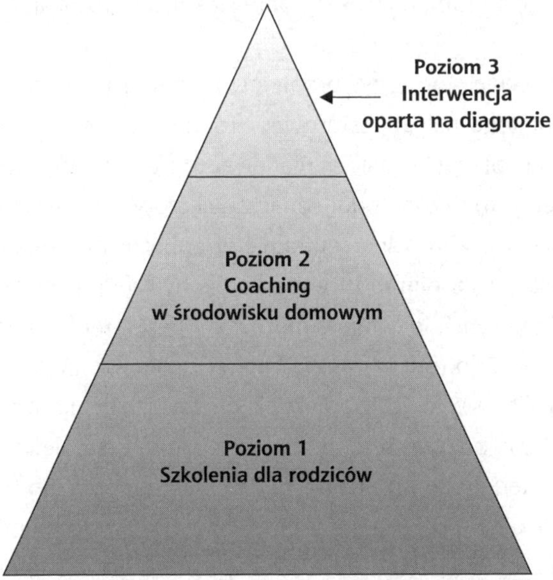

Rysunek 3.1. Schemat wielopoziomowej interwencji w środowisku domowym dla małych dzieci z ADHD

Poziom 1: grupowe szkolenia dla rodziców

Poziom 1 interwencji w środowisku domowym obejmuje prowadzone w małych grupach sesje szkoleniowe dla rodziców. Materiał przedstawiany podczas tych ustrukturyzowanych sesji jest dla wszystkich rodzin ważnym punktem wyjścia, niezależnie od nasilenia problemów behawioralnych dzieci, ponieważ zapoznaje rodziców z diagnozą ADHD i związaną z tym tematyką, pomaga zrozumieć interwencje behawioralne i opanować techniki radzenia sobie z istniejącymi problemami oraz zapobiegania problemom w przyszłości. Dzięki takiemu przygotowaniu rodzicom o wiele łatwiej pojąć i wdrożyć interwencje na poziomach 2 i 3, co skraca czas konsultacji prowadzonych na tych poziomach.

Na potrzeby edukacji rodzicielskiej rodziców łączy się w grupy, częściowo z tego względu, że słuchanie o podobnych problemach z dziećmi w innych rodzinach oraz o sukcesach innych rodziców we wdrażaniu strategii interwencji przynosi rodzicom ulgę i im pomaga. Poza tym grupowy format sesji jest rozwiązaniem ekonomicznym, a dyskusje w czasie zajęć najwyraźniej ułatwiają zrozumienie materiału. Zalecamy tworzenie grup złożonych z mniej więcej 10 rodzin. O ile zajęcia można prowadzić również w mniej licznych grupach, o tyle w większych pojawiają się trudności z realizacją poszczególnych elementów sesji. Trudno również osobie kierującej grupą nawiązać dobre stosunki z członkami rodzin, jeśli grupy są zbyt liczne.

Uczestnictwo w zajęciach może być problemem dla rodziców z napiętym grafikiem i innymi obowiązkami, dlatego należy zastosować proponowane w literaturze techniki poprawiające frekwencję. Po pierwsze, należy planować sesje w czasie dogodnym dla wszystkich rodziców z danej grupy, co na ogół oznacza wieczory lub weekendy. Ponadto miejsce szkolenia powinno być zlokalizowane centralnie w pobliżu domów uczestniczących rodzin bądź w znanym miejscu, w którym rodzice regularnie bywają (np. szkoła dziecka, miejscowy kościół). Dodatkowo zapewnienie w miarę możliwości bezpłatnego dojazdu i opieki nad pozostałymi dziećmi pozwoli dotrzeć na zajęcia tym rodzicom, którzy nie mają prawa jazdy lub nie mogą sobie pozwolić na wynajęcie opiekunki na czas szkolenia. Warto wreszcie zapewnić rodzinom jakieś przekąski podczas sesji. Jeśli rodzice nie są w stanie wziąć udziału w sesji, to można przesłać im materiały do przejrzenia pocztą elektroniczną lub tradycyjną.

Nasz program edukacji rodzicielskiej składa się z 10 dwugodzinnych sesji. Sesje odbywają się raz na dwa tygodnie, żeby rodzice zdążyli przećwiczyć strategie, których nauczyli się na zajęciach. Poza tym często trzeba czasu, żeby dzieci odpowiedziały na techniki po ich konsekwentnym wdrożeniu przez rodziców. Rozłożenie sesji na pięć miesięcy daje więc odpowiednio dużo czasu, by określić zarówno poziom umiejętności rodziców w zakresie wdrażania, jak i odpowiedź dziecka.

Sesje mogą być prowadzone przez odpowiednio przeszkolone osoby znające się na wdrażaniu interwencji behawioralnych. Ważne jest również doświadczenie w zakresie konsultacji z rodzinami. Prowadzącymi sesje mogą być edukatorzy (np. nauczyciele, psychologowie szkolni), terapeuci behawioralni lub pracownicy socjalni.

Podczas sesji 1: „Otwarcie i wprowadzenie do ADHD” rodzice mogą się zapoznać ze sobą i z prowadzącym (prowadzącymi) sesje. Omawia się na niej szczegółowo objawy ADHD oraz możliwe negatywne następstwa niewprowadzenia interwencji. Sesję zaczynamy od przyjemnego ćwiczenia, które pomaga rodzicom poznać się nawzajem. Na przykład prosimy rodziców o wypełnienie krótkiej ankiety na własny temat i porównanie odpowiedzi z innymi w grupie – w ten sposób dowiadują się, kto ma najwięcej dzieci, kto ma zwierzę w domu, kto jest leworęczny, kto urodził się w najbardziej oddalonym stanie, kto zna najwięcej języków, kto lubi imprezy sportowe i tak dalej. Omawiamy ponadto kwestię poufności i szacunku. Rodzice muszą mieć poczucie, że mogą swobodnie rozmawiać o problemach swoich dzieci bez narażania się na wyśmiewanie, powinni też zobowiązać się do zachowania treści rozmów w obrębie grupy. Następnie omawiamy ADHD, między innymi historię tego zaburzenia, częstość występowania, różnice płciowe, charakterystykę podtypów oraz najczęstsze trudności towarzyszące (tj. problemy z językiem, nauką, zachowaniem, umiejętnościami społecznymi, regulacją emocji). Na zakończenie sesji krótko przybliżamy rodzicom kwestię chwalenia dziecka, wyjaśniając, jak wyrażać pochwały i jak zwiększyć proporcję pochwał w stosunku do reprymend, przedstawiamy też im „101 sposobów chwalenia dziecka" (np. www.speechtherapygames.com/Freebies/waystopraiseachild.pdf). Zwiększenie liczby pochwał to technika, którą rodzice mogą wykorzystać od razu, wywierając znaczny pozytywny wpływ na zachowanie dziecka. Natychmiastowa poprawa, którą rodzice często widzą po wprowadzeniu pochwał, zachęca ich do powrotu na następne zajęcia.

Na sesjach do 2 do 6 skupiamy się na uczeniu rodziców najważniejszych strategii zarządzania zachowaniem. Podczas tych sesji korzystamy z programu Community Parent Education (COPE; zob. Cunningham i in., 1998). COPE to empirycznie potwierdzony program edukacji rodziców, który z powodzeniem stosuje się do zmniejszania problemów behawioralnych dzieci. Jest to program łatwo dostępny oraz przystępny pod względem kosztów.

Sesja 2 poświęcona jest temu, jak wzmacniać i nagradzać odpowiednie zachowanie dzieci. Rodzice uczą się identyfikować i ćwiczyć strategie okazywania zainteresowania, zachęcania i nagradzania konstruktywnej zabawy dziecka. Podkreśla się też znaczenie interakcji nastawionych na współdziałanie oraz prospołecznych zachowań dziecka, ponieważ są to obszary problematyczne dla małych dzieci z ADHD. Stosuje się różne typy strategii, tak aby pomóc rodzicom we wprowadzeniu częstych nagród za właściwe zachowanie, w poprawieniu ich interakcji z dzieckiem i w redukcji stosowania wymuszeń. Częścią programu COPE są materiały wideo, które przedstawiają rodziców wdających się w pożądane i niepożądane interakcje z dziećmi. Rodzice oglądają te nagrania i w podgrupach krytycznie je analizują oraz opracowują alternatywne reakcje. Następnie osoba prowadząca sesję wskazuje i modeluje sposób, w jaki rodzice mogą poprawić interakcje i chwalić dziecko podczas zwykłych zajęć w domu. Rodzice zaś wymyślają, w jakich sytuacjach we własnym domu mogą podjąć pozytywne interakcje i chwalić dzieci. Potem rodzice ćwiczą – na zasadzie odgrywania ról – podejmowanie konstruktywnych interakcji i chwalenie. Przed zakończeniem sesji rodzice otrzymują pracę domową na następne dwa tygodnie. Przygotowując się do zadania, opracowują konkretny plan pozytywnych interakcji z dzieckiem i chwalenia go (np. kiedy, jak), identyfikują trudności, jakie mogą napotkać, i wymyślają, jak je przezwyciężyć.

Sesja 3 rozpoczyna się od przejrzenia pracy zadanej do domu na poprzednim spotkaniu. Rodzice dzielą się swoimi sukcesami związanym z chwaleniem i pozytywnymi interakcjami, przeprowadzają też burzę mózgów dotyczącą radzenia sobie z napotykanymi trudnościami. Potem następuje przejście do tematu sesji 3, czyli zrównoważonego obdarzania uwagą i celowego ignorowania. Dzieci z ADHD mogą wymagać dużo czasu i uwagi, często kosztem rodzeństwa. Rodzice uczą się, jak w zrównoważony sposób poświęcać czas i uwagę wszystkim dzieciom w rodzinie, a także jak nagradzać pozytywne interakcje między rodzeństwem. Dowiadują się również, że obdarzanie uwagą może prowadzić do nieumyślnego wzmacniania częstych zachowań problemowych, takich jak marudzenie, kłócenie się czy napady złości. Rodzice uczą się ignorować takie pomniejsze problemy behawioralne. Szczególny nacisk kładzie się na to, żeby rodzice zrozumieli, w jaki sposób ich własne zachowanie może eskalować zachowanie dzieci. Dzieci mogą na przykład podejmować pewne zachowania (np. mówią „Nienawidzę cię"), żeby zdenerwować rodziców (tj. zyskać ich uwagę). Rodzice identyfikują takie zachowania, uczą się, jak od nich się dystansować i jak radzić sobie z własnymi myślami, które mogą nasilać złość. Podobnie jak w czasie sesji 2, także i w trakcie trzeciego spotkania rodzice oglądają i omawiają nagrania wideo poświęcone właściwemu i niewłaściwemu stosowaniu zrównoważonej uwagi i celowego ignorowania. Tworzą alternatywne strategie dla niewłaściwego zastosowania zrównoważonej uwagi przedstawionego w materiałach wideo. Prowadzący sesję przedstawia i modeluje każdą ze strategii, po czym następuje odgrywanie ról w parach lub trójkach, tak aby rodzice mieli możliwość praktycznego przećwiczenia tych technik. Na koniec znów zadaje się zadanie domowe – rodzice mają zidentyfikować konkretne sytuacje, w których można zastosować poznane strategie, a także wyznaczyć sobie związane z nimi cele. Rodzicom przypomina się, żeby nie oczekiwali natychmiastowych zmian w zachowaniu, i zachęca się ich do wymyślenia sposobów na poradzenie sobie z nasileniem zachowań problemowych, do czego może dojść podczas ich ignorowania (wygaszania). Rzecz w tym, że problemowe zachowanie dziecka czasami wzmaga się, kiedy przestaje przyciągać uwagę, więc rodzice proponują, jak postępować w przypadku takiej eskalacji.

W trakcie sesji 4, gdy już zostaną omówione sukcesy z zadanej pracy i wymyślone sposoby pokonywania przeszkód, rodzice dowiadują się o zapowiadaniu zmiany aktywności i zapowiedziach jeśli–to. Prowadzący wyjaśnia, że zmiana aktywności, na przykład wyłączenie telewizora, przyjście do stołu na kolację czy pójście do łóżka, może sprawiać dzieciom trudność. Rodzice uczą się wydawać jasne polecenia, unikając ostrych rozkazów czy dopraszania się od dzieci, by posłuchały. Pod okiem prowadzącego rodzice omawiają sposoby planowania zmiany aktywności i odpowiedniego przygotowywania dzieci, a także egzekwowania poleceń. Ponadto uczą się stosowania zasady Premacka (Premack, 1959), czyli planowania czynności przyjemnych po zadaniach lub czynnościach trudnych bądź sprawiających problem i stosowania zapowiedzi jeśli–to (np. „Jeśli sprzątniesz zabawki, to poczytamy książkę"). Również i na tej sesji prezentowane są materiały wideo ilustrujące trafne i nietrafne przykłady zapowiadania zmiany aktywności i zapowiedzi jeśli–to, które są punktem wyjścia dyskusji i wymyślania alternatywnych strategii. Sesja obejmuje także modelowanie strategii przez prowadzącego i odgrywanie ról przez rodziców w podgrupach. Podczas przygotowań do wykonania zadania domowego rodzice ustalają szczegółowe cele, określając, jak i kiedy będą stosować poznane strategie.

Sesję 5 – podobnie jak trzy poprzednie – rozpoczyna się od omówienia prac domowych, a następnie poruszone zostaje zagadnienie systemów żetonowych i zasady przerwy w grze, czyli odesłania w nudne miejsce (*time out*). Zachęca się do stosowania żetonowych systemów nagradzania, zwłaszcza wobec dzieci, które nie odpowiadają dostatecznie na przedstawione wcześniej strategie zachęcające do właściwego zachowania i które potrzebują dodatkowej motywacji. Rodzice uczą się, jak opracować prosty system motywacyjny, między innymi jak wybrać i zdefiniować zachowania, które będą nagradzane. Krótkie filmiki są punktem wyjścia dyskusji na temat częstych błędów (np. zbyt długa przerwa, niejasno zdefiniowane zachowania, nagrody, które nie stanowią wzmocnienia) i sposobów ich korygowania. Prowadzący sesję prezentuje przykładowe systemy motywacyjne i daje rodzicom czas na opracowanie systemu, który będą stosować we własnych domach. W trakcie tej sesji omawia się również odesłanie w nudne miejsce, czyli odsunięcie od wzmocnienia pozytywnego. Odsyłanie w nudne miejsce może być nadużywane, dlatego temat ten wprowadza się wtedy, gdy rodzice zdążyli już się nauczyć i przećwiczyć skutecznie w praktyce zapewnianie wzmocnienia swoim dzieciom, ignorowanie drobnych zachowań problemowych, wydawanie jasnych poleceń i ich egzekwowanie oraz planowanie i przechodzenie od jednej czynności do drugiej. Prowadzący tłumaczy, kiedy odesłanie w nudne miejsce prawdopodobnie okaże się skuteczne, a kiedy nie. Rodzice uczą się na przykład, że nie należy stosować odosobnienia, kiedy złe zachowanie polega na unikaniu wykonania zadania (np. pójścia do łóżka, posprzątania zabawek), ponieważ zastosowanie odesłania może w rzeczywistości wzmocnić zachowanie unikowe. Omawia się parametry dotyczące stosowania odesłania w nudne miejsce (np. jak długie powinno być odosobnienie, jak często należy je stosować). Kiedy rodzice obejrzą już materiały wideo uzupełniające wykład, prowadzący przechodzi do modelowania, a następnie rodzice odgrywają role. Zadanie domowe obejmuje zaplanowanie, kiedy i jakie systemy żetonowe oraz odesłanie w nudne miejsce będą stosowane w domu.

Na sesji 6 również omawia się zadanie domowe, a następnie uczestnicy skupiają się na planowaniu działań, które zapobiegną występowaniu problematycznych zachowań. Podczas tych zajęć rodzice uczą się, jak planować udział w życiu społeczności i jak stosować skuteczne strategie zarządzania w różnych środowiskach i w obecności innych osób. Ponadto rodzice dowiadują się, jak wspierać krewnych, nianie i inne osoby we wdrażaniu strategii, które są skuteczne w przypadku ich dziecka. Na nagraniach wideo mogą obejrzeć rodziców, którzy popełniają błędy, takie jak publiczne krytykowanie dziecka lub zapominanie o wcześniejszym zaplanowaniu wizyty gościa w domu. Uczestnicy sesji omawiają błędy oraz ich skutki i proponują inne rozwiązania. Prowadzący sesję modeluje sposoby planowania, korzystając z techniki odgrywania scenek. Na przykład mówi dziecku (odgrywanemu na ochotnika przez jednego z rodziców), że wybierają się do sklepu, prosi dziecko, by opisało jakieś dobre rzeczy, które może zrobić w sklepie, a następnie planuje, w jaki sposób dziecko może pomóc w zakupach. Kiedy docierają do sklepu, prowadzący (odgrywający rodzica) prosi dziecko o przypomnienie, jak będzie ono pomagać w sklepie. Prowadzący (jako rodzic) demonstruje następnie, jak naprowadzić dziecko na właściwe zachowanie i je pochwalić. Rodzice odgrywają inne scenariusze w małych grupach. Przygotowanie do pracy domowej polega na zidentyfikowaniu konkretnych celów określających, kiedy i jak stosowane będzie planowanie. Pracę domową omawia się na następnej sesji podobnie jak podczas sesji 2–5.

Sesja 7 poświęcona jest sprawom bezpieczeństwa, takim jak zabezpieczenie domu i nadzorowanie dzieci (zob. rozdz. 6). To ważna sesja, szczególnie jeśli weźmie się pod uwagę częstość przypadkowych obrażeń wśród dzieci z ADHD. Sesję tę opracowano na podstawie The Injury Prevention Program (TIPP; American Academy of Pediatrics, 1999a). Na tej sesji przedstawia się różne typy strategii zapobiegania obrażeniom w takich obszarach, jak: upadki, bezpieczeństwo jazdy na rowerze, bezpieczeństwo zabawek, zadławienia, oparzenia, zabezpieczenie broni palnej, trucizny, bezpieczeństwo w samochodzie, bezpieczeństwo pieszych i bezpieczeństwo w wodzie. Zapobieganie obrażeniom ilustrują krótkie filmiki. Rodzice wypełniają ankietę bezpieczeństwa TIPP (http://patiented.aap.org/categoryBrowse.aspx?catID=27) i omawiają swoje odpowiedzi. Zadanie domowe polega na zaplanowaniu, jak zapobiegać obrażeniom dzieci w domu przez zmianę zachowania (np. poprawa nadzoru) i otoczenia fizycznego (np. odpowiednie przemeblowanie pokoi, usunięcie z zasięgu dzieci małych przedmiotów, którymi można się zadławić). W trakcie kolejnej sesji rodzice omawiają wprowadzone przez siebie zmiany oraz to, jak te zmiany wpłynęły lub wpłyną w przyszłości na zachowanie ich dzieci.

Punktem wyjścia sesji 8 i 9 jest fakt, że dzieci z ADHD pozostają w tyle za swymi rówieśnikami w zakresie umiejętności przygotowujących do nauki czytania oraz wczesnych umiejętności matematycznych (zob. rozdz. 5). Podczas tych zajęć omawia się rozwój wczesnych umiejętności związanych z czytaniem oraz umiejętności matematycznych. Rodzice poznają ćwiczenia rozwijające te umiejętności. W ćwiczeniach nacisk jest położony na łączenie głosek i sylab, segmentowanie sylab, rozwijanie rozumienia związku między literami a głoskami, rymowanie, rozpoznawanie liczb, nazywanie liczb i tak dalej. Dodatkowo rodzice otrzymują zestaw ćwiczeń zaczerpnięty z programu nauczania Ladders to Literacy (Notari-Syverson, O'Connor i Vadasy, 1998). Ćwiczenia z tego programu można włączyć w codzienne czynności, znakomicie nadają się więc dla zajętych rodziców. Prezentowane są też podobne ćwiczenia, które rozwiją umiejętności matematyczne.

Tematem ostatniej sesji jest przygotowanie rodziców i dzieci do pójcia do zerówki. Omawia się wówczas kwestie związane z gotowością dziecka, rodzice poznają dodatkowe strategie wspomagania rozwoju u dziecka umiejętności niezbędnych do udanej nauki w zerówce. Umiejętności te łączą się z kilkoma odszarami, takimi jak samodzielność, samokontrola i interakcje społeczne. Ponadto rodzice poznają swoje prawa związane z ewaluacją szkolną, świadczeniami i właściwymi procedurami. Omawia się edukację specjalną oraz specjalne udogodnienia, w tym zindywidualizowane plany nauczania oraz plany 504[1]. W trakcie tego spotkania rodzice zapoznają się z systemem edukacji i edukacji specjalnej, ćwiczą skuteczną komunikację z pracownikami oświaty i uczą się sposobów skutecznego upominania się o prawa własnego dziecka.

Po zakończeniu sesji edukacyjnych dla rodziców oceniamy, czy dzieci odpowiedziały na ten poziom interwencji. Odpowiedź można ocenić na podstawie obserwacji bezpośrednich prowadzonych podczas wizyt domowych, relacji rodziców o sukcesach w kierowaniu zachowaniem dziecka i związanych z tym trudnościach lub zaleceń przedstawionych przez profesjonalistów (np. pracownika socjalnego, nauczyciela) i dotyczących rodzicielskich umiejętności kierowania zachowaniem lub zgłoszonych i zaobserwowanych trudności dziecka. Oceniając odpowiedź dziecka, uwzględniamy przede wszystkim poprawę zachowania. Z naszych poprzednich badań wynika, że jeśli dzieci wykazują poprawę w ciągu pierwszych sześciu miesięcy interwencji, to poprawa ta prawdopodobnie będzie się utrzymywać (Kern i in., 2007). Kiedy nie zaobserwuje się poprawy albo dokona się ona jedynie w minimalnym stopniu, wprowadzona zostaje interwencja na poziomie 2. Jak już wcześniej wspomniano, czasami nasilenie problemowych zachowań dziecka (np. częsta agresja, zachowanie niebezpieczne) wymaga natychmiastowego wdrożenia intensywnej interwencji, i w takich sytuacjach nie należy odwlekać interwencji na poziomach 2 lub 3.

[1] Nazwa od numeru paragrafu w obowiązującej w Stanach Zjednoczonych ustawie o rehabilitacji (Rehabilitation Act). W Polsce dziecko zbadane w Poradni Psychologiczno-Pedagogicznej może uzyskać wskazania do nauczania specjalnego (np. dodatkowej pomocy w klasie lub szkole) (przyp. red. nauk).

Poziom 2: coaching w środowisku domowym

W przypadku dzieci, które nie wykazują dostatecznej poprawy po szkoleniu rodziców, wprowadza się interwencję drugiego stopnia w postaci coachingu w domu. Celem interwencji na poziomie 2 jest zapewnienie rodzicom dodatkowego poradnictwa i wsparcia oraz możliwości przećwiczenia sposobów wdrażania interwencji przedstawionych i uczonych w trakcie szkolenia. Na tym poziomie próbuje się także dostosować interwencję do indywidualnego środowiska domowego i potrzeb rodziców. Na ogół przeprowadza się 10 dwugodzinnych sesji w domu rodzinnym dziecka. Rodziców prosi się o wskazanie pory, kiedy dziecko prawdopodobnie będzie przejawiać zachowania problemowe, i w tym czasie planuje się sesje. Pozwala to na bezpośrednie przećwiczenie procedur i udzielenie informacji zwrotnych na ich temat. Podobnie jak interwencje na poziomie 1, sesje planowych strategii domowych także odbywają się co dwa tygodnie, aby rodzice mieli dość czasu na przećwiczenie strategii, a dzieci – na reakcję.

Planowe strategie domowe mogą wdrażać odpowiednio przeszkolone osoby znające się na wdrażaniu interwencji behawioralnych, co również przypomina interwencje na wcześniejszym poziomie. Najlepiej, żeby osoba prowadząca sesje szkoleniowe dla rodziców kontynuowała pracę z rodzinami wymagającymi interwencji na poziomie 2. Osoby prowadzące sesje nawiązały już dobre stosunki z członkami rodziny, wiedzą o ich sukcesach i trudnościach ze strategiami interwencji na poziomie 1, są więc w stanie szybko i płynnie przejść do poziomu 2. W czasie planowych strategii domowych prowadzący przyjmuje rolę coacha wobec rodzica (rodziców).

Tematyka planowych strategii domowych odzwierciedla zakres sesji szkoleniowych dla rodziców. Omawiane i ćwiczone są następujące strategie: sesja 1 – obdarzanie dziecka uwagą i nagrody, sesja 2 – zrównoważone obdarzanie uwagą i celowe ignorowanie, sesja 3 – systemy żetonowe i odsyłanie w nudne miejsce (pozbawienie wzmocnienia pozytywnego) oraz sesja 4 – planowanie. Sesja 5 stanowi powtórzenie poprzednich czterech sesji coachingowych. Rodzice ćwiczą techniki, które trudno im było poprawnie wdrożyć; coach i rodzic na zasadzie burzy mózgu wymyślają, w jaki sposób można uogólnić te techniki (np. wdrożyć w otoczeniu dziecka, poza domem itp.). Program pozostałych sesji coachingowych jest następujący: sesja 6 – zapowiadanie zmiany aktywności i technika jeśli–to (zasada Premacka), sesja 7 – bezpieczeństwo w domu, sesja 8 – wczesne umiejętności w zakresie czytania i pisania oraz sesja 9 – wczesne umiejętności matematyczne. Sesja 10 składa się z powtórki i ćwiczeń, analogicznie do sesji 5.

Każdą sesję coach zaczyna od modelowania strategii zachowania dla rodzica. Następnie coach układa razem z nim strategię. Potem rodzice ćwiczą wdrażanie strategii behawioralnej z dziećmi i otrzymują informację zwrotną. Można na przykład poprosić rodziców o opisanie sytuacji, w której dziecko musi przejść od jednej czynności do drugiej. Rodzic i coach opracowują konkretne strategie płynnego przechodzenia między czynnościami, takie jak zapowiadanie zmiany aktywności i zapowiedzi jeśli–to. Coach pokazuje, jak stosować strategie, po czym rodzic odgrywa rolę. Następnie rodzice aranżują sytuację, w której dziecko musi przejść od jednej czynności do drugiej. Rodzic stosuje zapowiedzi zmiany aktywności i zapowiedzi jeśli–to, a coach udziela informacji zwrotnych. Wreszcie rodzice i coach wymyślają przykłady, jak daną strategię można stosować w różnych sytuacjach w ciągu całego dnia. Dzięki temu można zająć się specyficznymi sytuacjami domowymi. Jeśli na przykład dany rodzic ma kilkoro dzieci, które sprawiają trudności w porze kładzenia się do łóżka, coach omawia z nim, jak zróżnicować pory spania, wypracować konsekwentny porządek działania, zapowiadać zmiany aktywności każdemu dziecku i stosować zasadę Premacka (jeśli–to) dotyczącą porządku dnia (np. „Jeśli sprzątniesz zabawki, to poczytamy książeczki").

Tak jak po interwencji na poziomie 1, również i coaching na poziomie 2 kończy się oceną odpowiedzi na interwencję. Coachowie spędzają sporo czasu w domu, mają więc okazję zaobserwować, czy interwencje na poziomie 2 przyniosły rezultat w postaci zmniejszenia problemów z zachowaniem. W przypadku dzieci, które w dalszym ciągu nie przejawiają poprawy w zakresie problemów behawioralnych po interwencji na poziomie 2, wymagana jest interwencja na poziomie 3.

Poziom 3: interwencja oparta na diagnozie

Interwencję na poziomie 3 wprowadza się wtedy, kiedy problemy behawioralne dziecka nadal utrzymują się po interwencji na poziomie 2. Podobnie jak w przypadku poziomu 1, minimalna poprawa lub jej brak po interwencji na poziomie 2 wskazują na konieczność wprowadzenia poziomu 3 (np. Kern, Hilt-Panahon i Sokol, 2009). Interwencja na tym poziomie obejmuje zebranie informacji na temat funkcji trudnych zachowań czy objawów (tj. przeprowadzenie behawioralnej analizy zachowania) i opracowanie na tej podstawie planu interwencji. Behawioralna analiza zachowania skupia się na identyfikacji zdarzeń, które poprzedzają zachowanie problemowe, deficytów umiejętności, które mogą przyczyniać się do zachowania problemowego, oraz konsekwencji mogących wzmacniać zachowanie problemowe. Na podstawie tych informacji można opracować indywidualny plan powiązany z indywidualną oceną. Interwencja na poziomie 3 odbywa się w domu i powinna być prowadzona przez terapeutów, którzy potrafią przeprowadzić behawioralną analizę zachowania i opracować na jej podstawie plany interwencji. Zazwyczaj planuje się spotkania co tydzień (ok. dwugodzinne), więc cały proces trwa 10 tygodni.

Na pierwszym spotkaniu z rodzicami określa się wspólnie, jakie zachowania należy ograniczyć. Kiedy dzieci przejawiają wiele zachowań problemowych, należy ustalić listę priorytetów w interwencji. Jak opisaliśmy w rozdziale 2, Janney i Snell (2000) przedstawiły doskonałą strategię ustalania priorytetów w odniesieniu do zachowań problemowych. Proponują one, by pierwszeństwo przyznać zachowaniom *destrukcyjnym* (*destructive behaviors*), czyli takim, które szkodzą dziecku lub innym. Przykładami zachowania destrukcyjnego są samookaleczanie i agresja wobec innych. W drugiej kolejności należy zająć się zachowaniem *zakłócającym* (*disruptive behavior*). Takie zachowania nie stanowią bezpośredniego zagrożenia dla dziecka lub innych osób, lecz przeszkadzają w rozwoju społecznym, emocjonalnym i przedszkolnym. Do tej kategorii zaliczane są również zachowania, które mogą potencjalnie stać się destrukcyjnymi. Przykładowe zachowania zakłócające to odmawianie dzielenia się, ciągłe napady złości i odmawianie uczestnictwa w zajęciach. Trzecie miejsce pod względem ważności w interwencji zajmują zachowania *irytujące* (*distracting behaviors*). Tego typu zachowania nie powodują poważnych opóźnień w nauce czy rozwoju społecznym, ale odbiegają od sposobu bycia oczekiwanego od dzieci w danym wieku. Do tej kategorii zaliczają się również te zachowania, które mogą stać się zakłócające. Przykładami zachowania irytującego są nadmierna gadatliwość lub częste przerywanie zajęć innych. W tabeli 3.1 przedstawiono zestawienie priorytetów behawioralnych w interwencji.

Tabela 3.1. Hierarchia zachowań wymagających interwencji

Priorytet w interwencji	Typ zachowania	Definicja	Przykłady
Wysoki	Destrukcyjne	Zachowania szkodliwe dla dziecka lub innych	Samookaleczenia Agresja
Średni	Zakłócające	Zachowania, które przeszkadzają w rozwoju *lub* mogą stać się destrukcyjne	Napady złości Odmawianie dzielenia się Odmawianie uczestnictwa
Niski	Irytujące	Zachowania, które odbiegają od norm wiekowych *lub* mogą stać się zakłócające	Nadmierna gadatliwość Częste przeszkadzanie innym

Po zidentyfikowaniu zachowań wymagających modyfikacji i ich priorytetów terapeuta opracowuje razem z rodzicami definicje operacyjne. Definicje te dokładnie opisują zachowania wymagające modyfikacji i umożliwiają ich pomiar po to, aby ocenić skuteczność interwencji. Na przykład rodzic może uważać dziecko za nieposłuszne, jeśli nie wykonuje polecenia natychmiast, podczas gdy konsultant może uznać zwłokę za dopuszczalną, ponieważ daje dziecku czas na przetworzenie polecenia. Rodzice i konsultant mogą wspólnie ustalić, jaka zwłoka czasowa definiuje nieposłuszeństwo (np. 5 sekund).

Zdefiniowawszy zachowanie wymagające modyfikacji, należy wybrać metodę rejestrowania wystąpień danego zachowania. Zachowanie można mierzyć za pomocą takich parametrów, jak częstotliwość, czas trwania, intensywność lub latencja (opóźnienie) (Miltenberger, 2005). Wybór metody zależy od specyfiki modyfikowanego zachowania. Częstotliwość to liczba wystąpień danego zachowania i najlepiej nadaje się do pomiaru zachowań dyskretnych (nieciągłych) i krótkotrwałych. Uderzenie brata lub siostry czy zabranie im zabawki to przykłady zachowań, które dobrze mierzy się za pomocą częstotliwości. Natomiast zachowania, które zwykle trwają przez dłuższy czas, najlepiej mierzyć, określając, ile trwają. Czas trwania mierzy się od chwili wystąpienia zachowania do jego zakończenia. W ten sposób mierzy się zazwyczaj napady złości lub wstawanie z miejsca w klasie. Mierzyć można również intensywność zachowania, zwłaszcza gdy celem nie jest wyeliminowanie danego zachowania, ale zmiana jego formy. Przykładem modyfikowanego zachowania, które nadaje się do mierzenia w odwołaniu do jego intensywności, jest niewłaściwa siła głosu dziecka, czyli wrzeszczenie czy krzyczenie. Nie idzie o wyeliminowanie mówienia, lecz o obniżenie poziomu głośności dźwięku. Można ustalić następujące kategorie intensywności mówienia, na przykład 3 = *wrzask lub krzyk o skrajniej głośności*, 2 = *mówienie na poziomie nieco głośniejszym niż poziom rozmowy* oraz 1 = *mówienie na poziomie rozmowy*. Z kolei latencja (opóźnienie) służy opisowi tego, ile czasu upłynęło od podjęcia zachowania przez dziecko po otrzymaniu polecenia. Jest to właściwa miara w przypadku takich zachowań, jak trudności z wykonywaniem poleceń lub usłuchaniem po pierwszym poleceniu, które są typowe dla małych dzieci z ADHD. Mierzy się czas między wydaniem polecenia (np. „Chodź do stołu na kolację") a podjęciem przez dziecko zachowania zgodnie z poleceniem (np. kiedy dziecko zaczyna iść w stronę stołu).

Większość rodziców nie zna się na zbieraniu danych i nie ma w tym doświadczenia, dlatego na ogół najlepiej zaprojektować proste strategie. Jeśli na przykład rodzice mierzą częstotliwość zachowania, to można im dać licznik golfowy do przymocowania na szlufce od paska. Za każdym razem, gdy wystąpi dane zachowanie, wystarczy, że nacisną przycisk na liczniku. Po upływie wyznaczonego czasu mogą zapisać liczbę z licznika odpowiadającą częstotliwości zachowania. Jeśli chodzi o pomiar czasu trwania, to zamiast rejestrować dokładny czas rozpoczęcia i zakończenia zachowania, można opracować arkusz zbierania danych podzielony na interwały (np. 10 minut, 15 minut). Rodzice mogą wówczas zaznaczyć, czy zachowanie występowało w danym przedziale czasu. Choć procedura ta nie daje precyzyjnego pomiaru czasu trwania zachowania, umożliwia jednak uzyskanie przybliżenia. Szacunkowo można też mierzyć opóźnienie danego zachowania, licząc po cichu (np. „121, 122") i notując przybliżoną wartość.

Po uzgodnieniu zachowania problemowego, na które nakierowana będzie interwencja, oraz sposobu jego pomiaru, rozpoczyna się zbieranie informacji w zakresie behawioralnej analizy zachowania. Informacje zbiera się na dwa sposoby: pośredni i bezpośredni. Metody pośrednie opierają się na relacjach rodziców dotyczących zachowania problemowego, natomiast bezpośrednie metody zbierania informacji opierają się na własnej obserwacji i stosuje się je wtedy, gdy dane zachowanie występuje.

Celem obu metod, pośredniej i bezpośredniej, jest uzyskanie informacji niezbędnych do opracowania interwencji. Dla interwencji opartej na behawioralnej analizie zachowania ważne są – oprócz danych na temat występowania problemów behawioralnych – cztery inne typy informacji (Kern, O'Neill i Starosta, 2005). Pierwszy typ informacji to bodźce poprzedzające, czyli zdarzenia, które poprzedzają zachowanie problemowe. Bodźce te nazywa się „szybkimi wyzwalaczami" (*fast triggers*), ponieważ występują tuż przed zachowaniem problemowym i je wywołują. Przykładem takiego bodźca może być prośba o wykonanie jakiegoś zadania (np. „Umyj zęby", „Posprzątaj zabawki"), ograniczenie dostępu do czegoś pożądanego (np. zabranie zabawki, zakończenie ulubionej czynności), czy też brak uwagi (np. rodzic pomaga rodzeństwu w odrabianiu lekcji).

Drugi rodzaj zbieranych informacji to konsekwencje, czyli zdarzenia, które następują po zachowaniu problemowym. Rodzice często reagują na zachowanie w sposób, który nieumyślnie je wzmacnia. Na przykład rezygnują z jakiegoś wymagania, gdy dziecko zaczyna się problemowo zachowywać. Tego typu informacje mają duże znaczenie dla określenia, jaki rodzaj zachowania rodziców (tj. wzmocnienia) może spełniać funkcję podtrzymującą w stosunku do zachowania dziecka.

Konsekwencje rozpatruje się zasadniczo pod kątem ich funkcji wzmacniającej względem zachowania problemowego, a nie specyficznej topografii reakcji (Iwata i in., 1982). W obrębie wzmacniającej funkcji zachowania problemowego można wyróżnić dwie kategorie ogólne odpowiadające paradygmatom wzmocnienia pozytywnego i negatywnego (Skinner, 1953). Pierwsza kategoria to *wzmocnienie pozytywne* (dodatnie), czyli zachowanie, którego celem jest uzyskanie czegoś pożądanego, na przykład uwagi, jakiejś rzeczy bądź czynności. Kiedy na przykład rodzic zajmuje się rodzeństwem dziecka z ADHD, może ono dostać napadu złości, by przerwać interakcję i zdobyć uwagę rodzica. Rodzic, który w takiej sytuacji nie jest w stanie zajmować się dalej pozostałymi dziećmi, może starać się przerwać napad złości dziecka z ADHD, wzmacniając tym samym zachowanie problemowe przez obdarzenie go uwagą. Kiedy funkcją jest uzyskanie konkretnej rzeczy, dziecko może na przykład impulsywnie zabrać zabawkę rodzeństwu. Aby uniknąć dalszych problemów, rodzeństwo może pozwolić bratu, żeby zatrzymał zabawkę. W ten sposób zabieranie zabawek zostało wzmocnione przez udostępnienie danej rzeczy.

Drugą ogólną kategorią jest *wzmocnienie negatywne* (ujemne), czyli zachowanie, którego celem jest uniknięcie czegoś niepożądanego. W przypadku małych dzieci z ADHD unikanie występuje zwykle w kontekście trudnego lub nielubianego zadania. W warunkach domowych do typowych zadań, które dzieciom z ADHD sprawiają trudności, należy siedzenie i poprawne zachowanie przy stole podczas posiłków, realizowanie codziennych czynności związanych z kładzeniem się spać i realizowanie zadań długich bądź wieloetapowych (np. sprzątanie zabawek w pokoju). Kiedy po wydaniu polecenia przez rodzica nastąpi zachowanie problemowe i rodzic nie będzie domagał się wykonania zadania, zachowanie problemowe zostanie wzmocnione rezultatem w postaci uniknięcia zadania.

Oprócz informacji na temat bodźców poprzedzających i konsekwencji trzecim rodzajem informacji, o jakie pytani są rodzice, są deficyty umiejętności, które mogą przyczyniać się do zachowania problemowego (np. Halle, Bambara i Reichle, 2005). Deficyty mogą obejmować umiejętności związane z motoryką małą lub dużą, niezbędne do wykonania jakichś zadań, trudności językowe, brak przedłużonej koncentracji niezbędnej do wykonania jakiejś czynności lub problemy z umiejętnościami społecznymi koniecznymi do zgodnego współżycia z rodzeństwem i rówieśnikami. Zredukowanie w dłuższej perspektywie czasowej zachowań problemowych wymaga dopilnowania, by nauczono dzieci nowych umiejętności, które można wykorzystywać w problematycznych sytuacjach. Dzieci muszą na przykład nauczyć się, jak prosić rodziców o pomoc, kiedy nie są w stanie samodzielnie wykonać zadania. Dzieci muszą również umieć prosić rodzeństwo o bawienie się na zmianę zamiast wyrywać zabawkę.

Czwarty rodzaj informacji, o jakie pyta się rodziców, dotyczy odległych zdarzeń (nazywanych również *zdarzeniami nastawiającymi – setting events* lub *operacjami ustanawiającymi – establishing operations*), które mogą pośrednio przyczyniać się do zachowania problemowego (Michael, 1993). *Zdarzenia odległe* to takie, które nie wywołują bezpośrednio zachowania problemowego, lecz zwiększają prawdopodobieństwo jego wystąpienia w obecności określonych bodźców poprzedzających. Na przykład poproszenie dziecka o nakrycie do stołu (bodziec poprzedzający), kiedy dziecko jest zmęczone (zdarzenie nastawiające), może doprowadzić do napadu złości. Dziecko na ogół spełnia prośbę o nakrycie do stołu, chyba że występuje to konkretne zdarzenie nastawiające w postaci zmęczenia. Gdy bodźce poprzedzające zachowanie problemowe są powiązane z nim w sposób nieregularny, należy wziąć pod uwagę zdarzenia nastawiające lub operacje ustanawiające (np. Kennedy i Meyer, 1996). Opis i przykłady informacji istotnych dla oceny funkcjonalnej przedstawiono w tabeli 3.2.

Na pierwszym spotkaniu z rodzicami terapeuta podejmuje proces behawioralnej analizy zachowania w środowisku domowym, który rozpoczyna od wywiadu z rodzicami. W trakcie wywiadu prosi się rodziców o zidentyfikowanie potencjalnych bodźców poprzedzających oraz konsekwencji zachowania problemowego, a także zdarzeń odległych, które mogą przyczyniać się do zachowania problemowego dziecka. Identyfikuje się także deficyty umiejętności dziecka. Konsultant może skorzystać z jednego z kilku dostępnych wywiadów ustrukturyzowanych (np. Bambara i Kern, 2005; Kratochwill i Bergan, 1990; O'Neill i in., 1997).

Tabela 3.2. Informacje istotne dla oceny funkcjonalnej

Rodzaj informacji	Definicja	Przykłady
Bodźce poprzedzające	Zdarzenia, które poprzedzają zachowanie problemowe	Polecenie odłożenia zabawek Wymóg siedzenia podczas kolacji Rodzice zajęci pozostałymi dziećmi, więc brak uwagi ze strony rodziców Zabranie zabawki przez rodzeństwo
Konsekwencje	Zdarzenia, które następują po zachowaniu problemowym	Wycofanie polecenia po napadzie złości Poświęcenie uwagi po zachowaniu zakłócającym Udostępnienie zabawki po agresji
Deficyty umiejętności	Brak umiejętności, który może przyczyniać się do zachowania problemowego	Trudność skupienia uwagi dłużej niż przez 3 minuty Nieumiejętność właściwego poproszenia o zabawkę Problemy z oczekiwaniem na swoją kolej
Zdarzenia odległe	Zdarzenia, które zachodzą wcześniej i zwiększają prawdopodobieństwo zachowania problemowego w obecności konkretnych bodźców poprzedzających	Brak snu Głód Choroba

Podczas drugiego spotkania rodzice uczą się stosować formułę bodziec poprzedzający–zachowanie–konsekwencja (*antecedent–behavior–consequence*, ABC) do zbierania informacji na temat zdarzeń powiązanych z zachowaniem problemowym. Innymi słowy, rodzice mają zbierać dane na temat zdarzeń, które zachodzą przed zachowaniem problemowym (A, czyli bodźce poprzedzające), zachowania (B) oraz zdarzeń następujących po zachowaniu problemowym (C, czyli konsekwencje). Konsultant opisuje sytuacje, w których może wystąpić zachowanie problemowe, natomiast rodzice ćwiczą zbieranie danych za pomocą formuły ABC. Z naszego doświadczenia wynika, że większość rodziców bez większych trudności radzi sobie z gromadzeniem danych ABC. Rodziców prosi się o codzienne zbieranie danych ABC na drodze bezpośredniej obserwacji przez co najmniej tydzień.

W trakcie następnej wizyty konsultant przeprowadza dwugodzinną naturalistyczną obserwację bezpośrednią w domu, zwracając uwagę na zachowanie problemowe, bodźce poprzedzające i konsekwencje. Dane te stanowią uzupełnienie danych zebranych przez rodziców.

Na kolejnym spotkaniu rodzic przeprowadza analogiczną krótką behawioralną analizę zachowania (np. Northup i in., 1991), a terapeuta przez cały czas służy mu podpowiedziami i wsparciem. Organizuje się cztery sesje po 5 minut, w przypadkowej kolejności i z przynajmniej 10 minutami przerwy po każdej. Przeprowadza się następujące sesje: sesję *kontrolną* (zabawę), podczas której rodzic uczestniczy w ulubionych formach aktywności z dzieckiem i powstrzymuje się od stawiania wymagań; sesję *zadania*, podczas której prosi się dziecko o wykonanie jakiegoś zadania (np. odłożenie zabawek, umycie zębów); sesję *uwagi*, podczas której prosi się dziecko o samodzielną zabawę, natomiast rodzic poświęca uwagę czemuś innemu; oraz sesję *dostępu*, podczas której ograniczony jest dostęp do ulubionej zabawki lub aktywności. W zależności od zachowania problemowego udziela się wzmocnienia odpowiedniego do danego warunku oceny (tj. ucieczka, uwaga lub dostęp). W przypadku warunku dostępu, jeśli dziecko podejmie zachowanie problemowe, to ogranicza się na krótko dostęp do ulubionej zabawki lub aktywności. Po przeprowadzeniu czterech sesji replikuje się wszystkie sesje o wysokim poziomie zachowania problemowego na przemian z sesjami o niskim wskaźniku zachowania problemowego. Wyniki tej analogicznej behawioralnej analizy zachowania pokazują sytuacje, które mogą być powiązane z zachowaniem problemowym w naturalnym otoczeniu, oraz konsekwencje, które mogą wzmacniać zachowanie problemowe. Replikacja służy dodatkowemu potwierdzeniu zmiennych (bodźców poprzedzających i konsekwencji) łączących się z zachowaniem problemowym.

Przeprowadzono behawioralną analizę zachowania czteroletniego Kyle'a, u którego rozpoznano cechy ADHD. Rodziców chłopca niepokoiła agresja, którą przejawiał wobec nich w domu. Uczęszczali na szkolenie dla rodziców i skorzystali z coachingu domowego na poziomie 2. Sumiennie wdrożyli interwencje wyuczone podczas sesji szkoleniowych oraz coachingu w domu. Choć pod wpływem interwencji liczba przejawów agresji Kyle'a spadła z ok. 20 do ok. 10 dziennie, to jej poziom nadal był nie do przyjęcia. Postanowiono więc, że trzeba wprowadzić interwencję z poziomu 3 opartą na ocenie, aby dokładniej zidentyfikować funkcję agresji Kyle'a i opracować bardziej specyficzny i zindywidualizowany plan interwencji.

Wyniki behawioralnej analizy zachowania Kyle'a przeprowadzonej w domu przedstawiono na rysunku 3.2. Pierwszą sesją była sesja ucieczki, podczas której chłopiec wykazywał wysoki poziom agresji wynoszący 36 przejawów na godzinę (trzy przejawy agresji podczas trwającej 5 minut sesji). Poziom agresji był bardzo niski lub zerowy w trakcie trzech następnych sesji (zabawa, dostęp, uwaga). Aby potwierdzić funkcję agresji, powtórzono sesję ucieczki na przemian z sesją uwagi. W czasie replikacji sesja ucieczki ponownie przyniosła 48 przejawów agresji na godzinę, natomiast w trakcie sesji uwagi nie zaobserwowano żadnego zachowania problemowego. Behawioralna analiza zachowania wskazała zatem, że funkcją agresji Kyle'a jest ucieczka.

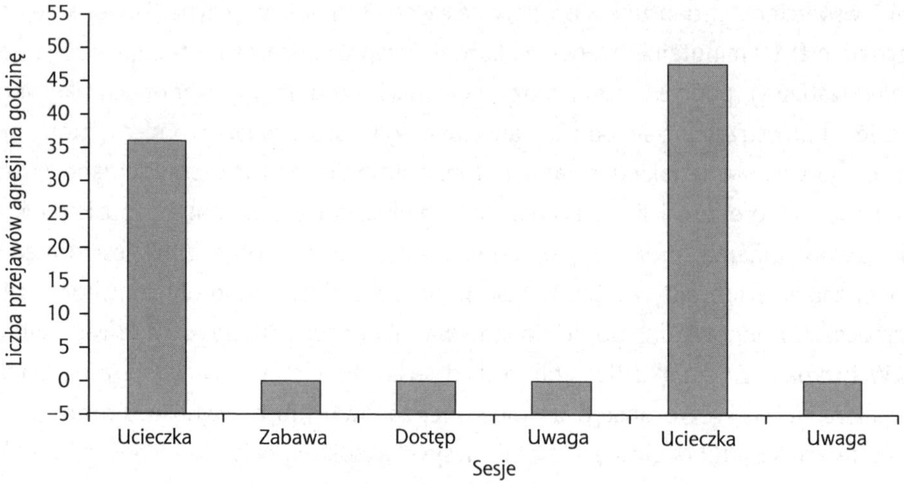

Rysunek 3.2. Behawioralna analiza zachowania Kyle'a przeprowadzona w domu

Po przeprowadzeniu wywiadu, zebraniu danych ABC przez rodziców, dokonaniu przez terapeutę obserwacji i przeprowadzeniu analogicznej behawioralnej analizy zachowania podsumowuje się dane, żeby określić zmienne (bodźce poprzedzające, konsekwencje) związane z zachowaniem problemowym, a także deficyty umiejętności i zdarzenia nastawiające, które mogą wpływać na wystąpienie zachowania problemowego. Terapeuta przegląda każde źródło danych, aby ocenić zbieżność, spójność lub potrzebę alternatywnych interwencji na podstawie unikalnych ustaleń z przeprowadzonych ocen (np. zebranych przez rodziców danych wskazujących na zachowania problemowe w sklepie spożywczym).

Należy pamiętać, że zachowanie problemowe często występuje z więcej niż jednej przyczyny. Innymi słowy, takie zachowanie może spełniać wiele funkcji. Na podstawie danych z przeprowadzonej w domach behawioralnej analizy zachowania 42 dzieci w wieku przedszkolnym, które wzięły udział w naszym szerzej zakrojonym badaniu (Kern i in., 2007), stwierdziliśmy wielość funkcji u 55%, czyli 23 dzieci (Sokol i in., 2009). W sumie dla 35 dzieci główną funkcją była ucieczka, natomiast dla 24 była to funkcja dostępu. Najrzadziej występowała funkcja uwagi, którą zaobserwowano u 13 dzieci. Kiedy zachowanie problemowe miało wiele funkcji, niemal zawsze jedną z funkcji była ucieczka (występująca u 22 z 23 uczestników), z kolei funkcja dostępu była jedną z funkcji u 19 z 23 uczestników.

Na następnej sesji terapeuta spotyka się z rodzicem i wspólnie omawiają ustalenia diagnozy, aż do wypracowania zgodnego stanowiska co do bodźców poprzedzających, konsekwencji oraz funkcji zachowania problemowego, deficytów umiejętności i zdarzeń nastawiających. Wspólnie formułuje się hipotezy, które stanowią podsumowanie informacji z diagnozy i ogniwo łączące diagnozę z interwencją. W hipotezach identyfikuje się bodziec poprzedzający, zachowanie problemowe oraz przypuszczalną funkcję, a w niektórych przypadkach również zdarzenie nastawiające. Przykładem takiej hipotezy jest zdanie: „Kiedy Derek proszony jest o posprzątanie pokoju (bodziec poprzedzający), dostaje napadu złości (zachowanie problemowe), by uniknąć zadania (funkcja)". Inny przykład to: „Kiedy matka Jennifer siada, by pomóc siostrze Jennifer w lekcjach (bodziec poprzedzający), Jennifer przejawia agresję (zachowanie problemowe), żeby zwrócić na siebie uwagę matki (funkcja)". Hipoteza obejmująca zdarzenie nastawiające może wyglądać następująco: „Kiedy Hakim jest niewyspany (zdarzenie nastawiające) i otrzymuje polecenie ubrania się do szkoły (bodziec poprzedzający), krzyczy i wrzeszczy (zachowanie problemowe), aby uniknąć zadania (funkcja)". Po sformułowaniu hipotez konsultant omawia z rodzicami potencjalne interwencje.

Przez następny tydzień terapeuta opracowuje plan interwencji dla rodziny. Plan składa się ze strategii poprzedzających (*antecedent strategies*), które mają zapobiegać zachowaniu problemowemu, technik instruktażowych nakierowanych na wyrównanie deficytów umiejętności (np. problemów z interakcjami społecznymi, czekaniem) oraz zachowania zamienne (np. właściwie proszenie o przerwę lub zabieganie o uwagę), konsekwencje dla zachowania problemowego, które najprawdopodobniej nie wzmocnią zachowania, a także sposoby eliminowania lub łagodzenia zdarzeń nastawiających (więcej szczegółów na temat składników interwencji można znaleźć w rozdz. 4). W czasie kolejnej sesji terapeuta przedstawia rodzicowi w pełni opracowany, oparty na ocenie, zindywidualizowany, wieloskładnikowy plan interwencji. Rodzice i terapeuta przeglądają plan, w razie potrzeby uzupełniając go lub modyfikując pod kątem preferencji rodziców, potencjalnej skuteczności oraz możliwości wdrażania. Terapeuta modeluje każdą strategię interwencji, odgrywa role z rodzicem i obserwuje, jak rodzice wdrażają daną strategię z dziećmi, jednocześnie zapewniając im informację zwrotną.

Pozostałe wizyty domowe skupiają się na dalszym coachingu i udzielaniu informacji zwrotnych dotyczących wdrażania zindywidualizowanego planu interwencji. Jeśli pojawiają się trudności z wdrażaniem interwencji zgłaszanych przez rodziców bądź zaobserwowanych przez terapeutę, to przeprowadza się dodatkowe modelowanie i odgrywanie ról. Na ogół cztery dodatkowe sesje wystarczają większości rodziców, by rzetelnie i konsekwentnie wdrożyć plan interwencji.

Proces ewaluacji

Informacje zebrane przez rodziców na temat danego zachowania przed wdrożeniem interwencji (np. podczas zbierania danych ABC) służą jako wartości wyjściowe, z którymi porównuje się dane zebrane po wdrożeniu interwencji. Podczas ewaluacji postępów dziecka należy pamiętać, że rodzice potrzebują czasu, by zmienić swój sposób interakcji z dziećmi, a dzieci potrzebują czasu na nauczenie się nowych, właściwych sposobów zachowania. Zachowanie może więc zmieniać się powoli. Najważniejsze, by problemy behawioralne stale malały. Rodzice często nie zauważają zmiany w zachowaniu, jeśli ma ona charakter stopniowy. Warto zatem przedstawić rodzicom wykresy graficzne ilustrujące zmianę zachowania. Widok danych w formie graficznej utwierdza rodziców w przekonaniu, że zachowanie prawdopodobnie nadal będzie się poprawiać.

Kiedy nastąpi poprawa, należy w dalszym ciągu realizować plan, dopóki zmiana w zachowaniu nie będzie trwała. Innymi słowy, redukcja zachowania problemowego powinna utrzymywać się na tyle długo, by świadczyła o tym, że dzieci nauczyły się alternatywnych strategii zaspokajania własnych potrzeb i zachowanie problemowe przestało być konieczne. Na ogół zajmuje to kilka miesięcy, ale może potrwać dłużej lub krócej w zależności od nasilenia problemu z zachowaniem oraz konsekwencji we wdrażaniu interwencji. Kiedy poprawa zachowania utrzymuje się dostatecznie długo, należy rozważyć stopniowe wycofywanie interwencji. Wycofywanie jest istotne z kilku powodów. Po pierwsze, interwencje są niekiedy stygmatyzujące ze względu na to, że udziela się pomocy, której zwykle nie wymagają rówieśnicy dziecka. Na przykład samodzielna obserwacja właściwej zabawy z rówieśnikami w interwałach o długości 5 minut powoduje przerywanie trwającej aktywności i może zwracać niechcianą uwagę na dziecko. Wycofywanie ważne jest również z tego względu, że wdrażanie interwencji może wymagać dużego nakładu pracy. Świadomość, że istnieją długofalowe plany zmniejszania intensywności interwencji, często dodaje rodzicom otuchy.

Wycofywanie interwencji jest najskuteczniejsze wtedy, gdy dokonuje się stopniowo i systematycznie (np. Rock i Thead, 2007). Kiedy wycofywanie ma charakter stopniowy i systematyczny, dzieci nie zauważają zmian i istnieje większe prawdopodobieństwo utrzymania się zmian w zachowaniu. Na przykład Savannah miała ogromne trudności z utrzymywaniem uwagi, kiedy matka jej czytała. Przed interwencją nie była w stanie usiedzieć na krześle i skupić uwagi dłużej niż kilka minut, po czym zaczynała się kręcić i rozpraszała się. Dlatego matka, pozwoliwszy Savannah wybrać książkę do czytania na dobranoc, na początku czytała jedną bardzo krótką książeczkę, którą można skończyć w niespełna 3 minuty. Po miesiącu Savannah słuchała uważnie podczas krótkich sesji czytania, więc jej mama zaczęła wycofywać interwencję przez stopniowe wydłużanie czasu czytania. Kupiła dłuższe książki i co wieczór czytała przez 4 minuty. Gdy Savannah była w stanie skupić się przez całą sesję czytania przynajmniej przez 6 z 7 wieczorów w tygodniu, matka wydłużała czas czytania o minutę. Po 4 miesiącach Savannah była w stanie skupić się na bajkach przez 15 minut. Pomogło to jej również w szkole, gdzie plan zajęć obejmował codziennie 10–15 minut czytania bajek.

Jeśli zachowanie problemowe nie ustaje, to najpierw należy ocenić, czy rodzice wdrażają plan dokładnie i konsekwentnie. W przypadku niedostatecznego przestrzegania zasad terapii, należy ustalić, dlaczego rodzice nie wdrażają planu. Przyczyną może być na przykład to, że nie do końca rozumieją, jak wdrażać strategie, i potrzebują dodatkowego coachingu. Czasami wdrożenie planu nie jest w praktyce wykonalne dla rodzica, ponieważ koliduje z innymi obowiązkami domowymi. W takiej sytuacji trzeba zrewidować plan, lepiej go dostosowując do danego kontekstu domowego. Jeśli plan wdrażany jest konsekwentnie i zgodnie z zamierzeniami, to być może hipotezy na temat zachowania problemowego były nietrafne. Konieczne może wówczas okazać się zebranie dodatkowych danych do behawioralnej analizy zachowania, aby sformułować nowe hipotezy i zrewidować plan wsparcia.

Przykłady interwencji domowych

Adrian był czteroletnim chłopcem, u którego zdiagnozowano ADHD podtypu mieszanego. Z relacji matki wynikało, że od urodzenia był o wiele bardziej aktywny od pozostałej dwójki rodzeństwa. Wstępna ocena psychologiczna potwierdziła trudności związane zarówno z deficytem uwagi, jak i nadruchliwością oraz nadmierną impulsywnością. Państwo R. sumiennie uczęszczali na sesje szkoleniowe dla rodziców na poziomie 1, lecz zaobserwowali jedynie niewielką zmianę zachowania Adriana. Następnie przystąpiono do interwencji na poziomie 2, czyli coachingu w domu, lecz i to nie przyniosło wystarczającej poprawy zachowania. Chłopca objęto zatem opartą na ocenie interwencją na poziomie 3.

Interwencja na poziomie 3 rozpoczęła się od spotkania z państwem R., którego celem było zidentyfikowanie problemowego zachowania Adriana i przeprowadzenie wstępnego wywiadu. Rodzice Adriana jasno stwierdzili, że główne problemy ich syna to odmowa wykonania polecenia i napady złości. Podczas wstępnego wywiadu wskazywali, że niemal zawsze mają trudności z nakłonieniem Adriana do wykonywania poleceń. Przyznali, że choć wiedzą, jak egzekwować wykonywanie poleceń, to czasami jest to dla nich zbyt trudne z powodu napadów złości chłopca i czasu, jaki trzeba temu poświęcić kosztem pozostałych dzieci. Stwierdzili również, że syn ma trudności z rodzeństwem, najczęściej spowodowane tym, że odmawia dzielenia się zabawkami albo zabiera rodzeństwu zabawki z pokojów. W reakcji na te problemy z rodzeństwem rodzice odsyłali Adriana do jego pokoju, czyli stosowali technikę odesłania w nudne miejsce.

Przez następny tydzień rodzice Adriana zapisywali, jak często ich syn odmówił wykonania polecenia, a także jak często miał napady złości i jak długo trwały. Z danych tych wynikało, że zachowania problemowe występowały kilka razy dziennie, przy czym odmowa wykonania polecenia od 3 do 8 razy dziennie, a napady złości od 2 do 4 razy. Następnie państwo R. zbierali dane ABC, zaznaczając zdarzenia, które zaszły tuż przed odmową wykonania polecenia i napadami złości, oraz zdarzenia, które nastąpiły po nich. Dane ABC były rzeczywiście zbieżne z informacjami z wywiadu i wskazywały, że zachowanie problemowe występuje regularnie, kiedy padają konkretne polecenia. Odmowa wykonania polecenia i napady złości występowały co wieczór, gdy Adrianowi mówiono, że pora spać. Przejawy nieposłuszeństwa występowały również podczas zadań związanych ze sprzątaniem, zwykle wtedy, gdy proszono go o odłożenie zabawek na miejsce. Ponadto, tak jak zgłaszali rodzice w trakcie wywiadu, codziennie dochodziło do jeszcze jednego napadu złości – kiedy pani R. przygotowywała kolację, a dzieci się bawiły.

Terapeutka przeprowadziła następnie obserwację w domu, zbierając dane na temat występowania odmowy wykonania polecenia i napadów złości, a także zdarzeń poprzedzających i następujących po zachowaniach problemowych. Problemowe zachowanie Adriana zachodziło rzadziej w jej obecności. Jednakże obserwacje terapeutki pokrywały się z relacjami rodziców i danymi ABC dotyczącymi bodźców poprzedzających i konsekwencji. Otóż zachowanie problemowe występowało w związku z wymaganiami (zwłaszcza w porze kładzenia się spać) oraz w czasie zabawy, kiedy Adrian odmawiał dzielenia się i zabierał zabawki rodzeństwu. Terapeutka zauważyła również, że pora przygotowań do snu była szczególnie chaotyczna i położenie chłopca do łóżka zajmowało ponad 45 minut. Ponadto choć Adriana odesłano raz na odosobnienie za to, że „nie bawił się ładnie", rodzeństwo częściej ulegało jego zachowaniom i pozwalało mu bawić się samemu lub oddawało zabawki na jego żądanie.

Po obserwacji w warunkach naturalnych przeprowadzono analogiczną behawioralną analizę zachowania. Z danych przedstawionych na rysunku 3.3 wynika, że funkcjami zachowania Adriana były zarówno ucieczka, jak i uzyskanie dostępu. Łącznie ustalenia ze wszystkich przeprowadzonych ocen wskazywały na funkcje ucieczki i dostępu. Co więcej, wyglądało na to, że zachowanie Adriana spełniające funkcję ucieczki jest rezultatem niejasnych lub niejednoznacznych oczekiwań, natomiast zachowanie problemowe spełniające funkcję dostępu powiązane jest z trudnościami w dzieleniu się. Postawiono zatem dwie hipotezy. Pierwsza z nich brzmiała: „Kiedy polecenia są niespójne lub niejednoznaczne, Adrian podejmuje zachowanie problemowe, by uniknąć wymagania", a druga: „Kiedy wymaga się od Adriana, by podzielił się zabawkami, chłopiec podejmuje zachowanie problemowe, żeby uzyskać lub utrzymać dostęp do zabawki".

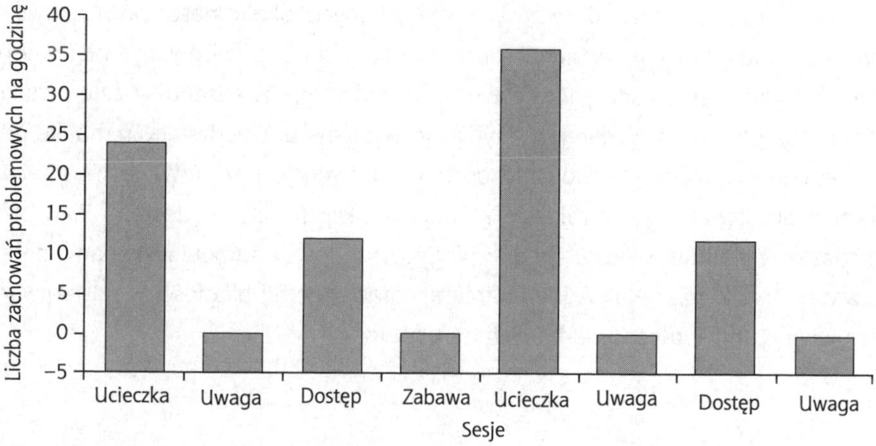

Rysunek 3.3. Behawioralna analiza zachowania Adriana przeprowadzona w domu

Tabela 3.3. Plan wsparcia zachowania Adriana

Interwencje w zakresie bodźców poprzedzających	Nauka umiejętności	Konsekwencje
Hipoteza 1: Kiedy polecenia są niespójne lub niejednoznaczne, Adrian podejmuje zachowanie problemowe, by uniknąć wymagania		
Rozłożyć w czasie pory kładzenia do łóżka każdego dziecka	Nauczyć Adriana pytać: „Co mam teraz zrobić?", kiedy nie jest pewien ustalonego porządku	Ignorować niewłaściwe zachowanie i trzymać się ustalonego porządku
Ustalić stałą porę kładzenia Adriana do łóżka (o godz. 20.00)	Nauczyć Adriana samodzielnego trzymania się harmonogramu	Przypominać o nagrodzie za przestrzeganie ustalonego porządku i o dodatkowym czasie czytania
Opracować stały porządek wieczorny (umycie zębów, umycie twarzy, pójście do łazienki); opracować obrazkowy harmonogram i nagradzać przestrzeganie ustalonego porządku		
Zakończyć porządek wieczoru przyjemną aktywnością (czytanie w łóżku) i przeznaczy dodatkowe 5 minut na czytanie, jeśli Adrian wykona wszystkie czynności i położy się do łóżka w ciągu 10 minut		
Hipoteza 2: Kiedy wymaga się od Adriana, by podzielił się zabawkami, chłopiec podejmuje zachowanie problemowe, aby uzyskać lub utrzymać dostęp do zabawki		
Ćwiczyć „na sucho" dzielenie się z rodzeństwem (codziennie przed zabawą modelować i ćwiczyć bawienie się na zmianę)		
Nadzorować czas zabawy rodzeństwa przez co najmniej 15 minut dziennie; zaplanować zabawę, która wymaga czekania na swoją kolej, i chwalić dzieci za przestrzeganie kolejności		

Na podstawie informacji dotyczących specyficznych okoliczności powiązanych z zachowaniem problemowym Adriana opracowano zindywidualizowany plan wsparcia. W tabeli 3.3 zaprezentowano rodzaje wsparcia, które wprowadzono w celu redukcji zachowania problemowego Adriana: modyfikacje bodźców poprzedzających, naukę umiejętności oraz konsekwencje. Opracowano osobne interwencje nakierowane na modyfikację zachowania problemowego w zakresie każdej z funkcji (ucieczka, dostęp). Plan przyniósł natychmiastowy rezultat w postaci redukcji napadów złości i odmów wykonania polecenia. Postępowała ona, w miarę jak Adrian nabierał coraz większej biegłości w posługiwaniu się alternatywnymi umiejętnościami, których go uczono.

Wnioski

Interwencja domowa ma ogromne znaczenie, zważywszy na bardzo ważną rolę, jaką odgrywają rodzice w rozwoju i zachowaniu dziecka. Udowodniono, że wielopoziomowe podejście do interwencji domowej to rozwiązanie skuteczne oraz ekonomiczne pod względem nakładu kosztów i pracy. Na poziomie 1 można uczyć koncepcji i procedur behawioralnych podczas szkolenia grupowego. Poziom 2 zapewnia większe wsparcie w domu dzięki praktycznym ćwiczeniom i coachingowi. Wiele małych dzieci z objawami ADHD odpowiada na interwencję na poziomach 1 lub 2 i nie wymaga intensywnej, zindywidualizowanej pomocy udzielanej na poziomie 3. Wsparcie na poziomie 3 obejmuje plan domowy opracowany na podstawie informacji z diagnozy problemowej oraz behawioralnej analizy zachowania. Taki plan tworzony jest we współpracy z rodzicami i obejmuje interwencje, które zapobiegają zachowaniom problemowym, zapewniają naukę umiejętności oraz wdrażają strategie reagowania na zachowanie problemowe.

Podczas wdrażania podejścia opisanego w tym rozdziale można napotkać na różne problemy. W załączniku 3.1 opisano najczęstsze z nich oraz możliwe sposoby ich rozwiązania.

Załącznik 3.1. Problemy związane z wdrażaniem programu

Problem: Nasze przedszkole oferuje zajęcia edukacyjne dla rodziców. Kilkoro rodziców skarży się, że pamiętanie o stosowaniu nagród i pochwał za właściwe zachowania jest dla nich zbyt trudne. Mówią, że często wracają do starych nawyków, takich jak krzyczenie na dziecko.

Możliwe rozwiązanie: Tak jak trudno czasem zmienić zachowanie dziecka, tak samo dorosłym trudno zmienić własne zachowanie. Tym bardziej, gdy w grę wchodzą emocje, na przykład wtedy, gdy rodzice czują złość lub frustrację z powodu zachowania dziecka. Często pomaga namówienie rodziców na samodzielną obserwację własnego zachowania. Rodzic może na przykład notować, ile razy chwali dziecko w ciągu całego dnia, i starać się codziennie uzyskiwać wyższy wynik. Rodzice mogą też monitorować własne reakcje na trudne zachowania dziecka, na przykład zapisywać, kiedy zignorowali lub przekierowali zachowanie dziecka, zamiast na nie nakrzyczeć. Trzeba również ciągle przypominać rodzicom, że techniki stosowane przez nich w przeszłości nie doprowadziły do redukcji zachowań problemowych, i jednocześnie podkreślać, że zmiana zachowania dziecka wymaga modyfikacji ich własnego zachowania.

Problem: Pracuję z pewną matką nad wdrożeniem planu opartego na diagnozie. Zauważyłam redukcję problemowego zachowania jej dziecka, lecz matka upiera się, że dziecko się nie zmieniło.

Możliwe rozwiązanie: Czasami redukcja problemu behawioralnego następuje powoli, zwłaszcza jeśli dziecko musi nauczyć się nowych umiejętności, których nie miało w swoim repertuarze, na przykład proszenia o pomoc. W takich sytuacjach konieczne jest zbieranie danych, żeby rodzic mógł zobaczyć, że problemy z zachowaniem maleją. Dane mogą zbierać sami rodzice bądź terapeuta w trakcie wizyt domowych. Graficzne przedstawienie danych może pomóc rodzicom przekonać się naocznie o poprawie zachowania dziecka.

Problem: Jako klinicysta nie jestem w stanie odbywać częstych wizyt domowych, by wdrażać interwencje na poziomach 2 lub 3. Czy istnieją jakieś inne możliwości?

Możliwe rozwiązanie: Wizyty domowe są optymalne, ponieważ pozwalają klinicystom obserwować dziecko i rodzinę w naturalnych sytuacjach. Kiedy jednak nie jest to możliwe, coaching może odbywać się w warunkach klinicznych. Można zaaranżować sytuacje odtwarzające to, co zwykle dzieje się w domu (np. wymaga się od dziecka, by pozbierało zabawki), a rodzice będą ćwiczyć strategie nakierowane na zachowania problemowe w takich sytuacjach. Innym rozwiązaniem jest filmowanie przez rodziców sytuacji problemowych w domu. Możliwe, że klinicysta zdoła zidentyfikować funkcję zachowania na podstawie nagrań wideo i udzielić rodzicom informacji zwrotnej na temat ich interakcji z dzieckiem oraz reakcji na problemowe zachowania dziecka. Mimo że trudno odtworzyć zmienne i warunki występujące w domu, często udaje się rozpoznać funkcję zachowania, co pomaga przy opracowywaniu interwencji.

ROZDZIAŁ 4

Strategie interwencji behawioralnej w przedszkolu

Dla większości małych dzieci przedszkole lub żłobek stanowią pierwsze ustrukturowane otoczenie, w którym spędzają sporo czasu, ucząc się i wchodząc w interakcje z rówieśnikami. Lata przedszkolne to bardzo ważny okres, kiedy zaczynają kształtować się umiejętności społeczne i szkolne będące fundamentem przyszłego rozwoju dzieci. Z badań wynika, że małe dzieci, które opanowały umiejętności społeczne oraz te związane z gotowością szkolną, radzą sobie o wiele lepiej w całej karierze szkolnej niż dzieci z wczesnymi deficytami w tych obszarach (Campbell i Ewing, 1990; Dishion, French i Patterson, 1996; Hinshaw i Anderson, 1996). Lata przedszkolne stanowią więc odpowiedni czas na dopilnowanie, żeby dzieci były w pełni przygotowane do dalszej edukacji.

Z badań wynika, że coraz więcej dzieci rozpoczyna przedszkole z problemami społecznymi, emocjonalnymi i behawioralnymi. Poszczególni autorzy podają różne dane szacunkowe. Na przykład Campbell (1995) oceniła, że łagodne do umiarkowanych problemy z zachowaniem przejawia 10–15% dzieci w wieku przedszkolnym, podobny odsetek określono w badaniu Early Childhood Longitudinal Study (West, Denton i Germino-Hausken, 2000). Co bardziej niepokojące, Lavigne i współpracownicy (1996) stwierdzili, że 21% przedszkolaków spełnia kryteria diagnostyczne jakiegoś zaburzenia z powodu problemów z zachowaniem, a objawy 9% dzieci można zaklasyfikować jako poważne. Dane te wskazują, że nauczyciele wychowania przedszkolnego i opiekunowie ze żłobków muszą być przygotowani nie tylko na organizowanie zwykłych zajęć, które stanowią podstawę późniejszej nauki, lecz także posiadać umiejętności radzenia sobie ze złożonymi problemami społecznymi, behawioralnymi i związanymi z uczeniem się, które występują w dzisiejszej populacji małych dzieci.

Niestety wielu nauczycielom z przedszkoli i żłobków brakuje poczucia, że są przygotowani do zajmowania się społecznymi i behawioralnymi problemami dzieci w swoich klasach (Walter, Gouze i Lim, 2006). Nauczyciele mówią, że problemy z zachowaniem zabierają im bardzo dużo czasu, co z kolei powoduje skrócenie czasu na naukę. Autorzy badań podkreślają, że stanowi to spory problem dla placówek wczesnej edukacji. Na przykład w pewnej ankiecie, w której wzięło udział ponad 500 pedagogów wczesnodziecięcych, za najpilniejszą potrzebę szkoleniową uznano zajmowanie się zachowaniem problemowym (Hemeter, Corso i Cheatham, 2006). Jedną z bezpośrednich konsekwencji niedostatku umiejętności redukowania zachowań problemowych, zidentyfikowaną w badaniu Gilliama (2005), jest to, że małe dzieci są usuwane z przedszkoli trzy razy częściej niż uczniowie od zerówki do końca szkoły średniej. Prawdopodobnie wiele, jeśli nie większość tych dzieci, przejawia wczesne objawy zespołu nadpobudliwości psychoruchowej z zaburzeniami uwagi (ADHD). Wydalenie z przedszkola oznacza niestety, że dzieci pozbawiane są szansy na opanowanie repertuaru ważnych umiejętności społecznych i behawioralnych, które będą potrzebne przez pozostałe lata edukacji, i nie mają okazji nabyć ważnych umiejętności szkolnych.

Na szczęście, jak wspomnieliśmy w rozdziale 2, nowe modele wsparcia są łatwe do wdrożenia i w praktyce ułatwiają zarządzanie zachowaniem i prowadzenie zajęć dydaktycznych w przedszkolu. Ponadto dzięki wielopoziomowej organizacji tych modeli wszystkie dzieci otrzymają wsparcie o intensywności dostosowanej do potrzeb. W tym rozdziale omawiamy wielopoziomowy model wsparcia do zastosowania w przedszkolach i żłobkach. Choć opisywanymi interwencjami można objąć wszystkich uczniów, skupiamy się głównie na tych problemach behawioralnych, które często przejawiają dzieci z ADHD bądź z cechami ADHD, zwłaszcza na poziomie 3.

Model przedszkolny

Wprowadzenie modelu modyfikacji zachowań w przedszkolu czy żłobku niesie ze sobą wiele korzyści. Po pierwsze, coraz więcej dzieci rozpoczynających wczesną edukację obarczonych jest trudnościami natury społecznej i emocjonalnej, które wymagają interwencji. Po drugie, dzięki coraz lepszym metodom identyfikacji wczesnych objawów zaburzonego funkcjonowania i zaburzeń rozwojowych można wyłonić dzieci, które skorzystają ze strategii profilaktycznych, zapobiegających nasilaniu się objawów. Po trzecie, najlepszym rozwiązaniem problemów społecznych, emocjonalnych, behawioralnych oraz problemów z uczeniem się jest wczesna interwencja. Dlatego coraz większego znaczenia nabiera zapewnienie dzieciom wsparcia, jakie będzie im potrzebne, gdy tylko zaczną uczęszczać do przedszkola lub żłobka.

Z uwagi na zwiększone potrzeby w ogólnej populacji małych dzieci za bardzo korzystne uważa się strategie, które uczą właściwego zachowania i promują je wśród *wszystkich* dzieci (Fox i in., 2003). W większości przedszkoli ten poziom uniwersalnego wsparcia jest najczęściej wystarczający w odniesieniu do potrzeb przeważającej liczby dzieci. Dzieciom, które nie odpowiadają na ten typ interwencji uniwersalnej, można zapewnić dodatkowe wsparcie.

W poprzednich rozdziałach wspominaliśmy już wielkokrotnie, iż model wsparcia wielopoziomowego ma wiele zalet. Jest to przede wszystkim rozwiązanie ekonomiczne, zarówno pod względem nakładu pracy, jak i czasu. Kiedy skutecznie zarządza się zachowaniem w klasie, dostępne zasoby można przeznaczyć dla tych nielicznych uczniów, którzy wymagają coraz intensywniejszego wsparcia. Nie trzeba zajmować się problemami z zachowaniem wielu dzieci w klasie i mniej zasobów wystarczy, by zająć się nielicznymi uczniami, którzy nie odpowiadają na interwencję i potrzebują zindywidualizowanych programów. Ponadto model ten skupia się na profilaktyce. Obejmuje naukę, modelowanie i ćwiczenie nowych umiejętności. Dzięki temu typowi systematycznego nauczania można zapobiegać większości problemów z zachowaniem. Kolejną zaletą jest to, że personel w spójny sposób postępuje z dziećmi, konsekwentnie wzmacniając odpowiednie zachowania i reagując na zachowania nieodpowiednie.

Model wsparcia, który tu opisujemy, obejmuje trzy poziomy (zob. rys. 4.1). Poziom 1, czyli *interwencję uniwersalną*, stosuje się na szczeblu całej klasy – co oznacza, że wszystkie dzieci objęte są interwencją. W przedszkolach, gdzie jest wiele klas (w Stanach Zjednoczonych są to np. przedszkola objęte programem The Head Start), interwencją na poziomie 1 można objąć całą placówkę. Wdrożenie interwencji na poziomie 1 ma tę zaletę, że ustanawia spójne oczekiwania wobec dzieci. Przydaje się to zwłaszcza wtedy, gdy dzieci zbierają się w grupach międzyklasowych, gdy przebywają we wspólnej przestrzeni (np. na korytarzach) bądź zmieniają klasę w ciągu roku szkolnego lub w kolejnych latach. Ponadto jest to korzystne dla personelu, który zna oczekiwania wobec wszystkich dzieci. Dzięki temu poprawia się nadzór, a konsekwencje są stosowane w spójny sposób. Kiedy przyjmie się jedno podejście w całej placówce, łatwiej również prowadzić szkolenia dla pracowników. Wszyscy pracownicy mogą szkolić się jednocześnie, koledzy mogą współpracować ze sobą i wspierać się nawzajem przy wdrażaniu interwencji, a przełożeni rozumieją spójne procedury obowiązujące we wszystkich klasach w placówce.

Poziom 2, czyli *szkolenie w małych grupach*, wprowadza się dla tych dzieci, które nie odpowiadają na interwencje na poziomie 1. Wsparcie na tym poziomie przeważnie zapewnia się małym grupom dzieci, dlatego nie jest nadzwyczaj kosztowne czy czasochłonne. Kiedy dany model obowiązuje w całej placówce, można utworzyć grupy szkoleniowe składające się z dzieci z różnych klas, co dodatkowo obniża ogólny nakład czasu i kosztów.

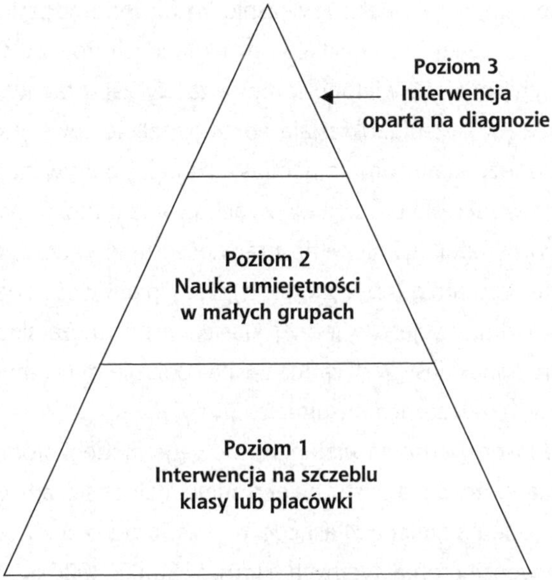

Rysunek 4.1. Schemat wsparcia wielopoziomowego w przedszkolu dla małych dzieci z ADHD

Po udanym wdrożeniu poziomów 1 i 2 niewiele dzieci potrzebuje wsparcia na poziomie 3, czyli *interwencji opartej na diagnozie*. Interwencja na tym poziomie wymaga zebrania informacji diagnostycznych oraz opracowania i wdrożenia zindywidualizowanego planu, co sprawia, że jest to rozwiązanie pracochłonne. W większości placówek objętych wczesną interwencją tylko jedno czy dwoje dzieci będzie wymagać interwencji na poziomie 3, jeśli interwencje na poziomie 1 i 2 zostaną dobrze zaprojektowane i wdrożone.

Początkowe działania

Wprowadzenie systemu pozytywnego, profilaktycznego wsparcia wymaga przygotowania i zaplanowania. Nauczyciele często są przyzwyczajeni do zajmowania się zachowaniem problemowym, gdy ono wystąpi, zamiast projektować systemy zapobiegania. Dorośli mają też skłonność do karania dzieci i rzadko korzystają z wachlarza innych możliwości. Niekiedy nauczyciele oczekują, że dzieci rozpoczynające przedszkole powinny już wiedzieć, jak należy się zachowywać, i nie są skłonni poświęcać czasu na naukę odpowiedniego zachowania. Nauczyciele muszą więc zrozumieć korzyści płynące z podejścia wielopoziomowego i czego się od nich oczekuje. Nowe rozwiązania wdraża się łatwiej, jeśli najpierw uda się zdobyć dla nich poparcie.

Aby zdobyć poparcie nauczycieli, należy wyjaśnić im filozofię podejścia wielopoziomowego skupiającego się na uczeniu i profilaktyce i przekonać ich do jego wdrożenia. W placówkach wprowadzających podejście wielopoziomowe zazwyczaj ustanawia się zespoły liderów, które opracowują plan wdrożenia, określają potrzeby szkoleniowe, monitorują postępy i zajmują się bieżącymi potrzebami i problemami. W skład zespołu wchodzą zwykle osoba posiadająca kompetencje w zakresie problemów z zachowaniem (np. terapeuta behawioralny, psychoterapeuta, koordynator ds. niepełnosprawności) oraz nauczyciel, rodzic i dyrektor. Zespoły spotykają się regularnie (np. co miesiąc), żeby planować i koordynować. Kiedy model wielopoziomowy wdrażany jest w jednej klasie, zespół może składać się z całego personelu dydaktycznego danej klasy. Jeśli żadna z tych osób nie ma kompetencji w zakresie problemów behawioralnych, zaleca się konsultacje.

Gdy przystępuje się do wprowadzenia wielopoziomowego modelu profilaktyki, pierwszym krokiem jest uzyskanie zaangażowania ze strony personelu. Zaleca się, aby przynajmniej 80% pracowników wyraziło zgodę na zmianę własnego podejścia do pracy nad modyfikacją zachowań i wdrożenie interwencji profilaktycznych (Horner i Sugai, 2000). Członkowie zespołu, osoba z klasy inicjująca zmianę lub konsultant przedstawiają personelowi informacje na temat zasadności i korzyści takiego podejścia. Wiele przydatnych materiałów na ten temat można znaleźć w internecie (np. http://www.PBIS.org; http://www.osepideasthatwork.org/toolkit/pdf/SchoolwideBehaviorSupport.pdf). Kiedy nauczyciele dobrze zrozumieją proponowany model i to, czego będzie się od nich wymagać, a także w większości zgodzą się na wdrożenie modelu, wówczas można przystąpić do szkolenia dotyczącego poszczególnych poziomów.

Poziom 1: interwencja uniwersalna

Interwencja na poziomie 1 w przedszkolu lub żłobku obejmuje ustalenie oczekiwań i nauczenie dzieci, czego się od nich oczekuje, ze szczególnym naciskiem na wymagany sposób zachowania i relacje interpersonalne (np. Fox, Jack i Broyles, 2005). Interwencją na poziomie 1 objęte są wszystkie dzieci w klasie lub przedszkolu czy żłobku. Na tym poziomie uczy się i zachęca do zachowania, które w danej placówce uznawane jest za właściwe, w tym do prospołecznych interakcji z rówieśnikami i dorosłymi. Rozwija się także u dzieci rozumienie oraz właściwe wyrażanie własnych emocji.

Na poziomie 1 opracowuje się oczekiwania, które będą obowiązywać w całej klasie bądź placówce, a także wzmocnienia za stosowanie się do oczekiwań oraz spójne konsekwencje za niestosowanie się do oczekiwań. Zasady, odpowiednie do poziomu rozwoju dzieci w wieku przedszkolnym, muszą być proste i nieliczne (np. od 3 do 5). Ponadto zasady należy formułować się w sposób pozytywny, żeby uczyły dzieci, jakiego zachowania się oczekuje. Mogą to być na przykład takie zasady: *Bądź miły dla innych*, *Czekaj na swoją kolej* oraz *Trzymaj ręce i nogi przy sobie*. Aby konsekwentnie wdrażać zasady, cały personel musi uzgodnić definicje operacyjne. Na przykład: *Bądź miły dla innych* może obejmować „używanie tylko uprzejmych słów wobec kolegów i personelu, słuchanie, kiedy mówią inni, i pomaganie sobie nawzajem przy zajęciach i zadaniach". Oczekiwania należy wywiesić w widocznym miejscu i dołączyć do nich rysunki, które ułatwią zrozumienie tym dzieciom, które nie potrafią czytać.

Opracowuje się również system wzmocnień i konsekwencji, zarówno po to, by zachęcać do właściwego zachowania, jak i po to, by wszyscy pracownicy w spójny sposób reagowali na naruszanie zasad. Ich celem jest przecież nauczenie dzieci właściwego zachowania, dlatego szczególny nacisk powinni położyć na wzmocnienia udzielane za spełnianie oczekiwań. Ogólnie zaleca się, by proporcja stwierdzeń aprobujących dobre zachowanie do stwierdzeń korygujących wynosiła przynajmniej trzy lub cztery do jednego. Małe dzieci dobrze reagują na pochwały, więc zwykle wystarczy wyrażone publicznie uznanie ustne. W trudniejszych klasach można opracować gospodarkę żetonową, na przykład w postaci tabeli z gwiazdkami – dzieci dostają jakąś drobną, konkretną rzecz lub przywilej (np. siedzenie z nauczycielem przy obiedzie) za zarobienie określonej z góry liczby żetonów lub gwiazdek. Żetony można też umieszczać w słoiku i co tydzień lub co miesiąc organizować loterię z większą wygraną. Ten rodzaj nagrody stanowi wyraz publicznej pochwały dla dziecka, dodatkowo promując i doceniając właściwe zachowanie.

Oprócz ustalenia nagród za stosowanie się do oczekiwań, należy wyznaczyć też konsekwencje za niestosowanie się do nich. Konsekwencje, które mają naturalny lub logiczny charakter, pomagają dzieciom zrozumieć związek między własnym zachowaniem a jego skutkami. Konsekwencje można stosować również w taki sposób, by miały walor kształcący. Jeśli na przykład Gina obraźliwie przezywa Rafaela, można ją poprosić, żeby przeprosiła kolegę, uświadamiając jej tym samym, że sprawiła mu przykrość, i żeby powiedziała mu coś miłego, co uczy ją właściwego odnoszenia się do innych. Konsekwencje powinny być dostosowane do wieku dziecka. Krótkie odesłanie w nudne miejsce może skutecznie zredukować zachowanie, które ma na celu zwrócenie na siebie uwagi, lecz odesłanie nie powinno trwać dłużej niż kilka minut.

Ustalony system zasad oraz związanych z nimi nagród i konsekwencji muszą świetnie rozumieć wszyscy nauczyciele w klasie lub placówce. Jedne z pierwszych badań wykazały, że niespójne wzmocnienia lub konsekwencje mogą doprowadzić do bardzo silnego utrwalenia niewłaściwego zachowania (Ferster i Skinner, 1957). Spójność stanowi ważną część systemu i pozwala szybko się zorientować, jakich zachowań oczekuje się w przedszkolu. W większych placówkach pracownicy niedydaktyczni mają od czasu do czasu kontakt z dziećmi – w biurze, na placu zabaw czy w innych miejscach wspólnych. Ważne, by te osoby (np. sekretarki, osoby pilnujące placu zabaw) w pełni rozumiały obowiązujące zasady i wiedziały, jak mają reagować na właściwe i niewłaściwe zachowania. Zwykle cały personel placówki spotyka się przed rozpoczęciem „roku szkolnego" na szkoleniu. Omawia się wówczas i wyjaśnia zasady oraz konsekwencje.

Kolejnym krokiem jest przedstawienie systemu dzieciom. Dzieci należy uczyć nie tylko obowiązujących zasad, lecz także zachowań zgodnych z tymi zasadami. Różni się to od wcześniejszych podejść, w których zakładano, że dzieci przychodzące do przedszkola znają już zasady właściwego zachowania. Tutaj natomiast przyjmuje się, że dzieci mogą nie wiedzieć, jak należy zachowywać się w przedszkolu, i trzeba je tego jasno nauczyć. Dzieci uczy się zachowań związanych z poszczególnymi zasadami, podając dobre i złe przykłady. Nauczyciele mogą opisać, co to znaczy czekać na swoją kolej do zabawek lub urządzeń na placu zabaw oraz w trakcie zajęć i w kącikach zabaw w klasie. Aby dzieci lepiej zrozumiały, nauczyciele odgrywają z nimi scenki, a następnie dzieci ćwiczą ze sobą nawzajem. Nauczyciel może na przykład zademonstrować z dzieckiem, jak dzielić się zabawką, a potem dzieci w parach otrzymują zabawkę i ćwiczą bawienie się na zmianę.

Następnie ćwiczy się przestrzeganie zasad *in vivo*. Trening w rzeczywistym otoczeniu zwiększa przejawy przestrzegania zasad (Lewis, Sugai i Colvin, 1998). Ćwiczenie jest szczególnie ważne w przypadku małych dzieci z ADHD lub z cechami ADHD, które mogą rozumieć zasady lub oczekiwania, lecz mają problem z ich przestrzeganiem z powodu swojej impulsywności. Nauka *in vivo* rozpoczyna się od ćwiczeń wstępnych. Polegają one na tym, że identyfikuje się potencjalnie problematyczne sytuacje, przywołuje stosowną zasadę i ćwiczy związane z nią zachowania tuż przed podjęciem właściwej aktywności. Jeśli na przykład zaobserwowano, że kilkoro dzieci ma trudności z czekaniem na swoją kolej na nowej zjeżdżalni na placu zabaw, to nauczyciel może powiedzieć: „Pamiętajcie o zasadzie *Czekaj na swoją kolej*, kiedy jesteście na placu zabaw. To znaczy, że kto zjechał, ten idzie na koniec kolejki. Potem trzeba poczekać, aż wszystkie dzieci przed wami będą miały swoją kolej, i dopiero wtedy znów zjeżdżacie. A teraz pokażcie mi, co to znaczy pójść na koniec kolejki i czekać na swoją kolej". Kiedy rozpocznie się zabawa, od czasu do czasu nauczyciel przypomina dzieciom, żeby bawiły się po kolei, i chwali je, gdy tak postępują.

Dzieci muszą również zapoznać się z systemem nagród i konsekwencji. Co szczególnie ważne, nauczyciele muszą podkreślić, że będą wypatrywać właściwego zachowania i odpowiednio nagradzać dzieci. Wzmocni to w dzieciach przekonanie, że system ma służyć uczeniu i zachęcaniu do właściwych interakcji i zgodnego współżycia z innymi. Dzieci należy również pouczyć o konsekwencjach za niestosowanie się do oczekiwań. Dzięki temu łatwiej im będzie odbierać system jako spójny i sprawiedliwy.

Poziom 2: nauka umiejętności w małych grupach

Interwencja na poziomie 2 przeznaczona jest dla dzieci, które po wdrożeniu interwencji na poziomie 1 nadal zachowują się problemowo. Wsparcie na poziomie 2 polega zwykle na uczeniu konkretnych umiejętności w małych grupach. Dzieci łączy się w grupy w zależności od rodzaju wciąż przejawianych przez nie zachowań problemowych. Małe grupy mogą składać się z kilku uczniów z danej klasy lub – w przypadku interwencji obejmującej całą placówkę – uczniów z różnych klas. Wsparcie na tym poziomie może również przybrać postać programu mającego zwrócić większą uwagę na dzieci lub poprawić komunikację między domem a placówką.

Przykładem interwencji na poziomie 2 jest uczenie w małej grupie umiejętności społecznych. Często w klasie jest kilkoro dzieci, które mają trudności w relacjach z rówieśnikami wynikające z różnych przyczyn, takich jak brak wcześniejszych kontaktów z dziećmi w tym samym wieku lub akceptacja agresywnego zachowania wśród rodzeństwa w domu. Spotkania w grupie można organizować dwa lub trzy razy w tygodniu, tak aby dodatkowo trenować umiejętności. Odgrywanie ról powinno skupiać się na konkretnych trudnościach doświadczanych przez dzieci. Jeśli na przykład dziecku trudność sprawia zgodne współżycie z innymi, ponieważ musi „rządzić" i nie pozwala innym przejmować na zmianę roli lidera, na szkoleniu można porozmawiać z dziećmi o tym, dlaczego lubią przewodzić w zabawie, i omówić role tych, którzy nie są liderami. Na przykład podczas zabawy „róbcie to, co ja" dzieci mogą opisać, dlaczego lubią przewodzić i jak zachowują się, kiedy tego nie robią (np. czekają, aż lider i osoby przed nimi wykonają ruch, a potem ich naśladują). Dzieci można również uczyć strategii radzenia sobie ze złością lub rozczarowaniem, kiedy nie są liderami. Może to przybrać postać autodydaktycznego mówienia sobie: „W porządku, niedługo ja będę liderem". Następnie dzieci ćwiczą w małych grupach bycie na zmianę liderem i naśladowcą.

Inny rodzaj interwencji na poziomie 2 to program „Check in Check out" (Hawken, MacLeod i Rawlings, 2007). Wybiera się jakąś osobę dorosłą, na przykład pomoc przedszkolną, która spotyka się z dzieckiem codziennie rano, od czasu do czasu w ciągu dnia oraz po południu, zanim dziecko pójdzie do domu. Przygotowuje się dla dziecka arkusz z oczekiwaniami dotyczącymi konkretnych obszarów trudności. W przypadku dziecka, które często przezywa pogardliwie innych, takie wymaganie może brzmieć: „Będę mówić same miłe słowa innym". Następnie nauczyciel w klasie monitoruje interakcje dziecka z kolegami w krótkich odstępach czasu (np. co 15 minut), przyznając punkty za interwały z właściwymi interakcjami. Dorosły przydzielony do nadzorowania programu od czasu do czasu spotyka się z dzieckiem i chwali je za właściwe kontakty z kolegami. Ta interwencja może być szczególnie skuteczna w przypadku dzieci, które lubią, gdy dorośli poświęcają im uwagę.

Kolejny rodzaj interwencji na poziomie 2 stanowią raporty dzienne. Wymagają one zaprojektowania jakiejś strategii komunikacji między domem a szkołą. Tego typu program służy dodatkowemu nagradzaniu dziecka w domu za właściwe zachowanie w szkole. Nie jest to procedura dyscyplinarna, w której dziecko ma być w domu karane za szkolne przewinienia. Najprostszą formą jest lista kontrolna, którą nauczyciel wypełnia na koniec dnia. Lista kontrolna zawiera umiejętności dziecka objęte interwencją, na przykład: „Amanda przestrzegała zasad klasowych". Dodatkowo opracowuje się system ocen. Uśmiechnięta buzia może oznaczać, że Amanda stosowała się do wszystkich reguł, buzia neutralna równa się przestrzeganiu zasad z wyjątkiem jednego lub dwóch razy, a smutna buzia wskazuje, że Amanda ma na swoim koncie przynajmniej trzy naruszenia. Po opracowaniu systemu można przygotować plan wzmocnień w domu. Harmonogram udzielania wzmocnień powinien rozpocząć się tak, aby na początku łatwo było otrzymać wzmocnienie. Jeśli na przykład Amanda ma wielkie trudności z przestrzeganiem zasad, to można ustalić, że kiedy przez przynajmniej cztery z pięciu dni szkolnych otrzyma neutralne buzie, wówczas zasłuży na specjalny przywilej w weekend. W miarę poprawy zachowania Amandy można zmodyfikować warunki, dodając przynajmniej jedną uśmiechniętą buzię.

Poziom 3: interwencja oparta na ocenie

Interwencja na poziomie 3 potrzebna jest dzieciom, które nie reagują na interwencje na poziomach 2 i 3. Można ją również wprowadzić od razu w przypadku dzieci, które przejawiają poważne problemy behawioralne (okoliczności, w jakich podejmuje się takie działanie, omówiono w rozdz. 2). W większości klas tylko jedno bądź dwoje dzieci będzie wymagać interwencji na poziomie 3. Biorąc pod uwagę wysoką częstość występowania ADHD, dzieci wymagające interwencji na poziomie 3 to często dzieci z tym zaburzeniem. Interwencja na tym poziomie jest zindywidualizowana i oparta na informacjach z diagnozy. Wymaga też znacznie większego wysiłku niż interwencje na poziomach 1 czy 2. Dlatego najpierw należy się upewnić, czy interwencje na poziomach 1 i 2 wdrożono zgodnie z założeniami i prowadzono dostatecznie długo, by mogły przynieść efekty.

Interwencja na poziomie 3 jest bezpośrednio powiązana z informacjami z diagnozy przeprowadzonej w postaci behawioralnej analizy zachowania. Ocena ta identyfikuje bodźce poprzedzające, czyli zdarzenia, które występują przed zachowaniem problemowym, deficyty umiejętności, które mogą przyczyniać się do zachowania problemowego, oraz konsekwencje, które mogą wzmacniać zachowanie problemowe. Takie informacje stanowią rdzeń kompleksowej zindywidualizowanej interwencji opartej na diagnozie.

Aby rozpocząć interwencję na poziomie 3, należy najpierw zidentyfikować zachowanie, które będzie modyfikowane. Jeśli dziecko podejmuje wiele zachowań problemowych, należy ustalić listę priorytetów dla interwencji. Zgodnie z wytycznymi opracowanymi przez Janney i Snell (2000; zob. rozdz. 3) pierwszeństwo w interwencji należy przyznać zachowaniom *destrukcyjnym* (np. samookaleczanie i agresja). W drugiej kolejności należy zająć się zachowaniami *zakłócającymi*, czyli takimi, które przeszkadzają w rozwoju społecznym, emocjonalnym i przedszkolnym, lecz nie stanowią bezpośredniego zagrożenia (np. napady złości, nieposłuszeństwo). Zachowania *irytujące* znajdują się na końcu listy priorytetów w interwencji. Tego typu zachowania nie powodują opóźnień w nauce czy rozwoju społecznym, ale mogą być stygmatyzujące i nieadekwatne do danego wieku (np. nadmierna gadatliwość). Przy ustalaniu priorytetów interwencji ważne jest, żeby nauczyciele, opiekunowie i członkowie rodziny wypracowali zgodne stanowisko co do wyboru i kolejności zachowań, które należy zmienić.

Często podczas jednej interwencji można zredukować więcej niż jedno zachowanie problemowe. Tak się dzieje, kiedy zachowania należą do tej samej klasy reakcji. Oznacza to, że różne formy zachowania (np. agresja, przeszkadzanie, odmowa wykonania polecenia) następują z tej samej przyczyny bądź spełniają taką samą funkcję (np. ucieczka od trudnego zadania). Dlatego zazwyczaj nie trzeba opracowywać osobnych interwencji dla każdego trudnego zachowania. Lepiej po wdrożeniu interwencji przeprowadzić diagnozę, aby określić, jakie zachowania problemowe pozostały i wymagają dodatkowych działań.

Należy mierzyć nie tylko zachowanie problemowe, lecz także zachowanie właściwe, zwłaszcza to zachowanie, które ma zastępować zachowanie problemowe i dziecko jest tego zachowania zastępczego uczone. Oznacza to, że jeśli dziecko przejawia agresję, by uzyskać zabawki od innych, to plan interwencji powinien obejmować nauczenie go, jak prosić o zabawki w odpowiedni sposób. Trzeba mierzyć, czy zachowanie właściwe jest przyswajane. Kiedy dzieci stale podejmują właściwe zachowanie w sytuacjach, które wcześniej wywoływały zachowanie problemowe, to w dłuższej perspektywie owo zachowanie problemowe zostanie prawdopodobnie wyeliminowane.

Po wybraniu i ustaleniu kolejności zachowań do modyfikacji oraz po wybraniu właściwego zachowania zastępczego należy dla każdego z tych zachowań uzgodnić definicje operacyjne, żeby obserwatorzy byli w stanie jednoznacznie rozpoznać, czy dane zachowanie wystąpiło. W definicji operacyjnej opisuje się zachowanie tak, aby możliwe były jego obserwacja i pomiar. Przykładem definicji operacyjnej, na podstawie której trudno byłoby obserwować i mierzyć zachowanie, jest „wiercenie się w klasie". Lepszą definicją umożliwiającą obiektywną obserwację i pomiar byłoby „porusza ciałem, nogami lub rękami dłużej niż przez trzy sekundy bez związku z wykonywaniem konkretnego zadania lub aktywności". Podobnie określenie „właściwe interakcje" jest mniej konkretne niż „pytanie rówieśnika, czy może dołączyć do zabawy, odpowiednim tonem głosu". Szczegółowe definicje operacyjne ułatwiają komunikację i pozwalają na obiektywne określenie zmiany zachowania.

Oprócz zdefiniowania zachowań do modyfikacji oraz zachowań zastępczych należy opracować metodę rejestrowania wystąpień danych zachowań (Miltenberger, 2005). Zachowania można mierzyć za pomocą takich parametrów, jak częstotliwość (tj. liczba wystąpień) w przypadku zachowań krótkotrwałych i dyskretnych (np. uderzenie kolegi, rzucenie zabawką); czas trwania (długość wystąpienia) w przypadku zachowań, które trwają dłużej (np. napady złości, wstawanie z miejsca); intensywność (siła danego zachowania), gdy celem jest zmodyfikowanie stopnia zachowania (np. poziomu głośności) bądź latencja (opóźnienie, czyli ile czasu minęło od wydania polecenia do podjęcia zachowania), gdy celem jest skrócenie czasu upływającego od konkretnego polecenia (np. „ustawić się w szeregu") do podjęcia zachowania (np. dziecko zaczyna iść w stronę szeregu). Szczegółowe informacje na temat systemów pomiaru można znaleźć w rozdziale 1.

Po zidentyfikowaniu i zdefiniowaniu zachowań wymagających modyfikacji oraz po wybraniu systemu pomiaru, przeprowadza się behawioralną analizę zachowania. Celem behawioralnej analizy zachowania jest zebranie informacji o zdarzeniach powiązanych z zachowaniem problemowym. Informacje te pozwalają na opracowanie interwencji nakierowanej na zmianę zdarzeń, które skojarzone są z problemami. Tak przygotowana interwencja prawdopodobnie będzie skuteczniejsza niż interwencja wybrana w sposób przypadkowy (Kern, O'Neill i Starosta, 2005).

Zbierane informacje dotyczą między innymi *bodźców poprzedzających*, czyli zdarzeń, które występują przed zachowaniem problemowym. Może to być prośba o wykonanie jakiegoś zadania (np. „Powieś kurtkę", „Posprzątaj zabawki"), ograniczony dostęp do czegoś pożądanego (np. zabranie zabawki, zakończenie ulubionej aktywności) lub brak uwagi (np. pomoc przedszkolna bawi się z innym dzieckiem i dane dziecko nie jest w stanie uzyskać jej uwagi).

Inny rodzaj informacji odnosi się do *konsekwencji*, czyli zdarzeń, które następują po zachowaniu problemowym. Nauczyciele przedszkolni, personel lub rówieśnicy reagują zwykle w pewien określony sposób, kiedy pojawia się zachowanie problemowe. Reakcja ta często – choć zwykle nie jest to zamierzone – spełnia funkcję wzmocnienia, podtrzymując tym samym dane zachowanie problemowe. Jeśli na przykład po wybuchu złości dziecka nauczycielka powie jego kolegom, że mają się z nim bawić, to wzmocni w ten sposób wybuch złości, ponieważ zapewni dziecku upragnioną zabawę z rówieśnikami. Konsekwencje mają funkcję wzmacniania zachowania, gdy umożliwiają dziecku uzyskanie czegoś pożądanego (wzmocnienie pozytywne), na przykład uwagi, ulubionej aktywności lub przedmiotu bądź pozwalają mu uniknąć czegoś niepożądanego (wzmocnienie negatywne), na przykład trudnego wymagania szkolnego. W klasach przedszkolnych dorośli muszą dzielić swoją uwagę między wielu uczniów, dziecko może więc podejmować zachowanie problemowe, żeby w ten sposób zdobyć uwagę dorosłego (wzmocnienie pozytywne). Poza tym małe dzieci z ADHD zwykle słabo sobie radzą w życiu społecznym, może więc nie nauczyły się, jak zabiegać o uwagę innych w odpowiedni sposób. Ich zachowania są niemądre lub niedojrzałe, często są też wzmacniane przez reakcje rówieśników, takie jak odwracanie się w stronę dziecka i śmiech, bądź reakcje dorosłych, na przykład udzielanie pouczeń lub reprymend. W takim przypadku zachowanie problemowe wzmacniane jest przez uwagę rówieśników lub dorosłych, uznaje się zatem, że spełnia ono funkcję uwagi. Małe dzieci z ADHD często mają też trudności z kontrolą impulsów lub czekaniem na swoją kolej, zabierają więc rzeczy innym lub nie chcą się dzielić. W takim przypadku zachowanie jest wzmacniane pozytywnie przez uzyskanie dostępu, czyli spełnia funkcję dostępu. Jednakże wiele zadań może być trudnych dla małych dzieci z ADHD, na przykład takie, które wymagają postępowania zgodnie z wielostopniowymi poleceniami, czekania i siedzenia bądź koncentrowania uwagi przez dłuższy czas. Kiedy w takich sytuacjach wystąpi zachowanie problemowe, nauczyciele często nie potrafią sprostać wymogom zadania i dziecko otrzymuje wzmocnienie negatywne; mówimy wówczas, że zachowanie problemowe spełnia funkcję ucieczki.

Ważne jest również ustalenie, czy dziecko ma *deficyty umiejętności*, które mogą przyczyniać się do zachowania problemowego. Zachowanie problemowe często pojawia się dlatego, że dzieci nie opanowały umiejętności niezbędnych do pomyślnego wykonywania zadań, nawiązywania właściwych interakcji z innymi lub uczestniczenia w zabawie stosownie do wieku. Ponadto w środowisku przedszkolnym małe dziecko może napotkać takie wymagania, jakich nie stawiano w domu, na przykład, żeby spokojnie siedziało i skupiało uwagę podczas zajęć w kręgu. Gdy dzieci mają trudności z powodu deficytów umiejętności, często podejmują zachowania problemowe, aby uniknąć stawianych wymagań. Interwencja musi obejmować naukę nowych umiejętności lub zachowań zastępczych, tak aby zachowania problemowe przestały być konieczne. Na przykład nauczycielka Marcii zauważyła, że kiedy dziewczynka bawi się z kolegami, na przykład w piaskownicy, gromadzi zabawki i się nimi nie dzieli. Z tego powodu koledzy nie chcieli się bawić z dziewczynką. Po zidentyfikowaniu specyficznego problemu Marcii z zabawą (tj. deficytu umiejętności) do planu interwencji włączono naukę bawienia się jedną zabawką naraz i dzielenia pozostałymi z rówieśnikami (nowa umiejętność), a także naukę proszenia kolegów o włączenie do bawienia się zabawką po kolei (zachowanie zastępcze).

Ostatni rodzaj informacji istotnych dla interwencji dotyczy odległych zdarzeń, które mogą pośrednio przyczyniać się do zachowania problemowego. Nazywane *zdarzeniami nastawiającymi* (lub *operacjami ustanawiającymi*), zdarzenia odległe nie zachodzą w bezpośrednim sąsiedztwie zachowania problemowego, lecz wpływają na prawdopodobieństwo jego wystąpienia. Mówiąc dokładniej, tego typu zdarzenia nie wywołują bezpośrednio zachowania problemowego, ale sprawiają, że w obecności określonych bodźców poprzedzających prawdopodobieństwo zachowania problemowego jest większe. Na przykład rutynowe polecenie, które normalnie dziecko wykonuje bez żadnych incydentów, takie jak pozbieranie zabawek przed podwieczorkiem, może wywołać zachowania problemowe, kiedy dziecko jest skrajnie zmęczone (zdarzenie nastawiające). Innym częstym zdarzeniem wpływającym na występowanie zachowania problemowego wśród małych dzieci jest głód. Kiedy zachowanie problemowe zachodzi nieregularnie w obecności danego zdarzenia poprzedzającego, należy wziąć pod uwagę zdarzenia nastawiające, czy też operacje ustanawiające.

Wszystkie przedstawione wcześniej informacje można zbierać za pomocą metod pośrednich lub bezpośrednich. Metody pośrednie służą do zbierania informacji bez udziału dziecka i zazwyczaj mają postać wywiadu. W przypadku dzieci w wieku przedszkolnym wywiady przeprowadza się zwykle z rodzicami, nauczycielami z przedszkola lub personelem placówki oraz innymi opiekunami dobrze znającymi dziecko i jego zachowania, które powinny zostać zmodyfikowane.

Kilka ustrukturyzowanych wywiadów i formatów obserwacji bezpośredniej do zbierania danych oceny funkcjonalnej jest dostępnych na zasadach komercyjnych (np. Bambara i Kern, 2005; O'Neill i in., 1997). Można wybierać spośród wielu formatów w zależności od indywidualnych preferencji nauczyciela, opiekuna lub terapeuty oraz warunków, w jakich dane będą zbierane. Niektórzy nauczyciele wolą prowadzić szczegółowe rejestry, inni natomiast wybierają format listy kontrolnej.

Dane bezpośrednie i pośrednie na temat modyfikowanego zachowania i jego bodźców poprzedzających, konsekwencji i ewentualnych zdarzeń nastawiających są zbierane tak długo, aż możliwe będzie rozpoznanie jakichś prawidłowości, zdarzeń nastawiających, które mogą wyzwalać problemy behawioralne, i reakcji, które mogą spełniać funkcję wzmocnienia. Dane bada się, by wykryć prawidłowości w obrębie jednej metody lub wielu metod. Na przykład dane z obserwacji bezpośredniej zebrane w ciągu 5 dni wskazywały, że Aaron miał 15 napadów złości, z których 12 zaszło, kiedy koledzy nie dopuścili go do gry (ograniczony dostęp). Matka Aarona potwierdziła problem, mówiąc w wywiadzie przeprowadzonym przy ocenie funkcjonalnej, że chłopiec miał trudności z interakcjami społecznymi, zwłaszcza z dołączaniem do zabawy, i napady złości były wzmacniane przez umożliwianie mu dostępu do danej zabawy.

Należy pamiętać, że zachowanie może się utrzymywać nawet wówczas, kiedy wzmocnienie jest nieregularne. Jeśli na przykład dziecko hałasowaniem zwróci na siebie uwagę rówieśników średnio w jednej czwartej przypadków, może to stanowić wystarczające wzmocnienie dla dziecka i nadal będzie ono hałasować. W rezultacie funkcja zachowania nie zawsze jest oczywista z uwagi na możliwą nieregularność wzmocnienia. Racjonalne wyjaśnienie zachowania problemowego powinno wynikać ze zgromadzonych danych.

Po zebraniu danych z behawioralanej analizy zachowania należy je podsumować i sformułować hipotezy. Łączą one zgromadzone informacje z interwencją. Kiedy brakuje hipotez, plany interwencji często nie są powiązane z oceną funkcjonalną (np. Sasso i in., 2001). Hipotezy identyfikują bodziec poprzedzający, zachowanie problemowe i jego przypuszczalną funkcję. Opisują również ewentualne zdarzenia nastawiające lub operacje ustanawiające. Przykładem hipotezy jest stwierdzenie: „Kiedy Alysa ma usiedzieć na miejscu dłużej niż 5 minut (bodziec poprzedzający), podejmuje działania zakłócające (zachowanie problemowe), aby uniknąć zajęć w kręgu (funkcja)". Inny przykład to: „Kiedy na placu zabaw rówieśnicy bawią się na ulubionym urządzeniu Aarona (bodziec poprzedzający), chłopiec przejawia agresję (zachowanie problemowe), aby uzyskać dostęp do tego urządzenia (funkcja)". Kiedy w grę wchodzą zdarzenia nastawiające lub operacje ustanawiające, uwzględnia się je w hipotezie w następujący sposób: „Kiedy Raul jest po południu zmęczony (zdarzenie nastawiające) i ma zrobić zadanie z rozpoznawaniem liter lub liczb (bodziec poprzedzający), nie słucha polecenia (zachowanie problemowe), aby uniknąć stawianych wymagań (funkcja)".

Z hipotezy bezpośrednio powinno wynikać podejście interwencyjne. Kompleksowe plany interwencji obejmują wiele składników, które skupiają się na zmianie bodźców poprzedzających zachowanie problemowe, nauce nowych umiejętności oraz umiejętności zastępczych, modyfikowaniu wzmacniających reakcji na zachowanie problemowe oraz eliminacji lub złagodzeniu zdarzeń nastawiających czy też operacji ustanawiających. Wszystkie te składniki są konieczne, aby szybko zredukować zachowanie problemowe, utrzymać tę redukcję w dłuższej perspektywie i unikać nieumyślnego wzmacniania zachowania problemowego.

Pierwszym składnikiem planu interwencji są interwencje dotyczące bodźców poprzedzających. Interwencje te podejmuje się pod nieobecność zachowania problemowego, zmniejszając prawdopodobieństwo jego wystąpienia.

Ta kategoria interwencji skupia się na zmianie środowiska. Polega ona na tym, że zdarzenia, które poprzedzają zachowanie problemowe, zostają wyeliminowane lub zmodyfikowane w taki sposób, żeby przestały wywoływać zachowanie problemowe. Jeśli na przykład dziecko jest nieposłuszne, kiedy otrzymuje skomplikowane polecenia („Odłóż zabawki na miejsce, umyj ręce, weź śniadaniówkę i podejdź do stołu"), wówczas interwencja w zakresie bodźców poprzedzających będzie polegać na zmodyfikowaniu poleceń, tak aby wydawać jedno polecenie naraz. Inną interwencją w zakresie bodźców poprzedzających u dziecka, które ma trudności z wysiedzeniem w kręgu przez 15 minut, byłoby zaplanowanie przerw od czasu do czasu (np. co 5 minut), żeby mogło wstać, rozprostować się i napić się wody.

W przypadku dzieci, które podejmują zachowanie problemowe w celu zwrócenia na siebie uwagi, interwencją w zakresie bodźców poprzedzających będzie poświęcanie im uwagi w zaplanowany sposób (np. co 3 minuty). Zapowiadanie przejścia stanowi skuteczną interwencję w odniesieniu do tych małych dzieci, które mają trudności z kończeniem ulubionej czynności (np. Boyajian i in., 2001). Zapowiedź, że dana aktywność wkrótce się zakończy, wydawana jest kilka minut przed końcem (np. „Za 2 minuty kończymy zabawę na podwórku"), a potem na sam koniec (np. „Koniec zabawy na podwórku za pół minuty"). Należy również opracować plan dnia, żeby dzieci wiedziały, kiedy mogą spodziewać się danych zajęć. Przydatne mogą być minutniki, które ułatwią dzieciom zrozumienie i pilnowanie rozkładu dnia i czasu przeznaczonego na poszczególne punkty.

Druga grupa interwencji obejmuje naukę umiejętności lub zachowań zastępczych. Ten rodzaj interwencji służy wyrównaniu deficytów umiejętności i wyposażeniu dzieci w alternatywny, właściwy sposób zaspokajania własnych potrzeb. Nauka powinna być powiązana z funkcją zachowania problemowego, którą zidentyfikowano podczas oceny funkcjonalnej. Na przykład z oceny może wynikać, że dziecko ma trudności w kontekstach społecznych, ponieważ nie potrafi dzielić się i czekać na swoją kolej w zabawie, co jest częstym problemem wśród dzieci z ADHD. Umiejętności dzielenia się i czekania można systematycznie uczyć, organizując dzieciom zabawę w parach, przy czym dzieci powinny na coraz dłużej zamieniać się zabawką. Można zacząć od tego, że jedno dziecko bawi się zabawką przez 15 sekund, potem wręcza ją koledze. Czas trwania zabawy można stopniowo wydłużać, aż dzieci będą wymieniały zabawkę co kilka minut. Przykładem nauki zachowania zastępczego jest uczenie dziecka proszenia o pomoc podczas trudnych zadań lub o przerwę w trakcie długich zadań. Można to robić w następujący sposób: przed rozpoczęciem zajęć należy poinstruować dzieci, że mogą poprosić o pomoc lub przerwę, i przez całe zajęcia im o tym przypominać (np. „Pamiętaj, Eric, jeśli potrzebujesz pomocy, to podnieś rękę i poproś mnie o pomoc"). W przeciwieństwie do interwencji odnoszących się do bodźców poprzedzających, zwykle działających natychmiastowo, nauka nowych umiejętności oraz umiejętności zastępczych często zajmuje więcej czasu, zwłaszcza w przypadku małych dzieci z ADHD, które mogą być nieuważne i impulsywne. Nauka powinna być systematyczna (np. stopniowe i systematyczne wydłużanie czasu samodzielnej zabawy dziecka, zanim poświęci mu się uwagę) i powinny towarzyszyć jej częste podpowiedzi i przypomnienia („Pamiętaj, żeby podnieść rękę i poprosić o przerwę, jeśli nie będziesz już mógł dłużej usiedzieć").

Plany interwencji muszą również obejmować sposoby reagowania na zachowanie problemowe, kiedy ono wystąpi. Opracowując konsekwencje, należy wziąć pod uwagę funkcję zachowania. Konsekwencje nie powinny bowiem wzmacniać zachowania problemowego. Jeśli dziecko podejmuje zachowanie problemowe, aby uniknąć trudnej pracy, to konsekwencja w postaci odesłania w nudne miejsce wzmocni to zachowanie i spowoduje, że dziecko będzie je powtarzać. Analogicznie przeprowadzenie pogadanki o tym, dlaczego nie wolno zakłócać zajęć w klasie, będzie wzmacniające dla dziecka, którego zachowanie zakłócające spełnia funkcję zwrócenia na siebie uwagi.

Interwencje, które dotyczą konsekwencji, także nie muszą mieć silnie dyscyplinarnego charakteru. Z badań wynika, że surowe karanie może w rzeczywistości skutkować nasileniem zachowań problemowych (Mayer i Butterworth, 1979). Istnieje wiele sposobów reagowania na zachowanie problemowe, które nie wywołują bólu ani upokorzenia i nie wiążą się z odmawianiem podstawowych potrzeb (np. jedzenia). Konsekwencje mogą niekiedy być pouczające. Na przykład podpowiadanie i modelowanie dzielenia się zabawkami, stanowi pouczającą konsekwencję dla dziecka, które nie czeka na swoją kolej. Ignorowanie zachowania problemowego jest skuteczne, gdy dane zachowanie służy zwróceniu na siebie uwagi. Obstawanie przy wykonaniu zadania i jednoczesne zachęcanie do jego wykonania mogą osłabić zachowanie problemowe, którego funkcją jest ucieczka.

Ostatni element interwencji obejmuje wyeliminowanie lub złagodzenie zdarzeń nastawiających, czy też operacji ustanawiających, jeśli stwierdzono ich związek z zachowaniem problemowym. W niektórych przypadkach zdarzenie nastawiające można wyeliminować. Na przykład zaplanowanie przekąsek co jakiś czas może wyeliminować zachowania problemowe związane z głodem. W innych sytuacjach eliminacja zdarzenia nastawiającego bywa trudnym zadaniem. Przykładem jest małe dziecko, które ma problemy z rówieśnikami wczesnym rankiem i późnym popołudniem, ponieważ wtedy kończy się działanie zażywanego przez niego leku. Zmiana na lekarstwo o długotrwałym działaniu wyeliminowałaby zdarzenie nastawiające. Jeśli jednak zmiana leków nie byłaby możliwa, to interwencja służąca złagodzeniu zdarzenia nastawiającego polegałaby na zaplanowaniu w problematycznych porach samodzielnej zabawy dla dziecka, aby uniknąć potencjalnie konfliktowych interakcji z rówieśnikami.

Ewaluacja postępów

W celu ustalenia skuteczności interwencji mierzy się modyfikowane zachowanie oraz zachowanie zastępcze tuż przed rozpoczęciem interwencji, a następnie okresowo po jej wdrożeniu. Oczywiście najlepiej jest, gdy wystąpią znaczna redukcja zachowania problemowego i szybki wzrost zachowania właściwego (Knoster i Kincaid, 2005). Kiedy stwierdzi się taką prawidłowość, można wówczas uznać plan modyfikacji zachowania za skuteczny i na ogół wystarczy okresowo monitorować zachowanie.

Niekiedy jednak obserwuje się, że redukcja zachowania problemowego i wzrost zachowania właściwego następują, ale powoli. Nauczenie małych dzieci z ADHD nowych zachowań i dopilnowanie, by regularnie podejmowały te zachowania w sytuacjach, które poprzednio były problematyczne, często zajmuje trochę czasu. Kiedy zmiana zachowania zachodzi powoli, należy ustalić, czy tempo zmiany jest wystarczające. W przypadku poważnych problemów z zachowaniem, takich jak agresja, szybka redukcja ma decydujące znaczenie i konieczne może się okazać zrewidowanie planu. Jednakże niektóre zachowania, takie jak umiejętności zastępcze i alternatywne, wymagają czasu, zanim zaczną spontanicznie występować podczas problematycznych wcześniej sytuacji. Choć postępy mogą być powolne, brak danego zachowania nie stanowi zagrożenia ani dla dziecka, ani dla innych osób. Dopóki obserwuje się stały postęp, dopóty należy trzymać się planu.

Kiedy plan zachowania zostanie oceniony jako skuteczny, należy kontynuować jego wdrażanie, aż pojawią się silne dowody na to, że dziecko regularnie przejawia nowe umiejętności i że zachowania problemowe zostały znacznie zredukowane lub wyeliminowane na dłuższy czas (np. kilka miesięcy). Nauczyciele mogą wtedy się zastanowić, czy należy wygasić plan. Szczególnie ważne jest wygaszanie planów, które są potencjalnie stygmatyzujące dla dziecka (np. plan, który wymaga odsuwania dziecka od typowych zajęć pozostałych dzieci w klasie, na przykład przez udzielanie częstych przerw) lub których wdrażanie jest pracochłonne. Wygaszanie powinno odbywać się stopniowo i systematycznie, tak aby zmiany w interwencji nie były łatwo zauważalne dla dziecka. Na przykład plan, który wymaga 1-minutowej przerwy w przedszkolnych zajęciach dydaktycznych co 5 minut, można wygaszać przez wydłużenie czasu nauki do 5 minut i 30 sekund i skrócenie przerwy o 5 sekund. Następnie po każdych 3–5 dniach bez problemów z zachowaniem u dziecka naukę należy wydłużać o 30 sekund, a przerwę skracać o 5 sekund.

Niekiedy plan interwencji przynosi niewielką redukcję zachowań problemowych lub w ogóle ich nie zmienia, a zachowanie zastępcze lub pożądane wzrasta w minimalnym stopniu. Może tak się zdarzyć z kilku przyczyn. Czasami błędnie zidentyfikowano zdarzenia powiązane z zachowaniem problemowym (np. bodźce poprzedzające, funkcja zachowania). W takiej sytuacji należy ponownie przeanalizować i zrewidować ocenę funkcjonalną oraz hipotezy. Interwencje nie zawsze są wdrażane zgodnie z założeniami i w takim przypadku należy ustalić przyczynę owego braku zgodności. Być może potrzebne będzie dodatkowe szkolenie dla nauczycieli, żeby mogli wdrażać interwencję zgodnie z założeniami. Kiedy nauczyciele mają odpowiednie przeszkolenie i umiejętności, lecz po prostu zapominają o wdrażaniu interwencji, pomocne okazują się przypomnienia. Za takie przypomnienie może posłużyć na przykład lista kontrolna zawierająca elementy interwencji i harmonogram ich wdrażania. Wreszcie może być i tak, że interwencja nie jest dobrze dopasowana do kontekstu i nauczyciele po prostu nie są w stanie jej wdrażać na przykład ze względu na dodatkowe obowiązki. Należy wówczas zadbać o dodatkowe wsparcie (np. ze strony personelu) lub zmodyfikować plan.

Przykład interwencji w przedszkolu

Pani Caan była nauczycielką przedszkolną z klasą liczącą 18 dzieci. Miała problemy z zachowaniem swojej przedpołudniowej grupy, więc zdecydowała się wdrożyć interwencję wielopoziomową. Zaczęła od trzech prostych zasad wybranych ze względu na główne problemy występujące w klasie: „Słuchaj poleceń", „Trzymaj ręce i nogi przy sobie" oraz „Mów tylko miłe słowa". Pani Caan ustaliła system nagród, zgodnie z którym dzieci mogły otrzymywać do trzech znaczków co 30 minut za przestrzeganie każdej z tych zasad. Wyznaczyła też konsekwencje za ich nieprzestrzeganie: upomnienie przy pierwszym naruszeniu, odsunięcie od wzmocnienia przy drugim. Przećwiczyła te zasady z dziećmi, modelując i odgrywając role na przykładzie zachowania właściwego i niewłaściwego oraz omawiając konsekwencje. Po dwóch tygodniach działania systemu zachowanie dzieci znacznie się poprawiło; jednak czworo dzieci nadal miało problemy, zwłaszcza w interakcjach społecznych. Pani Caan wdrożyła zatem interwencje na poziomie 2, czyli naukę umiejętności społecznych w małej grupie. Spotykała się z czworgiem dzieci 3 razy w tygodniu przez 10 minut, aby pracować nad trzema umiejętnościami: używanie miłych słów wobec kolegów, czekanie na swoją kolej oraz wyrażanie smutku i złości słowami. Podczas spotkań w grupie pani Caan modelowała oczekiwane zachowanie i odgrywała role według problematycznych scenariuszy, jakie zaobserwowała w ciągu szkolnego dnia. Po kilku tygodniach grupowych zajęć poświęconych umiejętnościom społecznym zachowania problemowe trojga z czworga dzieci zostały niemal całkowicie wyeliminowane. Mikah nadal jednak przejawiał zachowania problemowe, zwłaszcza wobec rówieśników. Pani Caan postawiła objąć chłopca zindywidualizowaną, opartą na diagnozie interwencją na poziomie 3.

Pani Caan zaczęła od zidentyfikowania i operacyjnego zdefiniowania zakłócającego zachowania problemowego Mikaha. Zauważyła, że zakłócanie przybiera jedną z następujących postaci: wygłupianie się i zachowywanie w sposób nieadekwatny do wieku, krzyczenie i opuszczanie miejsca, w którym powinien być (np. stół, przy którym je się posiłki, szereg) oraz niewłaściwe używanie materiałów. Następnie pani Caan zbierała przez tydzień dane ABC (*antecedent–behavior–consequence*, czyli bodziec poprzedzający–zachowanie–konsekwencja), z których wynikało, że zachowanie zakłócające Mikaha występuje przede wszystkim wtedy, gdy chłopiec musi czekać (zob. rys. 4.2). Nauczycielka sformułowała więc hipotezę: „Kiedy Mikah musi czekać, podejmuje zachowanie zakłócające, żeby uniknąć czekania".

Następnie opracowała plan interwencji obejmujący strategie odnoszące się do bodźców poprzedzających (skrócenie czasu, przez jaki musiał czekać, oraz zapewnienie mu alternatywnego zajęcia, kiedy trzeba czekać), naukę umiejętności zastępczych (czekanie w odpowiedni sposób lub proszenie o jakieś zajęcie) oraz spójne konsekwencje niewłaściwego zachowania (podpowiedź, żeby czekał spokojnie lub poprosił o jakieś zajęcie, powrót na miejsce). Interwencje te zmniejszyły dokuczliwość czekania, systematycznie zwiększały tolerancję chłopca na czekanie i nauczyły go właściwego zachowania zastępczego, a także upewniły go, że konsekwencja nie pozwoli mu uniknąć czekania. Plan interwencji dla Mikaha przedstawiono w tabeli 4.1. Zebrane przez nauczycielkę dane ujawniły stopniową redukcję zachowania problemowego. Po 3 miesiącach Mikah rzadko podejmował działania zakłócające.

Analiza ABC			
Uczeń: Mikah	**Nauczyciel: Pani Caan**	**Daty obserwacji: 07.01–10.01**	
DATA/ GODZINA	**BODZIEC POPRZEDZAJĄCY**	**ZACHOWANIE**	**KONSEKWENCJA**
07.01, 8:00	Przy wspólnym stole, podczas oczekiwania na przekąskę	Odszedł od stołu, bawił się zabawkami i wygłupiał	Polecenie powrotu na miejsce
07.01, 10:20	Na placu zabaw, chciał pohuśtać się na oponie	Krzyczał na kolegów, którzy byli na huśtawce i stali w kolejce	Odesłany z powrotem do klasy
07.01, 11:30	Skończył drugie śniadanie	Odszedł od stołu, wczołgał się pod inny stół i zaczął wydawać zwierzęce odgłosy	Pomoc przedszkolna zaprowadziła go z powrotem do stołu
08.01, 9:30	Skończył pracę plastyczną	Stukał pędzlami jak pałeczkami do bębenka	Zabrano materiały
09.01, 10:15	W kolejce do wyjścia na zewnątrz	Padł na kolana i zaczął się czołgać po ziemi	Odesłany z powrotem na miejsce, polecenie ponownego ustawienia się w kolejce
09.01, 10:25	Gra w klasy	Krzyczał na kolegów, twierdząc, że oszukują	Odosobnienie na placu zabaw
09.01, 11:15	Zapomniał drugiego śniadania, nauczyciel niósł mu przekąskę	Wstał z krzesła, próbując zabrać jedzenie innym dzieciom	Odesłany z powrotem na miejsce, polecenie przeproszenia kolegów
10.01, 9:00	Podniesiona ręka w oczekiwaniu na pomoc	Bardzo głośno wydawał zwierzęce odgłosy	Udzielenie mu pomocy w problemie matematycznym
10.01, 9:35	Zajęcia muzyczne – nie dostał instrumentu	Krzyczał na nauczycielkę muzyki	Odesłany z powrotem do klasy
10.01,	Czekanie na miejscu na włączenie wideo przez nauczyciela	Zmiótł rzeczy z ławki, rzucił się na ziemię i zaczął się czołgać po klasie	Odesłany na odosobnienie

Rysunek 4.2. Analiza ABC (*antecedent–behavior–consequence*, czyli bodziec poprzedzający–zachowanie–konsekwencja) Mikaha

Tabela 4.1. Plan wsparcia zachowania Mikaha w przedszkolu

Interwencje w zakresie bodźców poprzedzających	Nauka umiejętności	Konsekwencje
Hipoteza 1: Kiedy Mikah musi czekać, podejmuje zachowanie zakłócające, żeby uniknąć czekania		
Zorganizować dzień szkolny w taki sposób, żeby zminimalizować czas czekania Zapewnić inne zajęcie (np. dać małą zabawkę, którą można nosić w kieszeni), żeby Mikah mógł się pobawić, kiedy musi czekać	Kiedy czas oczekiwania jest niezbędny (np. po drugim śniadaniu), systematycznie uczyć Mikaha znoszenia czekania, każąc mu początkowo czekać przez 30 sekund (a potem pozwolić mu odejść od stołu), a następnie stopniowo wydłużać czas czekania o 10 sekund co 3 dni; kiedy chłopiec będzie tolerować 3 minuty czekania, powtórzyć to samo na placu zabaw Nauczyć Mikaha proszenia o inne zajęcie, kiedy musi czekać	Kiedy występuje zachowanie zakłócające, przypomnieć Mikahowi, żeby czekał spokojnie lub poprosił o jakieś zajęcie; jeśli odchodzi z miejsca, to poprosić go o powrót i udzielić upomnienia

Wnioski

W nowych modelach wprowadzania interwencji w przedszkolu (i szkole) kładzie się nacisk na podejście wielopoziomowe. Takie podejście okazuje się bardzo skuteczne, ponieważ u jego podstaw leży profilaktyka, którą należy objąć *wszystkie* dzieci, tak aby nauczyć je właściwego zachowania, zgodnego z oczekiwaniami obowiązującymi w całej klasie bądź placówce. Ta interwencja na poziomie 1 wyeliminuje problemy z zachowaniem u większości dzieci w danej klasie. Nieliczne dzieci, które nie odpowiadają na interwencję na poziomie 1, otrzymają dodatkowe wsparcie na poziomie 2 w postaci takich interwencji, jak nauka konkretnych umiejętności (np. dzielenia się) w małych grupach. W przypadku małych dzieci z ADHD bądź zagrożonych ADHD, które mają silne objawy, konieczna może być interwencja na poziomie 3. Taka interwencja powiązana jest z wynikami behawioralnej analizy zachowania i obejmuje wieloskładnikowy plan, w tym strategie zapobiegania, naukę umiejętności i stosowanie właściwych konsekwencji.

Podczas wdrażania podejścia opisanego w tym rozdziale można napotkać różne problemy. Najczęstsze z nich wraz z możliwymi rozwiązaniami przedstawiono w załączniku 4.1.

Załącznik 4.1. Problemy związane z wdrażaniem interwencji

Problem: Moja koleżanka uważa, że ADHD jest zaburzeniem biologicznym i jest niemożliwe, by dzieci z ADHD były w stanie kontrolować swoje zachowanie.

Możliwe rozwiązanie: Abstrahując od przyczyny ADHD, w ogromnej liczbie badań naukowych dowiedziono, że dzieci z ADHD można nauczyć unikania zachowań problemowych i podejmowania właściwego zachowania. Sceptyczną koleżankę przekonają być może dane ilustrujące zmianę zachowania.

Problem: Obawiam się, że osoby pracujące w naszym przedszkolu nie mają kompetencji do przeprowadzania behawioralnej analizy zachowania.

Możliwe rozwiązanie: Zachowanie małych dzieci jest zwykle o wiele mniej skomplikowane niż dzieci starszych i często dość łatwo zidentyfikować funkcję, jaką spełnia zachowanie. W badaniach dowiedziono, że obserwatorzy z niewielkim formalnym wyszkoleniem (np. asystenci nauczyciela) są w stanie zbierać dokładne dane służące do identyfikacji zdarzeń, które występują przed zachowaniem problemowym i po nim. Wskazane jest również stosowanie podejścia zespołowego, żeby pedagodzy dysponujący różnymi kompetencjami mogli współpracować ze sobą i nawzajem sobie pomagać w procesie oceny funkcjonalnej.

Problem: Nauczyciele w naszym przedszkolu nie wierzą we wzmacnianie dzieci. Twierdzą, że w ten sposób dzieci będą uzależniały dobre mniemanie o sobie od opinii dorosłych.

Możliwe rozwiązanie: Obowiązkiem dorosłych jest nauczenie dzieci właściwego zachowania. Zbyt często dorośli stosują jedynie kary (np. odesłanie w nudne miejsce) wobec źle zachowujących się dzieci, natomiast nie doceniają właściwego zachowania swoich podopiecznych. Jest to szczególnie szkodliwe dla tych dzieci, które za wszelką cenę chcą zwrócić na siebie uwagę. Uczą się one bowiem, że są w stanie przyciągnąć czyjąś uwagę, podejmując niepożądane zachowanie. Z wieloletnich badań i licznych prac naukowych wynika, że chwalenie i wzmacnianie poprawia zachowania właściwe i osłabia zachowania niewłaściwe. Zresztą środowisko, w którym przeważają pozytywne interakcje między dorosłymi a dziećmi, jest o wiele przyjemniejsze zarówno dla dorosłych, jak i dzieci.

ROZDZIAŁ 5

Promowanie umiejętności szkolnych

Jak wspomniano w poprzednich rozdziałach, małe dzieci z zespołem nadpobudliwości psychoruchowej z zaburzeniami uwagi (ADHD) są bardziej niż przeciętnie narażone na przejawianie deficytów umiejętności językowych, matematycznych i tych związanych z czytaniem. Na początku zerówki dzieci z tym zaburzeniem prawdopodobnie będą w tyle za typowo rozwijającymi się kolegami z klasy pod względem podstawowych pojęć matematycznych i umiejętności przygotowujących do nauki czytania (Lahey i in., 1998; Mariani i Barkley, 1997; Shelton i in. 1998). DuPaul i współpracownicy (2001) stwierdzili na przykład, że grupa 58 przedszkolaków z ADHD wypadła średnio o mniej więcej jedno odchylenie standardowe poniżej wyników grupy 36 rozwijających się typowo rówieśników w teście rozwoju poznawczego i umiejętności przedszkolnych (tj. Battelle Developmental Inventory; Newborg, Stock i Wnek, 1988). Dzieci z ADHD w wieku 3–5 lat uzyskały istotnie niższe wyniki niż uczestnicy z grupy kontrolnej w zakresie umiejętności różnicowania bodźców, pamięci, logicznego myślenia i rozwoju umiejętności słowno-pojęciowych (zob. rys. 5.1). To szczególnie niepokojące, zważywszy na silny związek między wczesnymi umiejętnościami a późniejszymi osiągnięciami (np. Storch i Whitehurst, 2002). Dzieci, którym brakuje wczesnych umiejętności w zakresie czytania, pisania i liczenia, uzyskują zazwyczaj gorsze niż ich rówieśnicy wyniki testów kompetecyjnych w szkole podstawowej i podczas dalszej edukacji. Fakt, że małe dzieci z ADHD są w dłuższej perspektywie narażone na gorsze funkcjonowanie w szkole, potwierdzają dane, które wskazują, iż dzieci z tym zaburzeniem znacznie częściej umieszczane są w programach edukacji specjalnej w pierwszych latach szkoły podstawowej (Lahey i in., 1998), często uzyskują wyniki poniżej oczekiwań w zakresie czytania, matematyki i ortografii (Massetti i in., 2008) oraz rzadziej kończą szkołę średnią niż typowo rozwijający się rówieśnicy (Barkley, Murphy i Fischer, 2008).

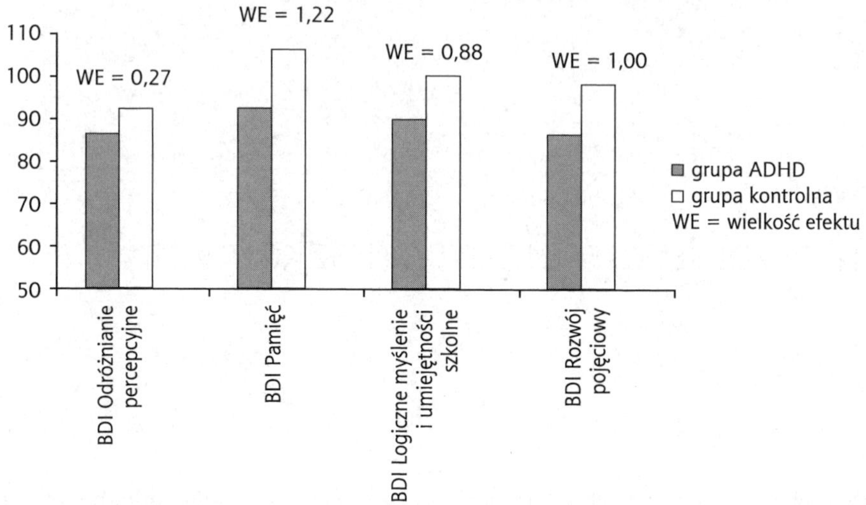

Rysunek 5.1. Standardowe wyniki w testach Battelle Developmental Inventory (BDI) dla małych dzieci z ADHD oraz typowo rozwijających się rówieśników z grupy kontrolnej

Źródło: dane pochodzą z DuPaul i in. (2001).

Wyniki badania przeprowadzonego przez O'Reilly (2002) podkreślają, w jakim stopniu małe dzieci z ADHD rozpoczynające szkołę podstawową pozostają w tyle za typowo rozwijającymi się kolegami z klasy w podstawowych obszarach funkcjonowania szkolnego. Zbadano trajektorię umiejętności przygotowujących do nauki czytania oraz wczesnych umiejętności czytania w małej grupie uczniów zerówki i pierwszej klasy ze znacznymi objawami ADHD oraz w odpowiednio dopasowanej grupie kontrolnej. Do oceny stopnia opanowania umiejętności w trzech punktach czasowych (jesień, zima i wiosna) w ciągu roku szkolnego wykorzystano testy Dynamic Indicators of Basic Early Literacy Skills (DIBELS; Kaminski i Good, 1996). Zerówkowicze z ADHD odbiegali od grupy kontrolnej o mniej więcej pół odchylenia standardowego pod względem wczesnych umiejętności czytania i pisania we wszystkich trzech punktach czasowych oceny. Podobne różnice między grupami pod względem płynności czytania na głos stwierdzono w grupie pierwszoklasistów. Ponadto u pierwszoklasistów z objawami ADHD zaobserwowano wolniejsze tempo wzrostu płynności czytania na głos w porównaniu z uczniami z grupy kontrolnej, a także wyniki poniżej 50 centyla w testach DIBELS według norm lokalnych (zob. rys. 5.2, na którym przedstawiono dane z jesieni i zimy). Zatem wiele małych dzieci z ADHD rozpoczyna szkołę, pozostając w tyle za kolegami z klasy pod względem podstawowoych umiejętności szkolnych, i deficyt ten utrzymuje się w pierwszych klasach szkoły podstawowej oraz w kolejnych latach edukacji (Massetti i in., 2008).

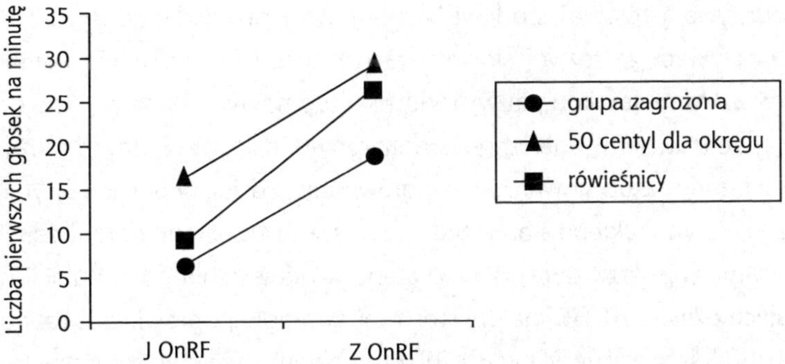

Rysunek 5.2. Średnie wyniki w zakresie płynności rozpoznawania pierwszej głoski (*Onset Recognition Fluency*, OnRF) grupy zagrożonych zerówkowiczów i grupy kontrolnej rówieśników, porównane z wynikami 50 centyla według norm okręgowych w testach przeprowadzonych jesienią (J) i zimą (Z)

Źródło: O'Reilly, M. (2002), *Early Literacy Skill Development of Kindergartners and First-Graders At-Risk for Externalizing Behavior Disorders*, niepublikowany maszynopis, University of Massachusetts Amherst. Przedruk za zgodą autorki.

Wczesna interwencja dotycząca umiejętności szkolnych ma decydujące znaczenie, zwłaszcza jeśli weźmie się pod uwagę związek między upośledzeniami szkolnymi a ADHD oraz fakt, że dzieci z tym zaburzeniem od samego początku nauki szkolnej pozostają w tyle za typowo rozwijającymi się kolegami z klasy. W tym rozdziale opisujemy strategie interwencyjne, które można wdrożyć w domu i przedszkolu, aby poprawić rozwój umiejętności językowych i matematycznych oraz umiejętności czytania. Stosowaniu takich strategii w populacji z ADHD poświęcono bardzo mało badań, dlatego uwzględniliśmy także interwencje, które wykorzystuje się w innych grupach zagrożonych (np. u dzieci z ogólnymi problemami z zachowaniem, dzieci z grupy wykluczonej społecznie czy zagrożonych porażką szkolną). Podkreślamy elementy mogące poprawić wczesną interwencję dla populacji ADHD oraz dajemy wiele wskazówek dotyczących przyszłych badań w tej dziedzinie, kładąc nacisk na opracowanie strategii, których wdrożenie jest praktycznie wykonalne i skuteczne w rzeczywistych warunkach.

Strategie promowania wczesnych umiejętności językowych

Rozwój wczesnych umiejętności językowych (np. rozpoznawania słów, słownictwa) ma ogromne znaczenie dla rozwoju poznawczego, gotowości szkolnej i umiejętności czytania. Choć na wczesny rozwój językowy wpływają zdolności poznawcze dzieci, nie ulega wątpliwości, że ważną rolę odgrywają również środowiska domowe i przedszkolne. Hart i Risley (1995) stwierdzili na przykład, że rozwój słownictwa dzieci jest bezpośrednio i silnie powiązany z zasobem doświadczeń językowych w środowisku domowym. Ponadto owe doświadczenia skorelowane są ze statusem społeczno-ekonomicznym: dzieci z biednych rodzin przejawiały znacząco ograniczony zasób słownictwa w porównaniu z dziećmi pochodzącymi z klasy średniej i wyższej. Przyczyną takiego stanu rzeczy jest przede wszystkim ograniczony kontakt z językiem, a nie sama wysokość dochodów. Dlatego w odniesieniu do populacji ryzyka, w tym populacji małych dzieci z ADHD, należy stosować strategie poprawiające rozwój słownictwa i pokrewnych umiejętności językowych. W promowaniu rozwoju wczesnych umiejętności językowych można wyróżnić następujące podejścia: strategie behawioralne podsuwające i wzmacniające konkretne umiejętności, takie jak komplementarne wsparcie w zakresie komunikacji i zachowania (*blended communication and behavior support*, BCBS; Hancock, Kaiser i Delaney, 2002), trening umiejętności komunikacji społecznej (Craig-Unkefer i Kaiser, 2002), wzbogacone uczenie środowiskowe (*enhanced milieu teaching*; Alpert i Kaiser, 1992) oraz strategie skupiające się na umiejętnościach narracyjnych i rozwoju słownictwa (Peterson, Jesso i McCabe, 1999).

Strategie behawioralne można wykorzystywać do promowania zachowań komunikacyjnych dzieci i posługiwania się językiem. Hancock, Kaiser i Delaney (2002) opisali wdrażany przez rodziców system BCBS kierowany do dzieci, które zagrożone są trudnościami językowymi i behawioralnymi. Trenerzy pracują indywidualnie z rodzicami nad rozwijaniem ich wrażliwości na zachowania werbalne dzieci, stosowaniem pochwał warunkowych w celu zachęcenia dziecka do posłuszeństwa oraz innych strategii rodzicielskich, które rozwijają posługiwanie się językiem u dzieci (zob. tab. 5.1). Każda sesja szkoleniowa trwa 30–45 minut, z czego 10–15 minut przeznacza się na przekazanie rodzicom informacji zwrotnych na temat poprzednich sesji (np. prawidłowego stosowania strategii), a pozostała część poświęcona jest wprowadzaniu nowych umiejętności i informacji. Strategie na poszczególnych sesjach są uczone za pomocą instruktażu ustnego, pisemnych konspektów, odgrywania scenek oraz nagrań wideo. Ponadto rodzice otrzymują konkretne wskazówki, jak stosować daną strategię podczas zabawy z dzieckiem w warunkach klinicznych lub w przedszkolu, a trener prowadzi obserwację. Trenerzy pracujący z rodzicami modelują również procedury postępowania z dziećmi i instruują rodziców, kiedy ci próbują stosować strategie wobec dzieci. Po każdej sesji rodzicom udziela się informacji zwrotnych. Szkolenie trwa tak długo, aż zachowanie rodziców spełni ustalone kryteria (zob. tab. 5.1), lub do momentu przeprowadzenia 30 sesji szkoleniowych. Hancock, Kaiser i Delaney (2002) zbadali efekty BCBS u pięciorga małych dzieci z opóźnieniami językowymi i trudnościami w zachowaniu, pochodzącymi z rodzin o niskim statusie społeczno-ekonomicznym. Po szkoleniu zachowanie rodziców osiągnęło ustalony poziom w zakresie stosowania strategii BCBS, a zmiany w zachowaniach rodziców uogólniły się na środowisko domowe i utrzymywały się przez 6 miesięcy po interwencji. W rezultacie zaobserwowano u dzieci poprawę zachowania i lepsze posługiwanie się językiem, lecz stopień uogólnienia i utrzymania tych zmian był różny u poszczególnych dzieci.

Innym rodzajem interwencji realizowanej za pośrednictwem rodziców są strategie rozwijające umiejętności narracyjne dzieci (Peterson, Jesso i McCabe, 1999). Najpierw przedstawia się rodzicom typy interakcji narracyjnych wspierających rozwój językowy dzieci. Następnie kładąc nacisk na te zachowania rodziców, które wzbogacają i wzmacniają kształtujący się język, promuje się rodzicielskie style interakcji mogące poprawić umiejętności narracyjne niezbędne dla sukcesu szkolnego (zob. załącznik 5.1). Rodzicom prezentuje się transkrypcje i nagrania wypowiedzi matek, które posługują się strategiami rozwijania narracji w rozmowach z dziećmi. Aby zachęcić rodziców do praktycznego zastosowania tych strategii, odgrywa się scenki i udziela informacji zwrotnych. Sesje terapeutyczne odbywają się dwa razy w miesiącu przez rok, a między spotkaniami prowadzi się rozmowy telefoniczne monitorujące bieżące stosowanie strategii. Peterson i współpracowniczki (1999) zaobserwowały, że jeśli w rodzinach o niskim statusie ekonomicznym matki stosowały to podejście, to u małych dzieci następowały znaczący rozwój słownictwa i poprawa zdolności narracyjnych w porównaniu z grupą kontrolną.

Strategie środowiskowe stanowią kolejny sposób rozwijania zachowań werbalnych zagrożonych dzieci przedszkolnych. Craig-Unkefer i Kaiser (2002) zastosowały trzyskładnikowy program szkolenia komunikacji społecznej promujący częstsze i bardziej złożone interakcje werbalne w grupie sześciorga dzieci przedszkolnych zagrożonych opóźnieniami językowymi i problemami z zachowaniem (zob. tab. 5.2). Dzieci podzielone na pary uczestniczą 3 lub 4 razy w tygodniu w sesjach interwencyjnych trwających 20 minut. Pierwsza część każdej sesji to zaawansowane planowanie zabawy, podczas którego interwent pracuje z parą, by wybrać temat zabawy (np. sklep spożywczy) i oznaczyć zabawki, które mogą się przydać w kontekście wybranego tematu. Następnie pary bawią się ze sobą, natomiast osoba dorosła podpowiada i wzmacnia – w razie potrzeby – odpowiednie zachowanie werbalne i zabawowe. Po każdej sesji zabawy jest czas na omówienie, które ma zachęcić dzieci do rozmowy o tym, w co się bawiły, jak bawiły się zabawkami i czy podobała im się interakcja w zabawie. Interwencja ta doprowadziła do wzrostu liczby społecznych zachowań komunikacyjnych podczas zabawy u każdego z dzieci, a także zwiększyła złożoność i różnorodność wypowiedzi werbalnych.

Tabela 5.1. Komplementarne wsparcie w zakresie komunikacji i zachowania – cele i przesłanki interwencji oraz miary i kryteria zachowania rodziców

Cel	Przesłanka	Miara	Kryterium
Utrzymywać równowagę w naprzemiennym zabieraniu głosu	Stworzenie ram konwersacyjnych kontaktu	Rozbieżność w zabieraniu głosu (liczba werbalnych wypowiedzi rodzica minus liczba werbalnych i niewerbalnych wypowiedzi dziecka)	0
Stworzyć dzieciom okazję do odpowiadania	Zachęcanie dziecka do inicjowania wypowiedzi	Liczba błędów rodziców dotyczących przerwy (tj. dwie następujące po sobie wypowiedzi rodzica lub więcej bez 3-sekundowej przerwy na odpowiedź dziecka)	< 5
Zwiększyć wrażliwość rodziców na werbalne zachowanie dziecka	Odpowiedzi sensowne i na temat rozwijają komunikację dziecka i stanowią przykład użycia języka w konkretnej sytuacji	Odsetek werbalizacji dziecka, po których nastąpiła odpowiedź zwrotna	> 80%
Dawać proste, jasne polecenia	Dzieci reagują najlepiej, jeśli polecenie wypowiedziane jest na ich poziomie językowym i wymaga tylko jednej odpowiedzi	Liczba i odsetek poprawnych poleceń rodziców w trakcie przechodzenia od jednej czynności do drugiej	> 80%
Obniżyć częstotliwość poleceń w czasie zabawy	Wydawanie poleceń tylko w odniesieniu do „ważnych" zachowań zwiększy posłuszeństwo dziecka	Liczba poleceń rodziców podczas zabawy	< 5
Częściej reagować pozytywnie po okazaniu przez dziecko posłuszeństwa	Odróżnienie konsekwencji wyciąganych za posłuszeństwo i nieposłuszeństwo w celu zwiększenia posłuszeństwa dziecka	Odsetek posłusznych zachowań dziecka, na które rodzice właściwie zareagowali	> 80%
Częściej reagować korygująco po okazaniu przez dziecko nieposłuszeństwa	Odróżnienie konsekwencji wyciąganych za posłuszeństwo i nieposłuszeństwo w celu zwiększenia posłuszeństwa dziecka	Odsetek nieposłusznych zachowań dziecka, na które rodzice właściwie zareagowali	> 80%
Obniżyć liczbę negatywnych zachowań werbalnych rodzica	Negatywne zachowanie rodzica modeluje negatywne zachowanie dziecka i wywołuje negatywny afekt w interakcji	Liczba negatywnych wypowiedzi rodziców	0
Zwiększyć liczbę pochwał udzielanych przez rodziców	Dzieci uczą się na pozytywnych konsekwencjach, a chwalenie sprawia, że afekt w interakcji jest bardziej pozytywny	Liczba pochwał udzielonych przez rodziców	> 10
Dawać dziecku przykłady właściwego języka	Nauka nowych form językowych odbywa się na drodze modelowania	Odsetek rozwinięć wypowiedzi dziecka na docelowym poziomie	> 30%

Źródło: Hancock, T.B., Kaiser, A.B., Delaney, E.M. (2002). Teaching Parents of Preschoolers at High Risk: Strategies to Support Language and Positive Behavior. *Topics in Early Childhood Special Education*, *22*, s. 195.

Załącznik 5.1. Strategie rodzicielskie rozwijające umiejętności narracyjne dzieci

1. Rozmawiaj z dzieckiem często i konsekwentnie na temat minionych wydarzeń.
2. Poświęcaj dużo czasu na rozmowę o każdym temacie.
3. Zadawaj mnóstwo pytań szczegółowych, a mało takich, które wymagają odpowiedzi „tak" lub „nie". Pytaj o kontekst lub okoliczności wydarzeń, zwłaszcza gdzie i kiedy zaszły.
4. Słuchaj uważnie, co mówi dziecko, i zachęcaj do rozwijania wypowiedzi.
5. Zachęcaj dziecko, by wypowiadało więcej niż jedno zdanie za jednym razem, udzielając odpowiedzi zwrotnych lub powtarzając to, co dziecko właśnie powiedziało.
6. Podążaj za dzieckiem. Rozmawiaj o tym, o czym dziecko chce rozmawiać.

Źródło: Peterson, C., Jesso, B., McCabe, A. (1999). Encouraging Narratives in Preschoolers: An Intervention Study. *Journal of Child Language, 26*, s. 53. Copyright © 1999 by Cambridge University Press. Adaptacja za zgodą.

Strategie promowania wczesnych umiejętności czytania

Ze względu na znaczenie czytania dla osiągnięć szkolnych w krótkiej i dłuższej perspektywie opracowano wiele metod wczesnej interwencji, które rozwijają umiejętności podstawowe dla nauki czytania. Do naszego protokołu wczesnej interwencji w ADHD włączyliśmy strategie promujące wczesne kompetencje w zakresie czytania i pisania. Do bardziej intensywnych strategii wczesnej interwencji w zakresie czytania należą wspólne czytanie książek (Justice i in., 2009), trening świadomości fonologicznej (Koutsoftas, Harmon i Gray, 2009), interwencja w zakresie kształtujących się jawnych umiejętności czytania i pisania (*explicit emergent literacy intervention*; Justice i in., 2003) oraz wspomagane komputerowo nauczanie wrażliwości fonologicznej (Lonigan i in., 2003).

Opisana w rozdziale 2 wczesna interwencja zgodna z protokołem ADHD obejmuje prowadzone przez rodziców i nauczycieli ćwiczenia wspierające wczesne umiejętności czytania. Jedna sesja szkoleniowa dla rodziców podczas interwencji grupowej na poziomie 1 poświęcona jest rozwojowi wczesnych umiejętności czytania i pisania (zob. rozdz. 3). Zajęcia, które mają na celu budowanie wczesnych doświadczeń czytelniczych, opierają się na programie Assessment and Training of Pre-academic Skills: Home. Wersję dla nauczycieli, Ladders to Literacy: A Preschool Activity Book (Notari-Syverson, O'Connor i Vadasy, 1998), można wykorzystać w przedszkolu. Program oferuje duży wybór ćwiczeń i zabaw, więc można je dobrać odpowiednio do poziomu rozwoju poszczególnych dzieci. Ćwiczenia i zajęcia proponowane w Ladders to Literacy obejmują trzy szerokie obszary, które – jak stwierdzono – wpływają na rozwój czytania i pisania u dzieci: świadomość druku i książek, świadomość metajęzykową oraz język mówiony.

Ladders to Literacy zawiera proste ćwiczenia, które zaprojektowano tak, aby rodzice mogli z nich korzystać w trakcie innych zajęć (np. podczas mycia naczyń lub prowadzenia samochodu). Rodzice otrzymują opisy aktywności na poręcznych fiszkach z zaleceniem wykonywania codziennie przynajmniej jednej z nich przez 15–20 minut. Przykładowe ćwiczenie polega na tym, że rodzic podczas czytania znanej bajki prosi dzieci, by przewidziały dalszy bieg wydarzeń.

Uzupełnieniem ćwiczeń domowych są strategie przedszkolne rozwijające umiejętności związane z czytaniem. Strategie te zaprojektowano w taki sposób, by dostosować je do indywidualnych potrzeb ustalanych na podstawie oceny. Korzystając na przykład z Dynamic Indicators of Basic Early Literacy Skills (DIBELS; Kaminski i Good, 1996), można ocenić biegłość wyodrębniania fonemów oraz nazywania liter i obrazków. Dzięki tym danym nauczyciele mogą na bieżąco indywidualizować nauczanie.

Ladders to Literacy stosuje się jako interwencję dydaktyczną, ponieważ zawiera obszerny program nauczania dla nauczycieli małych dzieci. Każda z proponowanych aktywności służy uczeniu bądź utrwalaniu konkretnej umiejętności (np. świadomości głosek). Ćwiczenia podzielone są na trzy poziomy trudności: duża trudność–mała pomoc, średnia trudność–średnia pomoc oraz mała trudność–duża pomoc. Odpowiada to różnym stopniom trudności zadania stawianego przed dzieckiem oraz pomocy ze strony dorosłego potrzebnej do jego wykonania. Ten system podziału ułatwia wybór i zaplanowanie ćwiczeń w zależności od charakterystyki dziecka i bieżącego obciążenia nauczyciela. Ponadto zadania nakierowane są na różne umiejętności lub cele. Dostępne są też adaptacje dla dzieci z niepełnosprawnościami (np. upośledzeniami słuchu, motoryki lub wzroku). Nadają się one zatem dla dzieci o różnych potrzebach w obszarze kształcenia.

Trudno wyróżnić konkretne efekty tego składnika naszej wczesnej interwencji poświęconego umiejętnościom czytania, ponieważ opisane strategie wdraża się podczas całościowej interwencji. Należy jednak zauważyć, że trajektoria wyników DIBELS w ciągu dwóch lat u dzieci objętych wczesną interwencją była wyraźnie pozytywna, przypuszczalnie z powodu składnika interwencji dotyczącego umiejętności czytania (DuPaul i in., 2009). Jednakże niezbędne mogą się okazać intensywniejsze strategie promowania wczesnych umiejętności czytania, zwłaszcza w przypadku dzieci, u których nie obserwuje się postępów w tym zakresie w odpowiedzi na ćwiczenia z Ladders to Literacy.

Wspólne czytanie książek

Jedną z najprostszych, a zarazem najbardziej skutecznych metod rozwijania wczesnych umiejętności czytania jest czytanie dzieciom książek przez rodziców i innych dorosłych. Stwierdzono, że wspólne czytanie książek, bez specjalnego nakierowania na umiejętności w zakresie języka mówionego, znacząco poprawia słownictwo dzieci, umiejętności gramatyczne oraz świadomość związku między dźwiękami a literami (van Kleeck, 2008). Wartość wspólnego czytania książek jest jeszcze większa, kiedy dorośli i dzieci rozmawiają o treści historyjki w interaktywny sposób. Nazywa się to niekiedy *czytaniem dialogowym* (Zevenbergen i Whitehurst, 2003). Wspólne czytanie książek z interaktywnymi dialogami może stymulować zarówno umiejętności dekodowania, jak i rozumienia. Rozwijaniu umiejętności rozumienia służą bezpośrednio zadawane przez dorosłych dosłowne pytania oraz wnioskowanie na temat czytanek (zob. tab. 5.3) i korzystanie z gotowych pytań do tekstów. Przygotowane wcześniej pytania są szczególnie pomocne, kiedy dorośli czują się mniej swobodnie lub mają mniejsze doświadczenie w czytaniu dzieciom – w takim przypadku gotowe pytania mogą uporządkować interakcję i najlepiej wspomagać umiejętności rozumienia. Aby zachęcić rodziców do podejmowania skutecznych technik wspólnego czytania książek, można zorganizować rodzinne warsztaty czytelnicze. Primavera (2000) stwierdziła, że warsztaty czytelnicze prowadzą do znaczącego wzrostu czytania dzieciom w wieku przedszkolnym wśród rodziców o niskich dochodach, a także do znaczącej poprawy umiejętności językowych dzieci oraz zwiększania ich zainteresowania czytaniem. Podobne wyniki uzyskano na próbie przedszkolaków z placówek objętych programem Head Start z upośledzeniami językowymi, którym podczas interwencji zapewniono wspólne czytanie z przygotowanymi pytaniami 2 razy w tygodniu przez 8 tygodni (van Kleeck, Vander Woude i Hammett, 2006). W badaniu tym stwierdzono, że w porównaniu z grupą kontrolną, w grupie objętej interwencją wystąpiły umiarkowane lub duże efekty w zakresie rozwoju umiejętności związanych z rozumieniem dosłownym i wymagającym wnioskowania.

Tabela 5.2. Trening komunikacji społecznej: składniki i aktywności interwencji

Składnik interwencji	Aktywności podejmowane przez interwenta
Zaawansowane planowanie zabawy	1. Terapeuta podaje temat zabawy na sesji 2. Terapeuta oznacza zabawki, które będą używane w sesji zabawy 3. Terapeuta przedstawia przynajmniej jedną opcję zabawy dla pary dzieci 4. Terapeuta pozwala dzieciom zaproponować przynajmniej jedną opcję zabawy 5. Terapeuta zachęca dzieci, żeby bawiły się i rozmawiały ze sobą podczas sesji
Sesja zabawy	1. Miejsce zabawy jest przygotowane w taki sposób, aby umożliwić łatwy dostęp do zabawek 2. Terapeuta stosuje przekierowania słowne (modele, instrukcje bezpośrednie lub pośrednie) i wypowiedzi odzwierciedlające, aby podtrzymać interakcję zabawową dzieci
Sesja omówienia	1. Terapeuta pyta dzieci o to, do jakich rodzajów interakcji zabawowych doszło 2. Terapeuta pyta dzieci, czy podobała im się zabawa z partnerem

Źródło: Craig-Unkefer, L.A., Kaiser, A.P. (2002). Improving the Social Communication Skills of At-Risk Preschool Children in a Play Context. *Topics in Early Childhood Special Education*, *22*, s. 8. Copyright © 2002 by Sage Publications Inc. Adaptacja za zgodą.

Wspólna lektura książek stanowi przykład aktywności występującej w środowiskach domowych i przedszkolnych, które rozwijają umiejętność czytania (tj. środowiska czytelnicze). Zaangażowanie rodziców we wczesne ćwiczenia czytelnicze z dziećmi może łączyć się z długofalowym wzrostem osiągnięć w czytaniu (Drouin, 2009). Do tworzenia środowisk czytelniczych w klasach przedszkolnych silnie zachęcają również rozmaite organizacje zajmujące się edukacją wczesnodziecięcą (np. National Association of Education for Young Children). Niestety większość placówek przedszkolnych i żłobkowych nie podejmuje zalecanych działań promujących czytelnictwo, a przynajmniej nie na poziomie, który uznaje się za skuteczny w promowaniu rozwoju wczesnych umiejętności czytania (Dunn, Beach i Kontos, 2000). Zatem dzieci zagrożone niepowodzeniem w zakresie wczesnego czytania, w tym dzieci z ADHD, wymagać będą dodatkowej interwencji, zwłaszcza jeśli ich domy i/lub przedszkola nie są środowiskami promującymi czytelnictwo.

Tabela 5.3. Wspólne czytanie książek: przykłady pytań dotyczących poszczególnych elementów historyjki

Element historyjki	Przykład pytania dosłownego lub na wnioskowanie
Zawiązujące zdarzenie/problem	Z czym główny bohater ma duży problem? Czego bohater pragnie? O czym jest ta historyjka?
Reakcja wewnętrzna	Jak twoim zdaniem czuje się główny bohater? Jak uważasz, co może myśleć główny bohater? Dlaczego tak sądzisz?
Cel/temat	Czego chce główny bohater? Co główny bohater próbował zrobić przez całe opowiadanie?
Działania	Co zrobił główny bohater? Co się wydarzyło? Jak myślisz, co się dalej wydarzy? Dlaczego? Myślisz, że to się uda?
Konsekwencje poszczególnych działań i reakcja wewnętrzna	Czy działanie powiodło się? Co twoim zdaniem myśli główny bohater/jak się czuje?
Rozwiązanie/rezultat	Czy główny bohater dostał to, czego chciał? Co to było?
Miejsce	Gdzie dzieje się opowiadanie?
Czas, trwanie	O jakiej porze dnia/roku się dzieje?
Bohaterowie	O kim opowiada ta historyjka? Kto występuje w opowiadaniu?
Wiedza o świecie	Co już wiesz na ten temat?
Wykorzystanie kontekstu opowiadania do definiowania wyrazów	Jak myślisz, co to słowo znaczy? Dlaczego?
Ocena moralności, konwencji lub anomalii	Czy to był dobry postępek? Czy tak zwykle postępujemy?

Źródło: van Kleeck, A. (2008). Providing Preschool Foundations for Later Reading Comprehension: Importance of and Ideas for Targeting Inferencing in Storybook-sharing Interventions. *Psychology in the Schools*, *45*, s. 633. Copyright © 2008 by John Wiley and Sons. Adaptacja za zgodą.

Trening świadomości fonologicznej

Świadomość fonologiczna (tj. zdolność do rozróżniania dźwięków mowy odrębnie od ich znaczenia) stanowi nieodzowny warunek gotowości do dekodowania i czytania (Beck i Juel, 1999). Składnikiem świadomości fonologicznej jest świadomość fonemiczna (tj. rozpoznawanie i zdolność do manipulowania pojedynczymi fonemami w słowach), która stanowi najsilniejszy prognostyk dekodowania w czytaniu (Hulme i in., 2002). Ćwiczenie świadomości fonemów uważa się więc za ważną strategię rozwijania wczesnych umiejętności czytania u dzieci z grupy ryzyka. Bezpośrednie nauczanie zwiększające świadomość fonemiczną obejmuje ćwiczenie rozpoznawania konkretnych głosek w otoczeniu, rozwój pojęciowego rozumienia fonemów przy wykorzystaniu pomocy manualnych (np. zabawek), liter i głosek, a także łączenie głosek z lokalizacją fonemów w wyrazach (Koutsoftas, Harmon i Gray, 2009).

Koutsoftas, Harmon i Grey (2009) zbadali efekty treningu świadomości fonemicznej w toku interwencji na poziomie 2 dla 24 małych dzieci, które uznano za zagrożone niepowodzeniem we wczesnym czytaniu na podstawie minimalnej odpowiedzi na trening świadomości fonologicznej na poziomie 1 w klasach przedszkolnych. Scenariusze interwencji przygotowano pod kątem celów dotyczących świadomości fonemicznej, uwzględniając takie elementy nauczania bezpośredniego, jak: cel dydaktyczny, wprowadzenie w temat, cel, ekspozycja, modelowanie, sprawdzenie zrozumienia, ćwiczenie pod kontrolą nauczyciela i zamknięcie (zob. tab. 5.4 z przykładowym scenariuszem). Przeprowadzono 12 trwających 20–25 minut sesji treningowych w małych grupach dzieci. Trening trwał kilka tygodni i odbywał się w sali lekcyjnej. U ponad 70% dzieci zaobserwowano, że wskutek treningu wzrosły umiejętności związane ze świadomością fonemiczną, a zakres poprawy rozciągał się od umiarkowanej do dużej. Podobne pozytywne rezultaty uzyskano u zagrożonych przedszkolaków dzięki interwencji w zakresie kształtujących się jawnych umiejętności czytania i pisania (tj. pisanie imienia, rozpoznawanie alfabetu oraz ćwiczenia związane ze świadomością fonologiczną; Justice i in., 2003) oraz dzięki wspomaganemu komputerowo nauczaniu wrażliwości fonologicznej (Lonigan i in., 2003).

Choć wykazano, że przedstawione wcześniej strategie dotyczące wczesnych umiejętności czytania są skuteczne w rozmaitych populacjach ryzyka (np. wśród dzieci z rodzin o niskich dochodach, dzieci z opóźnieniami w zakresie umiejętności językowych), należy podkreślić, że interwencji tych nie oceniono w populacji ADHD. Przynajmniej jedno badanie wykazuje ograniczony wpływ treningu świadomości fonologicznej na poziomie 1 na rozwój umiejętności czytania u dzieci przedszkolnych przejawiających trudne zachowania. Elliot, Prior, Merrigan i Ballinger (2002) przydzielili losowo próbę przedszkolaków z trudnościami behawioralnymi do jednej z następujących grup: (a) sam trening umiejętności fonologicznych poprzedzających naukę czytania, (b) samo szkolenie dla rodziców w zakresie kierowania zachowaniem, (c) połączone szkolenie umiejętności poprzedzających naukę czytania i szkolenie rodziców lub (d) grupa kontrolna nieobjęta interwencją. Zachowanie dzieci i ich umiejętności czytania oceniano przed rozpoczęciem interwencji, tuż po jej zakończeniu oraz po roku i dwóch latach. Znaczącą poprawę zachowania zaobserwowano w dwóch grupach, w których przeprowadzono szkolenie dla rodziców; jednak interwencja w zakresie umiejętności poprzedzających naukę czytania nie wiązała się z poprawą umiejętności czytania. Badacze wyciągnęli stąd wniosek, że przedszkolaki ze znacznymi trudnościami w obszarze zachowania mogą wymagać bardziej intensywnych interwencji dotyczących wczesnych umiejętności czytania, poza tym osiągnięcie w tej grupie sukcesu czytelniczego wymaga prowadzenia interwencji przez dłuższy czas.

Tabela 5.4. Przykładowy scenariusz interwencji w zakresie treningu świadomości fonemicznej

Składnik dydaktyczny	Wdrożenie według przygotowanego scenariusza
Wprowadzenie/zagajenie	„Pamiętacie moich przyjaciół?" (Pokaż pluszowe zwierzątko i pacynkę). „To jest Sammy (pokaż pacynkę). Pierwsza głoska w imieniu Sammy to /s/. Imię Sammy'ego zaczyna się od /s/. To jest Maggie (pokaż pluszowe zwierzątko), pierwsza głoska w imieniu Maggie to /m/. Imię Maggie zaczyna się od głoski /m/".
Cel	„Trzeba słuchać imion, zwłaszcza pierwszej głoski imion".
Ekspozycja	„Wiemy, że pierwsza głoska w imieniu Sammy'ego to /s/, a pierwsza głoska w imieniu Maggie to /m/." (Pokaż obrazek z Supermanem). „Wiecie, kto to jest? To Superman, pierwsza głoska jego imienia to /s/". (Pokaż obrazek z lokomotywą Piotrusiem). „To jest Piotruś. Pierwsza głoska jego imienia to /p/".
Modelowanie	„Dobrze, Sammy (do maskotki), pomóż mi, czyje imię zaczyna się od głoski /s/?" (Sammy myśli, a następnie pokazuje na Supermana). „Tak, Superman zaczyna się na /s/. Bardzo ładnie, Sammy. A czyje imię zaczyna się na /p/?" (Sammy pokazuje na Piotrusia). „I znów dobrze, Sammy. Imię Piotrusia zaczyna się od głoski /p/. Super, Sammy, naprawdę umiesz rozpoznawać pierwszą literę w imionach"
Sprawdzenie zrozumienia	1. „Zobaczmy teraz, moje dzieci, jak dobrze potraficie rozpoznać imiona tych postaci". (Ustaw wszystkie obrazki przed dziećmi. Każde dziecko powinno przynajmniej dwa razy mieć okazję rozpoznawać obrazki). „Czyje imię zaczyna się od /m/, /d/, /p/, /s/, /t/, /b/?" (Wzmacniaj wszystkie dobre odpowiedzi. Podaj prawidłowe odpowiedzi w przypadku błędnych odpowiedzi). 2. „Dobrze, a teraz przekonam się, czy uważnie słuchacie. Podnieście ręce, jeśli powiem pierwszą literę waszego imienia". (Wymień imiona wszystkich dzieci, wymawiając jedynie pierwszą głoskę imienia).
Ćwiczenie pod kontrolą nauczyciela	(Każde dziecko po kolei ma wskazać inne dzieci za pomocą pierwszej głoski imienia. Można poprosić, żeby jedno dziecko stanęło obok i powiedziało imię innego dziecka, lecz wymawiając tylko pierwszą głoskę imienia. Dzieci mogą mówić na przykład: „Podnieś rękę... (tu wstawić pierwszą głoskę imienia dziecka)" lub „Wstań... (tu wstawić pierwszą głoskę imienia dziecka)".

Tabela 5.4. cd.

Składnik dydaktyczny	**Wdrożenie według przygotowanego scenariusza**
Zamknięcie	„Dzisiaj nauczyliśmy się rozpoznawać pierwszą głoskę w imionach i proszę bardzo, wszystkim wam poszło świetnie. Dziękuję wszystkim, że tak pilnie pracowaliście". (Poproś dzieci, by ustawiały się w rzędzie, wymawiając tylko pierwsze głoski ich imion).

Materiały: Pluszowe zwierzątko, pacynka, zdjęcia Supermana, Berta, Kaczora Donalda, Myszki Miki, Tomka (lokomotywa) i Piotrusia (lokomotywa). Cel dydaktyczny: Dzieci będą rozpoznawać imiona kolegów z klasy i znanych postaci fikcyjnych wyłącznie na podstawie pierwszej głoski.

Źródło: Koutsoftas, A.D., Harmon, M.T., Gray, S. (2009). The Effect of Tier 2 Intervention for Phonemic Awareness in a Response-to-Intervention Model in Low-Income Preschool Classrooms. *Language, Speech, and Hearing Services in Schools, 40*, s. 129. Copyright © 2009 by American Speech–Language–Hearing Association. Adaptacja za zgodą.

Strategie promowania wczesnych umiejętności matematycznych

Niewiele badań poświęcono konkretnym strategiom wczesnej interwencji służącym rozwijaniu umiejętności matematycznych. Zalecane podejścia mają zatem ograniczone wsparcie empiryczne. Obiecującym protokołem interwencji jest program bezpośredniego nauczania wczesnych umiejętności matematycznych Number Worlds (Griffin, 2007) przeznaczony dla dzieci od przedszkola do szóstej klasy. W programie tym matematyka składa się z trzech „światów": świata rzeczywistych wielkości istniejących w czasie i przestrzeni, świata liczb naturalnych i symboli graficznych (np. w języku mówionym) oraz świata symboli formalnych, takich jak pisane cyfry i znaki działań. Number Worlds prowadzi dzieci przez sekwencję rozwojową zgodną z przypuszczalnym tokiem naturalnego postępu wiedzy matematycznej.

W programie Number Worlds stosuje się pięć głównych strategii nauczania (Griffin, 2007). Po pierwsze, nauka każdego pojęcia matematycznego rozpoczyna się od świata rzeczywistych wielkości (tj. na podstawie konkretnych przedmiotów i przykładów). Nauczanie pozostaje w tym „świecie", dopóki dzieci nie wykażą zrozumienia wielkości bądź przekształceń wielkości leżących u podstaw danego pojęcia. Po drugie, dzieciom zapewnia się wiele możliwości posługiwania się językiem mówionym do przetwarzania pojęć omawianych w świecie rzeczywistych wielkości, tak aby zdołały pojąć te informacje. Nauczanie pozostaje w świecie liczb naturalnych tak długo, aż dzieci wykażą zrozumienie konkretnego pojęcia. Po trzecie, świat symboli formalnych jest stopniowo i systematycznie wprowadzany za pomocą znajomych kontekstów i pojęć. Po czwarte, dobór nauczanych pojęć matematycznych opiera się na aktualnym poziomie rozumienia dzieci i podąża zgodnie z naturalnym tokiem rozwojowym. Po piąte, należy zachęcać dzieci do stosowania naturalnych strategii rozwiązywania problemów matematycznych, wprowadzając jednocześnie nowe strategie ich rozwiązywania, dzięki czemu dzieci mają do wyboru kilka skutecznych opcji. Program Number Worlds oceniano podłużnie w kilku grupach dzieci. Stwierdzono znaczącą poprawę w obszarze różnych umiejętności matematycznych (np. znajomości liczb, umiejętności obliczeniowych) u dzieci nauczanych programem Number Worlds w porównaniu z uczestnikami badania przydzielonymi do grupy kontrolnej (Griffin, 2007).

Podobne jak w programie Number Worlds, również i w naszym protokole wczesnej interwencji przyjmuje się, iż należy promować wczesne umiejętności matematyczne. Na poziomie 1 jedna z sesji edukacyjnych dla rodziców poświęcona jest rozwijaniu tych umiejętności (zob. rozdz. 3). Analogicznie do postępowania w przypadku wczesnych umiejętności czytania, rodziców namawia się do aktywnego włączania nauki matematyki do codziennych czynności. Ponadto ćwiczenia wymagają posługiwania się przez dzieci przedmiotami w realnym świecie, żeby pojęcia matematyczne były jak najbardziej konkretne. Głównym celem ćwiczeń domowych jest wyrobienie w dzieciach „zmysłu liczbowego". Dziecko, które ma dobrze rozwinięty zmysł liczbowy, (a) potrafi myśleć o liczbach na różne sposoby, (b) ma wyczucie, co oznaczają liczby, (c) potrafi porównywać oraz (d) potrafi liczyć w pamięci. Interwencja obejmuje 9 umiejętności związanych ze zmysłem liczbowym: wyliczanie, pojęcia wielkości, liczenie za pomocą odpowiedniości jeden do jednego, reprezentacje, rozpoznawanie, nazywanie i pisanie liczb, dodawanie i odejmowanie oraz ułamki.

Do każdej umiejętności związanej ze zmysłem liczbowym rodzice otrzymują operacyjny opis umiejętności oraz rozmaite ćwiczenia, które mogą ją rozwijać. *Wyliczanie* polega na tym, że dzieci zaczynają od liczby 1 i mówią liczby po kolei, nie posługując się żadnymi przedmiotami. Ćwiczenia mogą obejmować wyliczanki, zabawę w „do ilu umiemy policzyć" czy zabawę w skakanie („1, 2, 3, do góry"). Dzieci powinny również rozumieć *pojęcia wielkości*: więcej, mniej, najwięcej, najmniej. Pojęć tych można uczyć na przykładzie porównywania porcji podczas obiadu (np. „Kto ma więcej groszków na talerzu?") lub w trakcie zabawy (np. „Kto ma najmniej klocków?"). *Liczenie za pomocą odpowiedniości jeden do jednego* polega na liczeniu przedmiotów po jednym. Umiejętności tej można uczyć przy nakrywaniu do stołu, rozdawaniu ciastek czy odkładaniu zabawek na miejsce. Podstawową dla dziecka umiejętnością związaną ze zmysłem liczbowym jest uświadomienie sobie, że liczby reprezentują określone ilości obiektów. *Reprezentacja* polega zatem na tym, że dzieci potrafią poprawnie pokazać, ile przedmiotów odpowiada danej liczbie. Ćwiczenie tej umiejętności można włączyć do gotowania („Wsyp, proszę, trzy łyżeczki cukru") lub zabawy w podwieczorek (np. „Czy mogę prosić o dwa ciasteczka?"). *Rozpoznawanie liczb* polega na wskazywaniu wymienionej liczby wśród zaprezentowanych liczb (np. pokazując liczby 1, 4 i 8, prosi się dzieci, by pokazały 4, a dzieci wskazują odpowiednią liczbę). Ćwiczenia mogą obejmować pokazywanie wymienionych liczb w adresach lub na znakach drogowych podczas jazdy samochodem lub spaceru. *Nazywanie liczb* to podawanie poprawnej nazwy pokazywanej liczby. Przykładem ćwiczenia jest wskazywanie ceny w sklepie (np. „Ile kosztuje ta zabawka?") lub gra typu memory z liczbami. Podobnie *pisanie liczb* polega na tym, że dzieci zapisują na polecenie odpowiednią liczbę. Dzieci mogą pomagać sporządzać listę zakupów z podawaniem liczb, pisać po śladzie liczby w kolorowankach lub zapisywać liczby w czasie zabawy (np. pianką do golenia).

Dwie z dziewięciu umiejętności zmysłu liczbowego obejmują bardziej zaawansowane, abstrakcyjne pojęcia. Przy *dodawaniu i odejmowaniu* pokazuje się przedmioty, obrazki lub liczby i prosi dzieci, żeby podały, ile jest „razem" (sumowanie liczby przedmiotów) lub ile „zostało" (odejmowanie jednej liczby od drugiej). Do nauki tych pojęć świetnie nadaje się gotowanie, ponieważ można prosić dzieci o dodawanie lub odejmowanie składników (np. „Wsypuję jedną szklankę cukru do miski, a kiedy dodasz jeszcze jedną szklankę cukru, ile szklanek cukru będzie w misce?" „Wlałam jedną szklankę mleka do miski, ile jeszcze potrzebuję, żeby mieć dwie?"). Ćwiczenie dodawania i odejmowania można też wpleść w spożywanie posiłków (np. „Mam pięć ciastek. Jeśli zjem dwa ciastka, ile mi zostanie?"). Wreszcie małe dzieci mogą nauczyć się *ułamków*, to znaczy zrozumieć pojęcia „część" i „całość", a także pół i ćwierć. Ułamki można ćwiczyć na przykład przy dzieleniu jedzenia (np. „Czy mogę dostać ćwiartkę batonika?") lub klocków do zabawy (np. „Czy mogę dostać połowę klocków?").

W ostatniej części sesji edukacyjnej rodzice wymyślają w parach możliwe ćwiczenia dla każdego pojęcia matematycznego, a potem dzielą się pomysłami z grupą. Zadanie domowe polega na wypisaniu czterech sposobów uczenia swoich dzieci umiejętności z zakresu zmysłu liczbowego przed następną sesją edukacyjną. Rodziców prosi się również o zwrócenie uwagi, jak sprawdziły się te ćwiczenia, żeby mogli opowiedzieć o tym grupie na początku kolejnej sesji.

Ocena rezultatów nauki

Rezultaty nauki można mierzyć z perspektywy trzech podejść: opanowania podstawowych umiejętności, rezultatów ogólnych oraz odpowiedzi na interwencję (Hoskyn, 2009). Każde z tych podejść ma swoje wady i zalety, a zatem wybór pomiaru zależy od celów oceny. Najlepiej, gdy pomiary przeprowadza się za pomocą kilku podejść, gdyż pozwala to uzyskać pełny obraz sytuacji szkolnej dziecka.

Podejście skupione na opanowaniu podstawowych umiejętności opiera się na założeniu, że poszczególne umiejętności dzieci są ze sobą powiązane, więc postęp następuje w kontekście hierarchii rozwojowej (Phaneuf i Silberglitt, 2003). Pewne umiejętności podstawowe (np. rozpoznawanie liter) muszą być zatem obecne, aby mogły rozwinąć się umiejętności bardziej zaawansowane (np. rozpoznawanie fonemów). To podejście do oceny stosuje się w celu stwierdzenia obecności lub braku konkretnych umiejętności związanych z czytaniem lub liczeniem w repertuarze dziecka, żeby terapeuci mogli zająć się rozwijaniem umiejętności w sposób hierarchiczny. Podejście oparte na ocenie opanowania umiejętności ma zatem decydujące znaczenie dla opracowania skutecznych i wydajnych strategii nauczania tych umiejętności.

Metoda oceny ogólnych rezultatów bazuje na pomiarach odwołujących się do programu nauczania lub na bardziej odległych wskaźnikach rozwoju umiejętności, takich jak zdolności pamięciowe lub ogólnojęzykowe (Shapiro, 2004). W pomiarach opartych na programie nauczania dzieci wykonują krótkie próbki z umiejętności czytania lub matematyki zaczerpnięte bezpośrednio z ich programu nauczania (Shinn, 1998). Można również oceniać rezultaty ogólne w obszarach powiązanych z rozwojem umiejętności szkolnych, takich jak pamięć, język czy gotowość szkolna. Ogólne wyniki dla różnych obszarów gotowości szkolnej, w tym dla podstawowych umiejętności czytania, pisania i liczenia, można zmierzyć na przykład za pomocą skali Bracken Basic Concept Scale-Revised (Bracken, 1998). Zasadniczym celem tej metody oceny jest scharakteryzowanie ogólnego statusu dziecka w zakresie umiejętności czytania i liczenia oraz powiązanych obszarów rozwoju poznawczego w określonym punkcie czasowym. Pomiary można zbierać przed interwencją i po jej zakończeniu, aby udokumentować, czy strategie nauczania przyniosły zmianę na całościowym poziomie.

Ocenę, której punkt wyjścia stanowi odpowiedź na interwencję, stosowana jest do ewaluacji tempa rozwoju umiejętności szkolnych dzieci jako funkcji interwencji dydaktycznej (Jimerson, Burns i VanDerHeyden, 2007). Ta strategia oceny obejmuje wielokrotny pomiar uczenia się sytuacyjnego i opartego na programie nauczania przed wprowadzeniem zmian dydaktycznych, w trakcie ich wprowadzania i po zakończeniu tego procesu. Stopień, w jakim interwencja okazała się pomocna, określony zostaje na podstawie badania trajektorii lub nachylenia rozwoju umiejętności szkolnych w czasie. Za pomocą tego podejścia do oceny można zatem ustalić, czy dana interwencja jest skuteczna lub czy konieczne są zmiany w nauczaniu (np. jeśli nachylenie nie spełnia założonego celu).

Istotne elementy strategii promowania rozwoju wczesnych umiejętności szkolnych

Skuteczne strategie promowania rozwoju wczesnych umiejętności szkolnych mają kilka elementów wspólnych, które decydują o ich powodzeniu. Choć większości takich interwencji nie oceniano specjalnie pod kątem małych dzieci z ADHD, włączenie tych elementów może mieć szczególne znaczenie dla uzyskania optymalnego poziomu koncentracji uwagi i zaangażowania w tej populacji. Główne elementy obejmują włączanie ustrukturyzowanych ćwiczeń do porządku codziennych zajęć, naukę przez zabawę, wdrażanie interwencji angażujących zarówno rodziców, jak i nauczycieli oraz stosowanie różnych sposobów pomiaru wyników do oceny odpowiedzi dzieci na interwencję (Hoskyn, 2009).

Skuteczne strategie szkolne dla małych dzieci obejmują często wykorzystywanie okazji do uczenia się przypadkowego (incydentalnego). Naukę włącza się do codziennego porządku zajęć (np. podczas ubierania się rano, przygotowań do posiłków, jazdy do szkoły) w domu i w przedszkolu. Rodzice i nauczyciele mogą optymalizować okazje do nauki przez wcześniejsze ustrukturyzowanie ćwiczeń dydaktycznych przewidzianych na czas tych codziennych zajęć. Zamiast więc czekać, aż nadarzy się okazja do podjęcia nauki, rodzice i nauczyciele powinni planować ćwiczenia, które można *a priori* wpleść w daną sytuację. Opisany wcześniej w tym rozdziale program Ladders to Literacy zawiera wiele pomysłów na ćwiczenia, które można wykorzystać w trakcie wielu codziennych czynności. Przyjmuje się tutaj założenie, że dzieci bardziej angażują się w ćwiczenia dydaktyczne prowadzone w kontekście naturalnej sytuacji niż wtedy, gdy próbuje się je uczyć jakiegoś pojęcia w sposób teoretyczny. Wprowadzanie zabaw dydaktycznych w rzeczywistych sytuacjach może również sprzyjać uogólnianiu i utrzymywaniu rozwoju umiejętności.

Dla przedszkolaków zabawa jest główną aktywnością odpowiednią dla tego wieku, zarówno w domu, jak i w klasie. Dzieci w tym wieku w naturalny sposób podejmują interakcje związane z bawieniem się i radością. Ćwiczenia dydaktyczne należy zatem wprowadzać w atmosferze zabawy i przyjemności, aby zmaksymalizować zaangażowanie dzieci. Ma to szczególne znaczenie dla przyciągnięcia uwagi dzieci z ADHD, które mają skłonność do wyłączania się z sytuacji, które trwają długo i nie sprawiają przyjemności. Na przykład scenariusz interwencji dotyczącej świadomości fonologicznej przedstawiony w tabeli 5.4 obejmuje wykorzystanie pluszowych zwierzaków i kukiełek, żeby żartobliwie zaangażować dzieci w uczenie się głosek na początku imion.

Wydaje się, że podejście interwencyjne, w którym zakłada się współpracę rodziców i nauczycieli lub przynajmniej stosowanie przez nich podobnych strategii, jest na dłuższą metę skuteczniejsze niż terapia wdrażana wyłącznie przez rodziców albo tylko przez nauczycieli (Hoskyn, 2009). Konsekwentne stosowanie strategii we wszystkich środowiskach może sprzyjać uogólnianiu rozwoju umiejętności, a także wzmacniać relację między rodzicami a nauczycielami. Konsekwentne postępowanie w różnych sytuacjach oraz współpraca są bardzo ważne zwłaszcza w pracy z tymi dziećmi, które mają przewlekłe, rzutujące na całokształt rozwoju zaburzenie, takie jak ADHD. W przypadku dzieci, które trudno zaangażować, decydujące znaczenie ma wykorzystywanie każdej sposobności do nauki, bez względu na miejsce czy sytuację. A zatem jeśli rodzice i nauczyciele będą gotowi wdrażać podobne skuteczne metody, umożliwi to maksymalne wykorzystanie tych okoliczności.

Jak w każdej interwencji, niezbędna jest diagnoza, która pozwoli określić, czy strategie są skuteczne. Ponieważ odpowiedź dzieci na interwencję może różnić się w zależniości od badanych umiejętności i zastosowanych pomiarów, należy stosować różne metody oceniania rezultatów (opisane wcześniej w tym rozdziale oraz w rozdz. 1). Przy wdrażaniu interwencji po raz pierwszy dobrym sposobem sprawdzania, czy strategie prowadzą do pożądanego poziomu, a także szybkości zmian, są wskaźniki krótkiej oceny, którą można przeprowadzać w sposób ciągły (np. testy oparte na programie nauczania). Do ustalenia, jak dziecko wypada na tle rówieśników, można dodatkowo zastosować standaryzowaną skalę do pomiaru różnicującego, taką jak Bracken Basic Concept Scale-Revised (Bracken, 1998). Dane te mają ogromne znaczenie dla podejmowania decyzji co do kontynuacji, zaprzestania bądź zmodyfikowania strategii interwencji. Klinicyści powinni zbierać dane na temat rezultatów interwencji w pracy z tą populacją, tym bardziej że wiele strategii opisanych w niniejszym rozdziale nie zostało specjalnie przebadanych pod kątem przedszkolaków z ADHD.

Przykład promowania umiejętności szkolnych

Aaron był czteroletnim chłopcem rasy białej, który został skierowany do naszego programu wczesnej interwencji przez nauczycielkę z przedszkola. Nauczycielka zgłosiła, że Aaron ma częste problemy ze skupieniem uwagi na zajęciach w klasie, działa szybko bez zastanowienia, przejawia wysoki poziom aktywności oraz nie stosuje się do zasad klasowych ani poleceń nauczycielki. Aaron był jedynym dzieckiem trzydziestoletniej samotnej matki, pani W., która zgłaszała podobne problemy z zachowaniem chłopca w domu. Z wywiadu klinicznego przeprowadzonego z matką chłopca wynikało, że jego zachowanie odpowiada diagnozie ADHD typu mieszanego oraz zaburzenia opozycyjno-buntowniczego (ODD). Według oceny matki i nauczycieli zachowania Aarona związane z ADHD i ODD mieściły się w 98 centylu (tj. znacznie przekraczały zakres istotny klinicznie) dla jego wieku i płci. Aaron uzyskał średnie wyniki (wynik standardowy 95%, przedział ufności [91, 105]) w zakresie umiejętności werbalnych i niewerbalnych według Differential Ability Scales. Mimo przeciętnych zdolności poznawczych wyniki Aarona na skalach DIBELS były niskie – wyniosły one odpowiednio 0 (biegłość rozpoznawania pierwszej głoski), 0 (biegłość nazywania liter) oraz 1 (biegłość wyodrębniania fonemów). Podobnie w teście Early Numeracy Skills Assessment (ENSA) chłopiec otrzymał (łączny) wynik 3 w zakresie pojęć związanych z wielkością. Nic dziwnego, że w tej sytuacji łączny wynik gotowości szkolnej według Bracken Basic Concepts Scale mieścił się poniżej średniej (standardowy wynik 85). Aaron wyraźnie potrzebował interwencji zarówno pod względem umiejętności szkolnych, jak i zachowania.

Oprócz domowych i szkolnych strategii behawioralnych na poziomie 3, nakierowanych na trudności Aarona związane z ADHD i ODD, zastosowano kilka interwencji, które miały wyrównać deficyty wczesnych umiejętności w zakresie czytania, pisania i umiejętności matematycznych. Po pierwsze, zgodnie z tym, co opisano wcześniej (zob. „Strategie promowania wczesnych umiejętności czytania"), panią W. i nauczycielkę Aarona z przedszkola zachęcono do wykonywania ćwiczeń proponowanych w Ladders to Literacy (Notari-Syverson, O'Connor i Vadasy, 1998) w domu i szkole. Po drugie, nasz terapeuta wspólnie z mamą chłopca przygotował plan sesji wspólnego czytania książek przez 15–20 minut przynajmniej przez pięć wieczorów w tygodniu. Po trzecie, nauczycielka Aarona z przedszkola wdrożyła trening świadomości fonologicznej (zob. tab. 5.4) kilka razy w tygodniu przez 2 miesiące. Po trzecie, pani W. oraz nauczycielka Aarona wykorzystywały zajęcia domowe i przedszkolne do rozwijania umiejętności matematycznych chłopca (zob. „Strategie promowania wczesnych umiejętności matematycznych").

Dzięki stosowaniu tych połączonych strategii w kolejnych 18 miesiącach u Aarona zaobserwowano spory postęp, zwłaszcza w odniesieniu do umiejętności związanych z czytaniem. Na przykład jego wyniki DIBELS we wszystkich trzech obszarach (biegłość rozpoznawania pierwszej głoski, biegłość nazywania liter i biegłość wyodrębniania fonemów) wzrosły znacznie przez 18 miesięcy od rozpoczęcia terapii (zob. rys. 5.3). Postęp stwierdzono również w zakresie umiejętności matematycznych, choć nie był on tak duży: wynik ENSA wzrósł z 3 przed terapią do 8 w ciągu 18 miesięcy. W rezultacie rozwoju umiejętności związanych z czytaniem i matematyką łączny wynik Aarona w teście gotowości szkolnej Brackena po 18 miesiącach od rozpoczęcia terapii wzrósł do przedziału średniego (standardowy wynik 103). Ten wynik gotowości był bardziej współmierny do poziomu jego zdolności poznawczych niż wynik uzyskany przed podjęciem terapii.

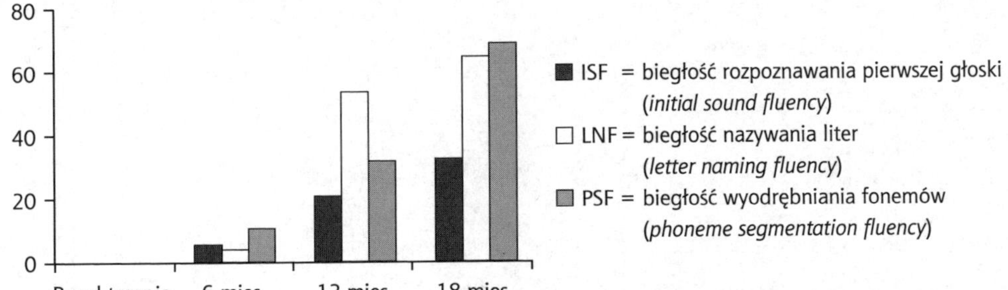

Rysunek 5.3. Wyniki Aarona w testach Dynamic Indicators of Basic Early Literacy Skills jako funkcja terapii

Wnioski

Małe dzieci z ADHD znacznie częściej niż ich typowo rozwijający się rówieśnicy zaczynają naukę w szkole podstawowej z deficytami umiejętności związanych z czytaniem, posługiwaniem się językiem i/lub umiejętności matematycznych. Dlatego wdrożenie skutecznej wczesnej interwencji nakierowanej na umiejętności szkolne ma decydujące znaczenie dla tej populacji. Na szczęście opracowano skuteczne strategie rozwijania wczesnych umiejętności w zakresie języka i czytania przeznaczone dla małych dzieci, które z różnych przyczyn są zagrożone deficytami (np. pochodzenie z ubogiej rodziny). O wiele mniej metod wczesnej interwencji jest nakierowanych na wczesne umiejętności matematyczne. Ponadto nie badano wczesnych interwencji szkolnych specjalnie pod kątem stosowania u małych dzieci z ADHD. Dlatego ważne jest, żeby w przyszłych badaniach zostały zidentyfikowane skuteczne strategie rozwijania wczesnych umiejętności matematycznych, a także udokumentowane te interwencje w zakresie umiejętności szkolnych, które okażą się najskuteczniejsze u małych dzieci z ADHD. W tym rozdziale przyjęliśmy, że interwencje, które okazały się skuteczne dla innych grup ryzyka, powinny przynieść podobne efekty u dzieci z ADHD, niewykluczone jednak, że dzieci z tym zaburzeniem mogą specyficznie odpowiadać bądź nie odpowiadać na poszczególne interwencje z powodu znacznych problemów z koncentracją i nadruchliwością–nadmierną impulsywnością. Empiryczne badania nad konkretnymi strategiami szkolnymi w tej populacji rzuciłyby światło na tę ważną kwestię.

ROZDZIAŁ 6

Bezpieczeństwo i zapobieganie obrażeniom

Małe dzieci z zespołem nadpobudliwości psychoruchowej z zaburzeniami uwagi (ADHD) są bardziej niż przeciętnie narażone na przypadkowe obrażenia oraz inne problemy zdrowotne (Barkley, 2006). Choć za to podwyższone ryzyko odpowiadać może kombinacja różnych zmiennych, przynajmniej części przypuszczalnych czynników ryzyka można zapobiegać.

Celem tego rozdziału jest przegląd literatury badawczej, w której przedstawiono związek między wczesnymi objawami ADHD a obrażeniami fizycznymi. Omawiamy możliwe czynniki stanowiące podłoże tego związku. Następnie przedstawiamy strategie zapobiegania obrażeniom i propagowania bezpieczeństwa, które można stosować w środowisku domowym i przedszkolnym. Kładziemy nacisk na włączanie strategii profilaktycznych do bieżącego programu konsultacji dotyczących trudnych zachowań z rodzicami i nauczycielami opisanego w poprzednich rozdziałach (zob. rozdz. 3 i 4). Wreszcie, uwzględniając fakt, że praktycznie nie ma badań nad zapobieganiem obrażeniom w populacji dzieci z ADHD, proponujemy wskazówki co do przyszłych badań i praktyki klinicznej.

ADHD a przypadkowe obrażenia

W pracach badawczych z ostatnich kilkudziesięciu lat wykazano istnienie stałego związku między symptomatycznymi dla ADHD zachowaniami a ryzykiem przypadkowych obrażeń (Barkley, 2006). Rzeczywiście w świetle relacji rodziców większość (57%) dzieci z ADHD często ulega wypadkom, a 15% tej populacji ma na swym koncie co najmniej cztery poważne przypadkowe obrażenia (Barkley, 2001). Dzieci z ADHD są bardziej niż przeciętnie narażone na trzy typy obrażeń lub problemów zdrowotnych: złamania kości i urazy głowy, oparzenia oraz przypadkowe zatrucia.

Jak wynika z kilku badań, małe dzieci z ADHD – zwłaszcza chłopcy – mogą być bardziej niż dzieci z grupy kontrolnej narażone na złamania kości, zranienia, urazy głowy oraz inne obrażenia fizyczne. Na przykład Lee i współpracowniczki (2008) przebadały średnie rozpowszechnienie występowania obrażeń (w tym złamań kości i urazów głowy) w sześciu grupach dzieci w wieku od trzech do pięciu lat uczestniczących w sondażu National Survey of Children's Health (zob. Blumberg i in., 2005). Oprócz dzieci z ADHD (*n* = 191) pozostałe pięć grup obejmowało dzieci z autyzmem (*n* = 82), trudnościami w uczeniu się (*n* = 307), psychopatologią (*n* = 210), innymi schorzeniami (*n* = 1802) oraz grupę kontrolną dzieci pełnosprawnych (*n* = 13 398). U małych dzieci z ADHD stwierdzono najczęstsze występowanie urazów (26,5%) spośród wszystkich grup, a ryzyko doznania przez nie obrażeń fizycznych było 2–3 razy wyższe niż u pełnosprawnych dzieci z grupy kontrolnej. Znacznie podwyższone ryzyko obrażeń fizycznych utrzymywało się w tym zakresie, nawet kiedy uwzględniono takie zmienne, jak: płeć, wiek dziecka, liczba dzieci w gospodarstwie domowym oraz status społeczno-ekonomiczny rodziny.

Małe dzieci z ADHD mogą być również narażone na ryzyko oparzeń wymagających pomocy lekarskiej. Choć ogólne występowanie oparzeń w tej populacji jest przypuszczalnie niskie, wydaje się, iż część dzieci przyjmowanych do ośrodków leczenia oparzeń przejawia znaczące cechy ADHD. Thomas i współpracownicy (2004) przeprowadzili retrospektywną analizę dokumentacji medycznej dziecięcych pacjentów przyjętych na oddział leczenia oparzeń w ciągu 20 lat. Ponad połowa (54%) z 39 dzieci z ADHD doznała oparzeń, do których doszło wskutek impulsywnego zachowania. Wszystkie te dzieci, z wyjątkiem jednego, przyjmowały przed poparzeniem się leki stymulujące ośrodkowy układ nerwowy, z czego wynika, że miały objawy ADHD o nasileniu umiarkowanym bądź wysokim.

Małym dzieciom z ADHD zagraża także przypadkowe spożycie trujących substancji. Na przykład Szatmari, Offord i Boyle (1989) przeanalizowali związek między ADHD a różnymi zmiennymi medycznymi i psychospołecznymi na dużej grupie epidemiologicznej. Porównano dwie grupy dzieci w wieku od 4 do 16 lat: dzieci z ADHD (*n* = 157) oraz bez ADHD (*n* = 2544). Znacząco wyższy odsetek dzieci z ADHD (7,3%) doznał przynajmniej jednego przypadkowego zatrucia w zestawieniu z dziećmi bez ADHD (2,6% z przynajmniej jednym przypadkowym zatruciem). Co ciekawe, odsetek dzieci z ADHD, które doznały złamania, był niemal identyczny w badaniach przeprowadzonych przez Szatmariego, Offorda i Boyle'a (1989) oraz Lee i współpracowniczki (2008) i wynosił odpowiednio 23,5% i 26,5%.

Małe dzieci z ADHD są nie tylko narażone na 2–3 razy większe ryzyko przypadkowych obrażeń powiązane z wczesnodziecięcymi objawami tego zaburzenia, ale istnieją dowody także świadczące o tym, że obrażenia w tej populacji mogą być częstsze, bardziej przewlekłe i poważniejsze (Barkley, 2006). Innymi słowy, małe dzieci z ADHD częściej niż ich typowo rozwijający się rówieśnicy będą odnosić obrażenia w całym swoim życiu i przynajmniej jedno z tych obrażeń będzie poważne. Schwebel razem ze współpracownikami (2002) przez 2 lata śledzili losy 79 chłopców w wieku przedszkolnym z zaburzeniami eksternalizacyjnymi (ADHD, zaburzeniem opozycyjno-buntowniczym, czyli ODD, lub jednym i drugim) oraz 76 dopasowanych pod względem demograficznym chłopców z grupy kontrolnej. Podobnie jak w innych badaniach, także i w tym przypadku stwierdzono, że dzieci z zaburzeniami eksternalizacyjnymi odnosiły 2 razy więcej obrażeń niż odpowiednio dobrana grupa kontrolna. Ponadto ryzyko powiązane z objawami ADHD rozciągało się na całe 2 lata i utrzymywało się nawet wtedy, gdy uwzględniono zdolności werbalne oraz ocenianą przez rodziców skłonność do ulegania wypadkom. W dodatkowych badaniach wykazano, że ryzyko obrażeń łączące się z ADHD obejmuje wiek dojrzewania i dorosłość (Jokela, Power i Kivimäki, 2009).

Dzieci z ADHD mogą doznawać cięższych obrażeń niż inne dzieci. Mangus i współpracownicy (2004) ocenili, jak ciężkie były obrażenia dzieci przyjmowanych na pediatryczny oddział leczenia oparzeń w ciągu 7 lat, i stwierdzili, że dzieci z ADHD istotnie częściej miały oparzenia termiczne, a nie od otwartego ognia, doznawały też bardziej rozległych oparzeń oraz dłużej pozostawały na oddziale. Hoare i Beattie (2003) zaobserwowali, że dzieci z ADHD częściej trafiają na izbę przyjęć z powodu obrażeń (tj. przypuszczalnie dlatego, że ich obrażenia są poważniejsze) oraz narażone są na szersze spektrum i większą częstotliwość obrażeń.

Rzeczywiście, mniej więcej jedno na czworo dzieci z tym zaburzeniem odniesie obrażenie fizyczne i mniej więcej jedno na siedmioro ulegnie przypadkowemu zatruciu w pewnym momencie dzieciństwa. To zwiększone ryzyko obrażeń pozostaje wysokie nawet wtedy, gdy uwzględni się inne możliwe czynniki (np. wiek, płeć, status społeczno-ekonomiczny, IQ). Co więcej, obrażenia u dzieci z ADHD mogą cechować się większą częstotliwością, stałością i ciężkością niż te, które występują w populacji ogólnej.

Czynniki składające się na większe ryzyko obrażeń

Kilka możliwych czynników składa się na większe ryzyko doznania obrażeń przez małe dzieci z ADHD. Należą do nich obecność zachowań stanowiących główne objawy ADHD i zachowań związanych ze współwystępującymi zaburzeniami eksternalizacyjnymi oraz brak niezbędnego nadzoru opiekuna (Barkley, 2006; Lee i in., 2008). Główną przyczyną obrażeń i zatruć małych dzieci z ADHD jest wyższa niż przeciętnie liczba zachowań nieuważnych, nadruchliwych i impulsywnych, z powodu których dzieci narażają się na ryzyko lub nie zwracają uwagi w potencjalnie niebezpiecznych sytuacjach. Byrne i współpracownicy (2003) stwierdzili, że większość (58,3%) przedszkolaków z ADHD przejawia zachowania impulsywne i nieuważne, które narażają je na obrażenia fizyczne. Żadne z dzieci z grupy kontrolnej w badaniu Byrne'a i współpracowników nie przejawiało tego typu zachowań w takim samym stopniu. Z relacji rodziców małych dzieci z ADHD wynika, że dzieci często nie uważają w trakcie ryzykownych czynności (np. gdy wspinają się na drabinki na placu zabaw), ignorują możliwe konsekwencje własnych działań i często wybierają zabawy, które mogą narażać je na obrażenia fizyczne (Barkley, 2006). W istocie dzieci z ADHD 5 razy częściej podejmują ryzykowne fizycznie zachowania niż ich typowo rozwijający się rówieśnicy (Garzon, Huang i Todd, 2008).

Możliwe, że do większego ryzyka obrażeń przyczyniają się zachowania powiązane często z ADHD. Dzieci z tym zaburzeniem często mają trudności z koordynacją ruchową, co może prowadzić do wypadków fizycznych (Barkley, 2006). Wysoka liczba współwystępujących zaburzeń eksternalizacyjnych w tej populacji także może zwiększać ryzyko. Dzieci z ADHD i współwystępującym ODD 7 razy częściej podejmują ryzykowne fizycznie zachowania niż dzieci w tym samym wieku z grupy kontrolnej (Garzon i in., 2008). Dzieci, które są agresywne, nieposłuszne, zbuntowane, częściej odnoszą obrażenia fizyczne niż inne dzieci (Barkley, 2006). Niektórzy badacze wysunęli przypuszczenie, że agresywność i niepodporządkowanie w większym stopniu wpływają na ryzyko obrażeń niż objawy ADHD (np. Davidson, Hughes i O'Connor, 1988). Z badań wynika również, że ryzyko doznania specyficznych obrażeń może być inne dla dzieci z ADHD (złamania) i inne dla dzieci z ODD (oparzenia i zatrucia; Rowe, Maughan i Goodman, 2004).

Ostatnim czynnikiem składającym się na większe ryzyko obrażeń u małych dzieci z ADHD jest niekonsekwentne lub niewystarczające monitorowanie zachowania dziecka przez rodziców. Rodzice dzieci z tym zaburzeniem czasami nie nadzorują uważnie zabawy dzieci lub dają im więcej swobody w domu i poza nim (Davidson i in., 1988). Kiedy natomiast rodzice spędzają więcej czasu z dziećmi i chwalą je z większą konsekwencją za właściwe zachowanie, wówczas ryzyko obrażeń fizycznych można zmniejszyć (Schwebel i in., 2004). Zachowanie rodziców odgrywa zatem podstawową rolę – zarówno w pozytywnym, jak i negatywnym sensie – w określaniu wysokości ryzyka obrażeń fizycznych.

Wszystkimi tymi czynnikami związanymi przypuszczalnie z ryzykiem obrażeń fizycznych u małych dzieci z ADHD można zająć się podczas interwencji prowadzonej w domu i przedszkolu. Strategie terapii mogą skupić się na redukcji zachowań nieuważnych oraz nadruchliwych i impulsywnych, redukcji lub profilaktyce działań agresywnych, buntowniczych oraz na promowaniu konsekwentnego, pozytywnego monitorowania zachowania dziecka przez dorosłych. Interwencje nakierowane na trudne zachowania dzieci opisano w poprzednich rozdziałach, jednak kompleksowy protokół wczesnej interwencji powinien zawierać również strategie zapobiegania obrażeniom i promowania bezpieczeństwa.

Strategie zapobiegania obrażeniom oraz promowania bezpieczeństwa

Strategie zapobiegania obrażeniom i promowania bezpieczeństwa stanowią integralną część całego programu wczesnej interwencji dla dzieci z ADHD. Kwestii promowania bezpieczeństwa dziecka poświęcona jest jedna z sesji edukacyjnych, w których uczestniczą rodzice podczas interwencji na poziomie 1. W trakcie tej sesji wykorzystuje się program zapobiegania obrażeniom The Injury Prevention Program (TIPP; American Academy of Pediatrics, 1999a; http://patiented.aap.org/categoryBrowse.aspx?catID=27). Rodzice otrzymują materiały na temat TIPP, a terapeuci behawioralni omawiają z nimi problemy i strategie dotyczące bezpieczeństwa. Wybiera się zachowania związane z bezpieczeństwem, które zostaną objęte interwencją, a po wstępnej sesji poświęconej zapobieganiu obrażeniom rodzice regularnie otrzymują zadania domowe (np. mają ocenić ryzyko, zabezpieczyć dom z myślą o dzieciach). Strategie wspierania bezpieczeństwa wplecione są również w interwencje behawioralne w obrębie planu terapii przedszkolnej. W trakcie wizyt domowych i konsultacji szkolnych terapeuci behawioralni sprawdzają domy i przedszkola, zwracając szczególną uwagę na to, co może zagrozić bezpieczeństwu dzieci, oraz na stosowane zabezpieczenia. Stosowanie strategii promowania bezpieczeństwa jest regularnie oceniane za pomocą ankiet rodzicielskich oraz obserwacji terapeutów behawioralnych.

Edukacja rodziców

Cała siódma sesja szkoleniowa dla rodziców na poziomie 1 interwencji (zob. rozdz. 3) dotyczy promowania bezpieczeństwa i zapobiegania obrażeniom. Cele tej sesji to: (a) pełniejsze uświadomienie rodzicom potencjalnych zagrożeń bezpieczeństwa w domu i okolicy, (b) lepsze zrozumienie strategii profilaktycznych i procedur postępowania w nagłych wypadkach, (c) zachęcenie do samodzielnej oceny zagrożeń bezpieczeństwa istniejących w domu oraz (d) zwiększenie stosowania strategii zapobiegania obrażeniom i promowania bezpieczeństwa w domu. Omawiane są trzy główne obszary tematyczne: znaczenie profilaktyki obrażeń u małych dzieci z ADHD, potencjalne zagrożenia bezpieczeństwa oraz ogólne i szczegółowe strategie profilaktyczne. Rodzice otrzymują wiele materiałów przygotowanych przez TIPP i dotyczących konkretnych działań na rzecz poprawy bezpieczeństwa, a także informacje z Amerykańskiego Czerwonego Krzyża oraz lokalnych ośrodków toksykologicznych na temat procedur postępowania w nagłych sytuacjach. Dostają również listę materiałów i środków, które należy trzymać w apteczce pierwszej pomocy (np. bandaż, pęseta, zimny kompres, szczelny pojemnik ze środkiem antyseptycznym). Terapeuci behawioralni cały czas kładą nacisk na profilaktykę, która wymaga, by rodzice przewidywali potencjalne niebezpieczeństwa i minimalizowali ryzyko, wprowadzając zmiany w otoczeniu, zanim faktycznie dojdzie do doznania obrażeń przez dzieci.

Pierwszym krokiem w edukacji rodziców jest poinformowanie ich o wyższym ryzyku obrażeń powiązanym z ADHD. Aby uświadomić rodzicom to podwyższone ryzyko, jasno i dobitnie przedstawia się omówione na początku rozdziału wyniki badań na ten temat. Prowadzący szczególnie podkreśla, że ryzyko obrażeń jest większe nie tylko z powodu nieuważnych, nadruchliwych i impulsywnych zachowań dzieci, lecz także z powodu braku świadomości i nadzoru ze strony rodziców i innych dorosłych opiekunów. Rodzicom przypomina się, że zachowania dzieci są modyfikowane za pomocą strategii interwencyjnych zaprojektowanych w trakcie edukacji rodziców i konsultacji behawioralnej, ważne jest jednak, aby rodzice lepiej zdawali sobie sprawę z możliwych sytuacji niebezpiecznych i z większą konsekwencją nadzorowali zachowanie swoich dzieci. Większość wypadków da się przewidzieć, co oznacza, że można ich uniknąć. Stosowanie profilaktyki obrażeń nie jest trudne i ma ogromne znaczenie dla rodziców małych dzieci z ADHD.

Podczas tej sesji edukacyjnej dla rodziców omawia się przede wszystkim konkretne niebezpieczne sytuacje i przedmioty, a także określone działania, które mogą podjąć rodzice, aby zapobiegać obrażeniom w tych sytuacjach (zob. tab. 6.1). Wśród zagrożeń bezpieczeństwa małych dzieci z ADHD najczęściej występują i najwięcej obaw budzą upadki, spożycie substancji trującej, zagrożenia związane z ogniem i poparzeniem, obrażenia związane z zabawkami, zadławienie jedzeniem lub innymi rzeczami, obrażenia samochodowe, wypadki rowerowe, wypadki piesze, wypadki wodne i wypadki z bronią. Konkretne strategie promowania bezpieczeństwa zaadaptowano z programu TIPP udostępnionego przez Amerykańskie Towarzystwo Pediatryczne (American Academy of Pediatrics, AAP).

Małe dzieci mogą doznawać upadków w różnych sytuacjach, ale najczęściej dzieje się to podczas zabawy w domu lub na dworze, a także podczas jazdy na rowerze, hulajnodze lub deskorolce. Zachęca się rodziców do stosowania kilku strategii zapobiegania upadkom (zob. załącznik 6.1). Meble w domu należy ustawić z dala od potencjalnych zagrożeń, takich jak okna czy wolnostojące szafki lub regały. Nie wolno pozwalać dzieciom na zabawę na balkonach, drabinkach pożarowych lub schodach. Można zamontować bramki zabezpieczające, aby odgrodzić miejsca zabawy bądź odciąć dostęp do miejsc, w których upadek groziłby odniesieniem obrażeń (np. ceglane kominki). Dzieci należy uważnie pilnować na schodach lub kiedy bawią się na wysokości (np. na urządzeniach na placu zabaw). Dzieci powinny być odpowiednio ubrane w trakcie zabawy, żeby zminimalizować ryzyko potknięcia i upadku. Ponadto rodzice powinni wytyczyć granice bezpiecznych stref zabawy i uważnie pilnować dzieci, żeby tych granic nie przekraczały.

Tabela 6.1. Najczęstsze zagrożenia bezpieczeństwa i strategie zapobiegania

Zagrożenie bezpieczeństwa	Możliwe strategie zapobiegania
Upadki	Ustawić meble z dala od niebezpiecznych obiektów Zainstalować kraty w oknach Zabezpieczyć miejsca do zabawy
Spożycie substancji trującej	Przechowywać substancje trujące zabezpieczone przed dziećmi Nauczyć dzieci środków ostrożności Przestrzegać wskazówek na etykietach Mieć pod ręką środki na zatrucia
Zagrożenia związane z ogniem i poparzeniem	Ściśle nadzorować dzieci przy otwartym ogniu oraz w innych miejscach grożących poparzeniem (np. przy kuchenkach) Zainstalować czujniki dymu Zaplanować drogi ewakuacyjne i nauczyć dzieci, jak z nich korzystać Kontrolować temperaturę wody Materiały do rozpalania ognia przechowywać pod kluczem w miejscu niedostępnym i niewidocznym Stosować zabezpieczenia gniazdek elektrycznych
Obrażenia związane z zabawkami	Wybierać zabawki bezpieczne i odpowiednie do wieku dziecka Sprawdzać stan zabawek Zwracać uwagę na zalecenia dotyczące bezpieczeństwa na etykietach
Zadławienie	Ustalić stałe pory posiłków i przekąsek Dopilnować, by dziecko jadło na siedząco Rozpoznać objawy zadławienia Jeśli zajdzie potrzeba, zastosować chwyt Heimlicha
Obrażenia samochodowe	Prawidłowo zainstalować foteliki samochodowe odpowiednie do danego wieku i zawsze ich używać Przewozić dzieci wyłącznie na tylnym siedzeniu samochodu Porządnie zapinać zarówno szelki, jak i pasy bezpieczeństwa
Wypadki rowerowe	Zawsze używać kasku Nauczyć dzieci zasad ruchu drogowego Dopilnować, żeby rower miał odpowiednią wielkość i był w dobrym stanie
Wypadki piesze	Nauczyć dzieci umiejętności związanych z bezpieczeństwem pieszych Nauczyć ostrożności przy przechodzeniu przez ulicę Pilnować zachowania na chodniku i ulicy
Wypadki wodne	Nigdy nie zostawiać dzieci bez opieki, nawet w płytkiej wodzie Zachować szczególną ostrożność przy korzystaniu z otwartych akwenów wodnych Zapewnić lekcje pływania Przestrzegać zasad bezpieczeństwa w wodzie Nauczyć się resuscytacji krążeniowo-oddechowej dzieci (RKO)
Wypadki z bronią palną	Rozładować i zabezpieczyć broń palną Przechowywać amunicję w innym miejscu niż broń Używać blokad spustu

Załącznik 6.1. Strategie zapobiegania upadkom

1. Na placu zabaw korzystać z urządzeń, które są bezpieczne i w dobrym stanie technicznym. Powierzchnia pod urządzeniem i wokół niego powinna być miękka i amortyzująca.
2. Używać solidnych i stabilnych mebli, które trudno przewrócić.
3. Umieścić bramki zabezpieczające u góry i na dole schodów.
4. Zainstalować kraty w oknach na piętrze.
5. Zbierać zabawki i inne przedmioty z podłogi, szybko ścierać rozlane ciecze.
6. Przymocować lub usunąć luźne dywaniki i chodniki.
7. Używać mat lub naklejek antypoślizgowych w łazience.
8. Zadbać o dobre oświetlenie miejsca do zabawy.
9. Nie pozwalać dzieciom na wspinanie się po meblach, na stołki czy drabiny. Nie pozwalać na bieganie po mieszkaniu.
10. Nauczyć dzieci, jak bawić się bezpiecznie, włączyć je w ustalanie zasad zachowania na placu zabaw, nadzorować ich zachowanie i konsekwentnie egzekwować przestrzeganie zasad.

Źródło: The California Child Care Health Program (1998). *Health and Safety in the Child Care Setting. Prevention of Injuries*, Berkeley, C.A.: Author, s. 56–57. Copyright © 1998 by the California Child Care Health Program. Adaptacja za zgodą.

Dzieci mające mniej niż 5 lat są najbardziej narażone na zatrucia bez skutków śmiertelnych i w tej grupie występuje większość wszystkich przypadków zatruć. Dlatego rodzice są proszeni o przeprowadzenie w domu inwentaryzacji substancji trujących, stwarzających potencjalne ryzyko przypadkowego zatrucia. Rodzice mogą się przy tym posiłkować listą kontrolną substancji trujących, zamieszczoną w dodatku 6.1. Do potencjalnie trujących substancji, które mogą zostać przypadkowo spożyte, należą produkty do higieny osobistej, farba ołowiowa, lekarstwa lub witaminy oraz rośliny. Najważniejsza strategia profilaktyczna polega na przechowywaniu wszystkich artykułów chemii gospodarczej i kosmetycznej, lekarstw oraz innych produktów toksycznych w miejscu niedostępnym i niewidocznym dla dzieci, najlepiej w zamkniętej szafce. Rodzice powinni nauczyć dzieci ostrożności wobec substancji toksycznych – można do tego celu wykorzystać nalepki, dzięki którym trucizny są wyraźnie oznakowane (np. trupia czaszka albo symbol „pana Fuj", ang. *Mr. Yuk*, zob. dodatek 6.2). Rodzice powinni dopilnować, aby wszystkie lekarstwa i inne substancje toksyczne przechowywane były w pojemnikach z bezpiecznymi zamknięciami, a przy używaniu tych substancji powinni przestrzegać zaleceń zamieszczonych na etykietach. Pozbycie się farb ołowiowych z domu może zmniejszyć ryzyko kontaktu z ołowiem. Należy mieć syrop Ipecac[1] i inne środki na zatrucia w domu na wypadek spożycia przez dzieci substancji toksycznych (zob. dodatek 6.2). Rodziców trzeba przestrzec, żeby stosowali środki na zatrucia wyłącznie po konsul-

[1] W Polsce nie należy podawać żadnych środków bez kontaktu z pediatrą dziecka (przyp. red. nauk.).

tacji z lekarzem lub przedstawicielem ośrodka kontroli zatruć. Należy mieć pod ręką numery telefonów alarmowych (w tym do ośrodka kontroli zatruć) i nauczyć dzieci korzystania z tych numerów, gdy będą w stanie to opanować.

Małe dzieci są szczególnie narażone na obrażenia spowodowane przez ogień i na oparzenia ze względu na swoją ciekawość i brak świadomości potencjalnych niebezpieczeństw. Dzieci z ADHD są narażone w jeszcze większym stopniu, ponieważ mogą nie zważać na zagrożenie ogniem i poparzeniem w otoczeniu, mogą też zachowywać się ryzykownie i impulsywnie w obecności tych zagrożeń. Podobnie jak substancje toksyczne, również wszystkie materiały do rozpalania ognia (np. zapałki, zapalniczki) powinny być przechowywane w miejscu niedostępnym i niewidocznym dla dzieci, najlepiej w zamkniętej szafce. Należy zamontować zabezpieczenia w gniazdkach elektrycznych w całym domu. Trzeba ustawić bezpieczną temperaturę w podgrzewaczu wody, tak aby zapobiec przypadkowemu oparzeniu w trakcie kąpieli lub prysznica. Na wszystkich poziomach domu należy zamontować czujniki dymu, a dzieci należy nauczyć odpowiedniego reagowania na sygnały czujnika oraz korzystania z dróg ewakuacyjnych z domu. Dzieciom nie wolno pozwalać na przebywanie bez ścisłego nadzoru w pobliżu kuchenek lub innych miejsc, gdzie się gotuje. Należy wreszcie zabezpieczyć dom, eliminując wszystkie luźno zwisające kable i odsłonięte przewody elektryczne z przerwaną izolacją.

Do częstych wypadków związanych z zabawkami należą zadławienia i upadki. Na szczęście większość tych obrażeń jest niegroźna i można im zapobiegać. Rodzice otrzymują listę kontrolną bezpieczeństwa zabawek z wyliczeniem ważnych wskazówek, które należy wziąć pod uwagę podczas wybierania i oceniania zabawek pod kątem bezpieczeństwa (zob. dodatek 6.3). Najważniejsza strategia profilaktyczna polega na starannym wyborze zabawek zgodnie z oznaczeniami wiekowymi i zaleceniami bezpieczeństwa na etykiecie. Zabawki należy również utrzymywać w dobrym stanie, a jeśli mają połamane części, które mogą stwarzać zagrożenie, to trzeba je wyrzucić i wymienić. Poza tym zachęca się rodziców do zabawy z dziećmi, zwłaszcza kiedy raz pierwszy używają jakieś zabawki. Pozwoli to rodzicom sprawdzić, czy występują jakieś zagrożenia bezpieczeństwa, oraz obserwować zachowanie dziecka, żeby zminimalizować obrażenia.

Zadławić się można nie tylko zabawką, lecz także innymi drobnymi przedmiotami oraz jedzeniem (np. winogronami, hot dogami, orzeszkami). Czasami do zadławienia dochodzi dlatego, że dzieci przemieszczają się podczas jedzenia lub wkładają duże ilości jedzenia do ust. Zadławieniom wynikającym z ruchliwości dziecka można w pewnym stopniu zapobiegać, pilnując, by dzieci jadły posiłki i przekąski w określonych warunkach (np. dzieci jedzą o ustalonej porze i w ustalonym miejscu). Rodzice muszą dopilnować, by dzieci siedziały podczas jedzenia, i kontrolować ilość jedzenia wkładanego przez dzieci do buzi, jeśli to ostatnie jest problemem. Na sesji opisuje się objawy zadławienia, tak aby rodzice potrafili udzielić szybko pierwszej pomocy, jeśli będzie to konieczne. Oznaki zadławienia to między innymi trudności z oddychaniem i mówieniem, niemożność odkaszlnięcia, chrapliwość, łapanie się za gardło lub gestykulowanie, zsiniała twarz, dezorientacja oraz niewyjaśniona utrata przytomności. Rodzice otrzymują broszurę z Amerykańskiego Czerwonego Krzyża z instrukcją pierwszej pomocy w przypadku zadławienia (np. powinni namawiać dziecko do odkaszlnięcia, zastosować uchwyt Heimlicha, jeśli dziecko nie może oddychać lub mówić). Rodziców zachęca się również do odbycia kursu resuscytacji krążeniowo-oddechowej w lokalnym oddziale Czerwonego Krzyża.

Małe dzieci z ADHD mogą być zagrożone obrażeniami nie tylko w wyniku wypadków drogowych, lecz także z powodu nadmiernej ruchliwości w samochodzie (np. wypadnięcie z fotelika lub uderzenie w drzwi lub szybę). W trakcie sesji rodzice otrzymują broszurę zawierającą 10 wskazówek na temat bezpieczeństwa w samochodzie (http://www.seatcheck.org), w której podkreśla się znaczenie prawidłowego mocowania fotelików samochodowych, zawsze na tylnym siedzeniu. Rodzice proszeni są o przyniesienie na tę sesję fotelików samochodowych swoich dzieci, żeby konsultanci mogli sprawdzić, czy rodziny używają fotelików odpowiednich do wieku i wagi dziecka. Ponadto omawia się prawidłowe korzystanie z fotelików (np. trzeba zawsze porządnie zapinać zarówno szelki na ramiona, jak i pasy bezpieczeństwa).

Ryzyko odniesienia obrażeń wzrasta, kiedy dziecko zaczyna jeździć na rowerze, hulajnodze czy deskorolce. Rodzice muszą dopilnować, żeby dzieci zawsze jeździły na rowerze w kasku, nawet gdy siedzą w foteliku na rowerze dorosłego. Łatwiej skłonić dzieci do przestrzegania tej zasady, jeśli rodzice dają im przykład i sami również noszą kask podczas jazdy na rowerze. Dzieci powinny być ubrane w taki sposób, aby ubranie nie przeszkadzało jeździć rowerem. Poza tym wielkość roweru powinna być dostosowana do wzrostu i wieku dziecka. Rowery, tak samo jak zabawki, należy utrzymywać w dobrym stanie technicznym zapewniającym bezpieczną jazdę. Kiedy dzieci zaczynają naukę jazdy na rowerze, rodzice powinni uczyć zasad ruchu drogowego (np. stosowania odpowiednich znaków ręką), podpowiadać je i zachęcać do ich przestrzegania. Ważne jest również nadzorowanie dzieci podczas jazdy i pilnowanie, by jeździły wyłącznie w bezpiecznych (tj. mało ruchliwych) miejscach.

Dzieci mogą odnosić obrażenia także jako piesi, przechodząc przez ulicę, idąc bądź biegając po chodniku. Dlatego usilnie zachęca się rodziców do nadzorowania wszelkich zabaw odbywających się w pobliżu dróg i podjazdów. Ponadto rodzice powinni uczyć zasad ruchu drogowego (np. trzeba poczekać na dorosłego przed przejściem przez ulicę, rozejrzeć się w obie strony przed przejściem), podpowiadać je i zachęcać do ich przestrzegania. Przestrzeganie tych zasad staje się jeszcze ważniejsze, kiedy dzieci zaczynają w końcu chodzić pieszo do szkoły.

Bezpieczeństwo w wodzie to kolejny istotny obszar programu zapobiegania obrażeniom. Niestety małe dzieci mogą utopić się w wodzie o głębokości zaledwie paru centymetrów w bardzo krótkim czasie. Potencjalnie niebezpieczne są baseny, lecz dotyczy to również brodzików, wanien, jacuzzi, sedesów, czy nawet wiader. Trzeba zatem uświadomić rodzicom, jak ważne jest, żeby nigdy nie pozostawiali dzieci bez nadzoru w pobliżu wody, nawet najpłytszej. Poza tym wszelkie zbiorniki z wodą należy przechowywać w miejscu niedostępnym, klapy sedesów powinny być opuszczone i jeśli to możliwe, zablokowane. Dzieci należy nauczyć zdrowego respektu przed wodą i zapewnić im lekcje pływania w jak najwcześniejszym wieku. Rodzice powinni regularnie uczyć zasad bezpieczeństwa w wodzie (np. trzeba zawsze pływać parami, pływać w zasięgu wzroku osoby dorosłej), podpowiadać je i zachęcać do ich przestrzegania. Rodzice powinni również znać procedury ratunkowe i w miarę możliwości nauczyć się RKO.

Ostatnie zagrożenie istnieje w tych domach, w których przechowuje się broń palną. Należy omówić z rodzicami podstawowe zasady bezpieczeństwa związane z bronią palną. Po pierwsze, rodzice muszą zdawać sobie sprawę, że posługiwanie się bronią palną nigdy nie jest bezpieczne dla małych dzieci, nawet pod nadzorem dorosłych. Po drugie, wszelką broń należy trzymać zamkniętą w zabezpieczonym miejscu i przechowywać nienaładowaną. Amunicję należy przechowywać osobno, najlepiej w pojemniku zamykanym na klucz. Po trzecie, na każdej sztuce broni palnej powinny być zainstalowane blokady spustu.

Ostatnim elementem sesji edukacyjnej dla rodziców poświęconej propagowaniu bezpieczeństwa jest omówienie ogólnego planu profilaktyki, zaczerpniętego z programu TIPP (American Academy of Pediatrics, 1999a). Plan składa się z czterech nadrzędnych strategii. Po pierwsze, rodzice powinni nadzorować zachowanie dzieci przez cały czas, zwłaszcza kiedy bawią się one w potencjalnie niebezpiecznych miejscach. W takich sytuacjach dzieci nigdy nie wolno zostawiać samych, nawet na parę minut. Po drugie, w miarę możliwości należy usunąć z domu rzeczy potencjalnie niebezpieczne lub schować je w zamykanym na klucz miejscu niedostępnym dla dzieci. Po trzecie, rodzice powinni zawsze planować z wyprzedzeniem, kiedy udają się w miejsce, które może być niebezpieczne (np. basen), lub zanim dzieci zajmą się czymś potencjalnie niebezpiecznym (np. jazdą na rowerze, zabawą na urządzeniach na placu zabaw). Oprócz uważnego pilnowania dzieci rodzice powinni mieć również plan postępowania w nagłych wypadkach, do jakich może dojść. Poza tym należy nauczyć dzieci zasad bezpieczeństwa, ustalając jasne, niewzruszone i spójne reguły dotyczące zabaw, które mogą być fizycznie ryzykowne. Celem interwencji behawioralnych powinno być wypracowanie w takich sytuacjach zachowania zgodnego z obowiązującymi zasadami, dlatego należy określić stałe konsekwencje za przestrzeganie lub łamanie zasad.

Rodzice otrzymują również kilka porad dotyczących korzystania z opieki do dzieci. Na przykład, choć starsze rodzeństwo może odpowiedzialnie opiekować się typowo rozwijającymi się dziećmi, w przypadku małych dzieci z ADHD opieka rodzeństwa zwykle nie jest dobrym wyborem ze względu na potencjalne zagrożenia istniejące w tej grupie. Preferowani są zatem doświadczeni opiekunowie, zwłaszcza tacy, którzy zajmowali się innymi dziećmi z ADHD. Poza tym rodzice powinni zawsze wiedzieć, gdzie w danym momencie znajdują się ich dzieci, i co pewien czas kontaktować się z opiekunem, żeby to sprawdzić.

Strategie interwencji behawioralnych

Choć jedna sesja szkoleniowa może wyposażyć rodziców w informacje na temat skutecznego zapobiegania obrażeniom, sama wiedza raczej nie wystarcza do zmiany zachowania (Kazdin, 2001). Dlatego przez cały cykl szkolenia dla rodziców terapeuci regularnie (np. na co drugiej sesji) wracają do metod propagowania bezpieczeństwa. Ponadto jeśli niezbędna jest interwencja na poziomie 3, którą opracowuje się na podstawie oceny i konsultacji behawioralnej (zob. rozdz. 3), to do jej celów można wówczas włączyć również modyfikację zachowań związanych z obrażeniami. Można na przykład uczyć „bezpiecznego zachowania w zabawie" w domu i na placu zabaw (np. przestrzegania podanych przez rodziców zasad bezpieczeństwa i współpracy z innymi dziećmi), podpowiadać, na czym ono polega, i do niego zachęcać. Strategie zapobiegania wypadkom można zindywidualizować, uwzględniając specyficzne zagrożenia obecne w danym domu lub ryzykowne zachowania konkretnego dziecka, albo jedno i drugie. Terapeuci mogą potem wspierać i wzmacniać wdrażanie przez rodziców – w obrębie całościowego planu wsparcia zachowania – wytycznych związanych z bezpieczeństwem i zapobieganiem obrażeniom, których uczono podczas szkolenia grupowego.

Rozszerzenie na klasę przedszkolną

Wiele występujących w domu niebezpieczeństw, które mogą spowodować obrażenia, istnieje rzecz jasna również w przedszkolu. Ryzyko obrażeń może być nawet większe, zważywszy na liczbę dzieci oraz potencjalne zagrożenia występujące w trakcie swobodnej zabawy. Dlatego strategie propagowania bezpieczeństwa oraz zapobiegania obrażeniom należy wdrażać również w klasach przedszkolnych oraz na placach zabaw. W przedszkolu, podobnie jak w domu, należy stosować podejście dwutorowe. Po pierwsze, nauczyciele otrzymują informacje mające uświadomić im potencjalne zagrożenia związane z obrażeniami, jakich dzieci mogą doznać w klasie i na placu zabaw. Do najważniejszych niebezpieczeństw należą upadki w trakcie zabawy, obrażenia łączące się z zabawkami, zadławienie podczas jedzenia, wypadki piesze oraz możliwe spożycie substancji trujących. Tym zagrożeniom należy zapobiegać, stosując strategie profilaktyczne podobne do tych, których nauczani są rodzice. Po drugie, strategie propagowania bezpieczeństwa dostosowuje się indywidualnie do potencjalnych zagrożeń występujących w danym przedszkolu, a także do konkretnych ryzykownych zachowań dzieci. Konkretne zachowania dzieci można również włączyć do planu zarządzania zachowaniem wdrażanego przez nauczycieli przedszkolnych podczas interwencji opartej na diagnozie (tj. na poziomie 3 omówionym w rozdz. 4). Terapeuci pokazują nauczycielom, jak wpajać dzieciom zasady bezpieczeństwa, podpowiadać bezpieczne zachowanie podczas zabaw i innych zajęć oraz zachęcać do przestrzegania tych zasad. Najlepszym wyjściem jest kształtowanie takich samych zachowań związanych z bezpieczeństwem zarówno w domu, jak i przedszkolu, ponieważ zapewnia to spójność i wsparcie w różnych środowiskach. Stosowanie konsekwentnych strategii w różnych miejscach i przez różnych opiekunów zwiększa prawdopodobieństwo, że bezpieczne zachowanie zostanie uogólnione na wszystkie okoliczności (nawet pod nieobecność opiekunów) i utrzyma się w czasie.

Okresowa ocena i modyfikacja

Stosuje się kilka metod oceny i opisu potencjalnych zagrożeń w środowisku domowym oraz stopnia, w jakim rodzicom udało się wdrożyć zalecenia w zakresie profilaktyki obrażeń. Na początku siódmej sesji edukacyjnej dla rodziców, poświęconej propagowaniu bezpieczeństwa i zapobieganiu obrażeniom, rodzice wypełniają kwestionariusz bezpieczeństwa TIPP (TIPP Safety Survey: From 1 to 4 Years, części 1 i 2; American Academy of Pediatrics, 1999b). Ankieta składa się z 50 pytań dotyczących względnego bezpieczeństwa aktualnego środowiska domowego oraz stopnia stosowania strategii profilaktyki obrażeń. Przykładowe pytania to: „Czy urządzenia i przewody elektryczne znajdują się poza zasięgiem dziecka?", „Czy dziecko bawi się na podjeździe lub ulicy?", „Czy dziecko nosi kask podczas jazdy na rowerze?". Wyniki ankiety stanowią dane wyjściowe do oceny stopnia zmian po szkoleniu dla rodziców oraz konsultacji behawioralnej. Kwestionariusz wypełniany jest okresowo (np. co 6 miesięcy), a terapeuci behawioralni omawiają wyniki z rodzicami, wzmacniając przy okazji właściwie wdrażane strategie oraz zachęcając do korzystania z technik profilaktycznych, które nie są obecnie stosowane. Rodziców zachęca się do przeglądania przygotowanych materiałów oraz częstszego przeprowadzania samooceny za pomocą kwestionariusza bezpieczeństwa TIPP, by wyrobili sobie nawyk stałego stosowania metod zapobiegania obrażeniom.

Jak opisano to w rozdziale 3, w sytuacjach, w których uzasadniona jest interwencja na poziomie 3, terapeuci behawioralni odbywają okresowe wizyty domowe, aby pomóc w opracowaniu i wdrożeniu interwencji opartej na indywidualnej diagnozie. W trakcie tych wizyt terapeuci nieformalnie oceniają, czy istnieją potencjalne zagrożenia bezpieczeństwa dzieci, oraz zalecają zmiany mające zminimalizować ryzyko obrażeń. Terapeuci wypełniają co 3–6 miesięcy arkusz Early Childhood Home Observation for Measurement of the Environment (EC-HOME; Caldwell i Bradley, 2001). EC-HOME składa się z ośmiu podskal (np. materiały dydaktyczne, stymulacja językowa, stymulacja umiejętności szkolnych), według których ocenia się, w jakim stopniu środowisko domowe sprzyja rozwojowi i nauce na poziomie odpowiednim do wieku dziecka. Jedna z podskal (tj. środowisko fizyczne) obejmuje elementy związane z bezpieczeństwem (np. budynek wydaje się bezpieczny i nie występują zagrożenia), które mogą służyć jako dodatkowy sprawdzian zastosowania przez rodziców strategii zapobiegania obrażeniom. Ponadto jeśli zachowania dziecka i rodziców związane z profilaktyką obrażeń (np. przestrzeganie przez dziecko zasad bezpieczeństwa w gospodarstwie domowym) wchodzą w zakres interwencji opartej na indywidualnej diagnozie, to zmiany tych zachowań ocenia się w sposób ciągły, podobnie jak inne cele interwencji.

Terapeuci korzystają z takich informacji, aby wspierać wysiłki rodziców w zakresie profilaktyki obrażeń i – jeśli będzie to potrzebne – zaproponować modyfikacje. Zachęcają rodziców do stosowania procedur, które dotychczas nie zostały wdrożone, i doradzają, jak zmienić strategie stosowane w niewłaściwy sposób lub jedynie częściowo. Poza tym w miarę jak dzieci rosną, zmieniają się ich zainteresowania i zajęcia, co pociąga za sobą konieczność oceniania na bieżąco nowych potencjalnych zagrożeń. Na przykład kiedy dzieci są już w stanie rozpocząć jazdę na rowerze lub deskorolce, trzeba wdrożyć procedury bezpieczeństwa związane z takimi formami aktywności. Przypomina się zatem rodzicom o tym, że wraz z rozwojem dzieci zmieniają się też zagrożenia. Rodzice powinni czynnie dbać o bezpieczeństwo i przewidywać potencjalne zagrożenia, zanim faktycznie dojdzie do niebezpiecznych sytuacji.

Przykład zastosowania strategii bezpieczeństwa i zapobiegania obrażeniom

David był trzyletnim afroamerykańskim chłopcem, który został zgłoszony do naszego programu wczesnej interwencji przez lekarza pediatrę zaniepokojonego jego bardzo impulsywnym i aktywnym zachowaniem. David mieszkał z rodzicami, państwem Z., oraz starszym bratem i młodszą siostrą. Chodził do przedszkola na trzy przedpołudnia w tygodniu. Według ocen rodziców i nauczycieli oraz w świetle danych uzyskanych w wywiadzie klinicznym trudne zachowania Davida odpowiadały ADHD podtypu mieszanego oraz ODD. Pozytywne było to, że zdolności poznawcze chłopca mieściły się w zakresie wysoko średnim (wynik standardowy

112 na Differential Ability Scales), a postęp w zakresie wczesnych umiejętności czytania i pisania oraz liczenia był odpowiedni do jego wieku.

Państwo Z. zgłaszali, że David jest bardzo „podatny na wypadki", przypuszczalnie z powodu wysokiego poziomu aktywności oraz skłonności do szybkiego działania bez zastanowienia się nad konsekwencjami. Mówili o nim wręcz, że jest śmiałkiem, który na placu zabaw niczego się nie boi. W rezultacie w ciągu poprzednich 18 miesięcy kilka razy jeździli z nim na pogotowie z powodu złamanej ręki i dwóch kolejnych obrażeń, które wymagały założenia szwów na głowie i stopie. Terapeuta pracujący z państwem Z. wypełnił kwestionariusz bezpieczeństwa w domu, przeanalizował również typowe okoliczności i zdarzenia poprzedzające związane z urazami Davida. Z oceny tej wynikało, że: (a) państwo Z. rzadko przypominają Davidowi o zasadach bezpieczeństwa przed rozpoczęciem zabawy na dworze i tylko sporadycznie nadzorują jego zachowanie w trakcie zabawy, (b) państwo Z. często pozwalają Davidowi wspinać się na urządzenia na placu zabaw nieodpowiednie do jego wieku (np. wysokie drabinki) oraz (c) David odnosił większość obrażeń, gdy popisywał się śmiałym zachowaniem, żeby zaimponować innym dzieciom na placu zabaw.

Na podstawie tej oceny terapeuta i rodzice Davida opracowali plan promowania bezpieczeństwa, który obejmował kilka elementów. Po pierwsze, Davidowi wolno było bawić się na dworze z innymi dziećmi wyłącznie pod ścisłym nadzorem dorosłych. Po drugie, wolno mu było bawić się wyłącznie na tych urządzeniach, które uznano za bezpieczne i odpowiednie do jego wieku. Nie zabierano go na place zabaw, na których znajdowały się większe, potencjalnie niebezpieczne urządzenia. Po trzecie, państwo Z. przypominali Davidowi o zasadach bezpieczeństwa przed każdą zabawą na dworze. Jeśli David konsekwentnie przestrzegał tych zasad, to udzielano mu wzmocnienia pozytywnego (takiego jak pochwała od rodziców i dostęp do ulubionej zabawki przez określony czas). Po czwarte, terapeuta wspólnie z państwem Z. uczył Davida, jak się zachowywać, aby zawierać przyjaźnie z rówieśnikami i zdobywać ich uwagę podczas zabawy w grupie dzieci. Te zachowania związane z inicjacją społeczną mogły przypuszczalnie spełniać taką samą funkcję jak jego śmiałe popisy, które miały na celu zwrócenie na siebie uwagi rówieśników.

Uczestnicząc w naszym programie wczesnej interwencji, państwo Z. wypełniali kwestionariusz bezpieczeństwa TIPP co 6 miesięcy, począwszy od oceny poprzedzającej rozpoczęcie terapii. Przed wdrożeniem planu bezpieczeństwa wynik TIPP Davida był niski (tj. 98 w porównaniu ze średnim wynikiem 119,3 w naszej grupie objętej wczesną interwencją). Po kilku miesiącach stosowania planu propagowania bezpieczeństwa przez państwa Z. łączne wyniki Davida wzrosły do nieco powyżej średniej dla grupy ADHD (zob. rys. 6.1). Te wysokie wyniki utrzymały się przy ocenach po 12 i 18 miesiącach.

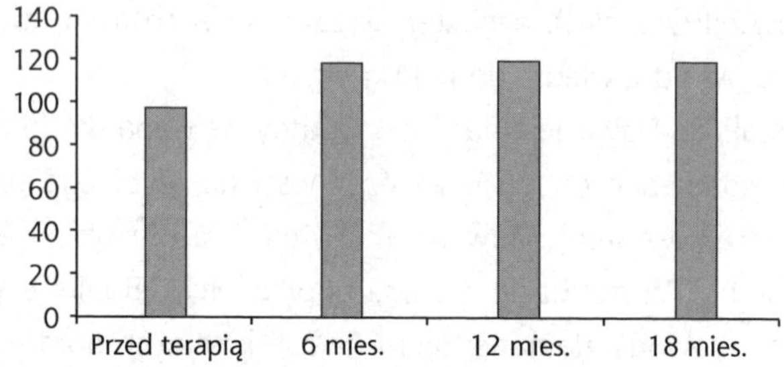

Rysunek 6.1. Łączny wynik Davida w kwestionariuszu bezpieczeństwa The Injury Prevention Program (TIPP) jako funkcja terapii

Wyższe wyniki oznaczają lepszą profilaktykę obrażeń.

Wnioski i wskazówki

Małe dzieci z ADHD są bardziej niż przeciętnie narażone na przypadkowe obrażenia i zatrucia z powodu swoich impulsywnych, ryzykownych zachowań i współwystępujących trudności z zachowaniem, a także wskutek braku stałego nadzoru rodzicielskiego. Dlatego w kompleksowej wczesnej interwencji należy uwzględnić te zagrożenia i wdrożyć strategie profilaktyczne w środowisku domowym i przedszkolnym. Nasz program wczesnej interwencji obejmuje dwutorowe podejście w obu środowiskach: (a) edukację w zakresie najczęstszych sytuacji, które grożą obrażeniami, oraz wymaganych działań prewencyjnych oraz (b) konsultacje dotyczące interwencji opartej na ocenie nakierowanej na najważniejsze ryzykowne sytuacje i zachowania podejmowane przez dzieci. Strategie propagowania bezpieczeństwa i zapobiegania obrażeniom modyfikuje się w czasie wraz z rozwojem dziecka, a także na podstawie danych z oceny odzwierciedlających, w jakim stopniu udało się wdrożyć te strategie. Tak jak inne elementy naszego programu wczesnej interwencji (np. interwencja oparta na ocenie), również strategie i procedury powinny być stosowane konsekwentnie przez wszystkich opiekunów i we wszystkich miejscach i okolicznościach. Stosowanie spójnego podejścia może prowadzić do większego uogólnienia i utrzymania zachowań propagujących bezpieczeństwo.

Choć powiązane z ADHD ryzyko obrażeń w środowisku domowym zostało dobrze udokumentowane, praktycznie nie ma specjalnych badań nad związanym z ADHD ryzykiem odniesienia obrażeń w klasach przedszkolnych i na placach zabaw. Zagrożenia w domu i przedszkolu są przypuszczalnie podobne, jednak warto byłoby dokładniej udokumentować, czym mogą się różnić niebezpieczne sytuacje w poszczególnych miejscach i czy w środowisku przedszkolnym istnieją dodatkowe zagrożenia, które nie występują w domu.

Potrzebne są również badania naukowe nad skutecznością konkretnych strategii profilaktycznych w zmniejszaniu ryzyka poszczególnych obrażeń. Nasze dwutorowe podejście do propagowania bezpieczeństwa stanowi część szerszego, kompleksowego protokołu wczesnej interwencji. Dalsze szczegółowe badania nad rezultatami interwencji mogłyby zaowocować wypracowaniem bardziej ekonomicznego podejścia do profilaktyki obrażeń. Praktyczność i oszczędność mogłyby z kolei przekonać praktyków do wdrażania działań profilaktycznych.

Dodatek 6.1. Lista kontrolna substancji trujących

W wymienionych pomieszczeniach domowych najczęściej dochodzi do przypadkowych zatruć. Przejrzyj listę kontrolną, aby dowiedzieć się, jak skorygować sytuacje, które mogą prowadzić do zatruć. Jeśli odpowiesz „Nie" na któreś z pytań, bezzwłocznie napraw sytuację. Twoim celem jest udzielenie odpowiedzi „Tak" na wszystkie pytania.

Kuchnia	**Tak**	**Nie**
1. Czy wszystkie szkodliwe produkty w szafkach mają zamknięcia zabezpieczone przed dziećmi? Takie produkty, jak pasta do mebli, środki do udrażniania rur i niektóre środki do czyszczenia piekarników, powinny mieć bezpieczne opakowania uniemożliwiające przypadkowe otwarcie przez małe dzieci.	_____	_____
2. Czy wszystkie potencjalnie szkodliwe produkty znajdują się w oryginalnych pojemnikach? Przechowywanie produktów w nieoryginalnych pojemnikach stwarza dwa zagrożenia. Etykiety na oryginalnych opakowaniach często zawierają informacje na temat pierwszej pomocy w razie spożycia produktu. Poza tym kiedy przechowuje się produkty w takich pojemnikach, jak szklanki czy butelki po napojach, ktoś może pomyśleć, że to żywność, i spożyć substancję trującą.	_____	_____
3. Czy szkodliwe produkty przechowywane są z dala od żywności? Jeśli szkodliwe produkty znajdują się w pobliżu żywności, to ktoś może przypadkowo pomieszać żywność z trucizną i spożyć truciznę.	_____	_____
4. Czy wszystkie potencjalnie niebezpieczne produkty umieszczono wysoko i poza zasięgiem dzieci? Najlepszym sposobem zapobiegania zatruciom jest dopilnowanie, by znalezienie trucizn i dostęp do nich były niemożliwe. Zamknięcie na klucz wszystkich szafek z niebezpiecznymi produktami to najlepsza profilaktyka zatruć.	_____	_____

Łazienka	**Tak**	**Nie**
1. Czy zdarzyło ci się kiedyś zapomnieć o tym, że lekarstwa mogą być trucizną, jeśli stosuje się je nieodpowiednio? Co roku wiele dzieci ulega zatruciu z powodu przedawkowania aspiryny. Jeśli aspiryna może okazać się trucizną, to pomyśl tylko, ile innych niebezpiecznych substancji może znajdować się w twojej apteczce.	_____	_____

Łazienka (*ciąg dalszy*)	**Tak**	**Nie**
2. Czy aspiryna i inne potencjalnie szkodliwe produkty mają zamknięcia zabezpieczone przed dziećmi? Aspiryna i większość leków na receptę sprzedawane są z zamknięciami zabezpieczonymi przed dziećmi. Sprawdź, czy twoje lekarstwa je mają i czy są odpowiednio zamknięte. Przed wyjściem z apteki sprawdzaj, czy lekarstwa mają opakowania zabezpieczone przed dziećmi.	_____	_____
3. Czy wyrzuciłaś/eś wszystkie przeterminowane lekarstwa? W miarę starzenia się leków zawarte w nich substancje chemiczne mogą się zmieniać. Dobry kiedyś lek może stać się więc niebezpieczną trucizną. Wyrzuć do toalety wszystkie stare lekarstwa i spuść wodę. Opakowania dobrze wypłucz i wyrzuć[2].	_____	_____
4. Czy wszystkie leki znajdują się w oryginalnych opakowaniach? Leki na receptę nie zawsze mają listę składników. Jednak numer leku na etykiecie pozwoli w razie potrzeby na szybką identyfikację składników przez farmaceutę[3].	_____	_____
5. Jeśli witaminy lub suplementy witaminowo-mineralne zawierają żelazo, to czy znajdują się w opakowaniach zabezpieczonych przed dziećmi? Większość ludzi zalicza witaminy i minerały do żywności, więc uważa je za nietoksyczne, lecz kilka tabletek z żelazem może poważnie zaszkodzić dziecku.	_____	_____

Garaż lub schowek	**Tak**	**Nie**
1. Czy wiesz, że wiele substancji, które da się połknąć, a przechowywane są w garażu lub schowku, to silne trucizny? Śmierć może nastąpić po spożyciu takich substancji codziennego użytku, jak płyn do rozpalania węgla drzewnego, rozpuszczalnik, rozcieńczalnik czy płyn do chłodnic lub terpentyna.	_____	_____
2. Czy wszystkie te trucizny znajdujące się w garażu lub schowku mają zamknięcia zabezpieczone przed dziećmi?	_____	_____
3. Czy przechowywane są w oryginalnych opakowaniach?	_____	_____
4. Czy na pojemnikach znajdują się oryginalne etykiety?	_____	_____
5. Czy upewniłaś/eś się, że żadna z trucizn nie jest przechowywana w szklankach lub butelkach po napojach?	_____	_____
6. Czy wszystkie te szkodliwe produkty są zamknięte na klucz i znajdują się w miejscu niewidocznym i niedostępnym dla dzieci?	_____	_____

Kiedy wszystkie odpowiedzi brzmią „Tak", utrzymuj ten poziom ochrony przez substancjami trującymi, sprawdzając przy każdym zakupie potencjalnie szkodliwych produktów, czy mają zamknięcia zabezpieczone przed dziećmi i czy są przechowywane w miejscu niewidocznym i niedostępnym dla dzieci.

---

[2] W Polsce nie wolno wyrzucać przeterminowanych lekarstw do toalety. Należy je odnieść do apteki i oddać farmaceucie lub wrzucić do specjalnego pojemnika (przyp. red. nauk.).

[3] W Stanach Zjednoczonych leki wydawane na receptę mają ujednolicone opakowania, na których niekoniecznie znajduje się lista składników. W Polsce do każdego kupowanego leku powinna być dołączona ulotka informacyjna (przyp. red. nauk.).

Źródło: Publikacja nr 383 komisji Consumer Product Safety Commission. W domenie publicznej.

Dodatek 6.2. Do oznaczania trucizn używaj pana Fuj

Pan Fuj (*Mr. Yuk*) to symbol ostrzegający przed trucizną stosowany przez wiele ośrodków toksykologicznych na terenie Stanów Zjednoczonych.

Nalepki z panem Fuj mówią „Nie!" małym dzieciom, które nie potrafią czytać etykiet z ostrzeżeniami na wielu niebezpiecznych produktach przechowywanych w domu.

Dzieci się z natury ciekawskie. Dotykają, wąchają i próbują różnych rzeczy, poznając w ten sposób świat. Twój dom jest pełen produktów, które ułatwiają i uprzyjemniają życie, takich jak środki czystości, kosmetyki czy lekarstwa. Każdy z tych produktów – spożyty lub wdychany przez dziecko – może spowodować zatrucie.

Naucz dziecko, że pan Fuj znaczy „Nie!". Niech dzieci widzą, jak umieszczasz naklejki z panem Fuj na niebezpiecznych produktach. Naklej naklejkę z panem Fuj na telefonie – z nazwą i numerem telefonu do najbliższego ośrodka toksykologicznego wokół twarzy pana Fuj.

Pamiętaj, że w razie podejrzenia zatrucia należy natychmiast zadzwonić do lokalnego ośrodka toksykologicznego. Specjalistyczny personel medyczny dyżuruje tam 24 godziny na dobę przez 7 dni w tygodniu.

W każdym domu powinna znajdować się butelka syropu Ipecac.

Syrop Ipecac to lekarstwo na zatrucia stosowane w nagłych przypadkach. Podany dziecku lub dorosłemu wywołuje wymioty. Syrop Ipecac można kupić w każdej aptece i drogerii. Sprzedawany jest bez recepty.

Nigdy nie wolno podawać syropu Ipecac bez uprzedniego telefonu do ośrodka toksykologicznego.

Personel ośrodka toksykologicznego udzieli jasnych wskazówek co do jego stosowania, jeśli będzie taka potrzeba.

Naklej pana Fuj na takich produktach, jak:

Aerozole
Alkohol do dezynfekcji
Amoniak
Antyseptyki
Aspiryna
Benzen
Czterochlorek węgla
Detergent do zmywarki
Farby do włosów
Gaz łzawiący
Jodyna
Klej epoksydowy
Klej modelarski
Kosmetyki do makijażu oczu
Kwasy
Lekarstwa
Nafta
Olejek sosnowy
Oliwka dla niemowląt
Papierosy
Pestycydy
Płyn do chłodnicy
Płyn do kąpieli
Płyn do mycia toalet
Płyn do spryskiwaczy
Płyn po goleniu
Rozcieńczalniki do farb i lakierów
Spreje ogrodowe
Strychnina
Substancje psychoaktywne
Szampon przeciwłupieżowy
Środek do czyszczenia piekarników
Środki chwastobójcze
Środki do czyszczenia miedzi i mosiądzu
Środki do konserwacji broni palnej
Środki do pielęgnacji mebli

Środki do pielęgnacji srebra	Trutki na gryzonie
Środki do udrażniania rur	Witaminy
Środki i płyny czyszczące	Woda kolońska
Środki na odciski i brodawki	Wybielacz
Środki owadobójcze	Zmywacz do paznokci
Terpentyna	

Dodatek 6.3. Zabawki: lista kontrolna bezpieczeństwa dla przedszkolaków

Przy wyborze zabawek dla dzieci w wieku przedszkolnym należy kierować się następującymi wytycznymi:

- Zabawka nie jest zbyt ciężka dla dziecka.
- Zabawka jest dobrze skonstruowana. (Źle wykonana zabawka może się złamać lub rozpaść na części, odsłaniając elementy niebezpieczne, takie jak przewody lub sprężyny).
- Zabawka nie ma ostrych krawędzi, które mogą spowodować skaleczenie lub zadrapanie.
- Wszystkie części zabawki, w tym nadruki i dekoracje, są nietoksyczne.
- Stare meble dziecięce i zabawki nie zostały pomalowane lub odmalowane farbą ołowiową.
- Nie ma otworów ani szczelin, w których mogą zakleszczyć się palce dziecka.
- Żadna część zabawki, na przykład kokardka na włosach lalki, nie jest zamocowana za pomocą prostej szpilki ani zszywki.
- Wszystkie części ruchome są solidne zamocowane.
- Zepsuta zabawka zostaje naprawiona lub wyrzucona.
- Zabawki przeznaczone do użytku wewnętrznego pozostają w domu, żeby nie rdzewiały.
- Mechanizm nakręcający w zabawce mechanicznej jest zamknięty, tak aby uniknąć wkręcenia włosów, palców czy ubrania.
- Wszystkie zabawki do jeżdżenia są dobrze skonstruowane i stabilne.
- Koła zabawek do jeżdżenia są duże, mocne i szeroko rozstawione.
- Wypchane lalki lub pluszaki są uszyte z mocnego materiału i mocnymi nićmi i nie są wypełnione małymi, sypkimi granulkami.
- Zabawki wykonane z tkanin mają na etykiecie oznakowanie *materiał niepalny*.

ROZDZIAŁ 7

Leczenie farmakologiczne

Jedną z najczęściej stosowanych form leczenia zespołu nadpobudliwości psychoruchowej z zaburzeniami uwagi (ADHD) w populacji w wieku szkolnym jest farmakoterapia. Stosuje się kilka preparatów, w tym różne leki stymulujące ośrodkowy układ nerwowy (OUN) oraz lekarstwa, które nie mają działania stymulującego (zob. tab. 7.1). W przypadku dzieci w wieku szkolnym leki te okazały się skuteczne w leczeniu objawów ADHD, dlatego też w latach 90. ubiegłego wieku gwałtownie zwiększył się zasięg stosowania farmakoterapii w leczeniu tego zaburzenia u małych dzieci[1] (Rappley, 2006). Na przykład podawanie stymulantów w populacji dzieci przedszkolnych objętych ubezpieczeniem Medicaid wzrosło dwukrotnie w latach 1992–1998 (Rushton i Whitmire, 2001). Ponadto ok. 67% żłobków w jednym ze stanów zgłosiło, że małym dzieciom podawane są w nich leki przeciw ADHD (Sinkovits, Kelly i Ernst, 2003).

Coraz częstsze stosowanie leków w leczeniu objawów ADHD u małych dzieci nie dziwi w kontekście udowodnionej skuteczności farmakoterapii u dzieci starszych oraz nastolatków z tym zaburzeniem (przegląd literatury, zob. Barkley, 2006). Leki stymulujące OUN, takie jak metylofenidat (MPH), bada się od lat 60. XX wieku i konsekwentnie wiąże z poprawą koncentracji uwagi i kontroli impulsów u większości leczonych dzieci (Connor, 2006a). W nowszych czasach odkryto, że substancje niestymulujące, takie jak atomoksetyna, klonidyna[2] oraz guanfacyna[3], również mogą łagodzić objawy ADHD, ale skuteczność tego typu leków wydaje się mniejsza niż stymulantów (Connor, 2006b; Spencer, 2006). W niektórych przypadkach leki te poprawiają również funkcjonowanie szkolne i społeczne, choć efektów

---

[1] Jest to proces obserwowany przede wszystkim w USA, natomiast w wielu krajach, w tym w Polsce, uznaje się takie postępowanie za mocno kontrowersyjne (przyp. red. nauk.).

[2] Lek dostępny w Polsce, ale niezarejestrowany do leczenia ADHD (przyp. red. nauk.).

[3] Nie jest zarejestrowana w Polsce (przyp. red. nauk.).

tych nie stwierdzono konsekwentnie we wszystkich badaniach, a rezultatów nie „znormalizowano" w odniesieniu do populacji ogólnej (Brown i in., 2007).

W tym rozdziale omawiamy farmakologiczne leczenie ADHD u małych dzieci. Po pierwsze, przedstawiamy przegląd badań nad farmakoterapią w tej grupie wiekowej, kładąc szczególny nacisk na rezultaty w leczeniu objawów, wpływ na funkcjonowanie oraz ewentualne negatywne skutki uboczne. Następnie opisujemy metody określania, czy farmakoterapia jest niezbędna w leczeniu małych dzieci z ADHD. Po trzecie, omawiamy procedury i miary oceny efektów podawania leków, które pomagają lekarzom i rodzinom stwierdzić, czy farmakoterapia pomaga i jaka jest optymalna dawka lekarstw. Wreszcie przedstawiamy zalecenia dotyczące właściwego stosowania farmakoterapii u małych dzieci, a także ważne wskazówki co do dalszych badań w tej dziedzinie. Choć terapię lekami, zwłaszcza stymulującymi OUN, uważa się za leczenie pierwszego rzutu w ADHD u starszych dzieci i nastolatków, w przypadku małych dzieci farmakoterapia stanowi metodę drugiego wyboru w leczeniu tego zaburzenia. Innymi słowy, terapią pierwszego wyboru w leczeniu objawów ADHD u dzieci w wieku przedszkolnym są interwencje psychospołeczne (głównie behawioralne).

Tabela 7.1. Leki stosowane w leczeniu zespołu nadpobudliwości psychoruchowej z zaburzeniami uwagi

Klasa leków	Substancja lecznicza
Stymulujące ośrodkowy układ nerwowy	metylofenidat – postać krótkodziałająca lub o natychmiastowym uwalnianiu (np. Ritalin, Focalin, Methylin) [preparat dostępny w Polsce – Medikinet] metylofenidat – postać długodziałająca lub o powolnym uwalnianiu (np. Concerta, Focalin XR, Ritalin LA, Metadate CD) [preparaty dostępne w Polsce – Medikinet CR, Concerta, zarejestrowane do leczenia dzieci od 6 roku życia] dekstroamfetamina (Dexedrine) [lek niedostępny w Polsce, stosowany w Europie] mieszanina soli amfetaminy (Adderall) [lek stosowany w USA] lisdeksamfetamina (Vyvanse) [lek niedostępny w Polsce]
Niestymulujące	atomoksetyna (Strattera) [lek dostępny w Polsce, zarejestrowany do leczenia dzieci od 6 roku życia] klonidyna (Catapres) [lek dostępny w Polsce, niezarejestrowany do leczenia ADHD] guanfacyna (Intuniv) [lek niedostępny w Polsce]

Efekty farmakoterapii u małych dzieci z ADHD

Rozważając możliwe leczenie objawów ADHD u małych dzieci, przebadano różne leki. Należą do nich MPH oraz inne leki stymulujące OUN oraz atomoksetyna, fluoksetyna, klonidyna i guanfacyna. Ghuman, Arnold i Anthony (2008) dokonali systematycznego przeglądu literatury poświęconej farmakoterapii małych dzieci z ADHD i znaleźli 24 opublikowane badania w latach 1967–2007, które w ogromnej większości dotyczyły substancji stymulujących OUN, brakuje natomiast kontrolowanych badań leków niestymulujących w tej grupie wiekowej, nie wiadomo więc, jaka jest właściwie skuteczność niestymulantów w leczeniu przedszkolaków z ADHD. Mimo że wyniki poszczególnych badań nad stymulantami z grupą kontrolną przyjmującą placebo były zróżnicowane, w większości przypadków stwierdzono znaczącą redukcję zachowań związanych z ADHD, mierzoną zarówno skalami ocen, jak i za pomocą obserwacji – na leczenie pozytywnie odpowiedziało ok. 80% dzieci (Ghuman i in., 2008). Jednak jeszcze do niedawna większość badań opierała się na małych próbach i niewielu miarach rezultatów.

Najobszerniejszym badaniem leczenia stymulantami (MPH) małych dzieci z ADHD jest Preschool ADHD Treatment Study (PATS; Kollins i in., 2006). Pierwotnie włączono do niego grupę 303 dzieci (76% stanowili chłopcy) w wieku 3–5,5 lat, które spełniały kryteria ADHD według *DSM-IV-TR* (American Psychiatric Association, 2000). Należy podkreślić, że dzieci z tej grupy przeszły przez kilka faz przed przystąpieniem do fazy kontrolowanego badania leku, obejmujące między innymi badania przesiewowe, edukację rodziców oraz wstępną fazę otwartą, w której oceniano bezpieczeństwo. Te trzy fazy uwzględniono po to, aby: (a) upewnić się, że dzieci w pełni spełniają kryteria włączenia odpowiadające diagnozie ADHD; (b) zmierzyć odpowiedź dzieci na terapię psychospołeczną (tj. szkolenie dla rodziców) – dzieci, które odpowiedziały pozytywnie, nie uczestniczyły w badaniach leku; oraz (c) zweryfikować tolerowanie MPH przez dzieci – te, u których stwierdzono umiarkowane bądź silne negatywne skutki uboczne przy niskiej dawce (poniżej 5 miligramów), nie uczestniczyły w dalszym badaniu. Spośród 261 dzieci, których rodziny przeszły trwające 10 tygodni szkolenie dla rodziców (według programu Community Parent Education; Cunningham, Bremner i Secord, 1998), u 37 (14%) nastąpiła na tyle znaczna poprawa, że rodzice nie zabiegali już o leczenie farmakologiczne (Greenhill i in., 2006). Po szkoleniu dla rodziców wycofało się dodatkowo jeszcze 45 (17%) dzieci, których rodzice nie chcieli podawać leków, oraz dzieci, które przestały spełniać kryteria włączenia lub się wyprowadziły, co uniemożliwiało dalszą obserwację. Szesnaścioro dzieci wycofało się w trakcie wstępnej fazy otwartej, służącej ocenie bezpieczeństwa, lub po jej zakończeniu. Tak więc do badania leku z grupą kontrolną przyjmującą placebo w układzie naprzemiennym przystąpiło 165 dzieci (badanie ukończyło 147 z nich).

Do badania ogólnej skuteczności MPH oraz zależności dawka–odpowiedź wykorzystano obszerny zestaw skal ocen wypełnianych przez rodziców i nauczycieli, a także bezpośrednie obserwacje zachowania w klasie (Kollins i in., 2006). Dzieci, które uczestniczyły w fazie trwającego 9 tygodni badania kontrolowanego, oceniano przez 5 tygodni miareczkowania dawek (placebo, 1,25 miligrama, 2,5 miligrama, 5 miligramów i 5,5 miligrama), przy czym każdą dawkę stosowano przez jeden tydzień. Po ustaleniu optymalnej dawki dla każdego dziecka nastąpiła trwająca 4 tygodnie faza kontrolowanego badania w utworzonych losowo grupach równoległych, w której dzieci miały otrzymywać placebo albo optymalną dla siebie dawkę MPH. Podczas 5 tygodni fazy krzyżowej (w której każde dziecko otrzymywało inną dawkę MPH lub placebo w każdym tygodniu) stwierdzono – na podstawie łącznej oceny dokonanej przez rodziców i nauczycieli – statystycznie istotną redukcję objawów ADHD w porównaniu z placebo dla trzech najwyższych dawek (tj. dla wszystkich dawek oprócz 1,25 miligrama; Greenhill i in., 2006). W odniesieniu do trzech najwyższych dawek oceny objawów nie różniły się od siebie, zaobserwowano jednak wyraźną liniową zależność dawka–odpowiedź wskazującą na stopniowe łagodzenie objawów ADHD wraz ze wzrostem dawki. Redukcja objawów w stosunku do placebo była niewielka bądź umiarkowana (wielkość efektu wynosiła od 0,16 do 0,72), co kontrastuje z umiarkowanymi i dużymi efektami MPH, które stwierdzono w przypadku dzieci z ADHD w wieku szkoły podstawowej (np. MTA Cooperative Group, 1999). Jednakże Ghuman i współpracownicy (2007) zaobserwowali umiarkowaną lub dużą wielkość efektu MPH w porównaniu z placebo u dzieci mających co najwyżej jedno zaburzenie współwystępujące (najczęściej zaburzenie opozycyjno-buntownicze, czyli ODD). U dzieci z ADHD połączonym z co najmniej dwoma zaburzeniami współwystępującymi wielkość efektu MPH była mniejsza.

Przytoczonym tu wynikom w zakresie efektu MPH[4] uzyskanym na poziomie grupy towarzyszyło znaczne indywidualne zróżnicowanie odpowiedzi na lek, co przypomina rezultaty leczenia psychostymulantami starszych dzieci z ADHD (np. Rapport i in., 1994). Stwierdzono mianowicie, że prawie taki sam odsetek dzieci (między 15% a 22%) optymalnie odpowiada na każdą z czterech aktywnych dawek MPH. Ponadto u 12% dzieci zaobserwowano w ogóle brak odpowiedzi albo optymalną odpowiedź na placebo zamiast na aktywną dawkę MPH. Ta druga grupa dzieci nie uczestniczyła w kolejnych 4 tygodniach fazy badania równoległego, podobnie jak 26 innych dzieci, u których zachowanie uległo pogorszeniu, wystąpiły istotne negatywne skutki uboczne lub które odmówiły dalszego udziału bądź niemożliwa okazała się ich dalsza obserwacja.

Do trwającej 4 tygodnie fazy badania równoległego przystąpiło 114 dzieci, a w całości ukończyło ją 77 dzieci (Greenhill i in., 2006). Zgodnie z oczekiwaniami dzieci, które otrzymywały optymalną dla siebie dawkę MPH, uzyskały istotnie niższe wskaźniki objawów ADHD w ocenie rodziców i nauczycieli niż dzieci otrzymujące placebo. Wielkość efektu dla każdej dawki (w zestawieniu z placebo) ponownie mieściła się w zakresie od niskiej do umiarko-

---

[4] *Efect size* – statystyczna miara skuteczności leczenia farmakologicznego (przyp. red. nauk.).

wanej. Pewnym zastrzeżeniem związanym z tymi wynikami oceny skuteczności był fakt, że podczas tej fazy sporo dzieci zrezygnowało z udziału w badaniu, głównie z powodu braku odpowiedzi na lek. Ponadto jedynie 22% dzieci otrzymujących optymalną dla siebie dawkę spełniało ustalone przez badaczy kryteria „znakomitej" odpowiedzi w porównaniu z 13% dzieci otrzymującymi placebo. Wskazana różnica w odsetkach znakomitych odpowiedzi nie była statystycznie istotna.

We wszystkich fazach podawania leku w badaniu PATS systematycznie oceniano skutki uboczne, głównie za pomocą ocen klinicznych, których dokonywano na podstawie raportów rodziców i nauczycieli. Mniej więcej 30% rodziców zgłosiło, że ich dzieci przejawiają umiarkowane lub poważne negatywne skutki uboczne w trakcie jednej fazy podawania aktywnego leku lub w trakcie kilku faz (Wigal i in., 2006). Podobnie jak w przypadku starszych dzieci z ADHD (zob. Connor, 2006a), w odniesieniu do młodszych dzieci również najczęściej zgłaszano trzy negatywne skutki uboczne: zmniejszenie apetytu, zaburzenia snu oraz spadek wagi. Wszystkie te trzy skutki uboczne występowały znacząco częściej przy podawaniu MPH niż przy podawaniu placebo. Dwadzieścioro jeden dzieci (11%) zrezygnowało z udziału w badaniu z powodu negatywnych skutków ubocznych leku. Niepokojący był także fakt, że u 95 dzieci, które nadal przyjmowały MPH po fazach kontrolowanego podawania leku, roczne tempo przyrostu wzrostu było o 20% mniejsze od oczekiwanego, a tempo przyrostu wagi okazało się mniejsze o 55,2% (Swanson i in., 2006). Zanim podjęta zostanie decyzja o podawaniu psychostymulantów w tej grupie wiekowej, należy więc rozważyć potencjalne korzyści w postaci redukcji objawów w kontekście prawdopodobnego spadku tempa wzrostu, choć dotychczas kwestii spowolnienia wzrostu poświęcono zaledwie kilka długofalowych badań.

W niewielu badaniach zajmowano się też wpływem MPH oraz innych psychostymulantów na wczesne umiejętności szkolne i funkcjonowanie społeczne przedszkolaków z ADHD. Dzieci, które otrzymywały optymalną dla siebie dawkę MPH w trakcie 4 tygodni fazy równoległej badania PATS, zostały ocenione przez nauczycieli jako bardziej kompetentne społecznie, natomiast klinicyści zaobserwowali u nich ogólną poprawę w porównaniu z dziećmi otrzymującymi placebo (Abikoff i in., 2007). W zakresie tych różnic grupowych wielkość efektu była umiarkowana. Jeśli jednak spojrzy się na rodzicielskie oceny funkcjonowania społecznego czy oceny rodzicielskiego stresu, to można zauważyć, że nie wskazano tu żadnego korzystnego oddziaływania farmakoterapii w porównaniu z placebo. Wpływu MPH na wczesne umiejętności szkolne nie odnotowano ani w PATS, ani w żadnym innym kontrolowanym badaniu leku w tej grupie wiekowej.

Należy również przyznać, że praktycznie nie ma badań nad wpływem podawania psychostymulantów dłużej niż w trwającym miesiąc lub dwa badaniu kontrolowanym. Dziewięćdziesięcioro dziewięcioro dzieci z PATS uczestniczyło w całej fazie badania otwartego (10 miesięcy), przyjmując optymalną dla siebie dawkę leku, którą korygowano, jeśli na podstawie stałej obserwacji stwierdzano taką potrzebę. W ocenie rodziców i nauczycieli początkowy wpływ MPH na wskaźniki objawów ADHD oraz na kompetencje społeczne utrzymał się u większości uczestników przez 10 miesięcy (Vitiello i in., 2007). Co ciekawe, do trwającej 10 miesięcy fazy badania otwartego przystąpiło jeszcze 45 innych dzieci, które jednak zaprzestały leczenia z różnych przyczyn, między innymi ze względu na negatywne skutki uboczne, pogorszenie zachowania oraz przejście na leki psychostymulujące o dłuższym działaniu. Ponadto średnia dawka dla tych dzieci, które ukończyły trwającą 10 miesięcy fazę badania, wzrosła z ok. 14 miligramów do 20 miligramów dziennie.

Choć konieczne jest przeprowadzenie większej liczby kontrolowanych badań nad farmakoterapią u małych dzieci z ADHD, z dotychczasowych publikacji (zwłaszcza dotyczących PATS) płynie kilka wniosków. Po pierwsze, doraźny wpływ MPH i innych psychostymulantów na objawy ADHD zbliżony jest do wpływu stwierdzonego u starszych dzieci: u większości leczonych dzieci następuje statystycznie i klinicznie istotny spadek opartych na ocenie rodziców i nauczycieli wskaźników odnoszących się do zaburzenia uwagi oraz nadruchliwości i impulsywności. Po drugie, wielkość zaobserwowanych efektów jest niższa niż u starszych dzieci, choć przedszkolaki bez zaburzeń współistniejących lub z jednym takim zaburzeniem mogą silniej odpowiadać na MPH. Po trzecie, niewiele wiadomo o wpływie psychostymulantów na funkcjonowanie szkolne i społeczne w tej grupie wiekowej. Jest to istotna luka w literaturze, zwłaszcza że zaburzenia funkcjonowania w tych obszarach mogą negatywnie wpływać na osiągnięcia przedszkolne w tej populacji. Po czwarte, znaczący procent dzieci doświadcza negatywnych skutków ubocznych, co sprawia, że rodzice zaprzestają leczenia farmakologicznego. Szczególnie niepokojący jest znaczny spadek tempa przyrostu wagi i wzrostu. Po piąte, wydaje się, że wpływ MPH na objawy ADHD utrzymuje się w czasie (np. przez 10 miesięcy), lecz konieczne są dodatkowe badania, w których obszerniej udokumentowane zostaną długofalowe efekty. Do podawania leków stymulujących w tej populacji trzeba zatem podchodzić z ostrożnością i należy je ściśle monitorować, tak aby w leczeniu odpowiednio wyważyć pozytywny wpływ na zachowanie i prawdopodobne negatywne skutki uboczne.

Jak określić, czy konieczna jest farmakoterapia?

Mimo wyraźnej skuteczności leków stymulujących w zmniejszaniu objawów ADHD u małych dzieci możliwe negatywne skutki uboczne takiego leczenia, a także potencjalne powodzenie interwencji psychospołecznych i behawioralnych prowadzą do konkluzji, że w tej grupie wiekowej należy ostrożnie podchodzić do stosowania farmakoterapii. Doradzając zatem rodzinom i lekarzom w sprawie ewentualnej konieczności leczenia farmakologicznego dziecka z ADHD, praktycy muszą podejmować decyzje oparte na konkretnych danych. Przy podejmowaniu takiej decyzji należy wziąć pod uwagę trzy główne czynniki: nasilenie objawów ADHD, stopień upośledzenia dzieci w najważniejszych obszarach (np. rozwój umiejętności szkolnych, odpowiednie do wieku relacje z rówieśnikami) oraz odpowiedź dzieci na terapię behawioralną i psychospołeczną.

Pierwszym ważnym czynnikiem, jaki należy uwzględnić w procesie podejmowania decyzji o farmakoterapii, jest nasilenie objawów ADHD. Jeśli problemy z koncentracją uwagi i nadruchliwością–impulsywnością stają się szczególnie poważne, rodzicom i nauczycielom może być trudno wdrażać procedury behawioralne opisane w poprzednich rozdziałach. Innymi słowy, niektóre dzieci mogą być tak bardzo nieuważne, impulsywne lub aktywne fizycznie, że w typowym środowisku domowym i przedszkolnym zmiana ich zachowania wyłącznie przez manipulowanie zdarzeniami poprzedzającymi i następczymi jest czasochłonna i wymaga dużego nakładu środków. W takich przypadkach można spróbować farmakoterapii równolegle z interwencjami behawioralnymi w nadziei, że oddziaływanie leków zwiększy odpowiedź na interwencje. Trzeba również uwzględnić to, czy silne objawy ADHD przejawiają się zarówno w domu, jak i przedszkolu czy żłobku. Przy szczególnie nasilonych objawach występujących we wszystkich środowiskach farmakoterapia może pomóc w przygotowaniu dziecka do pozytywnej reakcji na interwencje behawioralne.

Określając nasilenie objawów w kontekście decyzji o farmakoterapii, należy pamiętać o kilku ważnych zastrzeżeniach. Po pierwsze, jak pisaliśmy w rozdziale 1, objawy ADHD są częste w populacji przedszkolaków, a zatem nasilenie objawów trzeba oceniać za pomocą trafnych psychometrycznie narzędzi. Zanim uzna się objawy dziecka za bardzo silne, należy również upewnić się, czy wysokie nasilenie behawioralne ADHD występuje niezależnie od pory dnia i otoczenia. Po drugie, w rozpoznaniu nasilenia objawów nigdy nie należy kierować się wyłącznie oceną rodziców i nauczycieli; klinicysta powinien przeprowadzić również bezpośrednią obserwację zachowania dziecka w domu lub klasie albo w jednym i drugim środowisku. Bezpośrednia obserwacja jest niezbędna, ponieważ oceny dorosłych mogą być nieobiektywne lub wypaczone w zależności od indywidualnego poziomu tolerancji dla zachowań aktywnych, a także od stopnia obycia z zachowaniem dzieci na danym poziomie rozwojowym. Czasami destrukcyjne zachowanie dzieci wydaje się nasilone ze względu na chaotyczne, zdezorganizowane i źle zarządzane środowisko. W takiej sytuacji należy najpierw zmienić strukturę środowiska lub zabrać dziecko z problematycznego otoczenia, a dopiero potem rozważać zastosowanie farmakoterapii. Ponadto w wielu przypadkach trudno określić kliniczną istotność nasilenia objawów bez uwzględnienia stopnia, w jakim upośledzają one funkcjonowanie dzieci. Przy podejmowaniu decyzji o leczeniu farmakologicznym należy zatem uwzględnić tę kwestię razem z nasileniem objawów.

Stopień zaburzenia funkcjonowania szkolnego i społecznego związany z objawami ADHD jest czynnikiem o podstawowym znaczeniu dla rozstrzygnięcia, czy niezbędne jest leczenie farmakologiczne. Upośledzenie trzeba ocenić za pomocą kilku trafnych psychometrycznie miar (zob. rozdz. 1) – zarówno w domu, jak i w przedszkolu. Jeśli dzieci przejawiają silne zaburzenie funkcjonowania w zakresie rozwoju umiejętności szkolnych lub odpowiednich do wieku relacji z rówieśnikami, to należy wówczas rozważyć wprowadzenie leczenia farmakologicznego. Ocena stopnia zaburzenia funkcjonowania nie jest rzeczą łatwą, można jednak zdefiniować je na przykład jako odchylenie od norm rozwojowych. Dokładniej rzecz ujmując, silne zaburzenie funkcjonowania można zdefiniować jako wynik pomiaru funkcjonowania społecznego lub szkolnego poniżej dwóch lub więcej odchyleń standardowych od średniej dla wieku i płci dziecka. Oczywiście powinno się przy tym wziąć pod uwagę wskazane wcześniej zastrzeżenia, upewniając się między innymi, czy silne zaburzenia funkcjonowania są zgłaszane przez różne osoby i w różnych środowiskach. Należy podkreślić, że interwencje behawioralne i szkolne opisane w poprzednim rozdziale zazwyczaj są skuteczne w przypadku łagodnego lub umiarkowanego upośledzenia funkcjonowania. Jeśli różni respondenci konsekwentnie oceniają szkolne lub społeczne zaburzenie funkcjonowania jako silne, to uzasadnione może być rozważenie leczenia farmakologicznego. Musimy jednak pamiętać, że nie wiadomo dokładnie, czy podanie leku może doprowadzić do poprawy funkcjonowania szkolnego i społecznego. Działanie farmakoterapii ma raczej charakter pośredni – poprawia na przykład koncentrację i w ten sposób ułatwia dzieciom naukę. Jednakże nawet w takich przypadkach doradza się, by farmakoterapię połączyć z konkretnymi interwencjami społecznymi i przedszkolnymi.

Prawdopodobnie najważniejszym kryterium branym pod uwagę przy podejmowaniu decyzji o farmakoterapii jest to, jak dzieci reagują na interwencje behawioralne. Podejście, którego podstawę stanowi skuteczność danej interwencji, sprawdza się przy określaniu zapotrzebowania na specjalne świadczenia edukacyjne w szkołach publicznych (Jimerson, Burns i VanDerHeyden, 2007). W podobny sposób można ustalać, czy małe dzieci z ADHD wymagają intensywnej terapii, takiej jak leczenie farmakologiczne. Odpowiedź dzieci na protokół wczesnej interwencji opisany w rozdziałach 3 i 4 należy oceniać w odpowiednio długim czasie (np. kilka miesięcy). Te dzieci, które po wdrożeniu we wszystkich środowiskach interwencji opartej na indywidualnej diagnozie nadal wykazują minimalną poprawę lub jej brak (albo regresję), mogą wymagać leczenia farmakologicznego jako terapii wspomagającej. Jednakże zanim wyciągniemy wnioski na temat skuteczności terapii, musimy się upewnić, czy rodzice i nauczyciele wdrożyli interwencje behawioralne w dostatecznie rzetelny sposób. Poza tym warunkiem podejmowania trafnych decyzji jest jasne zdefiniowanie odpowiedzi na terapię. Można na przykład przyjąć, że kryterium pozytywnej odpowiedzi na terapię jest redukcja o 30% trudnych zachowań objętych terapią w ocenie rodziców i nauczycieli, natomiast zmiana mniejsza niż 10% może sygnalizować brak odpowiedzi na terapię.

Wszystkie te trzy czynniki (nasilenie objawów, stopień zaburzenia funkcjonowania i odpowiedź na interwencję behawioralną) należy uwzględnić łącznie, aby określić konieczność farmakoterapii. Kiedy objawy są dostatecznie nasilone, zaburzenie funkcjonowania jest klinicznie istotne, a prawidłowo wdrożona interwencja behawioralna nie przyniosła pozytywnej odpowiedzi, wówczas powinno się rozważyć możliwość leczenia farmakologicznego. Jeśli jednak między tymi czynnikami istnieją rozbieżności, to przed podjęciem decyzji o farmakoterapii należy najpierw rozważyć modyfikację interwencji behawioralnej (np. zwiększenie częstotliwości wzmocnień).

Ocena rezultatów farmakoterapii

Kiedy zapadnie decyzja o przepisaniu leków, należy wówczas za pomocą różnych metod kompleksowo ocenić odpowiedź na leczenie, żeby ustalić skuteczność farmakoterapii i określić optymalną dawkę. Choć wiele małych dzieci z ADHD pozytywnie reaguje na leczenie stymulantami OUN, istnieją indywidualne różnice w stopniu odpowiedzi, a rezultaty mogą różnić się w zależności od dawki. Trzeba zatem zastosować proces obiektywnej ewaluacji obejmujący różne rzetelne i trafne miary, z których można wielokrotnie korzystać w odniesieniu do różnych warunków dawkowania. Trzeba również przyjąć jasno sprecyzowane kryteria określania ogólnej skuteczności leku oraz optymalnej wielkości dawki poprawiającej funkcjonowanie przy jak najmniejszych negatywnych skutkach ubocznych. Na zakończenie rozdziału przedstawiamy przykład zastosowania procesu ewaluacji w podejmowaniu decyzji terapeutycznych.

Proces oceny farmakoterapii

Jak wynika z wcześniejszych badań nad leczeniem ADHD psychostymulantami, kompleksowa ewaluacja farmakoterapii powinna obejmować kilka podstawowych elementów (zob. załącznik 7.1). Po pierwsze, zespół zajmujący się terapią, złożony z rodzica (rodziców), lekarza, psychologa (lub innego specjalisty od zdrowia psychicznego) oraz nauczyciela przedszkolnego, powinien a priori opracować próbne leczenie farmakologiczne[5]. Zespół ten powinien przede wszystkim ustalić i uzgodnić konkretne harmonogramy, miary i procedury, które będą obowiązywać w trakcie prowadzenia ewaluacji. Na przykład trzeba ustalić, że dawkowanie można zmieniać w odstępach tygodniowych, a psycholog dokonuje pomiarów odpowiedzi behawioralnej w domu i przedszkolu na koniec każdego tygodnia.

Załącznik 7.1. Ważne elementy procedur oceny farmakoterapii

1. Próbne leczenie farmakologiczne zostaje opracowane w toku konsultacji klinicysty (psychologa) z lekarzem przepisującym lek.
2. Ustala się i uzgadnia konkretne harmonogramy, miary i procedury.
3. Ustala się, jakie obszary funkcjonowania (np. poznawcze, szkolne, behawioralne) będą oceniane, i stosuje się miary do udokumentowania zmian.
4. Zbiera się dane we wszystkich warunkach dawkowania za pomocą obiektywnych, psychometrycznie trafnych miar (np. skal oceny zachowania i obserwacji bezpośrednich).
5. Identyfikuje się potencjalne skutki uboczne i stosuje miary do ich oceny.
6. W sposób maksymalnie kontrolowany zbiera się dane zarówno w warunku niepodawania leku, jak i w warunku podawania leku.
7. Dane zostają podsumowane w postaci wykresu graficznego, prezentacji statystycznej w tabeli bądź jednego i drugiego, tak aby ułatwić ich interpretację.
8. We współpracy z lekarzem dziecka dokonuje się interpretacji wyników, a zalecenia komunikuje w jasny sposób rodzicom dziecka.

Źródło: Power, T.J., DuPaul, G.J., Shapiro, E.S., Kazak, A.E. (2003). *Promoting Children's Health: Integrating Health, School, Family and Community Systems*. New York, NY: Guilford Press, s. 133. Copyright © 2003 by Guilford Press. Adaptacja za zgodą.

Następnym krokiem, poprzedzającym próbne leczenie farmakologiczne, jest ustalenie głównych obszarów funkcjonowania (np. funkcjonowanie szkolne, społeczne, behawioralne), które mogą się zmienić pod wpływem leczenia. Innymi słowy, zespół powinien określić główne cele farmakoterapii. Często głównym celem jest zredukowanie objawów ADHD lub ODD albo obu tych zaburzeń. W całej książce podkreślamy, że terapia powinna być nakierowana nie tylko na same objawy, lecz także na ważne obszary funkcjonowania. Po uzgodnieniu celów ustala się miary oceny obszarów funkcjonowania (zob. dalej: „Miary oceny farmakoterapii"). Te obiektywne, trafne psychometrycznie miary (np. skale oceny zachowania, obserwacje bezpośrednie) gromadzi się przy każdej kolejnej zmianie dawki leku, aby dokumentować zmianę, która zachodzi pod jego wpływem.

[5] W Polsce taka procedura nie jest zwyczajowo stosowana, co więcej, jeśli lekarz, psycholog i nauczyciel opiekują się dzieckiem w różnych placówkach, to mogą się kontaktować tylko po uzyskaniu pisemnej zgody rodzica (przyp. red. nauk.).

W podobny sposób identyfikuje się potencjalne negatywne skutki uboczne (np. bezsenność, zmniejszenie apetytu) i ocenia się je za pomocą określonych miar. Zwykle prosi się rodziców i nauczycieli o wypełnienie kwestionariuszy dotyczących występowania i nasilenia skutków ubocznych. Na przykład Barkley i Murphy (2006) zaproponowali krótką ocenę skutków ubocznych leków psychostymulujących, która nadaje się do wielokrotnego wykorzystania przy różnym dawkowaniu. Oceny te należy przeprowadzać według takiego samego harmonogramu jak pomiary głównych rezultatów.

Po podjęciu decyzji o sposobie dawkowania i określeniu harmonogramu ocen skuteczności leczenia zbiera się dane przy różnym dawkowaniu, uwzględniając przy tym co najmniej jeden okres bez podawania leku. Włączenie fazy bez farmakoterapii ma zasadnicze znaczenie dla oceny stopnia, w jakim farmakoterapia prowadzi do zmian stanowiących istotną klinicznie poprawę w porównaniu z okresami, kiedy nie podawano leku. W badaniach empirycznych stosuje się grupę kontrolną z placebo, w ten sposób można bowiem zmierzyć funkcjonowanie w warunkach niefarmakologicznych, a także uwzględnić potencjalne zmienne wikłające, takie jak efekt oczekiwań (tj. ktoś wierzy, że nastąpiła zmiana, ponieważ wie, że zastosowano leczenie). Oczywiście przeprowadzenie kontroli placebo na użytek indywidualny jest zazwyczaj utrudnione, jednak niektóre apteki są w stanie dostarczyć placebo na receptę. Częściej warunkiem niefarmakologicznym jest po prostu okres, w którym nie podaje się leku. W przypadku leków stymulujących zastosowanie naprzemiennych okresów podawania i niepodawania lekarstwa nie stanowi problemu ze względu na ich właściwości farmakokinetyczne (np. całkowita eliminacja z organizmu w ciągu 24 godzin). Innych leków (np. atomoksetyna) nie można wycofać nagle i lekarz musi opracować plan stopniowego odstawienia farmakoterapii.

Po zakończeniu leczenia próbnego należy podsumować dane z różnych dawkowań w formie wykresu przedstawiającego rezultaty jako funkcję dawki (zob. np. rys. 7.1 w dalszej części rozdziału) lub tabeli wyników w różnych warunkach. Pediatrzy[6] wolą krótkie, rzeczowe raporty z ocen od długich rozpraw (Hailemariam i Bradley-Johnson, Johnson, 2002), dlatego im prostsza prezentacja danych, tym lepiej. Następnie psycholog przedstawia zespołowi zajmującemu się terapią oparte na danych wnioski i zalecenia dotyczące tego, w jakim stopniu leczenie farmakologiczne prowadzi do poprawy klinicznej, oraz jaka dawka wydaje się optymalizować funkcjonowanie przy minimalizacji negatywnych skutków ubocznych (zob. dalej: Kryteria podejmowania decyzji). Zalecenia te muszą być sformułowane jasno i z poszanowaniem rodziców i lekarzy.

[6] W Polsce leki te są stosowane u dzieci od 6 roku życia, a o rozpoczęciu farmakoterapii mogą zadecydować psychiatrzy dzieci i młodzieży, psychiatrzy i neurolodzy dziecięcy (przyp. red. nauk.).

Miary oceny farmakoterapii

W ewaluacji farmakoterapii trzeba uwzględnić wielorakie pomiary zbierane w różnych środowiskach. Spostrzeżenia najważniejszych osób dorosłych (tj. rodziców i nauczycieli) należy uzupełnić bezpośrednimi obserwacjami zachowania i trwałych wytworów dziecka (np. ukończenie przydzielonych zadań). Pomiary stosowane w ewaluacji powinny mieć kilka ważnych właściwości. Po pierwsze, muszą być na tyle krótkie, by można było je przeprowadzać wielokrotnie w odstępach dziennych lub tygodniowych. Po drugie, powinny cechować się sprawdzoną rzetelnością i trafnością w ocenie rezultatów leczenia. Zasadnicze znaczenie mają tu poziom rzetelności test–retest oraz stopień trafności w odniesieniu do kryteriów. Ważne są również dane empiryczne dowodzące, że dana miara jest wrażliwa na rezultaty leczenia. Poza tym miary muszą dotyczyć zachowań lub obszarów funkcjonowania, które zespół odpowiadający za terapię wskazał jako główne cele leczenia.

Do ewaluacji efektów farmakoterapii nadaje się wiele miar omówionych w rozdziale 1. Do udokumentowania, w jakim stopniu lek redukuje częstotliwość i nasilenie objawów ADHD, można wykorzystać na przykład wąskie skale ocen zachowań związanych z ADHD. Rodziców i nauczycieli prosi się o wypełnianie krótkich kwestionariuszy, takich jak ADHD Rating Scale-IV-Preschool Version (McGoey i in., 2007) lub ADHD Symptoms Rating Scale (Phillips i in., 2002), po zakończeniu każdego warunku dawkowania (w tym warunku bez podawania leku). Jeśli głównymi problemami są nieposłuszeństwo i agresja, to można posłużyć się odpowiednimi podskalami z Conners Teacher Rating Scale-Revised for Preschoolers (Purpura i Lonigan, 2009) lub Disruptive Behavior Disorders Rating Scale (Pelham i in., 1992).

Zmiany w destrukcyjnych i nieuważnych zachowaniach dzieci można również dokumentować za pomocą ustrukturyzowanej obserwacji bezpośredniej. Kodami obserwacji, takimi jak system kodowania Early Screening Project (Walker, Severson i Feil, 1995) i Classroom Observation Code (Abikoff, Gittelman-Klein i Klein, 1977), można posłużyć się we wszystkich fazach dawkowania i ocenić zmiany behawioralne w sytuacjach ustrukturyzowanych i nieustrukturyzowanych. Jeśli korzysta się z obserwacji, to należy pamiętać o zbieraniu danych wtedy, gdy lek ma najsilniejsze działanie[7]. W przypadku leków stymulujących o natychmiastowym uwalnianiu obserwacje należy przeprowadzać ok. 1,5–3 godzin po spożyciu. Jeśli natomiast dziecko przyjmuje długo działające lub wolno uwalniane psychostymulanty, to dane z obserwacji najlepiej zbierać po upływie przy-

[7] MPH zaczyna działać 20–45 minut po podaniu i – w zależności od rodzaju preparatu i różnic indywidualnych – działa od 3 do 12 godzin. Konieczna jest więc znajomość rodzaju preparatu i tego, jak długo, w optymalnych warunkach, będzie on działać (przyp. red. nauk.).

najmniej dwóch godzin. Obserwacje w każdej fazie farmakoterapii należy przeprowadzać w miarę możliwości w podobnych warunkach. W szczególności trzeba zadbać o to, by obserwacja w klasie następowała zawsze w tym samym czasie od momentu przyjęcia leku i w takiej samej sytuacji, tak aby zmienne inne niż lek nie mogły znacząco wpłynąć na dane.

Ocenić należy również ewentualne zmiany w funkcjonowaniu szkolnym i społecznym. Chcąc wykazać ogólne zmiany, jakie zaszły pod wpływem farmakoterapii w obrębie zaburzonego funkcjonowania, można wykorzystać oceny rodziców i nauczycieli na skali Impairment Rating Scale (Fabiano i in., 2006) lub Children's Problem Checklist (Healey i in., 2008). Można także sięgnąć po bardziej specyficzne miary umiejętności społecznych (np. Social Skills Improvement Systems; Gresham i Elliott, 2008) lub umiejętności szkolnych (np. Academic Competence Evaluation Scale; DiPerna i Elliott, 2000), jednak oceny te zwykle zabierają dużo czasu i w praktyce trudno je regularnie powtarzać. Co więcej, istnieje małe prawdopodobieństwo, że w trakcie ewaluacji farmakoterapii krótkoterminowej uda się za pomocą tego typu miar uchwycić zmianę. Bardziej poręczne i wrażliwe na efekty leczenia są krótkie miary wczesnych umiejętności czytania i pisania (np. Dynamic Indicators of Basic Early Literacy Skills; Kaminski i Good, 1996) lub wczesnych umiejętności matematycznych (np. Preschool Numeracy Indicators; Floyd, Hojnoski i Key, 2006; Hojnoski, Silberglitt i Floyd, 2009) i to z nich należy – na ile to możliwe – korzystać, aby ocenić wpływ leczenia farmakologicznego na wczesne umiejętności szkolne.

Kryteria podejmowania decyzji

Po przeprowadzeniu ewaluacji farmakoterapii należy przedstawić i zinterpretować dane, tak aby na ich podstawie można było podjąć dwie podstawowe decyzje kliniczne. Pierwsza z nich dotyczy tego, czy terapia jest skuteczna, czyli prowadzi do istotnej klinicznie zmiany. Druga decyzja wymaga odpowiedzi na pytanie, jaka (jeśli w ogóle) jest optymalna dawka, poprawiająca funkcjonowanie dziecka, a jednocześnie niewywołująca znaczących negatywnych skutków ubocznych. Do potwierdzenia skuteczności leczenia farmakologicznego w kolejnych dawkach należy użyć metod analitycznych stosowanych zwykle do oceny danych w jednopodmiotowym schemacie badania (Kazdin, 2001). Northup i współpracownicy (1997, 1999) przeprowadzili kilka badań ilustrujących udane zastosowanie metod schematu jednopodmiotowego do określania wpływu farmakoterapii na dzieci z ADHD. Ta metodologia analityczna wymaga kilku punktów pomiaru danych na każdy etap podawania leku, co dla pewnych miar można wykonać (np. obserwacji), dla innych zaś nie (np. skal ocen).

Niezależnie od liczby punktów pomiaru danych na fazę praktycy muszą określić, czy nastąpiła zmiana o znaczeniu klinicznym. Jedną z metod pomocnych w rozstrzygnięciu tej kwestii jest zastosowanie wskaźnika rzetelności zmiany (*reliable change index*), opisanego przez Jacobsona i Truax (1991). Wskaźnik ten uwzględnia standardowy błąd pomiaru (na podstawie rzetelności test–retest) danej miary przy ustalaniu, czy nastąpiła rzetelna zmiana. Innymi słowy, wskaźnik rzetelności zmiany pokazuje, kiedy różnic w wynikach między poszczególnymi fazami farmakoterapii nie da się łatwo wytłumaczyć artefaktami ograniczonej rzetelności danej miary i regresji do średniej. Wskaźnik rzetelności zmiany z powodzeniem stosuje się w określaniu wpływu MPH na funkcjonowanie behawioralne dzieci z ADHD (np. Rapport i in., 1994).

Kiedy praktyk lub zespół terapeutyczny zgromadzą i przeanalizują dane, muszą odpowiedzieć na trzy ważne pytania (Power i in., 2003; zob. załącznik 7.2). Po pierwsze, czy wystąpił ogólny efekt farmakoterapii? Aby odpowiedzieć na to pytanie, należy ustalić, czy któraś z podawanych dawek leku prowadzi do rzetelnej zmiany w pożądanym kierunku, obejmującej jedną ocenę wyników leczenia lub większą ich liczbę. Jeśli jakiś warunek farmakoterapii prowadzi do rzetelnej zmiany w zakresie jednej podstawowej miary (w porównaniu z niepodawaniem leku), to występuje ogólny efekt farmakoterapii.

Drugie pytanie dotyczy tego, jaka jest minimalna dawka skuteczna (Gadow, 1986). Chcąc na nie odpowiedzieć, klinicysta lub zespół zajmujący się terapią muszą najpierw zidentyfikować sposób dawkowania, który prowadził do rzetelnej zmiany w pożądanym kierunku w obrębie każdej ocenianej zmiennej. Następnie zaznacza się te dawki, które nie wywoływały przy tym wzrostu częstotliwości negatywnych skutków ubocznych lub ich nie nasilały. Na koniec określa się spośród nich dawkę najniższą jako minimalną dawkę skuteczną dla każdej z ocenianych zmiennych.

Ostatnie pytanie dotyczy tego, czy występuje jednakowa poprawa dla różnych ocenianych zmiennych, sytuacji i respondentów? Najlepiej byłoby, gdyby w przypadku każdej ocenianej zmiennej stwierdzono taką samą minimalną dawkę skuteczną. W codziennej praktyce niestety rzadko tak się dzieje. Dlatego zespół terapeutyczny zwykle musi podjąć decyzję, kierując się jednym z dwóch kryteriów (Power i in., 2003). Pierwsza możliwość to wybór dawki na podstawie tego sposobu farmakoterapii, który najczęściej identyfikowano jako minimalną dawkę skuteczną w odniesieniu do poszczególnych ocenianych zmiennych. Drugi sposób to wybór dawki na podstawie sposobu dawkowania, który stanowił minimalną dawkę skuteczną w odniesieniu do jednego istotnego rezultatu leczenia lub kilku. W tym drugim przypadku zespół może ustalić, które rezultaty leczenia są najistotniejsze, i wybrać dawkę, kierując się względnym wpływem na jedną najważniejszą zmienną lub dwie takie zmienne.

Załącznik 7.2. Wykorzystanie danych w procesie podejmowania decyzji o farmakoterapii: pytania, które należy uwzględnić przy interpretowaniu danych z ewaluacji farmakoterapii

1. Czy któraś z podawanych dawek leku prowadzi do rzetelnej zmiany w pożądanym kierunku w zakresie danej zmiennej? Czy występuje ogólny efekt farmakoterapii?
2. Jaka jest najniższa dawka leku, która prowadzi do największej rzetelnej zmiany i najmniejszych negatywnych skutków ubocznych? Jaka jest minimalna dawka skuteczna?
3. W jakim stopniu występuje stała zależność między dawką a odpowiedzią w odniesieniu do różnych objawów, zachowań i miar zaburzenia funkcjonowania? Jaka dawka daje najbardziej stałe efekty w zakresie różnych miar?

Przykład oceny farmakoterapii

Brian był pięcioletnim białym chłopcem, u którego zdiagnozowano ADHD podtypu mieszanego oraz ODD; chłopiec chodził do ogólnodostępnego przedszkola 5 razy w tygodniu na pół dnia. Z wstępnej oceny psychologicznej wynikało, że objawy ADHD u Briana są bardzo nasilone, ponieważ oceny rodziców i nauczycieli wyrażone na skali Preschool ADHD Rating Scale-IV sytuowały go o ponad dwa odchylenia standardowe poniżej średniej dla jego wieku i płci, zarówno pod względem zaburzeń koncentracji, jak i nadruchliwości i impulsywności. Zebrane dane wskazywały też na znaczne upośledzenie społecznego i szkolnego funkcjonowania, czego świadectwem były minimalne postępy w nauce wczesnych umiejętności czytania, pisania oraz umiejętności matematycznych, a także praktycznie brak przyjaciół w domu czy szkole.

Przez sześć miesięcy rodzice i nauczyciel z przedszkola Briana wdrażali oparte na indywidualnej diagnozie interwencje behawioralne opisane w rozdziałach 3 i 4 tej książki. Niestety, mimo dostatecznie rzetelnego wdrożenia interwencji Brian wykazywał minimalną zmianę w zakresie objawów ADHD i ODD, co zgodnie stwierdzali rodzice i nauczyciel (świadczyły też o tym dane z bezpośredniej obserwacji), i minimalny postęp w rozwoju wczesnych umiejętności czytania i pisania oraz umiejętności matematycznych. Zespół zajmujący się terapią (rodzice i nauczyciel Briana, psycholog szkolny oraz lekarz) orzekł, że brak postępów Briana wynika z nasilenia nieuwagi oraz nadruchliwości i impulsywności. W związku z tym przepisano próbne leczenie farmakologiczne lekiem stymulującym (MPH) jako uzupełnienie trwającej interwencji behawioralnej.

Przepisano trzy niskie dawki MPH (5 mg, 10 mg i 15 mg). Na początku podawano lek generyczny o krótkotrwałym działaniu, ponieważ przed wypróbowaniem dłużej działającego i potencjalnie droższego specyfiku zespół chciał sprawdzić, czy farmakoterapia prowadzi do poprawy klinicznej. Po tygodniu wartości wyjściowych, czyli obserwacji chłopca bez podawania leku, wdrożono trzy różne dawki leku, stosując każdą z nich przez tydzień. Zastosowano cztery podstawowe oceny rezultatów leczenia powiązane z najważniejszymi celami łączącymi się z zachowaniem chłopca: ogólną punktację na skali Preschool ADHD Rating Scale-IV (rodzice), odsetek interwałów obserwacji, w których zaobserwowano rozpraszanie się chłopca w trakcie wykonywania zadań w klasie przedszkolnej, punktację dotyczącą zaburzeń funkcjonowania szkolnego (nauczyciel) oraz zaburzeń funkcjonowania społecznego (rodzice) na skali Impairment Rating Scale. Dodatkowo zastosowano łączną ocenę częstotliwości skutków ubocznych (rodzice) za pomocą miary skutków ubocznych Barkleya i Murphy'ego (2006) do oceny negatywnych skutków ubocznych.

Oceny farmakoterapii Briana dotyczące głównych miar i skutków ubocznych przedstawiono na rysunkach 7.1 i 7.2. Wszystkie trzy dawki leku prowadziły do 30% redukcji i rzetelnej zmiany (poprawy) w odniesieniu do zgłaszanych przez rodziców objawów ADHD oraz bezpośrednich obserwacji braku skupienia na zadaniach w klasie przedszkolnej. Widoczna była ujemna zależność liniowa między dawką a odpowiedzią, co wskazywało, że zwiększanie dawek prowadzi do stopniowego złagodzenia objawów ADHD (zob. rys. 7.1). Ponadto z ocen wynikało, że 2 z 3 dawek (5 miligramów i 10 miligramów) prowadzą do redukcji o 30% zaburzeń funkcjonowania szkolnego i społecznego. Aby określić minimalną dawkę skuteczną, zespół odpowiadający za terapię Briana musiał przeanalizować również negatywne skutki uboczne. Rzeczywiście, częstotliwość zgłaszanych przez rodziców skutków ubocznych spadła przy najmniejszej dawce MPH, natomiast przy dwóch wyższych dawkach systematycznie rosła powyżej wartości wyjściowych (zob. rys. 7.2). Opierając się na stałości wyników w obrębie różnych miar, zespół doszedł do wniosku, że dawka 5 miligramów MPH jest ogólną minimalną dawką skuteczną, i zalecił kontynuację leczenia z tą dawką.

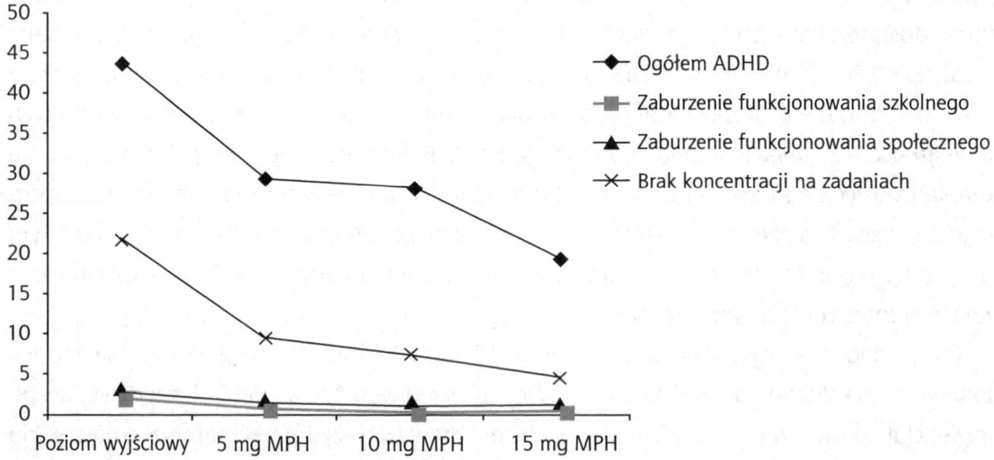

Rysunek 7.1. Dane z oceny farmakoterapii Briana w czterech warunkach: poziom wyjściowy, 5 miligramów, 10 miligramów oraz 15 miligramów metylofenidatu (MPH)

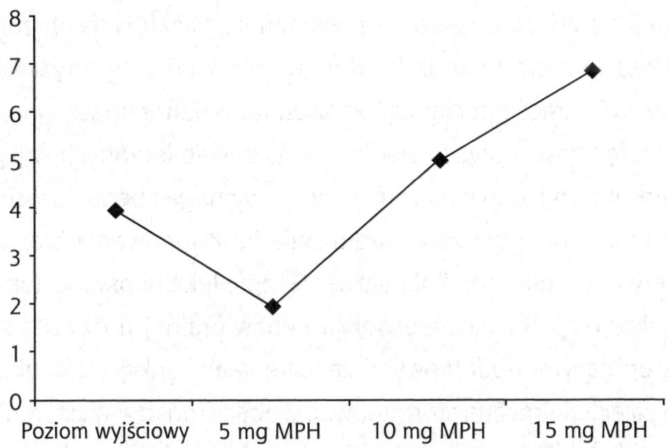

Rysunek 7.2. Łączna liczba negatywnych skutków ubocznych, zgłaszanych przez rodziców Briana, jako funkcja czterech rodzajów farmakoterapii: brak leczenia, 5 miligramów, 10 miligramów i 15 miligramów metylofenidatu (MPH)

Przedstawiono dane dla czterech głównych miar: ogólna punktacja na skali Preschool ADHD Rating Scale-IV (rodzice), odsetek interwałów obserwacji, w których zaobserwowano brak skupienia na zadaniach (obserwacja bezpośrednia), punktacja dotycząca zaburzenia funkcjonowania szkolnego (nauczyciel) oraz punktacja dotycząca zaburzenia funkcjonowania społecznego (rodzice) na skali Impairment Rating Scale.

Wnioski

Choć terapię farmakologiczną, zwłaszcza lekami stymulującymi ośrodkowy układ nerwowy (OUN), uważa się za leczenie pierwszego rzutu u starszych dzieci i nastolatków z ADHD, w przypadku małych dzieci farmakoterapia stanowi metodę drugiego wyboru w leczeniu tego zaburzenia. Innymi słowy, w leczeniu objawów ADHD u dzieci w wieku przedszkolnym terapią pierwszego wyboru są interwencje psychospołeczne (głównie behawioralne). Za takim wnioskiem przemawia kilka czynników. Po pierwsze, w kontrolowanych badaniach terapii lekami psychostymulującymi u małych dzieci wykazano niewielką lub umiarkowaną poprawę objawów, jednak ryzyko negatywnych skutków ubocznych, w tym zahamowania wzrostu, jest większe niż u starszych dzieci. Toteż w tej metodzie leczenia ryzyko może przeważać nad korzyściami, co wyklucza stosowanie farmakoterapii u wielu małych dzieci. Po drugie, niewiele wiadomo o długofalowych korzyściach i zagrożeniach związanych z rozpoczęciem stosowania leków psychostymulujących w tak wczesnym wieku. Praktycznie nie ma danych dotyczących wpływu takiego leczenia na rozwój wczesnych umiejętności szkolnych i relacji społecznych. Po trzecie, interwencje behawioralne wdrożone w domu i przedszkolu są skuteczne w odniesieniu do objawów i przynajmniej niektórych obszarów zaburzonego funkcjonowania. Poza tym strategie behawioralne nie wiążą się z ryzykiem negatywnych skutków ubocznych, które może pociągnąć za sobą farmakoterapia.

Przypuszczalnie większość małych dzieci z ADHD będzie leczonych wyłącznie za pomocą interwencji behawioralnych i szkolnych, ale niektóre wymagać będą bardziej intensywnej terapii ze względu na nasilenie objawów i zaburzenia funkcjonowania oraz brak dostatecznej odpowiedzi na interwencje niefarmakologiczne. Terapię lekami psychostymulującymi należy zatem traktować jako uzupełnienie interwencji behawioralnej u dzieci z silnymi objawami ADHD i współwystępującymi dodatkowymi zaburzeniami funkcjonowania. Nie ma pewności, czy takie samo zalecenie można sformułować wobec środków niestymulujących (np. atomoksetyny), ponieważ dotychczas nie opublikowano żadnych kontrolowanych badań takiej farmakoterapii. Decyzję o farmakoterapii należy podejmować na podstawie danych, które pozwalają ustalić, czy lek działa i jaka dawka optymalizuje funkcjonowanie dziecka. Klinicyści zajmujący się zdrowiem psychicznym i edukacją powinni współpracować z rodzinami i lekarzami, aby decyzje dotyczące wprowadzenia terapii lekowej były poparte danymi.

Stwierdzenie, czy terapia lekami psychotropowymi może być leczeniem pierwszego rzutu dla niektórych małych dzieci z ADHD, wymaga przeprowadzenia dodatkowych badań. Wspominaliśmy już, że podstawowe znaczenie ma ustalenie wpływu (lub jego braku) leków stymulujących i innych na funkcjonowanie społeczne i wczesne funkcjonowanie szkolne. Mimo iż badanie PATS dostarczyło wstępnych dowodów potwierdzających dobroczynny wpływ psychostymulantów na kompetencje społeczne, przynajmniej w ocenie nauczycieli, potrzebna jest bardziej wszechstronna ocena tego złożonego obszaru funkcjonowania. Należy też zauważyć, że choć część długoterminowych badań leków psychostymulujących przeprowadzono na populacji osób z ADHD, to brakuje jednak prac nad długofalowymi korzyściami i zagrożeniami związanymi z farmakoterapią rozpoczętą w wieku przedszkolnym. Być może podjęcie farmakoterapii w tym tak wrażliwym okresie rozwoju mózgu powoduje zróżnicowanie rezultatów leczenia. Wreszcie bez względu na to, jakie nowe odkrycia przyniosą przyszłe badania, wydaje się raczej nieprawdopodobne, by sama farmakoterapia okazała się wystarczającą formą leczenia ADHD. Konieczne są zatem badania nad łączeniem farmakoterapii z interwencjami behawioralnymi, dzięki którym rozpoznane zostaną osobne i łączne efekty obu podejść terapeutycznych. Tego typu badania przeprowadzono już w odniesieniu do starszych dzieci (np. MTA Cooperative Group, 1999). Niewykluczone, że podobnie jak u starszych dzieci z ADHD (np. Fabiano i in., 2007), także i w przypadku młodszych dzieci połączenie strategii farmakologicznej i behawioralnej pozwoli zmniejszyć intensywność obu form leczenia.

ROZDZIAŁ 8

Wspieranie rodzin

Jak przekonywaliśmy w poprzednich rozdziałach, interwencje wdrażane przez rodziców powinny być postępowaniem pierwszego wyboru w terapii małych dzieci z objawami zespołu nadpobudliwości psychoruchowej z zaburzeniami uwagi (ADHD). Interwencja domowa odgrywa zasadniczą rolę w poprawie funkcjonowania dziecka i jest wyjątkowo skuteczna, gdy wdraża się ją wcześnie, zanim problemy z zachowaniem się utrwalą. Znaczenie przypisywane interwencji wdrażanej przez rodziców opiera się na powszechnym przekonaniu, że czynniki środowiskowe są ważniejsze niż czynniki biologiczne dla rozwoju współwystępujących i potencjalnie poważniejszych zaburzeń powiązanych często z ADHD, takich jak zaburzenie opozycyjno-buntownicze (ODD) i zaburzenie zachowania (CD) (np. Barkley, 2006; zob. też Wstęp i rozdz. 2). Podstawową rolę w przebiegu zachowania problemowego odgrywa przede wszystkim sposób interakcji rodziców z dziećmi (Patterson, 1995). Stosowanie skutecznych strategii zapobiegania i reagowania często prowadzi do redukcji zachowań problemowych. Kiedy takich strategii brakuje, wówczas zachowania problemowe mogą się nasilać.

Choć wszyscy rodzice potencjalnie są w stanie nauczyć się strategii i stylów interakcji, które mogą poprawić rezultaty ich dzieci, zdolność rodziców do wdrażania tych strategii w sposób systematyczny i konsekwentny może być ograniczona przez kilka czynników. Należą do nich na przykład stres rodzinny, zaburzenia psychiczne rodziców, stosowane strategie radzenia sobie w trudnych sytuacjach, dynamika rodzinna oraz wsparcie społeczne – wszystkie te czynniki wpływają na to, jak rodzice odpowiadają na wyzwania związane z zachowaniem dziecka (Barkley, 2006). Dlatego zwolennicy wczesnej interwencji opowiadają się obecnie za tym, by koncentrować się na rodzinie, a nie na samym dziecku (np. Gallimore i in., 1989). Objęcie dzieci skuteczną interwencją wymaga uwzględnienia rodzinnych problemów, wartości, priorytetów i kultury. Zrozumienie specyficznej sytuacji i potrzeb rodzin pozwala terapeutom i klinicystom zapewniać odpowiednie wsparcie niezbędne dla sukcesu dziecka.

Takie podejście do interwencji przyjęło się powszechnie w obszarze deficytów rozwojowych i uznaje się je za najlepszą praktykę (np. Bruder, 2000; Ingber i Dromi, 2010). Stosuje się je na szeroką skalę, również na szczeblu ogólnokrajowym (np. Gallagher, Rhodes i Darling, 2004). Ponadto wyniki badań empirycznych sugerują, że w zestawieniu z innymi podejściami wczesna interwencja skoncentrowana na rodzinie przynosi więcej korzyści. Na przykład Brookman-Frazee i Koegel (2010) porównali model szkoleń dla rodziców prowadzonych przez klinicystę z modelem partnerskiej współpracy rodziców z klinicystą. Model partnerskiej współpracy rodziców z klinicystą skutkował niższym poziomem stresu rodzicielskiego i wyższym poziomem pewności rodzicielskiej. Poza tym kiedy rodzice uczestniczyli w modelu partnerskim, u dziecka wzrastał poziom pozytywnych emocji i zaangażowania.

Na początku tego rozdziału omawiamy obecne poglądy na temat wspierania rodzin. Następnie krok po kroku przedstawiamy budowanie skutecznej partnerskiej współpracy z rodzinami. W dalszej kolejności opisujemy zmienne, które mogą wpływać na wdrażanie interwencji przez rodziców. Poruszamy również kwestie kulturowe i ich rolę podczas tworzenia planów interwencji. Na koniec przedstawiamy zalecenia dotyczące pracy z rodzinami.

Obecne podejścia do wspierania rodzin

W dzisiejszych metodach pracy z rodzinami kładzie się nacisk na znaczenie partnerskiej współpracy. Różni się to od „modelu eksperckiego", w którym rola praktyka polega na przekazywaniu informacji rodzinie. Ostatnio w dziedzinie skutecznego wspierania rodzin nastąpił zwrot ku dwustronnej relacji, w której klinicyści i członkowie rodziny wspólnie uczestniczą w opracowywaniu interwencji. Dzięki partnerskiej współpracy plan interwencji jest ekologicznie dopasowany do rodzin i ich środowisk domowych. Takie interwencje są spójne z wartościami rodziny, wychodzą naprzeciw wyzwaniom, z którymi mierzy się rodzina, odzwierciedlają kulturę rodziny i wpasowują się w codzienny rytm jej zajęć.

Podstawą partnerskiej współpracy z rodziną jest relacja między profesjonalistami i członkami rodzin, w której uzgodniono podział ról i ustalono wspólne cele (Dunst i Paget, 1991). Jak wskazali Lucyshyn i współautorzy (2002), współpraca rodziny i profesjonalistów wymaga nawiązania równoprawnej relacji opartej na szacunku, zaufaniu i trosce. W takiej relacji zarówno rodzice, jak i profesjonaliści mogą wymieniać się pomysłami, przedstawiać zalecenia oraz rozwiązywać problemy.

Fundamentem partnerstwa opartego na współpracy jest to, co wnoszą zarówno profesjonaliści, jak i członkowie rodziny. Profesjonaliści mogą być „ekspertami" w zakresie konkretnych procedur interwencji, ale to rodzice są „ekspertami" najlepiej znającymi własne dziecko. Profesjonalista powinien dopilnować, by rodzice opanowali specyficzne umiejętności i strategie nakierowane na problemy behawioralne dziecka (Koegel i in., 2005). Członkowie rodziny posiadają szczegółową wiedzę o swoich dzieciach, między innymi o ich mocnych stronach, potrzebach, preferencjach, umiejętnościach i inne informacje o podstawowym znaczeniu dla skutecznego planu interwencji (Turnbull i Turnbull, 2000). Poza tym rodziny mogą dzielić się informacjami o swoich celach, wartościach, zwyczajach, zasobach i kulturze, które musi uwzględniać skuteczna interwencja (Lucyshyn i Albin, 1993).

Budowanie partnerskiej współpracy z rodzinami

Budowanie partnerstwa opartego na współpracy z rodzinami to ciągły proces otwartej komunikacji i udzielania informacji zwrotnych (Lucyshyn i Albin, 1993). Koegel i współautorzy (2005) sformułowali cztery aspekty partnerstwa opartego na współpracy (zob. tab. 8.1 na podstawie wytycznych podanych przez Koegel i in., 2005). Pierwszym z nich jest zawarcie sojuszu z rodziną. Wymaga to dobrania profesjonalistów ze szczególnym uwzględnieniem specyfiki danej rodziny. Na przykład jeśli profesjonaliści wywodzą się z tej samej kultury i wspólnoty językowej co rodzina bądź dobrze je znają, ułatwia to komunikację i zrozumienie. Lepsza komunikacja i zrozumienie umożliwiają stworzenie dobrze dopasowanego do danej rodziny planu interwencji. Poza tym niektóre rodziny wolą pracować z mężczyznami lub z kobietami. Dopasowanie pod względem płci może ułatwić nawiązanie współpracy. Członkowie rodzin mogą też preferować określone typy osobowości, na przykład wspierające, energiczne czy dyrektywne. Kiedy profesjonaliści i rodzice są odpowiednio do siebie dobrani, szanse na powodzenie planu interwencji i bieżącego wsparcia są większe. Jeśli jednak idealne dopasowanie nie jest możliwe, klinicyści muszą zrozumieć preferencje i poglądy rodziny (np. wartości kulturowe, ulubiony styl interakcji) i odpowiednio skorygować swój zwyczajowy styl pracy. Jeśli klinicyści nie są w stanie zmienić swego stylu pod kątem potrzeb rodziny i nie ma innych osób, które lepiej odpowiadałby danej rodzinie, należy skierować rodzinę do innej placówki.

Drugim aspektem jest zrozumienie priorytetów rodziny. Profesjonaliści i rodzice mogą zupełnie inaczej odbierać problemy z zachowaniem dziecka i inaczej oceniać ich wagę. Z badań wynika, że interwencje skupione na celach, których członkowie rodziny nie uważają za istotne, na dłuższą metę nie są wdrażane bądź utrzymywane (Stiebel, 1999). Ważne jest zatem wspólne ustalenie i uzgodnienie celów. W przypadku małych dzieci z objawami ADHD może to wymagać obszernego omówienia przebiegu rozwoju ADHD, by uświadomić rodzinom konieczność zapobieżenia poważniejszym problemom. Pewne zachowania dzieci (np. wysoki poziom aktywności) mogą też być stresujące dla rodzin, choć same w sobie nie są szkodliwe i nie stanowią bezpośredniego zagrożenia. Jednakże rodzina może je uznać za priorytetowe i należy się nimi zająć jednocześnie z poważniejszymi zachowaniami problemowymi.

Trzecim ważnym aspektem jest stopień, w jakim plan interwencji można włączyć w codzienne życie rodziny. Rodzinom trudno jest realizować interwencje wymagające drastycznych zmian w ich bieżącym funkcjonowaniu. Profesjonaliści muszą zrozumieć codzienny rozkład zajęć rodziny, w tym potrzeby i wymagania pozostałych dzieci, aby opracować i poprawiać plan, który będzie można bez trudu wdrażać przez dłuższy czas.

Tabela 8.1. Strategie budowania partnerskiej współpracy z rodzinami

Cel	Proces	Co należy wziąć pod uwagę
Zawarcie sojuszu z rodziną	Dobrać profesjonalistę pasującego do rodziny	Podobieństwa kulturowe i językowe Preferencje dotyczące płci Typ osobowości
Zrozumienie priorytetów rodziny	Wspólnie ustalić cele	Zachowania szkodliwe lub niebezpieczne Zachowania stresujące dla rodziny Długofalowe konsekwencje
Dopasowanie interwencji do rozkładu dnia rodziny	Zrozumieć codzienne funkcjonowanie rodziny	Inne obowiązki rodziców Potrzeby wszystkich członków rodziny
Zrozumienie kultury rodziny	Zapoznać się z wartościami rodziny	Oczekiwania wobec dzieci Podejście do rodzicielstwa Oczekiwania wobec profesjonalistów
Określenie mocnych stron rodziny	Ustalić, w jaki sposób mocne strony członków rodziny mogą pomóc w procesie interwencji	Sieci wsparcia rodziny Umiejętność wdrażania interwencji

Źródło: Bambara, L.M., Kern, L. (red.) (2005). *Designing Behavior Supports for Students*. New York, NY: Guilford Press, s. 340–344. Copyright © 2005 by Guilford Press. Adaptacja za zgodą.

Stopień zrozumienia kultury rodziny przez profesjonalistów to czwarty aspekt. Opracowano i poddano ocenie wiele programów interwencji dla rodzin o pochodzeniu euroamerykańskim. Należy jednak przemyśleć kwestię adekwatności takich programów do potrzeb rodzin o różnorodnym pochodzeniu etnicznym i kulturowym. Poza tym rodziny wywodzące się z innych tradycji kulturowych mają odmienne wartości, oczekiwania wobec dzieci oraz podejście do rodzicielstwa. Ta różnorodność może rozciągać się również na gotowość rodziny do przyjęcia profesjonalnych świadczeń dla dziecka. Skuteczna interwencja rodzinna wymaga pełnego zrozumienia perspektywy kulturowej i wartości każdej rodziny. Informacje dotyczące historii i tradycji kulturowych danej rodziny można z łatwością znaleźć w internecie. Takie organizacje, jak National Center for Culturally Responsive Education Systems (www.nccrest.org) czy Equity Alliance na Arizona State University (www.equityallianceatasu.org), udzielają pomocy w działaniach promujących równość, dostęp i uczestnictwo. Można również sięgnąć do licznych publikacji, które pomagają praktykom zrozumieć odmienności kulturowe rodzin (np. Harry, 2002; Heffron, Grunstein i Tilmon, 2007; Hepburn, 2006; Lynch i Hanson, 2004; Sylva, 2005).

Ostatnim aspektem partnerstwa opartego na współpracy jest ocena mocnych stron rodziny. Wewnętrzne atuty rodziny mogą przyczynić się do spotęgowania wysiłków interwencyjnych. Na przykład rodziny dysponujące silnymi sieciami wsparcia mają się do kogo zwrócić o pomoc i wsparcie w sytuacjach stresowych. Podobnie, jeśli jeden członek rodziny jest w stanie konsekwentnie wdrażać interwencje, to może on odgrywać rolę coacha dla pozostałych, którym sprawia to większe trudności.

Zmienne wpływające na rodziców i opiekunów oraz ich konsekwencje dla dziecka

W pracy z rodzinami należy pamiętać, że wiele zmiennych może wpływać na zdolność rodziców do skutecznego wdrażania interwencji (zob. tab. 8.2). Jeśli chcemy osiągnąć lepsze rezultaty, to warto zrozumieć złożoność życia rodziny i specyficzną rolę, jaką zmienne te odgrywają we wdrażaniu interwencji w poszczególnych rodzinach. Wśród tych zmiennych można wskazać: stres rodzicielski, interakcje między rodzicami a dzieckiem, zaburzenia psychiczne rodziców, akceptację deficytów rozwojowych przez członków rodziny, kulturę i praktyki wychowawcze, a także wsparcie społeczne i zdolność do samostanowienia (*empowerment*).

Tabela 8.2. Zmienne wpływające na opiekunów i ich potencjalne konsekwencje

Zmienna	Potencjalne konsekwencje
Stres rodzicielski	Trudności z radzeniem sobie z problemowym zachowaniem dziecka Problemy z więzią (ojcowie) Towarzyszące problemy ze zdrowiem psychicznym
Nieudolne interakcje rodziców z dziećmi	Nasilenie zachowań problemowych dziecka Negatywny i dyrektywny styl wychowywania Nieposłuszne zachowanie dziecka w różnych środowiskach
Psychopatologia rodziców	Rozwój zaburzeń zachowania u dzieci
Nieakceptowanie obecności zaburzeń rozwojowych/deficytów	Odmowa przyjęcia świadczeń Ograniczone uczestnictwo w interwencji
Kultura	Stosowanie „tradycyjnych" podejść do wychowywania dzieci Zaangażowanie wielu opiekunów Zakres otwartości na udzielanie informacji Preferowanie odmiennych typów komunikacji
Brak wsparcia społecznego	Większy stres rodzicielski Niska jakość życia Słaba zdolność rodziców do samostanowienia

Stres rodzicielski

Jedną z głównych zmiennych, które wpływają na zdolność każdego rodzica do konstruktywnych interakcji z dzieckiem i zajmowania się problemami z zachowaniem, jest stres rodzicielski. W przypadku wychowywania dziecka z deficytami rozwojowymi, już sama ich obecność stanowi silne źródło dodatkowego stresu (Neely-Barnes i Dia, 2008). Jak wynika z badań porównawczych, rodzice (zwłaszcza matki) dzieci z deficytami rozwojowymi doświadczają znacznie wyższego poziomu stresu niż rodzice dzieci pełnosprawnych (np. Baker-Ericzén, Brookman-Frazee i Stahmer, 2005; Dyson, 1997; Mash i Johnston, 1982). Naukowcy wskazują jednak, że faktycznym źródłem stresu jest nie tyle samo zaburzenie rozwojowe, ile zachowania problemowe, które mogą częściej występować w obecności określonych typów deficytów, czy też zaburzeń (np. ADHD; zob. m.in. Baker, Blacher i Olsson, 2005).

W odniesieniu do rodziców dzieci z ADHD badacze wyodrębnili kilka specyficznych problemów przysparzających dużo stresu. W badaniu matek 104 dzieci z ADHD Anastopoulos i współpracownicy (1992) stwierdzili, że agresja dzieci, nasilenie objawów ADHD oraz stan zdrowia dzieci stanowią 43% wariancji w stresie rodzicielskim. Choć w większości prac dotyczących stresu koncentrowano się na matkach, z badań wynika, że również ojcowie dzieci z ADHD doświadczają znacznego stresu, ale może on przejawiać się w inny sposób. Baker i współpracownicy (2005) stwierdzili na przykład, że ojcowie dzieci z ADHD zgłaszają trudności z poczuciem przywiązania do własnego dziecka.

Problemowe zachowanie dzieci i stres rodzicielski powiązano również z niską samooceną wydolności wychowawczej rodziców (Kersh i in., 2006), kiepskim stanem zdrowia psychicznego rodziców (Herring i in., 2006) oraz problemami małżeńskimi (Simmerman, Blacher i Baker, 2001). Problemy te stwarzają więc mnóstwo wyzwań wychowawczych i rodzinnych. Ze wspomnianych badań płyną ważne wnioski dla terapeutów. Można na przykład stwierdzić, że redukcja problemowego zachowania dziecka może prowadzić do redukcji stresu rodzicielskiego i połączonych z nim problemów.

Interakcje między rodzicami a dzieckiem

Kolejną zmienną, która ma duży wpływ na rezultaty dziecka, są interakcje między rodzicami a dzieckiem. Wydaje się, że można wskazać kilka rodzajów interakcji i sposobów reagowania specyficznych dla rodziców dzieci z ADHD. Otóż pewne typy relacji łączących rodziców i dziecko istnieją o wiele częściej w rodzinach z dziećmi z ADHD i występują wyłącznie wobec dzieci z ADHD, a nie ich rodzeństwa (np. Danforth, Barkley i Stokes, 1991). Przykładem jest styl interakcji oparty na wymuszaniu (Patterson, Reid i Dishion, 1992). Takie interakcje przebiegają według specyficznego schematu, który rozpoczyna się od zachowania problemowego dziecka, na ogół w kontekście jakiegoś wymagania (np. „Odłóż zabawki na miejsce"). Problemowe zachowanie dziecka często przybiera formę nieposłuszeństwa, napadów złości, płaczu lub agresji. Wówczas rodzic reaguje wycofaniem wymagania, próbując w ten sposób powstrzymać zachowanie problemowe. Rezygnacja z wymagania w niezamierzony sposób uczy dziecko, że zachowanie problemowe jest skutecznym środkiem unikania wymagań i kontrolowania sytuacji. Ostatecznie dziecko uogólnia stosowanie zachowania problemowego jako narzędzia kontrolowania innego rodzaju sytuacji, na przykład w kontaktach z rówieśnikami w przedszkolu. Problemy rodziców z egzekwowaniem poleceń i stawianiem granic najprawdopodobniej wynikają z częstotliwości i uporczywości zachowań problemowych przejawianych przez dzieci z ADHD.

Rodzice mogą też reagować na napady złości lub nieposłuszeństwo dzieci, sięgając po środki kontroli z „górnego pułapu" (np. krzyk, grożenie karą, klapsy). W niektórych przypadkach dzieci mogą podporządkowywać się lub ulegać wymaganiom rodzicom po użyciu środków kontroli z górnego pułapu. Kiedy tak się dzieje, wówczas stosowanie przez rodziców gróźb, krzyku i karania fizycznego ulega wzmocnieniu, zostaje bowiem nagrodzone kapitulacją dziecka. W późniejszych negatywnych interakcjach rodzice zaczną więc częściej stosować skrajne środki kontroli, które czasem mogą prowadzić do krótkotrwałej poprawy zachowania dziecka, lecz rzadko okazują się skuteczne na dłuższą metę. Dlatego edukacja rodziców musi koncentrować się na poprawie ich sposobu reagowania na zachowania problemowe dzieci oraz na ograniczeniu interakcji opartych na wymuszaniu.

Zwykle wobec dzieci z ADHD rodzice są bardziej dyrektywni, na przykład stawiają im wiele wymagań i rzadziej nagradzają zachowanie pozytywne (Danforth i in., 1991; DuPaul i in., 2001). Mogą również łatwiej ulegać emocjom w stosunku do dziecka z ADHD, dając upust swej złości i niechęci (np. Buhrmester i in., 1992; Taylor i in., 1991). Ponadto w obecności obojga rodziców konflikty między matką a dzieckiem mogą powodować również nasilenie konfliktów między ojcem a dzieckiem (np. Buhrmester i in., 1992). Z badań wynika, że problematyczne interakcje rodziców i dziecka stanowią zapowiedź nieposłuszeństwa w szkole i innych środowiskach, a także innych problemowych zachowań w domu (np. Anderson, Hinshaw i Simmel, 1994). Interwencja nakierowana na poprawę interakcji rodziców i dziecka może więc zaowocować uogólnioną redukcją niepożądanego zachowania w różnych środowiskach.

Zaburzenia psychiczne rodziców

Jak zauważyliśmy wcześniej, trudne zachowania przejawiane często przez małe dzieci z ADHD wprawiają w ruch błędne koło, w którym negatywne reakcje rodziców jeszcze bardziej nasilają problemy dziecka. Choć ten cykl negatywnych interakcji może być specyficzny dla dziecka z ADHD, to jednak zaburzenia psychiczne rodziców również stanowią czynnik ryzyka, który może sprzyjać pojawieniu się poważniejszych problemów z zachowaniem dziecka (Johnston i Mash, 2001). ADHD cechuje się wysoką dziedzicznością, lecz z badań wynika, że ADHD bez innych zaburzeń u jednego z rodziców tylko w nieznacznym stopniu zwiększa ryzyko współwystąpienia ODD czy CD u dziecka (Lahey i in., 1988). To raczej obecność współwystępujących ODD, CD lub antyspołecznego zaburzenia osobowości u rodzica znacznie zwiększa ryzyko pojawienia się u dziecka podobnego zaburzenia współwystępującego. Na przykład Faraone i współautorzy (1997) stwierdzili, że 46% dzieci z ADHD i współwystępującym ODD ma rodziców z ADHD i współwystępującym ODD, CD lub antyspołecznym zaburzeniem osobowości.

Dla praktyków i klinicystów szczególne znaczenie ma sposób, w jaki cechy powiązane z zaburzeniami psychicznymi przejawiają się w interakcjach rodziców z dziećmi. Nigg i Hinshaw (1998) stwierdzili, że rodzice dzieci z ADHD i ODD lub CD istotnie różnią się od rodziców dzieci z grupy kontrolnej pod względem cech osobowości. Ojcowie dzieci z zaburzeniami współwystępującymi wyróżniają się niższym poziomem ugodowości, wyższym poziomem neurotyczności i częstszym występowaniem zespołu lęku uogólnionego, matki zaś – oprócz wyższego poziomu neurotyczności – cechują się mniejszą sumiennością i częstszym występowaniem depresji.

Depresja macierzyńska to temat wielokrotnie badany, zwłaszcza w kontekście rozwoju problemów z zachowaniem u dzieci (Cummings i Davies, 1999; Downey i Coyne, 1990; Elgar, McGrath i Waschbusch, 2004). Naukowcy stwierdzili, że między depresją matek a problemami internalizacyjnymi oraz eksternalizacyjnymi istnieje silny związek, przy czym dzieci matek z depresją mają diagnozowalne problemy psychiatryczne 3–4 razy częściej niż dzieci matek bez depresji (Anderson i Hammen, 1993; Cummings i Davies, 1999). Wydaje się, że negatywne zachowania matki i problemowe zachowania dziecka wzajemnie na siebie wpływają. Matki w depresji przejawiają w kontaktach ze swoimi dziećmi zazwyczaj więcej zachowań negatywnych, krytycznych, wrogich, niezaangażowanych i niewspierających, a zachowania te są nasilane przez problemowe zachowanie dzieci (np. Burge i Hammen, 1991; Hammen, Burge i Stansbury, 1990). Wydaje się, że takie dwustronne oddziaływanie ma największe znaczenie właśnie w okresie wczesnego dzieciństwa i przedszkola (Luthar i Zelazo, 2003), co podkreśla wagę wczesnych interwencji. Jednocześnie z niedawnych badań wynika, że mimo iż na problemy z zachowaniem dziecka składają się zarówno depresja matki, jak i zachowania rodzicielskie, zachowania rodzicielskie nie w pełni korygują wpływ depresji matki na stan dziecka (Chronis i in., 2007). Dlatego choć poprawienie interakcji między rodzicami a dziećmi jest bardzo ważne, to jednak w rodzinach, w których rodzice mają problemy psychiczne, trzeba zastosować również dodatkowe środki ochronne.

Akceptacja niepełnosprawności

Reakcje członków rodziny na niepełnosprawność dziecka są bardzo zróżnicowane. Diagnoza zaburzenia rozwojowego dziecka może wywołać w rodzicach znaczny stres i niepokój o przyszłość (np. Koegel i in., 2005). Uczucia te są często silniejsze, kiedy objawy dziecka mają poważny charakter (np. Singer i Irvin, 1991).

Reakcja rodziców na rozpoznanie zaburzenia rozwojowego może zależeć również od pochodzenia kulturowego rodziny. Na przykład niektóre rodziny uważają, że deficyty rozwojowe dziecka są naturalną częścią życia, i mają skłonność do odrzucania wszelkiego typu interwencji. Inne rodziny mogą odrzucać interwencję i świadczenia, ponieważ w ich kulturze zaburzenia rozwojowe u dziecka są traktowane jak kara boża (Chan, 1990; Groce i Zola, 1993). W jeszcze innych kulturach zaburzenia rozwojowe uważa się za skutek złych uczynków popełnionych przez kobietę w ciąży bądź przez samo dziecko w poprzednim życiu (Chen, Downing i Peckham-Hardin, 2002). Takie poglądy mogą wpływać na to, jak rodzina odnosi się do poszukiwania i przyjmowania świadczeń.

Różne mogą też być reakcje matek i ojców na etykietę „niepełnosprawności" (obecności zaburzenia rozwojowego). Według Singh (2003) postawy wielu ojców wobec diagnozy ADHD u dziecka można zaklasyfikować jako „niechętną wiarę" lub „tolerancyjną niewiarę". Poza tym Singh stwierdziła, że ojcowie z większymi oporami przyjmują medyczną otoczkę diagnozy swojego dziecka i częściej niż matki sprzeciwiają się interwencji farmakologicznej.

Postawy rodzicielskie wobec niepełnosprawności pociągają za sobą kilka konsekwencji. Po pierwsze, rodzice, którzy nie chcą zaakceptować niepełnosprawności swojego dziecka, mogą być mniej skłonni do uczestniczenia w interwencji. Singh (2003) uważa, że opór ojców wobec diagnozy ADHD może wyjaśniać ich nieobecność podczas ocen klinicznych i brak udziału w badaniach. Poza tym negatywne nastawienie do deficytów dziecka może obniżać wydolność wychowawczą, nastawienie pozytywne może natomiast poprawiać rezultaty dziecka. Lustig (2002) stwierdził, że rodziny, które potrafią w pozytywny sposób podchodzić do deficytów dziecka, postrzegają siebie jako bardziej kompetentne i są lepiej przystosowane jako rodzina. Matki o bardziej pozytywnym odbiorze dziecka z zaburzeniami rozwojowymi również zwykle lepiej oceniają funkcjonowanie swojej rodziny (Weinger, 1999).

Kultura i praktyki wychowawcze

Jak wcześniej wspomnieliśmy, pochodzenie kulturowe rodziny może wpływać na postawę wobec dziecka z zaburzeniami rozwojowymi. Kultura rodziny odgrywa także pewną rolę w praktykach wychowawczych. Oznacza to, że rodziny często czerpią wzorce wychowywania dzieci ze swoich kultury i tradycji. W badaniu porównującym okazało się, że matki pochodzenia meksykańsko-amerykańskiego, niezależnie od stopnia akulturacji, mają zbliżone do siebie poglądy na wychowywanie dzieci, odbiegające jednak od poglądów matek amerykańskich (Arcia, Reyes-Blanes i Vazquez-Montilla, 2000).

Kulturowe podejścia do rodzicielstwa są bardzo zróżnicowane. Na przykład tradycyjne rodziny latynoskie nie kładą nacisku na samodzielność dzieci, przedszkolaki mogą więc mieć ograniczone umiejętności w tym zakresie. W przypadku rodzin dzieci z ADHD oznacza to, że rodzice mogą niechętnie przyjmować programy nauczania wczesnych umiejętności. W poszczególnych kulturach odmiennie podchodzi się również do dyscyplinowania dziecka. Na przykład niektóre rodziny afroamerykańskie, azjatyckie lub latynoskie mogą stosować wobec dzieci takie formy dyscyplinowania jak bicie, krzyczenie lub zawstydzanie, które odbiegają od form wykorzystywanych zwyczajowo w środowisku szkolnym. Terapeuci muszą rozumieć, do jakich rodzajów praktyk wychowawczych odwołuje się dana rodzina, gdyż może to wpływać na odpowiedź dziecka na określone formy dyscyplinowania stosowane w szkołach. Poza tym rodzice mogą z niechęcią podchodzić do konkretnych praktyk, do których nie są przyzwyczajeni. Równie ważne jest też przystosowanie rodziny do amerykańskiej kultury szkolnej i zasad określających oczekiwania wobec dziecka, naukę i procedury dyscyplinarne (Neely-Barnes i Dia, 2008).

Różnice stylów wychowawczych mogą występować również wewnątrz rodziny. W wielu kulturach, na przykład u rdzennych Amerykanów, wielką rolę w wychowywaniu dzieci odgrywają członkowie wielopokoleniowej rodziny (Joe i Malach, 1998). Wpływa to na wybór osób, które powinny wziąć udział w edukacji rodzicielskiej. W takiej sytuacji wsparcie oferowane rodzinie może koncentrować się na wypracowaniu spójnego podejścia do problemów behawioralnych przez wszystkich członków rodziny, którzy spędzają czas z dzieckiem.

W różnych kulturach mogą dominować rozmaite style komunikacji. Różnice w stylach komunikacji mogą wpływać na współpracę praktyków z rodzinami w przygotowywaniu interwencji (Correa, 1987). Na przykład niektóre rodziny pochodzenia latynoskiego, rdzennie amerykańskiego lub azjatyckiego mogą niechętnie podchodzić do otwartego dzielenia się informacjami o rodzinie (Harry, 1992). Poza tym niektórzy rodzice mogą odczuwać potrzebę skonsultowania się z członkami rodziny przed podjęciem decyzji w sprawie interwencji lub świadczeń. Praktycy powinni zatem starać się dowiedzieć, jaki sposób komunikowania się dana rodzina preferuje, kiedy i gdzie powinny odbywać się wizyty, w jakim tempie ma rozwijać się relacja, oraz stwierdzić, których członków wielopokoleniowej rodziny należy zaprosić do udziału w spotkaniach i podejmowaniu decyzji.

Wsparcie społeczne i zdolność do samostanowienia

Zdolność członków rodziny do skutecznego zajmowania się problemami z zachowaniem dziecka zależy również od wsparcia społecznego i zdolności rodziny do samostanowienia (*empowerment*). Istnieje wiele form wsparcia społecznego, które pomagają rodzinom radzić sobie z wyzwaniami, jakie stawia posiadanie dziecka z problemami z zachowaniem (Lucyshyn i in., 2002). Nieformalne wsparcie może mieć postać pomocy w opiece nad dzieckiem i w innych obowiązkach, udzielanej przez rodzeństwo dziecka, jego dziadków i innych członków rodziny. Poza tym rodzice, którzy borykają się z podobnymi wyzwaniami w wychowywaniu dzieci, mogą służyć sobie nawzajem wsparciem i radą. Wsparcie formalne obejmuje takie świadczenia, jak: terapia logopedyczna, wsparcie behawioralne w domu, usługi w zakresie wczesnej interwencji oraz opieka zastępcza („wytchnieniowa").

Trzeba również wziąć pod uwagę to, jak wsparcie społeczne wpływa na jakość życia rodziny (Schippers i van Boheemen, 2009). Wiele rodzin nie chce uczestniczyć w życiu społeczności z dzieckiem, które stwarza poważne problemy z zachowaniem. Członkowie rodziny mogą rezygnować z form aktywności, które niegdyś były dla nich źródłem wsparcia i przyjemności, takich jak chodzenie do kościoła czy choćby spacer w parku. Wycofując się z przyjemnych aktywności, rodziny zaczynają odczuwać osamotnienie i bezsilność. Dlatego tak ważne jest pomaganie rodzinom w podjęciu kroków, które umożliwiają powrót do sprawiających radość aktywności. Może to obejmować zaplanowanie regularnej opieki dla dziecka lub opieki zastępczej. Pomocne może być również poinformowanie członków społeczności o zaburzeniu rozwojowym dziecka i zachowaniach, jakich w związku z tym należy się spodziewać. Dzieci są często wykluczane z różnych środowisk społecznych, ponieważ ludzie nie rozumieją odmienności zachowań związanych z zaburzeniami rozwojowymi i nie znają skutecznych strategii zapobiegania problemom. Dlatego warto opracować interwencje dla środowisk społecznych, a członków społeczności nauczyć ich wdrażania. Można na przykład przeprowadzić coaching dla nauczyciela szkółki niedzielnej i nauczyć go, jak zorganizować zajęcia z częstymi przerwami, dużą liczbą wzmocnień i przyznawaniem żetonów za okresy odpowiedniego zachowania.

Elementem wsparcia społecznego jest zdolność rodziców do samostanowienia (*empowerment*). *Zdolność do samostanowienia* obejmuje zdolność do uczestnictwa i skutecznego zarządzania w zakresie interwencji i świadczeń dla swojego dziecka (Turnbull i Turnbull, 2000). Zdolni do samostanowienia rodzice mają poczucie, że potrafią skutecznie zarządzać zachowaniem własnego dziecka w codziennym porządku dnia. Potrafią również dobrze komunikować się i negocjować z personelem przedszkola i innymi osobami świadczącymi usługi. Natomiast rodzice, którzy nie mają poczucia samostanowienia, mówią, że czują się bezradni, zestresowani, a czasami przygnębieni (Koegel i in., 2005). Co więcej, przeważnie w znacznym stopniu zdają się na profesjonalistów i nie są w stanie postrzegać samych siebie jako partnerów wnoszących cenny wkład. Z badań wynika, że dzieci z rodzin, które są zdolne do samostanowienia, robią większe postępy niż dzieci rodziców, których rodzice nie mają poczucia samostanowienia. Dlatego praktycy często uznają wzmocnienie zdolności do samostanowienia rodziny za jeden z celów interwencji (Koegel, Koegel i Schreibman, 1991).

Zalecenia dotyczące wspierania rodzin

Redukcja problemów z zachowaniem dziecka

Prawdopodobnie najważniejszy obszar, którym należy się zająć, udzielając pomocy rodzinom, stanowią problemy z zachowaniem dziecka. Wspomnieliśmy już, że problemowe zachowania dziecka przyczyniają się w znacznym stopniu do stresu rodzicielskiego, który z kolei przeszkadza w skutecznym wychowywaniu. Ponadto problemowe zachowania dziecka ograniczają udział rodziny w życiu społeczności oraz korzystanie z przyjemnych rozrywek. Może to nasilać poczucie osamotnienia i jeszcze bardziej odcinać dostęp do wsparcia.

Problemowe zachowania dziecka nie tylko negatywnie wpływają na stres i styl życia rodziców, lecz także – jak wynika z badań – często rodzice nie potrafią reagować na nie w sposób, który skutecznie zmniejszałby prawdopodobieństwo ich późniejszego występowania. Co więcej, reakcje rodziców mogą w niezamierzony sposób nasilać problemy z zachowaniem. Należy zatem wprowadzić strategie, których wdrożenie pozwoli członkom rodziny zapobiegać zachowaniom problemowym oraz skutecznie sobie z nimi radzić, gdy się pojawią. Jak wskazaliśmy w rozdziale 3, plan behawioralny obejmujący strategie redukowania zachowań problemowych dziecka powinien obejmować również strategie nauki zachowań właściwych. Kiedy podpowiada się i wzmacnia świeżo wyuczone właściwe zachowania, wówczas zachowania te prawdopodobnie uogólnią się na różne sytuacje i środowiska, dzięki czemu rodzina będzie mogła swobodnie uczestniczyć w życiu społeczności.

Poprawa interakcji między rodzicami a dziećmi

Poprawa interakcji między rodzicami a dziećmi także powinna stanowić jeden z celów wsparcia udzielanego rodzinie. Należy poprawić nie tylko interakcje zachodzące w kontekście zachowania problemowego dziecka, lecz także zająć się ogólniejszymi interakcjami. Mówiliśmy o tym, że problemy dziecka mają związek z psychopatologią rodziców (tj. ODD, CD, antyspołecznymi zaburzeniami osobowości, depresją). Wyjaśniliśmy też, w jaki sposób pewne zaburzenia mogą przejawiać się w interakcjach między rodzicami a dziećmi. Na przykład matki cierpiące na depresję na ogół odnoszą się do swoich dzieci negatywnie, krytycznie i wrogo (np. Burge i Hammen, 1991; Hammen i in., 1990), co może przyczyniać się do rozwoju ODD lub CD u dziecka. Wydaje się, że owe problematyczne interakcje wywierają największy wpływ wtedy, gdy dzieci są małe (Luthar i Zelazo, 2003). Zatem pomaganie rodzicom w skupianiu się na pozytywnych zachowaniach dziecka we wczesnym wieku i nagradzaniu ich może częściowo złagodzić wpływ psychopatologii rodziców. Ponadto jeśli rodzice nie leczą swoich zaburzeń psychicznych, to praktycy powinni skierować ich do odpowiednich klinicystów i wspierać w uzyskaniu dostępu do terapii.

Zrozumienie kultury i wartości rodziny

Zapewnienie rodzinie skutecznego wsparcia wymaga zrozumienia jej kultury i wartości. Klinicyści najefektywniej pracują z rodzinami wówczas, kiedy rozumieją wiele wymiarów kultury, zwłaszcza tych związanych z wychowywaniem dzieci. Należą do nich między innymi zapatrywania na deficyty rozwojowe, oczekiwania co do właściwych zachowań oraz podejście do dyscypliny. Klinicyści muszą również zrozumieć preferowany przez rodziców styl interakcji i stopień otwartości w dzieleniu się informacjami osobistymi.

Zapoznanie się z wartościami i preferencjami każdej rodziny to proces, który może trwać wiele tygodni, lecz tworzy fundament przyszłych kontaktów. Na początku świadczenia usług należy koniecznie określić, jakie obawy, priorytety i oczekiwania każda rodzina łączy z interwencją. Trzeba wskazać, gdzie najczęściej występują problemy (włączając w to lokalne środowiska społeczne), i upewnić się, że interwencje da się zastosować we wszystkich środowiskach. W planowaniu interwencji i osiąganiu ewentualnych kompromisów przydaje się także znajomość typowych zwyczajów wychowawczych. Warto również dowiedzieć się, jaki styl, tryb i częstotliwości komunikacji rodzina uważa za najkorzystniejsze. Jeśli prowadzenie przez praktyka obserwacji podczas konkretnych zajęć domowych jest dla rodziny krępujące, to można sięgnąć po inne metody zbierania informacji do oceny i określenia skuteczności interwencji. Rodzice mogą na przykład filmować siebie i dziecko lub samodzielnie zbierać dane, a klinicyści mogą obserwować członków rodziny podczas wdrażania interwencji w innych miejscach i dawać zalecenia dotyczące uogólnienia interwencji. Należy również ocenić role poszczególnych członków rodziny, uwzględniając w tym różne pokolenia, aby upewnić się, że wszystkie osoby wchodzące w interakcje z dzieckiem będą w stanie wdrażać interwencje i wsparcie w konsekwentny i zarazem dogodny dla siebie sposób.

Wzmocnienie zdolności rodziny do samostanowienia

Ostatnie zalecenie dotyczy zachęcania członków rodziny do aktywnego uczestnictwa w interwencjach i świadczeniach udzielanych dziecku. Obejmuje to przede wszystkim postrzeganie rodziców jako partnerów, których wiedza i doświadczenie mają podstawowe znaczenie dla opracowania interwencji. Rodzice powinni mieć świadomość, że traktowani są jak współpracownicy i partnerzy.

Poza tym należy rodziców uczyć, jak być rzecznikiem własnego dziecka i zabiegać o potrzebne mu świadczenia (Jensen, 2004). Opanowanie przez rodziców tej umiejętności, gdy ich dzieci są bardzo małe, zwiększa prawdopodobieństwo, że dzieci będą otrzymywać odpowiednie świadczenia przez cały okres edukacji i korzystać z zasobów placówek środowiskowych. Praktycy powinni zadbać o to, by rodzice mieli świadomość usług edukacyjnych, do których uprawnione są ich dzieci na mocy ustawy o kształceniu osób niepełnosprawnych (*Individuals with Disabilities Education Improvement Act*) z 2004 r., również tych, które są dostępne przed rozpoczęciem nauki w szkole. Rodzice powinni również znać paragraf 504 ustawy o rehabilitacji (*Rehabilitation Act*) – mowa w nim o przystosowaniach dla osób, które mają specjalne potrzeby, ale nie wymagają usług edukacji specjalnej. Rodzice powinni dobrze i w pełni rozumieć, jakich usług potrzebuje dziecko, jak dopilnować świadczenia usług zgodnie z przeznaczeniem i jak ocenić skuteczność tych usług[1].

Oprócz usług świadczonych w szkole zdolni do samostanowienia rodzice potrafią rozeznać się w świadczeniach środowiskowych oraz je uzyskać. Klinicyści mogą podpowiedzieć rodzinom, o co pytać i jak korzystać z przysługujących im praw, które regulują dostępność usług. Poza tym rodzice powinni się nauczyć, jak obiektywnie oceniać świadczone usługi, a jeśli uznają je za nieskuteczne lub niewystarczające – jak domagać się usług zastępczych.

Kolejnym obszarem wspierania rodziców przez klinicystów jest współpraca z pediatrami i psychiatrami[2]. Ma to szczególne znaczenie dla rodziców dzieci z ADHD ze względu na częste stosowanie farmakoterapii w tej populacji. Kontakt pediatrów i psychiatrów[3] z dzieckiem przeważnie ogranicza się do krótkich umówionych wizyt. Dlatego w dużej mierze polegają oni na rodzicach jako źródle informacji, które pozwolą im ocenić, czy potrzebna jest farmakoterapia i czy przepisane leczenie przynosi rezultaty. Kiedy rodzice są skutecznymi rzecznikami, dzieci mają większe szanse na odpowiednie i efektywne interwencje farmakologiczne. Zestawienie zaleceń dotyczących wsparcia oferowanego rodzinie przedstawiono w tabeli 8.3.

---

[1] W Polsce też istnieją odpowiednie przepisy prawa oświatowego i ważne jest, by rodzice je poznali, np. zasięgając informacji u diagnozującego dziecko psychologa, w Poradni Psychologiczno-Pedagogicznej lub w stowarzyszeniach wspierających osoby z ADHD i ich rodziny (przyp. red. nauk.).

[2] W Polsce jest to przede wszystkim współpraca z psychiatrami dzieci i młodzieży (przyp. red. nauk.).

[3] W Polsce decyzji o rozpoczęciu farmakoterapii ADHD nie może podjąć pediatra (przyp. red. nauk.).

Tabela 8.3. Zalecenia dotyczące wsparcia oferowanego rodzinie oraz ich skutki

Zalecenie	Skutki
Redukcja problemów z zachowaniem dziecka	Zmniejszenie stresu rodzicielskiego Aktywniejsze uczestnictwo w życiu społeczności
Poprawa interakcji między rodzicami a dziećmi	Redukcja zachowań problemowych dziecka Zapobieganie problemom z zachowaniem dziecka
Zrozumienie kultury i wartości rodziny	Lepsza relacja między rodziną a klinicystą Interwencja dopasowana do preferencji rodziny Lepsze przestrzeganie planu interwencji przez rodzinę
Wzmocnienie zdolności samostanowienia rodziny	Większe poczucie skuteczności rodziców Lepsza zdolność uzyskiwania dostępu do usług

Przykład wspierania rodziny

Rodzina Silva starała się uzyskać usługi interwencyjne w ramach naszego projektu dla pięcioletniej wnuczki Ramony, u której rozpoznano ADHD. Matka Ramony nie była w stanie się nią opiekować, więc obowiązki rodzicielskie przejęli dziadkowe. Państwo Silva uczęszczali na zajęcia edukacyjne dla rodziców, ale Ramona nadal zachowywała się problemowo. Podjęto więc interwencję na poziomie 2 (tj. coaching w domu). Aby wspólnie określić cele, nasz terapeuta na początku poprosił dziadków o sporządzenie listy celów interwencji dla Ramony. Następnie przejrzał z nimi wskazane cele i razem uzgodnili hierarchię ich ważności. Potem konsultant miał przyjrzeć się naturalnym interakcjom między dziadkami a wnuczką oraz codziennym zajęciom w domu. Terapeuta przez pewien czas obserwował członków rodziny, dopytując się o procedury i sytuacje, żeby zrozumieć kulturę i wartości tej rodziny.

Terapeuta zauważył, że dziadkowie umiejętnie wdrażają interwencje, których nauczyli się na sesjach edukacyjnych dla rodziców, ale wieczorem ogarniało ich zmęczenie, a ponieważ nie chcieli już wdawać się w kłótnie z Ramoną, ulegali jej żądaniom. Kiedy terapeuta rozmawiał o tym spostrzeżeniu z państwem Silva, przyznali, że trudno im zachować konsekwencję, kiedy są zmęczeni pod koniec dnia. Dlatego terapeuta opracował z państwem Silva plan interwencji z przewidywalnym porządkiem dnia dla Ramony, w którym ograniczono czas trwania niektórych zajęć (tj. oglądanie telewizji, gra na komputerze), zajęcia nielubiane zaplanowano przed zajęciami preferowanymi (posprzątanie zabawek przed oglądaniem telewizji) i ustalono stałą porę kładzenia się spać i związane z tym rutynowe czynności. Ponadto dziadkowie Ramony zaproponowali, że będą opiekować się nią na zmianę, żeby każde z nich miało przewidywalne, ustalone z góry przerwy na odpoczynek. Państwo Silva byli bardzo zaangażowani w dbanie o dobro wnuczki, dlatego terapeuta zaproponował, żeby znaleźli trochę czasu na wzajemne docenianie swoich mocnych stron i wspieranie siebie nawzajem.

Przez kilka sesji konsultant uczył dziadków, jak wdrażać harmonogram, między innymi jak egzekwować polecenia, kiedy Ramona stawiała opór.

Po trzech tygodniach interwencji państwo Silva zauważyli znaczną poprawę zachowania Ramony. Ustalony porządek codziennych zajęć pomógł zarówno dziewczynce, jak i jej dziadkom. Stwierdzili oni również, że naprzemienne sprawowanie bieżącej opieki pomogło im „złapać drugi oddech" i bardziej konsekwentnie postępować z wnuczką. Ponadto zauważyli, że dzięki rozmowom o swoich mocnych stronach zyskali większe poczucie skuteczności i siły. Terapeuta kontynuował pracę z państwem Silva, wprowadzając drobne modyfikacje do planu, aby lepiej dopasować go do ich preferencji i porządku dnia.

Wnioski

Interwencje wdrażane przez członków rodziny w domu mają fundamentalne znaczenie dla zapobiegania poważnym zaburzeniom zachowania (np. ODD, CD) u dzieci z objawami ADHD. Udana interwencja wymaga, by rodzice wdrażali strategie zapobiegające wystąpieniu zachowań problemowych, a gdy takie zachowania się pojawią, by reagowali w sposób, który minimalizuje prawdopodobieństwo ich ponownego wystąpienia. Rodzice regularnie borykają się z wyzwaniami, które mogą ograniczać ich zdolność do wdrażania skutecznych strategii redukcji zachowań. Wybór rodzaju interwencji, których wdrażanie będzie dogodne dla rodziny, zależy również od jej tradycji kulturowych i wyznawanych wartości. Dlatego interwencje domowe muszą być skupione na rodzinie. Praktycy powinni dokładnie poznać kulturę i wartości danej rodziny, a także zmienne, które mogą wpływać na wdrażanie interwencji. Najczęściej występujące wyzwania i możliwe rozwiązania przedstawiono w załączniku 8.1.

Nawiązując relację terapeutyczną z rodzinami, klinicyści muszą rozumieć specyficzny wkład, jaki w tworzenie planu interwencji mogą wnieść członkowie rodzin. Rodzice mają jedyną w swoim rodzaju wiedzę o wcześniejszych i obecnych problemach z zachowaniami dziecka. W planie interwencji należy też uwzględnić kulturę rodziny i osobiste wartości. Rodzice powinni być postrzegani jako współpracownicy i partnerzy w procesie tworzenia interwencji. Rodzice traktowani jako ważni i cenni uczestnicy obdarzają praktyków zaufaniem i konstruktywnie z nimi współpracują.

Na powodzenie planu behawioralnego wpływa kilka zmiennych powiązanych z rodziną. Skuteczne wdrażanie interwencji może na przykład zmniejszać stres rodzicielski, który powszechnie występuje wśród rodziców dzieci z zaburzeniami rozwojowymi. Interakcje między rodzicami a dzieckiem mogą ograniczyć lub nasilić problemowe zachowanie dziecka. Na wyniki dziecka może wpływać również obecność zaburzeń psychicznych u rodziców. Poza tym rodziny mają różny stosunek do faktu posiadania dziecka z zaburzeniami rozwojowymi. Silnie zróżnicowane są też praktyki wychowawcze, często kształtowane przez kulturę i tradycję. Ostatnim czynnikiem jest wsparcie społeczne i zdolność do samostanowienia, które mogą wzmocnić osobiste poczucie skuteczności i sukcesu oraz pozytywnie wpłynąć na dziecko.

Przedstawiamy kilka zaleceń, które mogą poprawić relację między praktykami a członkami rodziny oraz korzystnie wpłynąć na dziecko. Najważniejsze może się okazać opracowanie strategii skutecznego redukowania problemów z trudnymi zachowaniami dziecka, gdyż takie strategie mogą przy okazji przynieść wiele pobocznych korzyści, w tym obniżenie stresu rodzicielskiego i możliwość większego udziału w życiu społeczności. Wymaga to poprawy interakcji między rodzicami a dzieckiem zarówno w kontekście zachowań problemowych, jak i poza nim. Ponadto przystępując do interwencji, należy ustalić obawy, priorytety i oczekiwania każdej rodziny. Klinicyści muszą również określić, jaki styl i tryb komunikacji sprawdza się najlepiej w danej rodzinie. Wymaga to dobrej znajomości kultury i wartości tej rodziny. Jednym z celów interwencji powinno być również wzmocnienie zdolności rodzin do samostanowienia, tak aby ich członkowie czuli się pewnie, zajmując się problemami z zachowaniem dziecka, znali prawa dziecka w zakresie należnych usług, byli w stanie skutecznie zabiegać w imieniu dziecka o interwencje i usługi świadczone w szkołach i placówkach środowiskowych oraz potrafili obiektywnie oceniać skuteczność każdej interwencji dla dziecka.

Załącznik 8.1. Problemy związane z wdrażaniem interwencji

Problem: Próbuję pracować z pewną rodziną, lecz jej członkowie oczekują, że będę im mówił, co mają robić, i irytują się, kiedy ciągle proszę ich o inicjatywę.

Możliwe rozwiązanie: Większość rodzin nie jest przyzwyczajona do partnerskiej współpracy z profesjonalistą i być może wcześniej nikt nie pytał tych osób o zdanie. Rodzice mogą też być sfrustrowani problemowym zachowaniem dziecka i oczekują rozwiązań. Ważne, by terapeuci lub klinicyści koncentrowali się nie tylko na uczeniu rodziców technik (np. planowanego poświęcania uwagi, ignorowania i chwalenia), lecz także wspólnie z rodzicami decydowali, jak stosować te techniki. Trzeba również wyjaśnić rodzicom, że ten rodzaj współpracy ma podstawowe znaczenie dla wdrażania technik w sposób akceptowany i praktyczny.

Problem: Wielu rodziców na moich zajęciach edukacyjnych dla rodziców jest sfrustrowanych i zestresowanych i uważa, że nic nie może im pomóc.

Możliwe rozwiązanie: Duża grupa rodziców próbowała wielokrotnie i nadaremnie powstrzymać problemy z zachowaniem dziecka. W takich przypadkach trzeba nauczyć rodziców jednej techniki, zamiast przytłaczać ich mnogością strategii. Trzeba też się upewnić, że są w stanie konsekwentnie wdrażać tę technikę. Warto zbierać dane, aby rodzice mogli się przekonać, że dziecko robi postępy, choć stopniowe. Rodzice powinni również rozumieć, że techniki stosowane przez nich wobec dzieci bez ADHD (np. odsyłanie do innego pokoju) niekoniecznie muszą się sprawdzać wobec dziecka z ADHD. Poza tym rodzice mogą nawzajem się wspierać i dodawać sobie otuchy podczas zajęć grupowych, takich jak na przykład przeznaczone dla nich szkolenia.

Problem: Pracuję z pewną rodziną, która nie ufa profesjonalistom. Ma za sobą złe doświadczenia i nie chce się otworzyć.

Możliwe rozwiązanie: Kiedy rodzice są nieufnie nastawieni do profesjonalistów, nie należy się śpieszyć. Rodzice muszą najpierw zrozumieć, że profesjonalista ma obowiązek współpracować z nimi w rozwiązywaniu problemów z zachowaniem dziecka i nie interesuje go obwinianie kogokolwiek. Rodzice często zgłaszają, że profesjonaliści (np. nauczyciele przedszkolni) kontaktują się z nimi tylko wtedy, gdy dziecko jest niegrzeczne. Dlatego tak ważne jest podejście oparte na mocnych stronach. Kiedy interwencja jest oparta na mocnych stronach dziecka (oraz jego rodziców), rodzice mają większe poczucie samostanowienia i nie czują się obwiniani za problemy dziecka.

ROZDZIAŁ 9

Wyniki badań i wskazówki na przyszłość

Opisane w tej książce podejście do wczesnej interwencji opiera się na badaniach empirycznych, które przeprowadził nasz zespół oraz inni badacze zajmujący się małymi dziećmi z zespołem nadpobudliwości psychoruchowej z zaburzeniami uwagi (ADHD) i współwystępującymi zaburzeniami. W ostatnim rozdziale przedstawiamy wyniki badań dotyczących skuteczności wczesnej interwencji w tej populacji ze szczególnym uwzględnieniem zakrojonego na szeroką skalę badania zrealizowanego pod naszym kierownictwem. Przedstawiamy również ogólne koncepcje leżące u podstaw programu wczesnej interwencji, podsumowując w ten sposób główne wątki niniejszej książki. Na koniec omawiamy wskazówki co do przyszłych badań i praktyki w dziedzinie wczesnej interwencji dla małych dzieci z ADHD.

Badania nad rezultatami wczesnej interwencji

W ostatnich kilkudziesięciu latach badano empirycznie efekty różnych interwencji nakierowanych na małe dzieci z ADHD bądź z cechami ADHD. W badaniach tych skupiono się głównie na terapii lekami stymulującymi oraz na interwencjach behawioralnych wdrażanych w domu lub przedszkolu (przegląd piśmiennictwa, zob. Ghuman, Arnold i Anthony, 2008). Otrzymane wyniki wskazują, że farmakoterapia i interwencje behawioralne znacznie redukują symptomatyczne zachowania składające się na ADHD, a także poprawiają stosowanie się do poleceń wydawanych przez osoby spełniające funkcję autorytetów oraz do zasad obowiązujących w klasie. W większości dotychczasowych badań zajmowano się poszczególnymi metodami terapeutycznymi w oderwaniu od siebie, a nie protokołami kompleksowej terapii prowadzonej w różnych środowiskach. Dążąc do opracowania bardziej wszechstronnego, wielośrodowiskowego podejścia do wczesnej interwencji, nasz zespół badawczy przeprowadził serię badań, które stanowią przyczynek do zintegrowanego, wielopoziomowego podejścia w środowisku domowym i przedszkolnym.

Projekt wczesnej interwencji w ADHD

Nasz zespół badawczy z Lehigh University zrealizował kilka badań, które stanowią podstawę programu wczesnej interwencji opisanego w tej książce. Najpierw przeprowadziliśmy pilotażowe badanie środowiskowego programu interwencji dla małych dzieci z ADHD (McGoey i in., 2005). Próba obejmowała 57 dzieci (w wieku 3 i 4 lat) z rozpoznanymi cechami ADHD, które zostały skierowane przez specjalistów z placówek środowiskowych (np. pediatrów), nauczycieli przedszkolnych oraz rodziców. Dzieci przypisano losowo do grupy kompleksowej interwencji (na którą składały się edukacja rodzicielska i konsultacje behawioralne w przedszkolu) lub do grupy kontrolnej korzystającej z usług środowiskowych (rodziny korzystające np. z leczenia farmakologicznego). Przez 15 miesięcy okresowo gromadzono dane na temat funkcjonowania obu grup, obejmujące ocenę zachowania dzieci przez rodziców i nauczycieli, obserwacje interakcji między rodzicami a dziećmi oraz zachowania w przedszkolu, dokumentację dotyczącą liczby obrażeń i korzystania z pomocy medycznej, rodzicielskie oceny stresu i funkcjonowania rodziny oraz krótki test rozwoju poznawczego dziecka. Podczas badania w grupie kompleksowej interwencji stwierdzono poprawę zachowania dzieci (w domu i w szkole), redukcję stresu rodzicielskiego i lepszą adaptację rodziny w porównaniu z grupą kontrolną, korzystającą z usług środowiskowych (McGoey i in., 2005). Głównym rezultatem kompleksowej interwencji była zmiana trajektorii zachowania dziecka w czasie w zestawieniu z uczestnikami z grupy kontrolnej. Rodzice i nauczyciele zgodnie stwierdzili, że procedury kompleksowej interwencji są wysoce akceptowalne i umiarkowanie skuteczne. Choć kilkorgu dzieciom, które objęte były wczesną interwencją, przepisano leczenie farmakologiczne, w badaniu pilotażowym nie otrzymano statystycznie istotnych zmian w zakresie korzystania z usług medycznych ani rozwoju poznawczego.

Po badaniu pilotażowym opracowaliśmy szerzej zakrojony program wczesnej interwencji i oceniliśmy go na dużej próbie małych dzieci z ADHD. Celem naszego projektu Early Intervention for ADHD (EIA) była ewaluacja dwóch rodzajów interwencji nakierowanych na redukowanie zachowań problemowych związanych z ADHD oraz negatywnych następstw, jakie zachowania te zwykle za sobą pociągają. Trzeba podkreślić, że dla celów porównawczych przyjęliśmy kryteria włączenia uczestników do projektu EIA bardzo zbliżone do kryteriów zastosowanych w badaniu nad leczeniem ADHD u dzieci przedszkolnych (Preschool ADHD Treatment Study, PATS; Greenhill i in., 2006), w którym badano efekty leczenia lekami stymulującymi (zob. rozdz. 7). Przeprowadziliśmy wielofazowe badania przesiewowe, w których zidentyfikowano dzieci spełniające kryteria *DSM-IV-TR* (American Psychiatric Association, 2000) jednego z trzech podtypów ADHD na podstawie wywiadów diagnostycznych z rodzicami, a także rodzicielskich i nauczycielskich ocen objawów ADHD powyżej 93 centyla na skalach Conners Rating Scales (Conners, 1997). Wykluczono dzieci z autyzmem, niskimi zdolnościami poznawczymi lub zaburzeniami zachowania (CD). Większość (76%) próby spełniało kryteria zaburzenia opozycyjno-buntowniczego (ODD).

Po badaniu przesiewowym kryteria włączenia spełniało 137 dzieci. Przydzielono je losowo do grupy interwencji wieloskładnikowej (Multicomponent Intervention, MCI; *n* = 73) lub grupy edukacji rodzicielskiej (Parent Education, PE; *n* = 64). Przed rozpoczęciem terapii wykonano testy *t* oraz analizy chi-kwadrat i na ich podstawie nie stwierdzono żadnych istotnych różnic między grupami pod względem wieku dzieci, płci, zawodu rodziców i ich wykształcenia, podtypu ADHD, obecności ODD ani przyjmowania leków psychotropowych. Grupa MCI przez dwa lata objęta była interwencją skoncentrowaną na trzech obszarach (problemy z zachowaniem, umiejętności związane z dojrzałością szkolną oraz bezpieczeństwo dziecka), prowadzoną zarówno w domu, jak i w przedszkolu lub żłobku. Grupa ta korzystała zatem z wielu elementów wczesnej interwencji na wszystkich trzech poziomach opisanych w poprzednich rozdziałach. Edukacja rodziców składała się z 20 dwugodzinnych sesji, skoncentrowanych na zarządzaniu zachowaniem, umiejętnościach przedszkolnych oraz na bezpieczeństwie dziecka (to długoterminowa wersja interwencji na poziomie 1 opisanej w rozdz. 3 wraz ze składnikami dotyczącymi umiejętności szkolnych i bezpieczeństwa, przedstawionymi odpowiednio w rozdz. 5 i 6). Wykorzystano program środowiskowej edukacji rodzicielskiej Community Parent Education (COPE; Cunningham, 2006), uzupełniony o sesje na temat ADHD (np. charakterystyki, występowania tego zaburzenia), behawioralnej analizy zachowania, profilaktyki obrażeń oraz wczesnych umiejętności w zakresie pisania i czytania oraz liczenia. Oprócz szkolenia dla rodziców przeprowadzono oceny funkcjonalne i analizy funkcjonalne w domach dzieci. Na podstawie zgromadzonych informacji opracowano zindywidualizowane interwencje oparte na behawioralnej analizie zachowania (dla poziomu 3 opisanej w rozdz. 3). Rodzice korzystali z coachingu w trakcie wdrażania interwencji. Przeprowadzono także behawioralne analizy zachowania w przedszkolu lub żłobku i opracowano zindywidualizowane interwencje (dla poziomu 3 opisane w rozdz. 4). Podobnie jak rodzice, również nauczyciele przedszkolni i opiekunowie korzystali z coachingu podczas właściwego wdrażania interwencji.

Grupa PE korzystała przez dwa lata jedynie z edukacji rodzicielskiej. A zatem grupa ta była objęta długoterminową wersją interwencji domowej na poziomie 1, opisanej w rozdziale 3. Także i w tej grupie przeprowadzono 20 dwugodzinnych sesji. Wykorzystano program Early Childhood Systematic Training for Effective Parenting (Dinkmeyer i in., 1997) obejmujący sesje dotyczące ogólnych zagadnień związanych z wychowywaniem dzieci (rozumienia zachowania dzieci, dyscypliny, rozwoju społeczno-emocjonalnego). Program uzupełniono o sesje poświęcone takim kwestiom, jak: informacje o ADHD (np. charakterystyka, występowanie), zdrowie i żywienie dzieci, rozwój poznawczy i językowy, bezpieczeństwo, dbanie rodziców o samych siebie i przygotowanie do szkoły.

Rezultaty terapii oceniono za pomocą wielu miar opisanych w rozdziale 1, takich jak na przykład: (a) standaryzowane oceny w formie kwestionariuszy wypełnianych przez rodziców i nauczycieli z przedszkola lub żłobka, (b) oceny umiejętności przedszkolnych w testach dla dzieci oraz (c) obserwacje bezpośrednie. Rezultaty po roku i po 2 latach poddano analizie z wykorzystaniem hierarchicznego modelowania liniowego. Wyniki wskazywały, że po roku od rozpoczęcia interwencji nie było istotnych różnic między dwiema grupami objętymi terapią (Kern i in., 2007). Co ważne, w prawie wszystkich miarach zależnych (16 z 18), które sprawdzano w tym punkcie czasowym, nastąpił statystycznie istotny wzrost ($p < 0{,}01$). Na podstawie pomiarów dokonanych przy użyciu kwestionariuszy Child Behavior Checklist (Achenbach, 1991a), Teacher Rating Form (Achenbach, 1991b) oraz Conners Rating Scales-Revised Long Form (Conners, 1997) stwierdzono ujemne trajektorie dla zachowań agresywnych, zachowań przestępczych, problemów ADHD, problemów opozycyjno-buntowniczych i problemów z zachowaniem. Ponadto stwierdzono statystycznie istotny pozytywny trend w odniesieniu do umiejętności społecznych ocenianych przez rodziców i nauczycieli (Social Skills Rating System – Parent Form i Teacher Form; Gresham i Elliott, 1990) oraz wczesnych umiejętności czytania i pisania, w tym biegłości rozpoznawania pierwszej głoski, biegłości nazywania liter oraz biegłości wyodrębniania fonemów (Dynamic Indicators of Basic Early Literacy Skills) (Kaminski i Good, 1996). Jedynymi obszarami, w których nie uzyskano istotnego trendu, były obszary zachowań przestępczych oraz gotowości szkolnej (Bracken Basic Concept Scale-Revised; Bracken, 1998).

Podobne rezultaty uzyskano dla rozszerzonego zbioru 46 miar zależnych, ocenianych co 6 miesięcy przez 2 lata. Stwierdzono na przykład statystycznie istotne ($p < 0{,}05$) nachylenie liniowe dla 30 miar, wszystkie w oczekiwanym kierunku (tj. negatywne nachylenie w zakresie rodzicielskich i nauczycielskich ocen problemów z zachowaniem oraz w zakresie obserwacji zachowań nieposłusznych i nieskoncentrowanych na zadaniach, oraz pozytywne nachylenie dla rodzicielskich i nauczycielskich ocen umiejętności społecznych oraz bezpośredniej oceny umiejętności szkolnych). Istotne nachylenie kwadratowe (oznaczające zmianę kierunku nachylenia) stwierdzono dla 14 miar. W większości zaobserwowano gwałtowne zmiany na początku, następnie krzywa nachylenia stopniowa malała w czasie.

Istotne różnice między grupami MCI i PE pod względem nachylenia liniowego lub kwadratowego (bądź obu) stwierdzono w obrębie 9 miar, w tym ocen stresu rodzicielskiego i radzenia sobie rodziny, nauczycielskich ocen zachowania opozycyjnego oraz bezpośrednich obserwacji zachowań nieskoncentrowanych na zadaniu, nieposłuszeństwa i pozytywnego zaangażowania społecznego w przedszkolu oraz w domu. Po upływie 2 lat większość tych różnic w rezultatach wypadała na korzyść grupy MCI, a dotyczyło to między innymi radzenia sobie rodziny, ocen stresu rodzicielskiego i problematycznych interakcji między rodzicami a dzieckiem, bezpośrednich obserwacji zachowań nieskoncentrowanych na zadaniu w klasie i pozytywnego zachowania w interakcjach między rodzicami a dzieckiem oraz nauczycielskich ocen zachowania opozycyjnego. Dwa lata po rozpoczęciu terapii odsetek dzieci spełniających kryteria ADHD i ODD według *DSM-IV-TR* zmniejszył się z wyjściowych 100% do 61,5% (ADHD) i z 76% do 46,2% (ODD). Ponadto po dwóch latach terapii jedynie 8,3% badanej próby spełniało początkowe kryteria włączenia do badania (tj. kryteria *DSM-IV-TR* oraz skrajne rodzicielskie i nauczycielskie oceny zachowania). Żaden z uczestników nie spełniał kryteriów CD po 2 latach i jedynie 29,1% było objętych farmakoterapią. Choć nie stwierdzono statystycznie istotnych różnic między grupami pod względem diagnozy i rezultatów farmakoterapii, kierunek różnic w większości przypadków był korzystniejszy dla grupy MCI. Również odsetek diagnoz i zaburzeń funkcjonowania (zob. rys. 9.1) oraz odsetek dzieci leczonych lekami psychotropowymi (zob. rys. 9.2) były niższe niż uzyskane przez Laheya i współpracowników (2004) w nieleczonej próbie małych dzieci z ADHD kontrolowanych przez 2 lata.

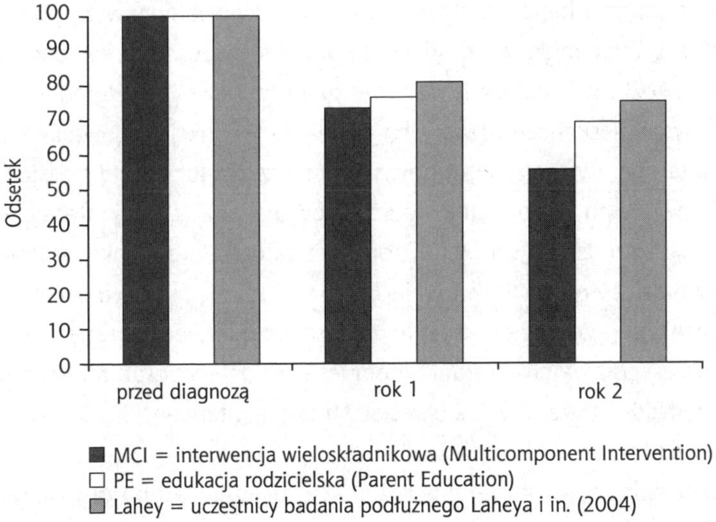

Rysunek 9.1. Odsetek dzieci spełniających kryteria *DSM-IV-TR* dla zespołu nadpobudliwości psychoruchowej z zaburzeniami uwagi oraz znaczącego upośledzenia funkcjonowania jako funkcja grupy i czasu

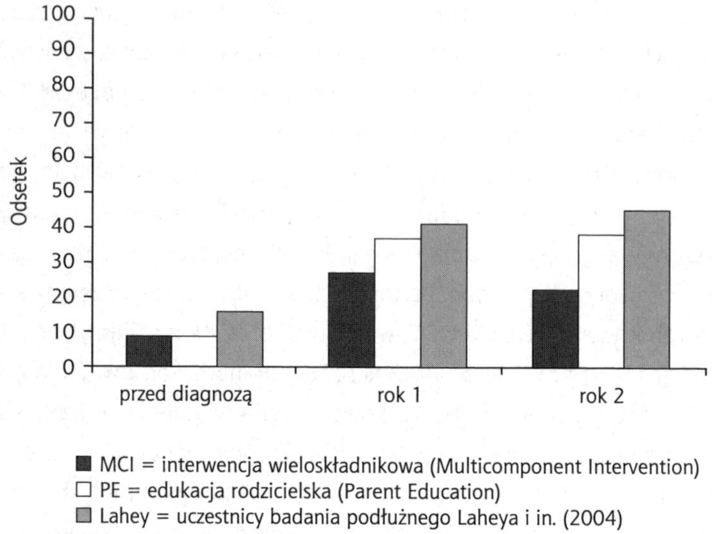

Rysunek 9.2. Odsetek uczestników badania przyjmujących leki

Wyniki te pozwalają stwierdzić, że wczesna interwencja znacząco wpływa na funkcjonowanie behawioralne w domu i przedszkolu, a być może także na umiejętności przedszkolne oraz umiejętności związane z bezpieczeństwem w domu. Ogólnie rzecz biorąc, u dzieci z obu grup nastąpiła znacząca poprawa, co kontrastuje z przeważnie niewielkimi zmianami bądź pogorszeniem rezultatów behawioralnych, zwykle obserwowanymi w tej populacji (zob. np. Lahey i in., 2004). Choć między tymi dwiema grupami wczesnej interwencji było niewiele różnic, podejście MCI może dawać lepsze rezultaty pod pewnymi względami (np. nieposłuszeństwa, zachowań nieskoncentrowanych na zadaniu i redukcji stosowania farmakoterapii) w drugim roku terapii, zwłaszcza w środowisku przedszkola lub szkoły podstawowej. Wyniki te wskazują, że pewne podgrupy odniosły zróżnicowane korzyści z tej intensywniejszej formy interwencji. Ponadto rodzice z grupy MCI ocenili strategie terapii jako istotnie bardziej akceptowalne niż rodzice z grupy PE w trwających 6 i 12 miesięcy fazach oceny. Nie stwierdzono istotnych różnic pod względem akceptowalności terapii między grupami po 18 i 24 miesiącach. Ogólna akceptowalność terapii w odniesieniu do obu grup mieściła się w zakresie umiarkowanym. Nauczyciele również określali strategie interwencji MCI jako umiarkowanie akceptowalne i skuteczne.

Indywidualna odpowiedź na terapię różniła się znacznie w obu grupach. Obliczono indywidualne wielkości efektów dla rezultatów po 6 miesiącach dla każdego uczestnika na podstawie rodzicielskich i nauczycielskich ocen zachowań opozycyjnych (wyniki na skali *T* Connersa). Posłużono się ocenami zachowania opozycyjnego, ponieważ interwencja nakierowana była przede wszystkim na nieposłuszeństwo i agresję. Wielkości efektu obliczono za pomocą następującego wzoru: ([ocena przez rozpoczęciem terapii – ocena po 6 miesiącach terapii] / standardowe odchylenie grupy). Pozytywną reakcję na terapię rozpoznawano u tych uczestników, którzy uzyskali wielkość efektu w wysokości 0,5 jednostki odchylenia standardowego lub wyższą. W grupie PE 27% próby wykazało pozytywną odpowiedź na podstawie ocen rodzicielskich, 42% na podstawie ocen nauczycielskich, a 9,1% odpowiedziało pozytywnie w obu środowiskach. Podobne wyniki stwierdzono w grupie MCI, w której 27,5% dzieci wykazało pozytywną odpowiedź na podstawie ocen rodzicielskich, 33,9% w ocenach nauczycielskich, a 7,1% w obu środowiskach.

Przedstawione wyniki interwencji były wyraźnie obiecujące z kilku powodów, ale zrodziły też kilka ważnych pytań w kontekście przyszłych badań. Po pierwsze, zaobserwowano znaczącą poprawę u części dzieci, które objęto interwencją o umiarkowanej intensywności w postaci edukacji rodzicielskiej. Uwzględniając fakt, że sesje przeprowadzano w grupach liczących aż 14 osób, edukacja rodzicielska jawi się jako ekonomiczna forma profilaktyki i interwencji. Jednakże część dzieci nie odpowiedziała na interwencję, w tym niektóre dzieci z grupy MCI, które objęto zindywidualizowaną i opartą na ocenie interwencją zarówno w domu, jak i w szkole. Konieczna jest zatem dalsza ewaluacja odpowiedzi na interwencje o zróżnicowanym poziomie intensywności. Drugie pytanie wypływające z uzyskanych wyników dotyczy tego, czy równie skuteczny byłby mniej intensywny program edukacji dla rodziców, zważywszy na zróżnicowaną frekwencję na sesjach szkoleniowych dla rodziców. Na przykład niektóre dzieci odpowiedziały na interwencję o małej intensywności, a zatem być może nie wymagały 20 dwugodzinnych sesji przez dłuższy czas. Rzeczywiście, opłacalny może się okazać trójpoziomowy model wczesnej interwencji, w którym dzieci przejawiające wystarczającą odpowiedź na samą edukację rodziców i nauczycieli pozostają na tym poziomie, natomiast dzieci nieodpowiadające na samą edukację rodzicielską i nauczycielską przechodzą do bardziej intensywnych strategii interwencyjnych na poziomach 2 i 3, jak opisano to wcześniej. To wielopoziomowe podejście ma dodatkową potencjalną zaletę w postaci większej ekonomiczności i wykonalności w kontekście ograniczonych środków na wczesną interwencję w danej społeczności.

Predyktory odpowiedzi na terapię

Próbując zidentyfikować czynniki mogące wyróżnić dzieci, które prawdopodobnie odpowiedzą na wczesną interwencję, przeprowadziliśmy wstępną analizę możliwych predyktorów odpowiedzi na terapię w opisanym wcześniej zestawie danych. Zbadaliśmy następujące zmienne sprzed terapii jako predyktory: wiek w chwili przystąpienia do badania, IQ, stres rodzicielski, poziom wsparcia rodzinnego, nasilenie objawów ADHD (w relacji rodziców), nasilenie objawów ADHD (w relacji nauczycieli) oraz łączna liczba godzin kontaktu z terapeutą (odpowiednik „dawki" w leczeniu). Stopień, w jakim zmienne prognozowały rezultaty (tj. przecięcie) i wzrost (tj. nachylenie) po 24 miesiącach, zbadaliśmy w odniesieniu do czterech zmiennych zależnych: wyników *T* na skali zachowań opozycyjnych Connersa (wg rodziców), wyników *T* na skali zachowań opozycyjnych Connersa (wg nauczycieli), surowego wyniku w zakresie liczenia w teście Woodcock-Johnson Test of Educational Achievement (WJ-III; Woodcock, McGrew i Mather, 2001) oraz surowego wyniku w zakresie rozpoznawania liter i słów w teście WJ-III. Statystycznie istotnymi ($p < 0,05$) predyktorami rodzicielskich ocen zachowania opozycyjnego okazały się: stres rodziców (przecięcie), nasilenie objawów ADHD w ocenie rodziców (nachylenie) oraz liczba godzin kontaktu z konsultantem (nachylenie). Im wyższy był poziom stresu rodzicielskiego przed rozpoczęciem terapii, tym wyższe były wskaźniki zachowań opozycyjnych po 24 miesiącach, co podkreśla znaczenie czynników rodzinnych omówionych w rozdziale 8. U dzieci z silniejszymi objawami ADHD przed terapią następowała wolniejsza redukcja zachowań opozycyjnych w trakcie terapii. Im więcej było godzin kontaktu z terapeutą, tym gwałtowniejsza była redukcja zachowań opozycyjnych, co sugeruje efekt dawki terapii dla tej zmiennej. W przypadku ocen zachowań opozycyjnych stwierdzono, że jedynie nauczycielska ocena nasilenia objawów ADHD przed terapią prognozuje nachylenie w ciągu 24 miesięcy. Dzieci z silniejszymi objawami ADHD wykazywały wolniejszy spadek zachowań opozycyjnych podczas terapii. Oznacza to, że dzieci z silniejszymi objawami ADHD rzadziej będą wykazywać natychmiastową zmianę i najprawdopodobniej będą wymagały intensywniejszych interwencji na poziomach 2 i 3.

Istotne predyktory efektów terapii w zakresie testu WJ-III na rozpoznawanie liter i słów obejmowały: IQ (przecięcie), wiek w momencie przystąpienia do badania (przecięcie i nachylenie) oraz nauczycielską ocenę nasilenia objawów ADHD przed rozpoczęciem terapii (przecięcie i nachylenie). Dzieci z większymi zdolnościami poznawczymi oraz dzieci starsze w momencie przystąpienia do badania uzyskiwały wyższe wyniki w teście WJ-III po 24 miesiącach. Starsze dzieci przejawiały również gwałtowniejszy postęp w rozpoznawaniu liter i słów w ciągu 24 miesięcy. Co zaskakujące, dzieci z silniejszymi objawami ADHD uzyskiwały wyższe wyniki w teście WJ-III po 24 miesiącach i gwałtowniejszy postęp. Predyktory efektów terapii w zakresie testu WJ-III na liczenie obejmowały: IQ (przecięcie), wiek w momencie przystąpienia do badania (przecięcie i nachylenie), a także rodzicielską ocenę nasilenia objawów ADHD przed rozpoczęciem terapii (przecięcie) oraz nauczycielską ocenę nasilenia objawów ADHD przed rozpoczęciem terapii (przecięcie). Dzieci z większymi zdolnościami poznawczymi, słabszymi objawami ADHD w domu i silniejszymi objawami ADHD w przedszkolu uzyskały wyższe wyniki w zakresie liczenia po 24 miesiącach. Dzieci, które w momencie przystąpienia do badania były starsze, wykazywały wyższe wyniki po 24 miesiącach i gwałtowniejszy wzrost umiejętności liczenia. Na podstawie analizy naszego aktualnego badania nad wczesną interwencją wydaje się zatem, że realnymi kandydatami na predyktory odpowiedzi na terapię mogą być następujące zmienne: wiek, IQ, nasilenie objawów ADHD, stres rodzicielski oraz liczba godzin kontaktu z terapeutą (tj. miara „dawki" terapii). Zmienne te mogą również okazać się przydatne w identyfikacji dzieci, które prawdopodobnie będą wymagać intensywniejszej wczesnej interwencji, wykraczającej poza poziom 1.

Główne zagadnienia wczesnej interwencji w ADHD

Wczesna ocena i identyfikacja

Choć badania nad skutecznością interwencji dla małych dzieci z cechami ADHD rozpoczęto dopiero niedawno, z dostępnych danych wynika, że jest ona wysoce skuteczna zarówno pod względem redukowania objawów już istniejących, jak i zapobiegania wystąpieniu poważniejszych objawów w przyszłości (np. Kern i in., 2007). Dlatego tak ważne są diagnoza i identyfikacja objawów ADHD w możliwie najmłodszym wieku. Z najnowszych badań można wysnuć wniosek, że objawy ADHD pojawiają się i są wykrywalne już u bardzo małych dzieci (Egger, Kondo i Angold, 2006; Spira i Fischel, 2005; Wolraich, 2006). Na przykład w obszernej ewaluacji opublikowanych badań z udziałem dzieci w wieku od dwóch do pięciu lat Egger, Kondo i Angold (2006) stwierdzili, że rodzaj objawów obserwowany u małych dzieci odpowiada objawom opisanym w *DSM-IV-TR*. Ponadto w swoich badaniach Egger i współpracownicy dowiedli, że wczesne objawy ADHD można rzetelnie ocenić, że są powiązane z istotnym zaburzeniem funkcjonowania oraz że występują poza zakresem normy dla dzieci w wieku przedszkolnym. Wreszcie charakterystyka objawów ADHD występujących u małych dzieci stanowi odzwierciedlenie objawów u starszych dzieci pod względem częstości występowania, podtypów i różnic płciowych, co dodatkowo przemawia za wczesnym pojawianiem się tego zaburzenia.

Mimo dowodów przedstawionych we wspomnianych wcześniej pracach wczesna identyfikacja obarczona jest niepewnością po części dlatego, że małe dzieci na ogół są bardzo aktywne i często mają trudności ze skupieniem uwagi dłużej niż na chwilę (Lahey i in., 1998). Poza tym dopiero ostatnio dostrzeżono znaczenie wczesnej interwencji i z czasem, wraz ze wzrostem świadomości wagi profilaktyki, proces rozpoznawania wczesnych objawów ADHD będzie stawał się coraz bardziej precyzyjny (Dunlap i in., 2006), podobnie jak było w przypadku innych zaburzeń (np. autyzmu). Dlatego w tym momencie zalecamy, by zamiast skupiać się na diagnozie, klinicyści stawiali na umiejętność rozpoznawania wczesnych objawów ADHD (takich jak np. zaburzenia koncentracji, wysoki poziom aktywności) i oceniania, w jakim stopniu zachowania te wykraczają poza normę i zakłócają typowy rozwój i funkcjonowanie. Najlepszym podejściem jest kompleksowa i wielomodalna ocena obejmująca wywiad diagnostyczny i skale ocen zachowania wypełniane zarówno przez rodziców, jak i nauczycieli przedszkolnych, w połączeniu z bezpośrednimi obserwacjami zachowania dziecka (tego typu podejście zostało opisane w rozdziale 1). Dzieci, u których rozpoznano istotne objawy, należy objąć interwencją, a jeśli przyniesie ona pozytywne wyniki, to diagnozy można będzie uniknąć.

Potencjalne rezultaty wczesnej interwencji

Jak pisaliśmy we wstępie do niniejszej książki, do wczesnych objawów ADHD należą zaburzenia uwagi (np. trudność z utrzymaniem uwagi w czasie zabawy, niewykonywanie otrzymywanych poleceń, sprawianie wrażenia, że się nie słucha, częste gubienie zabawek) oraz nadruchliwość lub nadmierna impulsywność (np. wiercenie się, nadmierna gadatliwość, duża ruchliwość, trudność z czekaniem). Wskutek opartych na wymuszaniu interakcji między rodzicami a dzieckiem oraz zaburzonego rozwoju zachowania te często przechodzą w poważniejsze problemy, takie jak agresja, buntowniczość, złe relacje z rówieśnikami, brak opanowania wczesnych umiejętności związanych z gotowością szkolną (Campbell i in., 1986; McGee i in., 1991). W zależności od nasilenia tych problemów u wielu dzieci z wczesnymi objawami ADHD rozwija się ODD i CD (np. Lahey i Loeber, 1997). Brak wczesnych umiejętności szkolnych negatywnie wpływa na późniejsze osiągnięcia w szkole, a przepaść w zakresie osiągnięć z czasem coraz bardziej się pogłębia (np. Kame'enui, 1993). Podobne wyzwania utrzymują się, gdy dzieci dorastają, co skutkuje chronicznymi trudnościami w nauce i upośledzeniem społecznym utrzymującym się przez całe życie. Trudności w wieku nastoletnim i dorosłym obejmują częste porzucanie szkoły, problemy ze znalezieniem i utrzymaniem pracy oraz współwystępujące problemy psychiatryczne, takie jak depresja (np. Barkley, Murphy i Fischer, 2008; McGee i in., 1991).

Celem wczesnej interwencji jest zmiana tych typowych trajektorii społecznych, behawioralnych i edukacyjnych. Badania potwierdzają, że wczesne objawy można znacząco zredukować, zapobiegając w ten sposób pojawieniu się poważniejszych problemów (np. Kern i in., 2007). Wynika z nich ponadto, że wczesna interwencja może z czasem doprowadzić do dalszej redukcji trudnych zachowań (zob. opisany wcześniej projekt Early Intervention for ADHD). Ważna jest świadomość, że owe zmiany typowych trajektorii zachowania problemowego można przypisać modyfikacji zmiennych środowiskowych, które przyczyniają się do zachowania problemowego i je nasilają. Innymi słowy, na etiologię ADHD składa się interakcja czynników dziedzicznych i środowiskowych (Nigg, 2006). Wiele wskazuje na to, że interwencje behawioralne i szkolne mogą zmodyfikować zmienne środowiskowe, prowadząc do redukcji objawów ADHD i zapobieżenia poważniejszym problemom (Sonuga-Barke i in., 2001).

Na co kładzie się nacisk we wczesnej interwencji

Z badań wynika, że objawy ADHD rzadko występują pojedynczo (Barkley, 2006). Trzy główne problemy i zagrożenia będące udziałem małych dzieci z objawami ADHD to problemy z zachowaniem, trudności szkolne i urazy fizyczne. Te główne obszary nie tylko są problematyczne we wczesnym wieku, lecz także stanowią źródło późniejszych poważnych problemów, i dlatego na nich należy skoncentrować wysiłki interwencyjne.

Problemy z zachowaniem mogą się pogłębić z powodu opartych na wymuszaniu interakcji między dziećmi a rodzicami (Patterson, Reid i Dishion, 1992). Ponadto problemy z zachowaniem dziecka powiązane są z nieskutecznymi metodami wychowawczymi, a także psychopatologią rodziców oraz ich stresem, z którymi to czynnikami najwyraźniej pozostają w relacji zwrotnej (Cummings i Davies, 1999). Z tego też względu skupienie się na redukcji problemów z zachowaniem dziecka poprawia relacje społeczne dziecka i przygotowuje grunt pod naukę szkolną, a poza tym pozytywnie wpływa na praktyki wychowawcze rodziców oraz ich ogólne samopoczucie (Patterson i in., 1992).

Deficyty w zakresie wczesnych umiejętności szkolnych są częstym problemem małych dzieci z objawami ADHD. Deficyty dotyczą przede wszystkim umiejętności przygotowujących do nauki czytania, wczesnych umiejętności matematycznych oraz motoryki małej (DuPaul i in., 2001; Mariani i Barkley, 1997). Między wczesnymi umiejętnościami szkolnymi a późniejszymi osiągnięciami szkolnymi zachodzi wyraźny związek – otóż dzieci z deficytami wczesnych umiejętności szkolnych na ogół osiągają słabe wyniki w nauce przez cały okres edukacji (Kame'enui, 1993; McGill-Franzen, 1987). Interwencja w tej sferze ma zatem decydujące znaczenie dla sukcesów w szkole i dalszym życiu. Ćwiczenia edukacyjne na poziomie przedszkolnym można włączyć do codziennych zajęć i czynności (Notari-Syverson, O'Connor i Vadasy, 1998), co dla rodziców nie stanowi nadmiernego dodatkowego obciążenia. Należy też zachęcać rodziców do szukania przedszkoli oferujących ustrukturyzowane zajęcia edukacyjne.

Trzecim problemem często występującym wśród przedszkolnych dzieci z objawami ADHD są przypadkowe urazy i zatrucia, najprawdopodobniej ściśle powiązane z zachowaniami impulsywnymi i nadruchliwością (np. Szatmari, Offord i Boyle, 1989). Wczesna interwencja powinna obejmować strategie zapobiegania urazom i propagowania bezpieczeństwa.

Wszechstronne programy, takie jak The Injury Prevention Program (TIPP; American Academy of Pediatrics, 1999a; http://patiented.aap.org/categoryBrowse.aspx?catID=27), zawierają materiały do oceny ryzyka oraz strategie, które pomagają identyfikować najczęstsze potencjalne obrażenia i im zapobiegać.

Ze względu na częstość występowania problemów z zachowaniem, umiejętnościami przedszkolnymi oraz wypadkami, należy ocenić sytuację i zagrożenie dzieci w zakresie każdego z tych głównych obszarów. W rozdziałach 3 i 4 wskazujemy, że konieczne jest ustalenie hierarchii ważności problemów w każdym z tych obszarów. Kiedy zredukowane zostaną poważniejsze problemy z zachowaniem, wówczas można się zająć mniej problematycznymi kwestiami.

Interwencja wielośrodowiskowa

W rozdziale 1 wspomnieliśmy, że jednym z warunków spełnienia kryteriów ADHD według *DSM-IV-TR* jest występowanie objawów w co najmniej dwóch środowiskach, takich jak na przykład dom i przedszkole. W środowiskach pozbawionych struktury i jasnych oczekiwań zachowanie typowego dziecka może przypominać zachowanie dziecka z ADHD. W przedszkolu bez planowych zajęć lub jasnych wymagań dotyczących sposobu zachowania dzieci mogą stawać się nadmiernie aktywne (np. biegać dookoła), nie słuchać ani nie stosować się do poleceń, głośno krzyczeć i podejmować ryzykowne zachowania w zabawie (takie jak wspinanie się, niewłaściwe korzystanie z materiałów). Zachowania te są symptomatyczne dla źle zarządzanego otoczenia, a nie dla ADHD, i interwencja powinna skupiać się na poprawie środowiska przez wprowadzenie struktury i określenie oczekiwań.

Dzieci, które faktycznie mają objawy ADHD, będą przejawiać zaburzenia funkcjonowania w różnych środowiskach, a interwencja przyniesie najwięcej korzyści, jeśli wdroży się ją w każdym z nich. Interwencja wielośrodowiskowa stwarza możliwość wprowadzenia spójnych i obowiązujących wszędzie oczekiwań związanych z zachowaniem. Dzięki temu dzieci przez cały dzień mogą uczyć się odpowiednich do swojego wieku wymagań. Poza tym nauka umiejętności różni się w poszczególnych miejscach i późniejszy sukces dzieci wymaga dostępu do edukacji właściwej danemu środowisku. Na przykład w domu kładzie się nacisk na opanowanie takich umiejętności jak samodzielność (np. samodzielne ubieranie się), natomiast w placówkach przedszkolnych nauka powinna w większym stopniu skupiać się na umiejętnościach związanych z gotowością szkolną (np. rozpoznawaniu liter) i umiejętnościach społecznych (np. interakcjach z rówieśnikami). Interwencja jest potrzebna we wszystkich tych środowiskach, aby maksymalnie rozbudować bazę wszechstronnych umiejętności dzieci.

Oprócz łagodzenia problemów z zachowaniem dziecka nauka domowa może pomóc w zmniejszeniu stresu rodzicielskiego oraz innych zmiennych, które zakłócają sprawne funkcjonowanie rodziny (zob. rozdz. 8). Z kolei interwencja przedszkolna jest o tyle ważna, że dzieci z objawami ADHD są w dużej mierze narażone na zawieszenie bądź wydalenie z placówki (np. Lahey i in., 1998). Redukcja zachowań problemowych zwiększy prawdopodobieństwo, że dzieci pozostaną w przedszkolu, gdzie będą mogły nauczyć się ważnych umiejętności społecznych i szkolnych.

Opisaliśmy interwencję w domu (rozdz. 3) oraz przedszkolu lub żłobku (rozdz. 4), ponieważ w tych dwóch środowiskach dzieci spędzają najwięcej czasu. Niemniej interwencja powinna rozciągać się na inne problematyczne środowiska, takie jak domy znajomych i krewnych czy miejsca publiczne (np. sklep spożywczy). Przykłady takich interwencji przedstawiliśmy w rozdziale 3. Pamiętajmy, że wiele rodzin mających dzieci, które przejawiają problemowe zachowania, unika wychodzenia z domu (Lahey i in., 1998; Neely-Barnes i Dia, 2008), konieczne jest zatem objęcie interwencją specyficznych problemów dzieci we wszystkich środowiskach.

Ograniczanie farmakoterapii

W niedawnym szeroko zakrojonym badaniu PATS (Kollins i in., 2006) po raz pierwszy wszechstronnie przeanalizowano efekty podawania leków psychostymulujących (metylofenidatu) na dużej próbie dzieci z ADHD w wieku przedszkolnym. W badaniu stwierdzono znaczną redukcję objawów ADHD, a także możliwe negatywne skutki uboczne, wśród których najczęściej występowały osłabienie apetytu, zaburzenia snu oraz spadek wagi. Niewiele wiadomo o długofalowych (tj. dłuższych niż 1–2 miesiące) skutkach podawania leków w tej grupie wiekowej, ponieważ brakuje badań na ten temat. Ponadto u dzieci uczestniczących w PATS zaobserwowano spore zróżnicowanie odpowiedzi na farmakoterapię. Ogólnie rzecz biorąc, z dotychczasowych badań wynika, że farmakoterapia nie zawsze jest skuteczna i może wywoływać znaczące skutki uboczne, a jej rezultaty badano jedynie krótkoterminowo (zob. rozdz. 7).

Z tego też względu zanim w ogóle zacznie się rozważać podanie leków, najpierw należy przeprowadzić wczesną interwencję behawioralną (Kollins i Greenhill, 2006; Rappley i in., 2002). Małe dzieci z objawami ADHD powinny przejść przez interwencje na poziomach 1, 2 i 3 w domu i w przedszkolu (rozdz. 3 i 4). Poza tym należy przyjrzeć się faktom i sprawdzić, czy interwencje są wdrażane ściśle z planem. Farmakoterapię jako uzupełnienie interwencji behawioralnej należy rozważyć dopiero wtedy, gdy mimo przeprowadzenia interwencji na poziomie 3 nadal utrzymują się poważne problemy behawioralne. Leki mogą bowiem złagodzić objawy ADHD (np. nadmierną ruchliwość) u niektórych dzieci, nie zastąpią jednak nauki umiejętności. Dlatego farmakoterapię należy traktować jako uzupełnienie interwencji behawioralnej. Ogólnie rzecz ujmując, w wielu przypadkach skuteczna wczesna interwencja odroczy bądź zlikwiduje konieczność farmakoterapii.

Interwencja wielopoziomowa

Wielopoziomowe podejście do interwencji polega na tym, że działania interwencyjne o wzrastającej intensywności podejmuje się tylko wtedy, kiedy jest to konieczne. Opisaliśmy podejście trójpoziomowe stosowane w szkołach podstawowych na terenie całych Stanów Zjednoczonych. Poziom 1, czyli *interwencja uniwersalna*, wdrażany jest w całej populacji (np. klasie, placówce lub grupie wszystkich rodziców) i obejmuje strategie oparte na dowodach naukowych, na przykład nauczenie rodziców podstawowych strategii zarządzania zachowaniem lub ustalenie oczekiwań obowiązujących w całej klasie czy placówce. Poziom 2, czyli *interwencję drugiego stopnia*, wdraża się wyłącznie wobec tych dzieci, które nie odpowiadają na poziom 1. Poziom 2 obejmuje coaching rodziców w zakresie strategii behawioralnych lub szkolenie w małych grupach w szkole. Poziom 3, czyli *interwencję trzeciego stopnia*, stosuje się wobec małej grupki dzieci, które nie odpowiadają na interwencje na poziomach 1 i 2. Interwencje domowe i szkolne na poziomie 3 są opracowywane na podstawie oceny i mają zindywidualizowany charakter.

Z wielu powodów ten model interwencji okazuje się szczególnie skuteczny i wydajny. Po pierwsze, poziom 1 skupia się na uczeniu wszystkich dzieci oczekiwań obowiązujących w przedszkolu oraz na uczeniu rodziców podstawowych zasad skutecznego zarządzania zachowaniem. Wszystkie dzieci są zatem objęte interwencją w postaci nauki umiejętności. Zaletą takiego podejścia jest to, iż nie przyjmuje się założenia, że w momencie przyjścia do przedszkola dzieci rozumieją wymagania społeczne i szkolne (np. dzielenie się, siedzenie, skupianie uwagi, stosowanie się do poleceń) ani że rodzice są w stanie bez trudu wdrożyć interwencje w odniesieniu do własnych dzieci z chronicznymi problemami behawioralnymi. Poza tym w interwencji na poziomie 1 nacisk położony jest na zapobieganie zachowaniom problemowym, a nie na reagowanie dopiero po ich wystąpieniu. Jeśli to konieczne, dzieci, które nie odpowiadają na interwencję na poziomie 1, przechodzą systematycznie do poziomów 2 i 3. Model ten ma zatem taką strukturę, że najpierw wdraża się podejścia mniej intensywne i mniej kosztowne, natomiast interwencjami wymagającymi większych nakładów czasu i wysiłku obejmuje się tylko te dzieci, które nie reagują na działania o mniejszej intensywności. Pozwala to na racjonalne wykorzystywanie ograniczonych środków.

Wskazówki na przyszłość

Choć w dziedzinie tworzenia skutecznych wczesnych interwencji dla małych dzieci z ADHD dokonał się znaczny postęp, pozostaje jednak kilka obszarów, którymi należy się zająć, aby rozwinąć obecny stan wiedzy i – co za tym idzie – świadczenia kliniczne dla tej populacji. Po pierwsze, w badaniach nad rezultatami terapii (także w testach klinicznych leków) trzeba skupić się na łagodzeniu zaburzeń funkcjonowania (np. deficytów w zakresie umiejętności szkolnych i społecznych), a nie wyłącznie na redukowaniu objawów ADHD. W niektórych przypadkach złagodzenie objawów ADHD prowadzi do lepszego funkcjonowania w innych obszarach, nie można jednak zakładać takiego efektu. Badania powinny zatem bezpośrednio uwzględniać ocenę funkcjonowania dzieci w sferze szkolnej, behawioralnej i społecznej.

Po drugie, zachowując w pamięci to, iż farmakoterapia może mieć ograniczenia (np. częstsze negatywne skutki uboczne i niższa akceptowalność przez rodziców) w leczeniu ADHD u małych dzieci, w badaniach nad wczesnymi interwencjami jako miarę rezultatów należałoby uwzględniać *konieczność lub odroczenie farmakoterapii*. Konieczność lub odroczenie farmakoterapii zdefiniowane zostałyby jako czas od rozpoczęcia wczesnej interwencji psychospołecznej do skierowania na farmakologiczne leczenie ADHD. Biorąc pod uwagę ten rezultat, w badaniach można by wykazać, czy skuteczna interwencja psychospołeczna we wczesnym dzieciństwie odracza bądź likwiduje konieczność podawania leków.

Konieczne są bardziej szczegółowe badania interwencji behawioralnych i szkolnych z udziałem małych dzieci, analogiczne do tych, które przeprowadzono z dziećmi z ADHD w młodszym wieku szkolnym. Choć dane na temat skuteczności przemawiają za ogólnym stosowaniem interwencji behawioralnych i szkolnych w leczeniu ADHD i towarzyszących mu zaburzeń funkcjonowania we wczesnym dzieciństwie, rozstrzygnięcia nadal wymaga wiele ważnych kwestii. Na przykład porównanie kilku interwencji behawioralnych (np. wzmacniania żetonami, kosztów odpowiedzi) pomogłoby zidentyfikować optymalne podejście do modyfikowania określonych zachowań w tej populacji. Badania mogłyby również przyczynić się do ustalenia najlepszych kombinacji interwencji behawioralnych i szkolnych dla konkretnych podgrup małych dzieci z ADHD (np. dzieci z samym ADHD, dzieci z ADHD i przynajmniej jednym zaburzeniem towarzyszącym).

Badacze zajmujący się interwencjami muszą też skupić się na specyficznych zmiennych ryzyka, które mogą wpływać na rezultat terapii. Na podstawie wstępnej analizy predyktorów leczenia zidentyfikowaliśmy kilka ważnych czynników ryzyka, w tym nasilenie objawów dzieci i zdolności poznawcze, a także poziom stresu rodziców przed rozpoczęciem terapii. Innym możliwym przykładem ryzyka jest to, że rodzice, którzy sami przejawiają istotne objawy ADHD lub cierpią na depresję, mogą mieć trudności z wdrożeniem ustrukturyzowanych strategii behawioralnych. Wszechstronne podejście do terapii powinno zatem obejmować te składniki, które są bezpośrednio nakierowane na zmienne ryzyka, lub te, które ułatwią rodzicom otrzymanie niezbędnego leczenia ich własnych trudności. Identyfikacja czynników ryzyka, które mogą negatywnie wpływać na wczesną interwencję, lub zmiennych, które mogą być predyktorami odpowiedzi na terapię, ma podstawowe znaczenie dla tworzenia kompleksowych programów terapii.

W podobny sposób można zwiększyć skuteczność wczesnej interwencji przez przeniesienie punktu ciężkości z objawów i rezultatów na przypuszczalne przyczyny leżące u ich podstaw (Sonuga-Barke i Halperin, 2010). Jeśli u podstaw objawów upośledzenia leżą deficyty procesów neuropsychologicznych, to wczesna interwencja łagodząca te deficyty może zmienić trajektorie rozwojowe dzieci, uwalniając je od ADHD. Sonuga-Barke i Halperin (2010) przedstawili przekonujące uzasadnienie i opis wczesnej interwencji, którą indywidualizuje się przez nakierowanie na wewnętrzne zmienne, które mogą stanowić podłoże objawów w różnych podgrupach małych dzieci zagrożonych ADHD. Zaproponowany przez Sonuga--Barke'a i Halperina model wczesnej interwencji jest interesujący, niezbędne są jednak szeroko zakrojone badania empiryczne, aby potwierdzić trafność jego założeń i składników.

Procedury wczesnej interwencji mogą też różnić się w zależności od podtypów ADHD lub różnic w przebiegu objawów w czasie. Sonuga-Barke i współpracownicy (2005) zaproponowali odmienne interwencje dla czterech odmian ADHD w wieku przedszkolnym. Niektóre małe dzieci wykazują subkliniczny poziom objawów ADHD z początkami zachowania opozycyjno--buntowniczego. Dzieci te mogą reagować najlepiej na edukację dla rodziców w zakresie zarządzania zachowaniem, podobną do zaproponowanej przez nas interwencji na poziomie 1. Druga grupa małych dzieci może zacząć przejawiać istotne objawy ADHD, zbliżając się do wieku szkolnego. Te dzieci mogą najlepiej reagować na interwencje i strategie opracowane w kontekście przejścia z domu do szkoły. Trzecia grupa dzieci może wykazywać objawy ADHD tylko we wczesnym dzieciństwie, lecz wraz z rozwojem dziecka objawy te ustępują. Tej grupie również najbardziej może pomóc wyposażenie rodziców w strategie radzenia sobie i zarządzania stresem, podobnie jak w interwencji na poziomie 1. W czwartej grupie małych dzieci objawy ADHD mogą wystąpić we wczesnym okresie życia, przy czym objawy te nie ustępują z czasem i mają chroniczny charakter. Takie dzieci mogą wymagać wielu poziomów interwencji (tj. bardziej zintensyfikowanej terapii psychospołecznej) oraz ewentualnie leczenia lekami psychostymulującymi. Te hipotetyczne powiązania między podgrupami i terapiami stanowią interesującą koncepcję, lecz wymagają dalszych badań empirycznych.

Interwencje, które okazały się skuteczne w terapii ADHD w starszych grupach wiekowych, można by przystosować do potrzeb małych dzieci, uwzględniając ich specyfikę rozwojową. Na przykład interwencje oparte na samoregulacji (np. monitorowanie samego siebie, autoewaluacja) mogą poprawić zachowania ADHD i powiązane z nimi deficyty szkolne lub społeczne u niektórych dzieci z ADHD uczęszczających do szkoły podstawowej lub gimnazjum (przegląd piśmiennictwa, zob. DuPaul, Arbolino i Booster, 2009; Reid, Trout i Schartz, 2005). Strategie terapeutyczne skuteczne w zaburzeniach pokrewnych ADHD (np. ODD, CD, trudności w nauce) także można by zaadaptować na użytek tej populacji. Identyfikując potencjalne zastosowania interwencji skutecznych w innych grupach wiekowych lub w innych typach deficytów rozwojowych, można rozwijać metody wczesnej interwencji w ADHD przez zwiększenie ich wszechstronności i potencjalnej skuteczności w dłuższej perspektywie czasu.

W naszym programie wczesnej interwencji w ADHD kładziemy nacisk na stosowanie podejścia wielopoziomowego, w którym zakres i intensywność terapii zależą od odpowiedzi dzieci na interwencję (zob. rozdz. 2). Choć wyniki zarówno naszych badań, jak i prac innych zespołów potwierdzają zasadność trójpoziomowego protokołu wczesnej interwencji, konieczne są dalsze badania, które pozwolą opracować najlepsze modele zapewniające optymalne rezultaty. Potrzebujemy na przykład więcej informacji, żeby zidentyfikować jasną, operacyjną definicję *odpowiedzi na terapię*, którą można by stosować przy podejmowaniu decyzji o przejściu z poziomu na poziom. Konkretna odpowiedź, czy też odpowiedzi mogą być różne w zależności od indywidualnych potrzeb dzieci; należy jednak opracować konsekwentną metodę operacjonalizacji odpowiedzi, tak aby zoptymalizować stosowanie trójpoziomowego programu interwencji. Trzeba również podjąć dalsze badania, które umożliwiłyby identyfikację optymalnych interwencji na każdym poziomie, zwłaszcza na poziomach 1 i 2. Środowisku przedszkolnemu poświęcono niewiele badań, które pozwoliłyby na wyłonienie interwencji skutecznych na szczeblu całej klasy czy placówki. Konieczne są ponadto badania, w których wskazano by najskuteczniejsze typy interwencji w małych grupach na poziomie 2.

Ostatnia ważna wskazówka co do rozwoju skutecznej wczesnej interwencji dotyczy wykorzystywania wyników prac naukowych w praktyce (tj. w klasach przedszkolnych i w domach). Należy przeprowadzić badania nad przekładaniem tych wyników na zastosowania kliniczne (*translational research studies*) w celu wyłonienia praktycznych, ekonomicznych metod stosowania strategii opartych na dowodach naukowych w rzeczywistych środowiskach. Uważamy, że może w tym pomóc trójpoziomowe podejście do wczesnej interwencji, w którym kosztowniejsze, wymagające większych nakładów strategie stosuje się wyłącznie wobec najbardziej potrzebujących. Niemniej jednak konieczne będą działania związane z badaniami i rozpowszechnianiem, tak aby wyłonić najbardziej praktyczne i skuteczne sposoby wdrażania i promowania interwencji wielopoziomowej, zwłaszcza tam, gdzie istnieje największe zapotrzebowane na takie usługi (np. miejskie społeczności o niskim statusie społeczno-ekonomicznym).

Podsumowanie i wnioski

W dziedzinie oceny i interwencji nakierowanej na małe dzieci z objawami ADHD dokonał się w ostatnich latach znaczny postęp. Objawy ADHD można wcześnie wykrywać i rzetelnie oceniać. Wprowadzenie interwencji, kiedy problemy behawioralne dopiero się pojawiają, może zapobiegać wystąpieniu poważniejszych trudności. W niedawno przeprowadzonych badaniach (np. Kern i in., 2007) udowodniono, że interwencja wdrożona w wieku przedszkolnym może zmienić trajektorie problemów z zachowaniem, na przykład zapobiegając częstemu wśród dzieci z ADHD późniejszemu rozwojowi ODD i CD.

Nowe modele interwencji są skuteczne i ekonomiczne. W wielopoziomowym modelu wsparcia wszystkie dzieci uczą się pewnych ważnych umiejętności, co zapobiega zachowaniom problemowym. Interwencje o wzrastającym stopniu intensywności wdraża się jedynie wobec tych dzieci, które nie odpowiadają na mniej intensywne działania interwencyjne. Zastosowanie w tym podejściu konkretnych strategii interwencji skutecznych u małych dzieci z objawami ADHD pozwala znacznie zredukować objawy i nadać pozytywny kierunek trajektoriom zachowań problemowych. Podejście to okazało się bardzo skuteczne, zwłaszcza u starszych dzieci z zachowaniami problemowymi, i wiąże się z nim wielkie nadzieje w leczeniu małych dzieci z objawami ADHD.

Choć zapoczątkowane niedawno badania nad wczesną diagnozą i terapią ADHD jawią się obiecująco, niezbędne są jednak dalsze prace w kilku obszarach. W obszarze interwencji model wielopoziomowy wymaga dodatkowych badań, zwłaszcza pod kątem stosowania tego modelu w odniesieniu do małych dzieci z takimi problemami jak ADHD. Pojawiają się kolejne badania potwierdzające jego skuteczność w przypadku dzieci w wieku szkolnym, ale brakuje badań prowadzonych w przedszkolach. Trzeba również dodatkowo zweryfikować empirycznie, czy na każdym poziomie interwencja została optymalnie zaprojektowana pod względem konkretnych objawów obecnych u dzieci z ADHD bądź z cechami ADHD. Konkretne interwencje i kombinacje interwencji o sprawdzonej skuteczności w grupie starszych dzieci z ADHD należałoby poddać dokładniejszej ewaluacji w grupie małych dzieci. W badaniach nad interwencjami trzeba również wziąć pod uwagę to, czy interwencja jest skuteczna dla każdego podtypu ADHD. Wreszcie obszerniejszej analizy wymagają zmienne ryzyka, przede wszystkim w kontekście możliwości ich wyeliminowania lub złagodzenia.

Dokładniejszego zbadania wymagają też kierunek i skuteczność interwencji. Niewykluczone, że interwencje skupiające się na przyczynach ADHD, na przykład natury neuropsychologicznej, okażą się bardzo oszczędnym rozwiązaniem. Potrzeba jednak wielu badań, by określić potencjał tego rozwiązania. Tymczasem zakres interwencji należy rozszerzyć o obszary szkolne i społeczne, zamiast – jak obecnie – skupiać się przede wszystkim na łagodzeniu objawów ADHD (np. nadruchliwości, nieuwagi). Należy również wszechstronnie mierzyć skuteczność interwencji, uwzględniając szerokie spektrum rezultatów (np. jak często można zlikwidować konieczność farmakoterapii) i długofalowe powodzenie (np. wskaźnik ukończenia edukacji, funkcjonowanie w wieku dorosłym).

Wczesna interwencja w ADHD nadal jest w stadium początkowym. Choć prowadzi się coraz więcej badań naukowych, wiele jeszcze musimy się dowiedzieć. Jednakże w badaniach wyraźnie dowiedziono, że wczesna interwencja może zredukować poważniejsze problemy zwykle pojawiające się po diagnozie ADHD. Dlatego dzieci z ADHD i ich rodziny ogromnie skorzystają na coraz skuteczniejszych i efektywniejszych interwencjach, które będą powstawać w miarę przekładania aktualnych badań na praktykę.

Bibliografia

Abikoff, H., Gittelman-Klein, R., Klein, D.F. (1977). Validation of a classroom observation code for hyperactive children. *Journal of Consulting and Clinical Psychology, 45*, 772–783. doi: 10.1037/0022-006X.45.5.772.

Abikoff, H.B., Vitiello, B., Riddle, M.A., Cunningham, C., Greenhill, L.L., Swanson, J.M., ..., Wigal, T. (2007). Methylphenidate effects on functional outcomes in the Preschoolers with Attention-Deficit/Hyperactivity Disorder Treatment Study (PATS). *Journal of Child and Adolescent Psychopharmacology, 17*, 581–592. doi: 10.1089/cap.2007.0068.

Achenbach, T.M. (1991a). *Manual for the Child Behavior Checklist/4-18 and 1991 Profile.* Burlington: University of Vermont, Department of Psychiatry.

Achenbach, T.M. (1991b). *Manual for the Teachers Report Form and 1991 Profile.* Burlington: University of Vermont, Department of Psychiatry.

Achenbach, T.M., Rescorla, L.A. (2000). *Manual for the ASEBA preschool forms and profiles.* Burlington: Research Center for Children, Youth, & Families, University of Vermont.

Alpert, C.L., Kaiser, A.P. (1992), Training parents as milieu language teachers. *Journal of Early Intervention, 16*, 31–52.

American Academy of Pediatrics (1999a). *TIPP: The Injury Prevention Program.* Elk Grove, IL: Author.

American Academy of Pediatrics (1999b). *TIPP safety surveys.* Elk Grove, IL: Author.

American Psychiatric Association (2000). *Diagnostic and statistical manual of mental disorders* (wyd. 4 popr.). Washington, DC: Author.

Anastopoulos, A.D., Guevremont, D.C., Shelton, T.L., DuPaul, G.J. (1992). Parenting stress among families of children with attention deficit hyperactivity disorder. *Journal of Abnormal Child Psychology, 20*, 503–520. doi: 10.1007/BF00916812.

Anastopoulos, A.D., Shelton, T.L. (2001). *Assessing attention-deficit/hyperactivity disorder.* New York, NY: Kluwer Academic/Plenum.

Anderson, C.A., Hammen, C.L. (1993). Psychosocial outcomes of children of unipolar depressed, bipolar, medically ill, and normal women: A longitudinal study. *Journal of Consulting and Clinical Psychology, 61*, 448–454. doi: 10.1037/0022-006X.6U.448.

Anderson, C.A., Hinshaw, S.P., Simmel, C. (1994). Mother-child interactions in ADHD and comparison boys: Relationships with overt and covert externalizing behavior. *Journal of Abnormal Child Psychology, 22*, 247–265. doi: 10.1007/BF02167903.

Arcia, E., Reyes-Blanes, M., Vazquez-Montilla, E. (2000). Constructions and reconstructions: Latino parent's values for children. *Journal of Child and Family Studies, 9,* 333–350. doi: 10.1023/A:1026444507343.

Baker, B.L, Blacher, J., Olsson, M.B. (2005). Preschool children with and without developmental delay: Behavior problems, parents' optimism and well-being. *Journal of Intellectual Disability Research, 49,* 575–590. doi: 10.1111/j.l365-2788.2005,00691.x.

Baker-Ericzén, M.J., Brookman-Frazee, L., Stahmer, A. (2005). Stress levels and adaptability in parents of toddlers with and without autism spectrum disorders. *Research and Practice for Persons With Severe Disabilities, 30,* 194–204. doi: 10.2511/rpsd.30.4.194.

Bambara, L.M., Kern, L. (2005). *Individualized supports for students with problem behaviors.* New York, NY: Guilford Press.

Barkley, R.A. (1988). The effects of methylphenidate on the interactions of preschool ADHD children with their mothers. *Journal of the American Academy of Child and Adolecent Psychiatry, 27,* 336–341. doi: 10.1097/00004583-198805000-00012.

Barkley, R.A. (1997). Behavioral inhibition, sustained attention, and executive functions; Constructing a unifying theory of ADHD. *Psychological Bulletin, 121,* 65–94. doi: 10.1037/0033-2909.121.1.65.

Barkley, R.A. (2001). Accidents and ADHD. *The Economics of Neuroscience, 3,* 64–68.

Barkley, R.A. (red.). (2006). *Attention deficit hyperactivity disorder: A handbook for diagnosis and treatment* (wyd. 3). New York, NY: Guilford Press.

Barkley, R.A., Murphy, K.R. (2006). *Attention-deficit hyperactivity disorder: A clinical workbook* (wyd. 3). New York, NY: Guilford Press.

Barkley, R.A., Murphy, K.R., Fischer, M. (2008). *ADHD in adults: What the science says.* New York, NY: Guilford Press.

Barkley, R.A., Shelton, T.L., Crosswait, C.C., Morehouse, M., Fletcher, K., Barrett, S., ..., Metevia, L. (2000). Multi-method psycho-educational intervention for preschool children with disruptive behavior: Preliminary results at post-treatment. *Journal of Child Psychology and Psychiatry, and Allied Disciplines, 41,* 319–332. doi: 10.1111/1469-7610.00616.

Beck, L., Juel, C. (1999). The role of decoding in learning to read. W: Consortium on Reading Excellence (CORE) (red.), *Reading research anthology: The why of reading instruction* (s. 78–87). Novato, CA: Arena Press.

Biemiller, A. (2001). Teaching vocabulary: Early, direct, and sequential. *American Educator, 25,* 24–28, 47.

Bijur, P., Golding, J., Haslum, M., Kurzon, M. (1988). Behavioral predictors of injury in school-age children. *American Journal of Diseases of Children, 142,* 1307–1312.

Blumberg, S., Olson, L., Frankel, M., Osborn, L., Srinath, K., Giambo, P. (2005). *Design and operation of the National Survey of Children's Health, 2003* (Vital and Health Statistics Reports, ser. 1, nr 43). Washington, DC: National Center for Health Statistics.

Boyajian, A.E., DuPaul, G.J., Wartel Handler, M., Eckert, T.L., McGoey, K.E. (2001). The use of classroom-based brief functional analyses with preschoolers at-risk for attention deficit hyperactivity disorder. *School Psychology Review, 30,* 278–293.

Bracken, B.A. (1998). *Examiner's manual for the Bracken Basic Concept Scale – Revised.* San Antonio, TX: The Psychological Corporation, Harcourt Brace.

Bredekamp, S.E., Copple, C.-E. (1996). *Develop-mentally appropriate practice in early childhood programs.* Washington, DC: National Association for the Education of Young Children.

Breslin, F.C., Sobell, M.B., Sobell, L.Q, Cunningham, J.A., Sdao-Jarvie, K., Borsoi, D. (1998). Problem drinkers: Evaluation of a stepped-care approach. *Journal of Substance Abuse, 10*, 217–232. doi: 10.1016/S0899-3289(99)00008-5.

Brookman-Frazee, L. (2004). Using parent/clinician partnerships in parent education programs for children with autism. *Journal of Positive Behavior Interventions, 6*, 195–213. doi: 10.1177/10983007040060040201.

Brookman-Frazee, L., Koegel, R.L. (2010). Using parent/clinician partnerships in parent education programs for children with autism. *Journal of Positive Behavior Interventions, 12*, 23–32.

Brown, R.T., Antonuccio, D.O., DuPaul, G.J., Fristad, M.A., King, C.A., Leslie, L.K., ..., Vitiello, B. (2007). *Childhood mental health disorders: Evidence base and contextual factors for psychosocial, psychopharmacological, and combined interventions.* Washington, DC: American Psychological Association.

Bruder, M.B. (2000). Family-centered early intervention: Clarifying our values for the new millennium. *Topics in Early Childhood Special Education, 20*, 105–115. doi: 10.1177/027112140002000206.

Buhrmester, D., Camparo, L., Christensen, A., Gonzales, L.S., Hinshaw, S.P. (1992). Mothers and fathers interacting in dyads and triads with normal and hyperactive sons. *Developmental Psychology, 28*, 500–509. doi: 10.1037/0012-1649.28.3.500.

Burge, D., Hammen, C., (1991). Maternal communication; Predictors of outcome at follow-up in a sample of children at high and low risk for depression. *Journal of Abnormal Psychology, 100*, 174–180. doi: 10.1037/0021-843X.100.2.174.

Byrne, J.M., Bawden, H.N., Beattie, T., DeWolfe, N.A. (2003). Risk for injury in preschoolers: Relationship to attention deficit hyperactivity disorder. *Child Neuropsychology, 9*, 142–151.

Caldwell, B.M., Bradley, R.H. (2001). *HOME inventory administration manual* (wyd. 3). Little Rock: University of Arkansas.

The California Child Care Health Program (1998). *Health and safety in the child care setting: Prevention of injuries.* Berkeley, CA: Author.

The California Child Care Health Program (2007). *Health and Safety in the Child Care Setting: Prevention of injuries, Module 2* (wyd. 2), Berkeley CA: Author.

Campbell, S.B. (1995). Behavior problems in preschool children: A review of recent research. *Journal of Child Psychology and Psychiatry, and Allied Disciplines, 36*, 113–149. doi: 10.1111/j. l469'7610.1995.tb01657.x.

Campbell, S.B. (2002). *Behavior problems in preschool children: Clinical and developmental issues* (wyd. 2). New York, NY: Guilford Press.

Campbell, S.B., Endman, M., Bernfield, G. (1977). A three-year follow-up of hyperactive preschoolers into elementary school. *Journal of Child Psychology and Psychiatry, and Allied Disciplines, 18*, 239–249. doi: 10.1111/j.1469-7610.1977.tb00436.x.

Campbell, S.B., Ewing, L.J. (1990). Follow-up of hard to manage preschoolers: Adjustment at age 9 and predictors of continuing symptoms. *Journal of Child Psychology and Psychiatry, and Allied Disciplines, 31*, 871–889. doi: 1111/j.1469-7610.1990.tb00831.x.

Campbell, S.B., Ewing, L.J., Breaux, A.M., Szumowski, E.K. (1986). Parent-referred problem three-year-olds: Follow-up at school entry. *Journal of Child Psychology and Psychiatry, and Allied Disciplines, 27*, 473–488. doi: 10.1111/j.1469-7610.1986.tb00635.x.

Campbell, S.B., Schleifer, M., Weiss, G. (1978). Continuities in maternal reports and child behaviors over time in hyperactive and comparison groups. *Journal of Abnormal Child Psychology, 6*, 33–45. doi: 10.1007/BF00915780.

Castle, L., Aubert, R.E., Verbrugge, R.R., Khalid, M., Epstein, R.S. (2007). Trends in medication treatment for ADHD. *Journal of Attention Disorders, 10*, 335–342. doi: 10.1177/1087054707299597.

Centers for Disease Control and Prevention (2005, wrzesień 2). Mental health in the United States: Prevalence of diagnosis and medication treatment for attention-deficit/hyperactivity disorder—United States, 2003. *Morbidity and Mortality Weekly Report.* Pobrane z: www.cdc.gov/mmwr/preview/mmwrhtml/mm5434a2.htm.

Chan, S. (1990). Early intervention with culturally diverse families of infants and toddlers with disabilities. *Infants and Young Children, 3*, 78–87. doi: 10.1097/00001163499010000-00010.

Chandler, L.K. (1992). Generalization and maintenance of preschool children's social skills: A critical review and analysis. *Journal of Applied Behavior Analysis, 25*, 415–428. doi: 10.1901/jaba.1992.25-415.

Chard, D.J., Harn, B.A., Sugai, G., Horner, R.H., Simmons, D.Q, Kame'enui, E.J. (2008). Core features of multi-tiered systems of reading and behavioral support. W: C.R. Greenwood, T.R. Kratochwill, M. Clemens (red.), *Schoolwide prevention models: Lessons learned in elementary schools* (s. 31–60). New York, NY: Guilford Press.

Chen, D., Downing, J.E., Peckham-Hardin, K.D. (2002). Working with families of diverse cultural and linguistic backgrounds. W: J.M. Lucyshyn, G. Dunlap, R.W. Albin (red.), *Families and positive behavior support* (s. 133–154). Baltimore, MD: Brookes.

Chronis, A.M., Lahey, B.B., Pelham, W.E., Williams, S.H., Baumann, B.L., Kipp, H., ..., Rathouz, P.J. (2007). Maternal depression and early positive parenting predict future conduct problems in young children with attention-deficit/hyperactivity disorder. *Developmental Psychology, 43*, 70–82. doi: 10.1037/0012-1649.43.1.70.

Codding, R.S., Femberg, A.B., Dunn, E.K., Pace, G.M. (2005). Effects of immediate performance feedback on implementation of behavior support plans. *Journal of Applied Behavior Analysis, 38*, 205–219. doi: 10.1901/jaba.2005.98-04.

Collins, L.M., Murphy, S.A., Bierman, K.L. (2004). A conceptual framework for adaptive preventive interventions. *Prevention Science, 5*, 185–196. doi: 10.1023/B:PREV.0000037641.26017.00.

Commission on Chronic Illness (1957). *Chronic illness in the United States.* Cambridge, MA: Harvard University Press.

Conners, C.K. (1997). *Conners Rating Scales – revised technical manual.* North Tonawanda, NY: Multi-Health Systems.

Conners, C.K. (2001). *Conners Kiddie Continuous Performance Test.* Toronto, Ontario, Canada: Multi-Health Systems.

Conners, C.K. (2008). *Conners Comprehensive Behavior Rating Scak.* Toronto, Ontario, Canada: Multi-Health Systems.

Connor, D.F. (2006a). Other medications. W: R.A. Barkley (red.), *Attention-deficit/hyperactivity disorder: A handbook for diagnosis and treatment* (wyd. 3, s. 658–677). New York, NY: Guilford Press.

Connor, D.F. (2006b). Stimulants. W: R.A. Barkley (red.), *Attention-deficit/hyperactivity disorder: A handbook for diagnosis and treatment* (wyd. 3, s. 608–647). New York, NY: Guilford Press.

Correa, V.I. (1987). Working with Hispanic parents of visually impaired children: Cultural implications. *Journal of Visual Impairment & Blindness, 81*, 260–264.

Cotter, R.B., Burke, J.D., Loeber, R., Navratil, J.L. (2002). Innovative retention methods in longitudinal research: A case study of the developmental trends study. *Journal of Child and Family Studies, 11*, 485–498.

Craig-Unkefer, L.A., Kaiser, A.P. (2002). Improving the social communication skills of at-risk preschool children in a play context. *Topics in Early Childhood Special Education, 22*, 3–13. doi: 10.1177/02711214020220010 1.

Cummings, E.M., Davies, P.T. (1999). Depressed parents and family functioning: Interpersonal effects and children's functioning and development. W: T. Joiner, J.C. Coyne (red.), *The interactional nature of depression* (s. 299–327). Washington, DC: American Psychological Association. doi: 10.1037/10311-011.

Cunningham, A.E., Stanovich, K.E. (1998). What reading does for the mind. *American Educator, 22*(1–2), 8–15.

Cunningham, C.E. (2006). COPE: Large-group, community-based, family-centered parent training. W: R.A. Barkley (red.), *Attention-deficit/hyperactivity disorder: A handbook for diagnosis and treatment* (wyd. 3, s. 480–498). New York, NY: Guilford Press.

Cunningham, C.E., Barkley, R.A. (1979). The interactions of hyperactive and normal children with their mothers during free play and structured tasks. *Child Development, 50*, 217–224. doi: 10.2307/1129059.

Cunningham, C.E., Bremner, R.B., Boyle, M. (1995). Large group community-based parenting programs for families of preschoolers at risk for disruptive behaviour disorders: Utilization, cost effectiveness, and outcome. *Journal of Child Psychology and Psychiatry, and Allied Disciplines, 36*, 1141–1159. doi: 10.1111/j.1469-761CU995.tb01362.x.

Cunningham, C.E., Bremner, R., Secord, M. (1998). *Community parent education program.* Hamilton, Ontario, Canada: Hamilton Health Sciences Corp.

Danforth J.S., Barkley, R.A., Stokes, T.F. (1991). Observations of parent-child interactions with hyperactive children: Research and clinical implications. *Clinical Psychology Review, 11*, 703–727. doi: 10.1016/0272-7358(91)90127-G.

Davidson, L.L., Hughes, S.J., O'Connor, P.A. (1988). Preschool behavior problems and subsequent risk of injury. *Pediatrics, 82*, 644–651.

DeWolfe, N.A., Byrne, J.M., Bawden, H.N. (1999). Early assessment of attention. *Clinical Neuropsychologist, 13*, 458–473.

DeWolfe, N.A., Byrne, J.M., Bawden, H.N. (2000). Preschool inattention and impulsivity-hyperactivity: Development of a clinic-based assessment protocol. *Journal of Attention Disorders, 4*, 80–90. doi: 10.1177/108705470000400202.

Dinkmeyer, D., McKay, G.D., Dinkmeyer, J.S., McKay, J.L. (1997). *Early childhood systematic training for effective parenting (STEP).* Circle Pines, MN: American Guidance Services.

DiPerna, J.C., Elliott, S.N. (2000). *Academic Competence Evaluation Scales.* San Antonio, TX: The Psychological Corporation.

DiScala, C., Lescohier, L., Barthel, M., Li, G. (1998). Injuries to children with attention deficit hyperactivity disorder. *Pediatrics, 102*, 1415–1421.

Dishion, T.J., French, D.C., Patterson, G.R. (1996). The development and ecology of antisocial behavior. W: D. Cicchetti, D.J. Cohen (red.), *Developmental psychopathology. Vol. 2. Risk, disorder, and adaptation* (s. 421–471). New York, NY: Wiley.

Dishion, T.J., Patterson, G.R., Kavanagh, K.A. (1992). An experimental test of the coercion model: Linking theory, measurement, and intervention. W: J. McCord, R.E. Tremblay (red.), *Preventing antisocial behavior: Interventions from birth through adolescence* (s. 253–282). New York, NY: Guilford Press.

Downey, G., Coyne, J.C. (1990). Children of depressed parents: An integrative review. *Psychological Bulktin, 108*, 50–76. doi: 10.1037/0033-29Q9.108.1.50.

Drouin, M.A. (2009). Parent involvement in literacy intervention: A longitudinal study of effects on preschoolers' emergent literacy skills and home literacy environment. *Early Childhood Services: An Interdisciplinary Journal of Effectiveness, 3*, 1–18.

Dunlap, G., Harrower, J., Fox, L. (2005). Understanding the environmental determinants of problem behavior. W: L.M. Bambara, L. Kern (red.), *Individualized supports for students with problem behaviors* (s. 25–46). New York, NY: Guilford Press.

Dunlap, G., Strain, P.S., Fox, L., Carta, J.J., Conroy, M., Smith, B., ..., Sowell, C. (2006). Prevention and intervention with young children's challenging behavior: perspectives regarding current knowledge. *Behavioral Disorders, 32*, 29–45.

Dunn, L., Beach, S.A., Kontos, S. (2000). Supporting literacy in early childhood programs: A challenge for the future. W: K.A. Roskos, J.F. Christie (red.), *Play and literacy in early childhood: Research from multiple perspectives* (s. 91–105), Mahwah, NJ: Erlbaum.

Dunst, C.J., Paget, K. (1991). Parent-professional partnerships and family empowerment. W: M.J. Fine (red.), *Collaboration with parents of exceptional children* (s. 25–44). Brandon, VT: Clinical Psychology.

DuPaul, G.J., Arbolino, L.A., Booster, G.D. (2009). Cognitive-behavioral interventions for attention-deficit/hyperactivity disorder. W: M.J. Mayer, R. Van Acker, J.E. Lochman, F.M. Gresham (red.), *Cognitive-behavioral interventions for emotional and behavioral disorders: School-based practice* (s. 295–327). New York, NY: Guilford Press.

DuPaul, G.J., Kern, L., Thomas, L.B. Caskie, G., Rutherford, L.E. (2009, February). *Early intervention for young children with ADHD: 24-month outcomes.* Wystąpienie na corocznej konferencji organizowanej przez Krajowe Stowarzyszenie Psychologów Szkolnych (National Association of School Psychologists), Boston.

DuPaul, G.J., McGoey, K.E., Eckert, T.L., VanBrakle, J. (2001). Preschool children with attention-deficit/hyperactivity disorder: Impairments in behavioral, social, and school functioning. *Journal of the American Academy of Child and Adolescent Psychiatry, 40*, 508–515. doi: 10.1097/00004583-200105000-00009.

DuPaul, G.J., Power, T.J., Anastopoulos, A.D., Reid, R. (1998). *AD/HD Rating Scale-IV: Checklist, norms, and clinical interpretation.* New York, NY: Guilford Press.

DuPaul, G.J., Stoner, G. (2003). *ADHD in the schools: Assessment and intervention strategies* (wyd. 2). New York, NY: Guilford Press.

Dyson, L.L. (1997). Fathers and mothers of school-age children with developmental disabilities: Parental stress, family functioning, and social support. *American Journal on Mental Retardation, 102*, 267–279. doi: 10.1352/0895-8017(1997)102<0267:FAMOSC>2.0.CO;2.

Egger, H.L., Kondo, D., Angold, A. (2006). The epidemiology and diagnostic issues in preschool attention-defcit/hyperactivity disorder: A review. *Infants and Young Children, 19*, 109–122. doi: 10.1097/00001163-200604000-00004.

Elgar, F.J., McGrath, P.J., Waschbusch, D.A. (2004). Mutual influences on maternal depression and child adjustment problems. *Clinical Psychology Review, 24*, 441–459. doi: 10.1016/j.cpr.2004.02.002.

Elliot, J., Prior, M., Merrigan, C., Ballinger, K. (2002). Evaluation of a community intervention programme for preschool behavior problems. *Journal of Pediatrics and Child Health, 33*, 41–50.

Elliott, C.D. (1990). *The Differential Ability Scales.* San Antonio, TX: The Psychological Corporation.

Erchul, W.P., Martens, B.K. (2010), *School consultation: Conceptual and empirical bases for practice.* New York, NY: Springer.

Fabiano, G.A., Pelham, W.E., Jr., Gnagy, E.M., Burrows-MacLean, L., Coles, E.K., Chacko, A., ..., Hoffman, M.T. (2007). The single and combined effects of multiple intensities of behavior modification and methylphenidate for children with attention deficit hyperactivity disorder in a classroom setting. *School Psychology Review*, *36*, 195–216.

Fabiano, G.A., Pelham, W.E., Jr., Waschbusch, D.A., Gnagy, E.M., Lahey, B.B., Chronis, A.M., ..., Burrows-MacLean, L. (2006). A practical measure of impairment: Psychometric properties of the Impairment Rating Scale in samples of children with attention deficit hyperactivity disorder and two school-based samples. *Journal of Clinical Child and Adolescent Psychology*, *35*, 369–385. doi: 10.1207/sl5374424jccp3503_3.

Faraone, S.V., Biederman, J., Jetton, J.G., Tsuang, M.T. (1997). Attention deficit disorder and conduct disorder: Longitudinal evidence for a familial subtype. *Psychological Medicine*, *27*, 291–300. doi: l017/S0033291796004515.

Faraone, S.V., Perlis, R.R., Doyle, A.E., Smoller, J.W., Goralnick, J.J., Holmgren, M.A., Sklar, P. (2005). Molecular genetics of attention-deficit/hyperactivity disorder. *Biological Psychiatry*, *57*, 1313–1323. doi: 10.1016/j.biopsych.2004.11.024.

Feil, E.G., Walker, H.M., Severson, H.H. (1995). The Early Screening Project for young children with behavior problems. *Journal of Emotional and Behavioral Disorders*, *3*, 194–202.

Ferriero, E., Teberosky, A. (1982). *Literacy before schooling.* Portsmouth, NH: Heinemann Educational Books.

Ferster, C.B., Skinner, B.F. (1957). *Schedules of reinforcement.* Acton, MA: Copley. doi: 10.1037/10627-000.

Fischer, M. (1990). Parenting stress and the child with attention deficit hyperactivity disorder. *Journal of Clinical Child Psychology*, *19*, 337–346. doi: 10.1207/sl5374424jccp1904_5.

Fleming, J., Monda-Amaya, L.E. (2001). Process variables critical for team effectiveness. *Remedial and Special Education*, *22*, 158–171. doi: 10.1177/074193250102200304.

Floyd, R.G., Hojnoski, R.L., Key, J.M. (2006). Preliminary evidence of technical adequacy of the Preschool Numeracy Indicators. *School Psychology Review*, *35*, 627–644.

Foorman, B.R., Torgesen, J. (2001). Critical elements of classroom and small-group instruction promote reading success in all children. *Learning Disabilities Research & Practice*, *16*, 203–212.

Fox, L., Dunlap, G., Hemmeter, M.L., Joseph, G.E., Strain, P.S. (2003). The teaching pyramid: A model for promoting social competence and preventing challenging behavior in young children. *Young Children*, *3*, 48–52.

Fox, L., Jack, S., Broyles, L. (2005). *Program-wide positive behavior support: Supporting young children's social-emotional development and addressing challenging behavior.* Tampa: Louis de la Parte Florida Mental Health Institute, University of South Florida.

Frazier, T.W., Youngstrom, E.A., Glutting, J.J., Watkins, M.W. (2007). ADHD and achievement: Meta-analysis of the child, adolescent, and adult literatures and a concomitant study with college students. *Journal of Learning Disabilities*, *40*, 49–65. doi: 10.1177/00222194070400010401.

Fuchs, D., Fuchs, L.S. (2006). Introduction to response to intervention: What, why, and how valid is it? *Reading Research Quarterly*, *41*, 93–99.

Gadow, K.D. (1986). *Children on medication. Vol. 1. Hyperactivity, learning disabilities, and mental retardation*. San Diego, CA: College-Hill Press.

Gadow, K.D., Sprafkin, J. (1997). *Early Childhood Inventory-4: Norms manual.* Stony Brook, NY: Checkmate Plus.

Gallagher, P.A., Rhodes, C.A., Darling, S.M. (2004). Parents as professionals in early intervention: A parent educator model. *Topics in Early Childhood Special Education, 24*, 5–13. doi: 10.1177/02711214040240010101.

Gallimore, R., Weisner, T.S., Kaufman, S.Z., Bernheimer, L.P. (1989). The social construction of ecocultural niches: Family accommodation of developmentally delayed children. *American Journal on Mental Retardation, 94*, 216–230.

Garzon, D.L., Huang, H., Todd, R.D. (2008). Do attention deficit/hyperactivity disorder and oppositional defiant disorder influence preschool unintentional injury risk? *Archives of Psychiatric Nursing, 22*, 288–296. doi: 10.1016/j.apnu.2007.12.006.

Gersten, R., Chard, D. (1999). Number sense: Rethinking arithmetic instruction for students with mathematical disabilities. *The Journal of Special Education, 33*, 18–28. doi: 10.1177/002246699903300102.

Gersten, R., Jordan, N.C. (2005). Early screening and intervention in mathematics difficulties: The need for action: Introduction to special series. *Journal of Learning Disabilities, 38*, 291–292.

Gersten, R., Jordan, N.C., Flojo, J.R. (2005). Early identification and interventions for students with mathematics difficulties. *Journal of Learning Disabilities, 38*, 293–304. doi: 10.1177/00222194050380040301.

Ghuman, J.K., Arnold, L.E., Anthony, B.J. (2008). Psychopharmacological and other treatments in preschool children with attention-deficit/hyperactivity disorder: Current evidence and practice. *Journal of Child and Adolescent Psycho-pharmacology, 18*, 413–447. doi: 10.1089/cap.2008.022.

Ghuman, J.K., Riddle, M.A., Vitiello, B., Greenhill, L.L., Chuang, S.Z., Wigal, S.B., ..., Skorbala, A.M. (2007). Comorbidity moderates response to methylphenidate in the Preschoolers With Attention-Deficit/Hyperactivity Disorder Treatment Study (PATS). *Journal of Child and Adolescent Psychopharmacology, 17*, 563–580. doi: 10.1089/cap.2007.0071.

Gilliam, J.E. (1995). *Gilliam Autism Rating Scale.* Austin, TX: Pro-Ed.

Gilliam, W.S. (2005). *Prekindergarteners left behind; Expulsion rates in state prekindergarten classrooms.* New Haven, CT: Yale University Child Study Center. Pobrane z www.plan4preschool.org/documents/pk-expulsion.pdf.

Gimpel, G.A., Kuhn, B.R. (2000). Maternal report of attention deficit hyperactivity disorder symptoms in preschool children. *Child: Care, Health and Development, 26*, 163–176.

Gleason, M.M., Egger, H.L., Emslie, G.J., Greenhill, L.L., Kowatch, R.A., Lieberman, A.F., ..., Zeanah, C.H. (2007). Psychopharmacological treatment for very young children: Contexts and guidelines. *Journal of the American Academy of Child and Adolescent Psychiatry, 46*, 1532–1572. doi: 10.1097/chi.0b013e3181570d9e.

Glover, T.A., Vaughn, S. (2010). *The promise of response to intervention: Evaluating current science and practice.* New York, NY: Guilford Press.

Good, R.H., Simmons, C., Smith, S.B. (1998). Effective academic intervention in the United States: Evaluating and enhancing the acquisition of early reading skills. *Educational and Child Psychology, 15*, 56–70.

Gordon, M. (1996). *Administrative manual for the Gordon Diagnostic System.* DeWitt, NY: Author.

Gordon, R.S. (1983). An operational classification of disease prevention. *Public Health Reports, 98*, 107–109.

Greenhill, L., Kollins, S., Abikoff, H., McCracken, J., Riddle, M., Swanson, J., ..., Cooper, T. (2006). Efficacy and safety of immediate-release methylphenidate treatment for preschoolers with ADHD. *Journal of the* American *Academy of Child and Adolescent Psychiatry, 45*, 1284–1293. doi: 10.1097/01.chi.0000235077.32661.61.

Greenhill, L.L, Posner, K., Vaughan, B.S., Kratochvil, C.J. (2008). Attention deficit hyperactivity disorder in preschool children. *Child and Adolescent Psychiatric Clinics of North America, 17,* 347–366.

Gresham, F.M., Elliott, S.N. (1990). *Social Skills Rating System manual.* Circle Pines, MN: American Guidance Service.

Gresham, F.M., Elliott, S.N. (2008). *Social Skills Improvement* System. Minneapolis, MN: Pearson Assessments.

Griffin, S. (2004). Building number sense with number worlds: A mathematics program for young children. *Early Childhood Research Quarterly, 19,* 173–180.

Griffin, S. (2007). Early intervention for children at risk of developing mathematical learning difficulties. W: D.B. Berch, M.M.M. Mazzocco (red.), *Why is math so hard for some children? The nature and origins of mathematical learning difficulties and disabilities* (s. 373–395). Baltimore, MD: Brookes.

Groce, N.E., Zola, I.K. (1993). Multiculturalism, chronic illness, and disability. *Pediatrics, 91,* 1048–1055.

Hailemariam, A., Bradley-Johnson, S., Johnson, C.M. (2002). Pediatricians' preferences for ADHD information from schools. *School Psychology Review, 31,* 94–105.

Halle, J., Bambara, L.M., Reichle, J. (2005). Teaching alternative skills. W: L.M. Bambara, L. Kern (red.), *Designing positive behavior supports for students* (s. 237–274). New York, NY: Guilford Press.

Hammen, C., Burge, D., Stansbury, K. (1990). Relationship of mother and child variables to child outcomes in a high-risk sample: A causal modeling analysis. *Developmental Psychology, 26,* 24–30. doi: 10.1037/0012-1649.26.1.24.

Hancock, T.B., Kaiser, A.B., Delaney, E.M. (2002). Teaching Parents of Preschoolers at High Risk: Strategies to Support Language and Positive Behavior. *Topics in Early Childhood Special Education, 22,* 191–212. doi: 10.1177/027112140202200402.

Harry, B. (1992). *Cultural diversity, families, and the special education system: Communication and empowerment.* New York, NY: Teacher College Press.

Harry, B. (2002). Trends and issues in serving culturally diverse families of children with disabilities. *Journal of Special Education, 36,* 131–38, 47.

Hart, B., Risley, R.T. (1995), *Meaningful differences in the everyday experience of young American children.* Baltimore, MD: Brookes.

Hartman, R.R., Stage, S.A., Webster-Stratton, C. (2003). A growth curve analysis of parent training outcomes: Examining the influence of child risk factors (inattention, impulsivity, and hyperactivity problems), parental and family risk factors. *Journal of Child Psychology and Psychiatry, and Allied Disciplines, 44,* 388–398. doi: 10.1111/1469-7610.00129.

Hartsough, C.S., Lambert, N.M. (1985). Medical factors in hyperactive and normal children: Prenatal, developmental, and health history findings. *American Journal of Orthopsychiatry, 55,* 190–201. doi: 10.1111/j.1939-0025.1985.tb03433.x.

Hawken, L.S., MacLeod, K.S., Rawlings, L. (2007). Effects of the Behavior Education Program (BEP) on office discipline referrals of elementary school students. *Journal of Positive Behavior Interventions, 9,* 94–101. doi: 10.1177/10983007070090020601.

Hawkins, J.D., Catalano, R.F., Miller, Y. (1992). Risk and protective factors for alcohol and other drug problems in adolescence and early adulthood: Implications for substance abuse prevention. *Psychological Bulletin, 112,* 64–105. doi: 10.1037/0033-2909.112.1.64.

Healey, D.M., Miller, C.J., Castelli, K.L., Marks, D.J., Halperin, J.M. (2008). The impact of impairment criteria on rates of ADHD diagnoses in preschoolers. *Journal of Abnormal Child Psychology, 36,* 771–778. doi: 10.1007/si0802-007-9209-1.

Heffron, M.Q., Grunstein, S., Tilmon, S. (2007). Exploring diversity in supervision and practice. *Zero to Three, 28*(2), 34–38.

Hemeter, M.L., Corso, R., Cheatham, R. (2006, luty). *Issues in addressing challenging behavior in young children: A national survey of early childhood educators.* Tekst wygoszony na konferencji On Research Innovations in Early Intervention, San Diego, CA.

Hepburn, K.S. (2006). *Building culturally and linguistically competent services to support young children, their families, and school readiness.* Baltimore, MD: Annie E. Casey Foundation.

Herjanic, B., Reich, W. (1982). Development of a structured psychiatric interview for children: Agreement between child and parent on individual symptoms. *Journal of Abnormal Child Psychology, 10*, 307–324.

Herring, S., Gray, K., Taffe, J., Tonge, B., Sweeney, D., Einfeld, S. (2006). Behavior and emotional problems in toddlers with pervasive developmental disorders and developmental delay: Associations with parental mental health and family functioning. *Journal of Intellectual Disability Research, 50*, 874–882. doi: 10.1111/j.1365-2788.2006.00904.x.

Hinshaw, S.P., Anderson, C.A. (1996). Conduct and oppositional defiant disorders. W: R.A. Barkley, E.J. Mash (red.), *Child psychopathology* (s. 113–149). New York, NY: Guilford Press.

Hoare, P., Beattie, T. (2003). Children with attention deficit hyperactivity disorder and attendance at hospital. *European Journal of Emergency Medicine, 10*, 98–100. doi: 10.1097/00063110-200306000-00005.

Hojnoski, R.L., Silberglitt, B., Floyd, R.G. (2009). Sensitivity to growth overtime of the Preschool Numeracy Indicators with a sample of preschoolers in Head Start. *School Psychology Review, 38*, 402–418.

Horner, R.H., Sugai, G., Todd, A.W., Lewis-Palmer, T. (2006). Schoolwide positive behavior support. W: L.M. Bambara, L. Kern (red.), *Individualized supports for students with problem behaviors* (s. 359–390). New York, NY: Guilford Press.

Hoskyn, M. (2009). The prevention science perspective: Early intervention research on literacy, mathematics, and social competence. W: S. Rosenfield, V. Berninger (red.), *Implementing evidence-based academic interventions in school settings* (s. 165–212). New York, NY: Oxford University Press.

Hulme, C., Hatcher, P.J., Nation, K., Brown, A., Adams, J., Stuart, G. (2002). Phoneme awareness is a better predictor of early reading skills than onset-rime awareness. *Journal of Experimental Child Psychology, 82*, 2–28.

Ingber, S., Dromi, E. (2010). Actual versus desired family-centered practice in early intervention for children with hearing loss. *Journal of Deaf Studies and Deaf Education, 15*, 59–71. doi: 10.1093/deafed/enp025.

Invernizzi, M., Sullivan, A., Meier, J., Swank, L. (2004). *PALS: Phonological Awareness Literacy Screening Pre-K technical reference.* Charlottesville: University of Virginia.

Isaksen, S.G., Treffinger, D.J., Dorval, K.B. (2000). *Creative approaches to problem solving: A framework for change.* Dubuque, IA: Kendall-Hunt.

Iwata, B.A., Dorsey, M.F., Slifer, K.J., Bauman, K.E., Richman, G.S. (1982). Toward a functional analysis of self-injury. *Analysis and Intervention in Developmental Disabilities, 2*, 3–20. doi: 10.1016/0270-4684(82)90003-9.

Jacobson, N.S., Truax, P. (1991), Clinical significance: A statistical approach to defining meaningful change in psychotherapy research. *Journal of Consulting and Clinical Psychology, 59*, 12–19. doi: 10.1037/0022-006X.59.1.12.

Janney, R., Snell, M.E. (2000). *Teacher's guide to inclusive practices: Behavioral support.* Baltimore, MD: Brookes.

Jensen, P.S. (2004). *Making the system work for your child with ADHD.* New York, NY: Guilford Press.

Jimerson, S.R., Burns, M.K., VanDerHeyden, A.M. (red.). (2007). *Handbook of response to intervention: The science and practice of assessment and intervention.* New York, NY: Springer.

Joe, J.R., Malach, R.S. (1998). Families with Native American roots. W: E.W. Lynch, M.J. Hanson (red.), *Developing cross-cultural competence: A guide for working with children and their families* (wyd. 2, s. 127–164). Baltimore, MD: Brookes.

Johnston, Q., Mash, E.J. (2001). Families of children with attention-deficit/hyperactivity disorder: Review and recommendations for future research. *Clinical Child and Family Psychology Review, 4,* 183–207. doi: 10.1023/A:1017592030434.

Jokela, M., Power, C., Kivimäki, M. (2009). Childhood problem behaviors and injury risk over the life course. *Journal of Child Psychology and Psychiatry, and Allied Disciplines, 50,* 1541–1549. doi: 10.1111/j.l469-7610.2009.02122.x.

Juel, C. (1988). Learning to read and write: A longitudinal study of 54 children from first through fourth grades. *Journal of Educational Psychology, 80,* 437–447. doi: 10.1037/0022-0663.80.4.437.

Justice, L.M., Chow, S.M., Capellini, C., Flanigan, K., Colton, S. (2003). Emergent literacy intervention for vulnerable preschoolers: Relative effects of two approaches. *American Journal of Speech-Language Pathology, 12,* 320–332.

Justice, L.M., Kaderavek, J.N., Xitao, F., Sofka, A., Hunt, A. (2009). Accelerating preschoolers' early literacy development through classroom-based teacher–child storybook reading and explicit print referencing. *Language, Speech, and Hearing Services in Schools, 40,* 67–85.

Kame'enui, E.J. (1993). Diverse learners and the tyranny of time: Don't fix blame, fix the leaky roof. *The Reading Teacher, 46,* 376–383.

Kaminski, R.A., Good, R.H. (1996). Toward a technology for assessing basic early literacy skills. *School Psychology Review, 25,* 215–227.

Kazdin, A.E. (2001). *Behavior modification in applied settings* (wyd. 6). Belmont, CA: Wadsworth/Thomson Learning.

Keenan, K., Shaw, D., Walsh, B., Deliquadri, E., Giovanelli, J. (1997). DSM-III-R disorders in preschool children from low-income families. *Journal of the American Academy of Child and Adolescent Psychiatry, 36,* 620–627. doi: 10.1097/00004583-199705000-00012.

Kellam, S.G., Rebok, G.W. (1992). Building developmental and etiological theory through epidemiologically based preventive intervention trials. W: J. McCord, R.E. Tremblay (red.), *Preventing antisocial behavior: Interventions from birth through adolescence* (s. 162–195). New York, NY: Guilford Press.

Kennedy, C.H., Meyer, K.A. (1996). Sleep deprivation, allergy symptoms, and negatively reinforced problem behavior. *Journal of Applied Behavior Analysis, 29,* 133–135. doi: 10.1901/jaba.1996.29-133.

Keown, L.J., Woodward, L.J. (2002). Early parent-child relations and family functioning of preschool boys with pervasive hyperactivity. *Journal of Abnormal Child Psychology, 30,* 541–553. doi: 10.1023/A:1020803412247.

Kern, L., DuPaul, G.J., Volpe, R.J., Sokol, N.G., Lutz, J.G., Arbolino, L.A., ..., VanBrakle, J.D. (2007). Multisetting assessment-based intervention for young children at risk for attention deficit hyperactivity disorder: Initial effects on academic and behavioral functioning. *School Psychology Review, 36,* 237–255.

Kern, L., Hilt-Panahon, A., Sokol, N. (2009). Further examining the triangle tip: Improving support for students with emotional and behavioral needs. *Psychology in the Schools, 46*, 18–32. doi: 10.1002/pits.20351.

Kern, L., O'Neill, R.E., Starosta, K. (2005). Gathering functional assessment information. W: L.M. Bambara, L. Kern (red.), *Individualized supports for students with problem behavior* (s. 129–164). New York, NY: Guilford Press.

Kersh, J., Hedvat, T.T., Hauser-Cram, P., Warfield, M.E. (2006). The contribution of marital quality to the well-being of parents of children with developmental disabilities. *Journal of Intellectual Disability Research, 50*, 883–893. doi: 10.1111/j.1365-2788.2006.00906.x.

Knoster, T., Kincaid, D. (2005). Long-term supports and ongoing evaluation. W: L.M. Bambara, L. Kern (red.), *Designing positive behavior supports for students* (s. 303–333). New York, NY: Guilford Press.

Koegel, L.K., Koegel, R.L., Boettcher, M., Brookman-Frazee, L. (2005). Extending behavior support in home and community settings. W: L.M. Bambara, L. Kern (red.), *Designing positive behavior supports for students* (s. 334–358). New York, NY: Guilford Press.

Koegel, R.L., Koegel, L.K., Schreibman, L. (1991). Assessing and training parents in teaching pivotal behaviors. *Advances in Behavioral Assessment of Children and Families, 5*, 65–82.

Kollins, S.H., Greenhill, L. (2006). Evidence based for the use of stimulant medication in preschool children with ADHD. *Infants and Young Children, 19*, 132–141. doi: 10.1097/00001163-200604000-00006.

Kollins, S.[H.], Greenhill, L., Swanson, J., Wigal, S., Abikoff, H., McCracken, J., ... Bauzo, A. (2006). Rationale, design, and methods of the Preschool ADHD Treatment Study (PATS). *Journal of the American Academy of Child and Adolescent Psychiatry, 45*, 1275–1283. doi: 10.1097/01.chi.0000235074.86919.dc.

Koutsoftas, A.D., Harmon, M.T., Gray, S. (2009). The effect of Tier 2 intervention for phonemic awareness in a response-to-intervention model in low-income preschool classrooms. *Language, Speech, and Hearing Services in Schools, 40*, 116–130. doi: 10.1044/016M461(2008/07-0101).

Kratochwill, T.R., Bergan, J.R. (1990). *Behavioral consultation in applied settings.* New York, NY: Plenum Press.

LaFasto, F., Larson, C. (2001). *When teams workbest: 6000 team members and leaders tell what it takes to succeed.* Thousand Oaks, CA: Sage.

Lahey, B.B. (2000, październik). *Assessment issues in doing research with preschoolers.* Wystąpienie na corocznym spotkaniu forum badawczego Amerykańskiego Towarzystwa Psychiatrii Dzieci i Młodzieży (American Academy of Child and Adolescent Psychiatry), Nowy Jork.

Lahey, B.B., Hartung, C.M., Loney, J., Pelham, W.E., Chronis, A.M., Lee, S.S. (2007). Are there sex differences in the predictive validity of DSM-IV ADHD among younger children? *Journal of Clinical Child and Adolescent Psychology, 36*, 113–126. doi: 10.1080/15374410701274066.

Lahey, B.B., Loeber, R. (1997). Attention-deficit/hyperactivity disorder, oppositional defiant disorder, conduct disorder, and adult antisocial behavior: A life span perspective. W: D.M., Stoff, J. Breiling, J.D. Maser (red.), *Handbook of antisocial behavior* (s. 51–59). New York, NY: Wiley.

Lahey, B.B., Pelham, W.E., Loney, J., Kipp, H., Ehrhardt, A., Lee, S.S., ..., Massetti, G. (2004). Three-year predictive validity of *DSM-IV* attention deficit hyperactivity disorder in children diagnosed at 4–6 years of age. *The American Journal of Psychiatry, 161*, 2014–2020. doi: 10.1176/appUjp.l61.11.2014.

Lahey, B.B., Pelham, W.E., Stein, M.A., Loney, J., Trapani, C., Nugent, K., ..., Baumann, B. (1998). Validity of *DSM-IV* attention-deficit/hyperactivity disorder for younger children. *Journal of the American*

Academy of Child and Adolescent Psychiatry, 37, 695–702. doi: 10.1097/00004583-199807000-00008.

Lahey, B.B., Piacentini, J.C., McBurnett, K., Stone, P., Hartdagen, S., Hynd, G. (1988). Psychopathology in the parents of children with conduct disorder and hyperactivity. *Journal of the American Academy of Child and Adolescent Psychiatry, 27*, 163–170. doi: 10.1097/00004583-198803000-00005.

Lavigne, J.V., Gibbons, R.D., Christoffel, K.K., Arend, R., Rosenbaum, D., Binns, H., ..., Isaacs, C. (1996). Prevalence rates and correlates of psychiatric disorders among preschool children. *Journal of the American Academy of Child and Adolescent Psychiatry, 35*, 204–214. doi: 10.1097/00004583-199602000-00014.

Lavigne, J.V., LeBailly, S.A., Hopkins, J., Gouze, K.R., Binns, H.J. (2009). The prevalence of ADHD, ODD, depression, and anxiety in a community sample of 4-year-olds. *Journal of Clinical Child and Adolescent Psychology, 38*, 315–328. doi: 10,1080/15374410902851382.

Lee, L.C., Harrington, R.A., Chang, J.J., Connors, S.L. (2008). Increased risk of injury in children with developmental disabilities. *Research in Developmental Disabilities, 29*, 247–255.

Lee, S.S., Lahey, B.B., Owens, E.B., Hinshaw, S.P. (2008a). Few preschool boys and girls with ADHD are well-adjusted during adolescence. *Journal of Abnormal Child Psychology, 36*, 373–383. doi: 10.1007/sl0802-007-9184-6.

Levenstein, P. (1992). The mother–child home program: Research methodology and the real world. W: J. McCord, R.E. Tremblay (red.), *Preventing antisocial behavior: Interventions from birth through adolescence* (s. 43–66). New York, NY: Guilford Press.

Lewis, T.J., Sugai, G., Colvin, G. (1998). Reducing problem behavior through a school-wide system of effective behavioral support: Investigation of a school-wide social skills training program and contextual interventions. *School Psychology Review, 27*, 446–459.

Loeber, R., Green, S.M., Keenan, K., Lahey, B.B. (1995). Which boys will fare worse? Early predictors of the onset of conduct disorder in a six-year longitudinal study. *Journal of the American Academy of Child and Adolescent Psychiatry, 34*, 499–509. doi: 10.1097/00004583-199504000-00017.

Lonigan, C.J., Driscoll, K., Phillips, B.M., Cantor, B.G., Anthony, J.L., Goldstein, H. (2003). A computer-assisted instruction phonological sensitivity program for preschool children at-risk for reading problems. *Journal of Early Intervention, 25*, 248–262.

Loughran, S.B. (2003). Agreement and stability of teacher rating scales for assessing ADHD in preschoolers. *Early Childhood Education Journal, 30*, 247–253.

Lucyshyn, J.M., Albin, R.W. (1993). Comprehensive support to families of children with disabilities and problem behaviors: Keeping it „friendly". W: G.H.S. Singer, L.E. Powers (red.), *Families, disability, and empowerment: Active coping skills and strategies for family interventions* (s. 365–407). Baltimore, MD: Brookes.

Lucyshyn, J.M., Horner, R.H., Dunlap, G., Albin, R.W., Ben, K. (2002). Positive behavior support with families. W: J.M. Lucyshyn, G. Dunlap, R.W. Albin (red.), *Families and positive behavior support* (s. 3–43). Baltimore, MD: Brookes.

Lustig, D.C. (2002). Family coping in families with a child with a disability. *Education and Training in Mental Retardation and Developmental Disabilities, 37*, 14–22.

Luthar, S.S., Zelazo, L.B. (2003). Research on resilience: An integrative review. W: S.S. Luthar (red.), *Resilience and vulnerability: Adaptation in the context of childhood adversities* (s. 510–550). New York, NY: Cambridge University Press. doi: 10.1017/CBO9780511615788-023.

Lynch, E.W., Hanson, M.J. (2004). *Developing cross-cultural competence: A guide for working with children and their families* (wyd. 3). Baltimore, MD: Brookes.

Mahone, E.M., Pillion, J.P., Hiemenz, J.R. (2001). Initial development of an auditory continuous performance test for preschoolers. *Journal of Attention Disorders, 5*, 93–106. doi: 10.1177/108705470100500203.

Mahone, E.M., Pillion, J.P., Hoffman, J., Hiemenz, J.R., Denckla, M.B. (2005). Construct validity of the Auditory Continuous Performance Test for Preschoolers. *Developmental Neuropsychology, 27*, 11–33. doi: 10.1207/s15326942dn2701_2.

Mangus, R.S., Bergman, D., Zieger, M., Coleman, J.J. (2004). Burn injuries in children with attention-deficit/hyperactivity disorder. *Burns, 30*, 148–150. doi: 10.1016/j.burns.2003.09.020.

Maniadaki, K., Sonuga-Barke, E., Kakouros, E., Karaba, R. (2007). Parental beliefs about the nature of ADHD behaviours and their relationship to referral intentions in preschool children. *Child: Care, Health and Development, 33*, 188–195.

Mariani, M., Barkley, R.A. (1997). Neuropsychological and academic functioning in preschool children with attention deficit hyperactivity disorder. *Developmental Neuropsychology, 13*, 111–129. doi: 10.1080/87565649709540671.

Marks, D.J., Mlodnicka, A., Bernstein, M., Chacko, A., Rose, S., Halperin, J.M. (2009). Profiles of service utilization and the resultant economic impact in preschoolers with attention deficit/hyperactivity disorder. *Journal of Pediatric Psychology, 34*, 681–689. doi: 10.1093/jpepsy/jsnll2.

Mash, E.J., Johnston, C. (1982). A comparison of the mother–child interactions of younger and older hyperactive and normal children. *Child Development, 53*, 1371–1381. doi: 10.2307/1129028.

Massetti, G.M., Lahey, B.B., Pelham, W.E., Loney, J., Ehrhardt, A., Lee, S.S., Kip, H. (2008). Academic achievement over 8 years among children who met modified criteria for attention-deficit/hyperactivity disorder at 4–6 years of age. *Journal of Abnormal Child Psychology, 36*, 399–410. doi: 10.1007/s10802-007-9186-4.

Mayer, G.R., Butterworth, T.W. (1979). A preventive approach to school violence and vandalism: An experimental study. *The Personnel and Guidance Journal, 57*, 436–441.

McGee, R., Partridge, R., Williams, S., Silva, P.A. (1991). A twelve-year follow-up of preschool hyperactive children. *Journal of the American Academy of Child and Adolescent Psychiatry, 30*, 224–232. doi: 10.1097/00004583-199103000-00010.

McGill-Franzen, A. (1987). Failure to learn to read: Formulating a policy problem. *Reading Research Quarterly, 22*, 475–490. doi: 10.2307/747703.

McGoey, K.E., DuPaul, G.J., Eckert, T.L., Volpe, R.J., Van Brakle, J. (2005). Outcomes of a multi-component intervention for preschool children at-risk for attention-deficit/hyperactivity disorder. *Child & Family Behavior Therapy, 27*, 33–56. doi: 10.1300/J019v27n01_03.

McGoey, K.E., DuPaul, G.J., Haley, E., Shelton, T.L. (2007). Parent and teacher ratings of attention-deficit/hyperactivity disorder in preschool: The ADHD Rating Scale-IV Preschool Version. *Journal of Psychopathology and Behavioral Assessment, 29*, 269–276. doi: 10.1007/sl0862-007-9048-y.

McGoey, K.E., Eckert, T.L., DuPaul, G.J. (2002). Intervention for preschool-aged children with ADHD: A literature review. *Journal of Emotional and Behavioral Disorders, 10*, 14–28. doi: 10.1177/106342660201000103.

McNamara, K., Dennis, A.R., Carte, T.A. (2008). It's the thought that counts: The mediating effects of information processing in virtual team decision making. *Information Systems Management, 25*, 20–32. doi: 10.1080/10580530701777123.

Michael, J. (1993). Establishing operations. *The Behavior Analyst, 16*, 191–206.

Milich, R., Landau, S., Kilby, G., Whitten, P. (1982). Preschool peer perceptions of the behavior of hyperactive and aggressive children. *Journal of Abnormal Child Psychology, 10*, 497–510. doi: 10.1007/BF00920750.

Miltenberger, R.G. (2005). Strategies for measuring behavior change. W: L.M. Bambara, L. Kern (red.), *Individualized supports for students with problem behavior* (s. 107–128). New York, NY: Guilford Press.

Mitchell, E.A., Aman, M.G., Turbott, S.R., Manku, M. (1987). Clinical characteristics and serum essential fatty acid levels in hyperactive children. *Clinical Pediatrics, 26*, 406–411.

Molina, B.S.G., Hinshaw, S.P., Swanson, J.M., Arnold, L.E., Vitiello, B., Jensen, P.S., ..., the MTA Cooperative Group (2009). MTA at 8 years: Prospective follow-up of children treated for combined-type ADHD in a multisite study. *Journal of the American Academy of Child and Adolescent Psychiatry, 48*, 484–500. doi: 10.1097/CHI.0b013e31819c23dO.

Mortenson, B.P., Witt, J.C. (1998). The use of weekly performance feedback to increase teacher implementation of a prereferral academic intervention. *School Psychology Review, 27*, 613–627.

MTA Cooperative Group (1999). A 14-month randomized clinical trial of treatment strategies for attention-deficit/hyperactivity disorder. *Archives of General Psychiatry, 56*, 1073–1086. doi: 10.1001/archpsyc.56.12.1073.

MTA Cooperative Group (2004). The NIMH MTA follow-up: 24-month outcomes of treatment strategies for attention-deficit/hyperactivity disorder (ADHD). *Pediatrics, 113*, 754–761. doi: 10.1542/peds.113.4.754.

Müller, E. (2007, luty). *Statewide behavior initiatives.* Alexandria, VA: Forum Project, National Association of State Directors of Special Education.

Murray, D.W., Kollins, S.R., Hardy, K.K., Abikoff, H.B., Swanson, J.M., Gunningham, C., ..., Chuang, S.Z. (2007), Parent versus teacher ratings of attention-deficit/hyperactivity disorder in the Preschoolers with Attention-Deficit/Hyperactivity Disorder Treatment Study (PATS). *Journal of Child and Adolescent Psychopharmacology, 17*, 605–619. doi: 10.1089/cap.2007.0060.

National Reading Panel (2000). *Teaching children to read: An evidence-based assessment of the scientific research literature on reading and its implications for reading instruction: Reports of the subgroups.* Bethesda, MD: National Institute of Child Health and Human Development.

Neely-Barnes, S., Dia, D.A. (2008). Families of children with disabilities: A review of the literature and recommendations for interventions. *Journal of Early and Intensive Behavior Intervention, 5*, 93–107.

Newborg, J., Stock, J.R., Wnek, L. (1988), *Manual for the Battelle Developmental Inventory*. Boston, MA: Houghton Mifflin.

Nigg, J.T. (2006). *What causes ADHD?* New York, NY: Guilford Press.

Nigg, J.T., Hinshaw, S.P. (1998). Parent personality traits and psychopathology associated with antisocial behaviors in childhood attention-deficit hyperactivity disorder. *Journal of Child Psychology and Psychiatry, and Allied Disciplines, 39*, 145–159. doi: 10.1017/S0021963097001984.

Noell, G.H., Witt, J.C., Gilbertson, D.N., Ranier, D.D., Freeland, J.T. (1997). Increasing teacher intervention implementation in general education settings through consultation and performance feedback. *School Psychology Quarterly, 12*, 77–88. doi: 10.1037/h0088949.

Northup, J., Fusilier, I., Swanson, V., Huete, J., Bruce, T., Freeland, J., ..., Edwards, S. (1999). Further analysis of the separate and interactive effects of methylphenidate and common classroom contingencies. *Journal of Applied Behavior Analysis, 32*, 35–50. doi: 10.1901/jaba.1999.32-35.

Northup, J., Jones, K., Broussard, C., DiGiovanni, G., Herring, M., Fusilier, I., Hanchey, A. (1997). A preliminary analysis of interactive effects between common classroom contingencies and methylphenidate. *Journal of Applied Behavior Analysis, 30*, 121–125. doi: 10.1901/jaba.1997.30-121.

Northup, J., Wacker, D., Sasso, G., Steege, M., Cigrand, K., Cook, J., DeRaad, A. (1991). A brief functional analysis of aggressive and alternative behavior in an outclinic setting. *Journal of Applied Behavior Analysis, 24*, 509–522. doi: 10.1901/jaba.1991.24-509.

Notari-Syverson, A., O'Connor, R.E., Vadasy, P.F. (1998). *Ladders to Literacy: A preschool activity book.* Baltimore, MD: Brookes.

Offord, D.R., Boyle, M.H., Racine, Y.A. (1991). The epidemiology of antisocial behavior in childhood and adolescence. W: D.J. Pepler, K.H. Rubin (red.), *The development and treatment of childhood aggression* (s. 31–54). Hillsdale, NJ: Erlbaum.

O'Neill, R.E., Horner, R.H., Albin, R.W., Sprague, J.R., Storey, K., Newton, J. (1997). *Functional assessment and program development for problem behavior: A practical handbook* (wyd. 2). Pacific Grove, CA: Sopris West.

O'Reilly, M. (2002). *Early literacy skill development of kindergartners and first-graders at-risk for externalizing behavior disorders.* Nieopublikowany maszynopis, University of Massachusetts Amherst.

Orvaschel, H., Puig-Antich, J. (1994). *The Kiddie-SADS-E* (wyd. 5 popr.), Ft. Lauderdale, FL: Center for Psychological Studies, Nova Southeastern University.

Patterson, G.R. (1982). *Coercive family process.* Eugene, OR: Castalia.

Patterson, G.[R.] (1995). Coercion as a basis for early age of onset for arrest. W: J. McCord (red.), *Coercion and punishment in long-term perspectives* (s. 81–105). New York, NY: Cambridge University Press.

Patterson, G.R., Reid, J.B., Dishion, T.J. (1992). *Antisocial boys.* Eugene, OR: Castalia.

Pelham, W.E., Jr., Fabiano, G.A. (2008). Evidence-based psychosocial treatments for attention-deficit/hyperactivity disorder. *Journal of Clinical Child and Adolescent Psychology, 37*, 184–214. doi: 10.1080/15374410701S18681.

Pelham, W.E., Jr., Fabiano, G.A., Massetti, G.M. (2005). Evidence-based assessment of attention deficit hyperactivity disorder in children and adolescents. *Journal of Clinical Child and Adolescent Psychology, 34*, 449–476. doi: 10.1207/s15374424jccp3403_5.

Pelham, W.E., Foster, E.M., Robb, J.A. (2007). Economic impact of attention deficit/hyperactivity disorder in children and adolescents. *Journal of Pediatric Psychology, 32*, 711–727. doi: 10.1093/jpepsy/jsm022.

Pelham, W.E., Gnagy, E.M., Greenslade, K.E., Milich, R. (1992). Teacher ratings of *DSM-III-R* symptoms for the disruptive behavior disorders. *Journal of American Academy of Child and Adolescent Psychiatry, 31*, 210–218. doi: l0.1097/00004583-199203000-00005.

Peterson, C., Jesso, B., McCabe, A. (1999). Encouraging narratives in Preschoolers: An intervention study. *Journal of Child Language, 26*, 49–67. doi: 10.1017/S0305000998003651.

Phaneuf, R.L., Silberglitt, B. (2003). Tracking preschoolers' language and preliteracy development using a general outcome measurement system: One education district's experience. *Topics in Early Childhood Special Education, 23*, 114–123.

Phillips, P.L., Greenson, J.N., Collett, B.R., Gimpel, G.A. (2002). Assessing ADHD symptoms in preschool children: Use of the ADHD symptoms rating scale. *Early Education and Development, 13*, 283–300. doi: 10.1207/s15566935eed1303_3.

Pierce, E.W., Ewing, L.J., Campbell, S.B. (1999). Diagnostic status and symptomatic behavior of hard-to-manage preschool children in middle childhood and early adolescence. *Journal of Clinical Child Psychology, 28*, 44—57. doi: 10.1207/s15374424jccp2801_4.

Power, T.J., DuPaul, G.J., Shapiro, E.S., Kazak, A.E. (2003). *Promoting Children's Health: Integrating School, Family, and Community.* New York, NY: Guilford Press.

Premack, D. (1959), Toward empirical behavioral laws: I. Positive reinforcement. *Psychological Review, 66*, 219–233. doi: 10.1037/h0040891.

Primavera, J. (2000). Enhancing family competence through literacy activities. *Journal of Prevention & Intervention in the Community, 20*, 85–101.

Purpura, D.J., Lonigan, C.J. (2009). Conners' Teacher Rating Scale for preschool children: A revised, brief, age-specific measure. *Journal of Clinical Child and Adolescent Psychology, 38*, 263–272. doi: 10.1080/15374410802698446.

Rappley, M.D. (2006). Actual psychotropic medication use in preschool children. *Infants and Young Children, 19*, 154–163. doi: 10.1097/00001163-200604000-0008.

Rappley, M.D., Eneli, I.U., Mullan, P.B., Alvarez, F.J., Wang, J., Luo, Z., Gadiner, J.C. (2002). Patterns of psychotropic medication use in very young children with attention-deficit hyperactivity disorder. *Developmental and Behavior Pediatrics, 23*, 23–30.

Rapport, M.D., Alderson, R.M., Kofler, M.J., Sarver, D.E., Bolden, J., Sims, V. (2008). Working memory deficits in boys with attention-deficit/hyperactivity disorder (ADHD): The contribution of central executive and subsystem processes. *Journal of Abnormal Child Psychology, 36*, 825–837. doi: 10.1007/s10802-008-9215-y.

Rapport, M.D., Denney, C.B., DuPaul, G.J., Gardner, M.J. (1994). Attention deficit disorder and methylphenidate: Normalization rates, clinical effectiveness, and response prediction in 76 children. *Journal of the American Academy of Child and Adolescent Psychiatry, 33*, 882–893. doi: 10.1097/00004583-199407000-00015.

Reid, J.B., Eddy, J.M. (1997). The prevention of antisocial behawior: Some considerations in the search for effective interventions. W: D.M. Stoff, J. Breiling, J.D. Maser (red.), *Handbook of antisocial behavior* (s. 343–356). New York, NY: Wiley.

Reid, R., Trout, A.L., Schartz, M. (2005). Self-regulation interventions for children with attention deficit/hyperactivity disorder. *Exceptional Children, 71*, 361–377.

Reynolds, C.R., Kamphaus, R.W. (2002). *BASC-2: Behavioral Assessment System for Children* (wyd. 2). Upper Saddle River, NJ: Pearson.

Robins, D.L., Fern, D., Barton, M.L., Green, J.A. (2001). The Modified Checklist for Autism in Toddlers: An initial study investigating the early detection of autism and pervasive developmental disorders. *Journal of Autism and Developmental Disorders, 31*, 131–144.

Robinson, K.A., Dennison, C.R., Wayman, D.M., Pronovost, P.J., Needham, D.M. (2007). Systematic review identifies number of strategies important for retaining study participants. *Journal of Clinical Epidemiology, 60*, 757–765. doi: 10.1016/j.jclinepi.2006.11.023.

Rock, M.L., Thead, B.K. (2007). The effects of fading a strategic self-monitoring intervention on students' academic engagement, accuracy, and productivity. *Journal of Behavioral Education, 16*, 389–412. doi: 10.1007/s10864-007-9049-7.

Rowe, R., Maughan, B., Goodman, R. (2004). Childhood psychiatric disorder and unintentional injury: Findings from a national cohort study. *Journal of Pediatric Psychology, 29*, 119–130. doi: 10.1093/jpepsy/jsh015.

Rushton, J.L., Whitmire, J.T. (2001). Pediatric stimulant and selective serotonin reuptake inhibitor prescription trends: 1992 to 1998. *Archives of Pediatrics & Adolescent Medicine, 155*, 560–565.

Rutter, M. (1997). Antisocial behavior: Developmental psychopathology perspectives. W: D.M. Stoff, J. Breiling, J.D. Maser (red.), *Handbook of antisocial behavior* (s. 115–124). New York, NY: Wiley.

Sasso, G.M., Conroy, M.A., Stichter, J.P., Fox, J.P. (2001). Slowing down the bandwagon: The misapplication of functional assessment for students with emotional or behavioral disorders. *Behavioral Disorders, 26*, 282–296.

Schippers, A., van Boheemen, M. (2009). Family quality of life empowered by family-oriented support. *Journal of Policy and Practice in Intellectual Disabilities, 6*, 19–24. doi: 10.1111/j.1741-1130.2008.00195.x.

Schwebel, D.C., Brezausek, C.M., Ramey, S.L., Ramey, C.T. (2004). Interactions between child behavior patterns and parenting: Implications for children's unintentional injury risk. *Journal of Pediatric Psychology, 29*, 93–104. doi: 10.1093/jpepsy/jshQ13.

Schwebel, D.C., Speltz, M.L. Jones, K., Bardina, P. (2002). Unintentional injury in preschool boys with and without early onset of disruptive behavior. *Journal of Pediatric Psychology, 27*, 727–737. doi: 10.1093/jpepsy/27.8.727.

Shaffer, D., Fisher, P., Lucas, C., Dulcan, M., Schwab-Stone, M. (2000). NIMH Diagnostic Interview Schedule for Children Version IV (NIMH DISC-IV): Description, differences from previous versions, and reliability of some common diagnoses. *Journal of the American Academy of Child and Adolescent Psychiatry, 39*, 28–38. doi: 10.1097/00004583-200001000-00014.

Shapiro, E.S. (2004). *Academic skills problems: Direct assessment and intervention* (wyd. 3). New York, NY: Guilford Press.

Shelton, T.L., Barkley, R.A., Crosswait, C., Moorehouse, M., Fletcher, K., Barret, S., ..., Metevia, L. (1998). Psychiatric and psychological morbidity as a function of adaptive disability in preschool children with aggressive and hyperactive-impulsive-inattentive behavior. *Journal of Abnormal Child Psychology, 26*, 475–494. doi: 10.1023/A:1022603902905.

Shinn, M.R. (red.). (1998). *Advanced applications of curriculum-based measurement*, New York, NY: Guilford Press.

Simmerman, S., Blacher, J., Baker, B.L. (2001) Fathers' and mothers' perceptions of father involvement in families with young children with a disability. *Journal of Intellectual and Developmental Disability, 26*(4), 325–338.

Singer, G.H.S., Irvin, L.K. (1991). Supporting families of persons with severe disabilities: Emerging findings, practices, and questions. W: H.H. Meyer, C.A. Peck, L. Brown (red.), *Critical issues in the lives of people with severe disabilities* (s. 271–312). Baltimore, MD: Brookes.

Singh, I. (2003). Boys will be boys: Father's perspectives on ADHD symptoms, diagnosis, and drug treatment. *Harvard Review of Psychiatry, 11*, 308–316.

Sinkovits, H.S., Kelly, M., Ernst, M. (2003). Medication administration in day care centers for children. *Journal of the American Pharmacists Association, 43*, 379–382. doi: 10.1331/154434503321831094.

Skinner, B.F. (1953). Science *and human behavior.* New York, NY: Macmillan.

Smith, K.G., Corkum, P. (2007). Systematic review of measurers used to diagnose attention-deficit/hyperactivity disorder in research on preschool children. *Topics in Early Childhood Special Education, 27*, 164–173.

Snell, M.E., Janney, R.E. (2000). Teachers' problem-solving about children with moderate and severe disabilities in elementary classrooms. *Exceptional Children, 66*, 472–490.

Snow, C.E., Burns, S., Griffin, P. (red.). (1998). *Preventing reading difficulties in young children*. Washington, DC: National Academies Press.

Sobol, M.P., Ashbourne, D.T., Earn, B.M., Cunningham, C.E. (1989). Parents' attributions for achieving compliance from attention-deftcit disordered children. *Journal of Abnormal Child Psychology, 17*, 359–369. doi: 10.1007/BF00917405.

Sokol, N.G. (2002). *Early numeracy skills* assessment. Nieopublikowany maszynopis, Lehigh University, Bethlehem, PA.

Sokol, N.G., Kern, L., Arbolino, L.A., Thomas, L.B., DuPaul, G.J. (2009). A summary of home-based functional analysis data for young children with or at risk for attention-dencit/hyperactivity disorder. *Early Childhood Services: An Interdisciplinary Journal of Effectiveness, 3*, 127–142.

Sonuga-Barke, E.J., Daley, D., Thompson, M., Laver-Bradbury, C., Weeks, A. (2001). Parent-based therapies for preschool attention'deficit/hyperactivity disorder: A randomized, controlled trial with a community sample. *Journal of the American Academy of Child and Adolescent Psychiatry, 40*, 402–408. doi: 10.1097/00004583-200104000-00008.

Sonuga-Barke, E.J., Halperin, J.M. (2010). Developmental phenotypes and causal pathways in attention deficit/hyperactivity disorder: Potential targets for early intervention ? *Journal of Child Psychology and Psychiatry, and Allied Disciplines, 51*, 368–389. doi: 10.1111/j.1469-7610.2009.02195.x.

Sonuga-Barke, J.S., Auerbach, J., Campbell, S.B., Daley, D., Thompson, M. (2005). Varieties of preschool hyperactivity: Multiple pathways from risk to disorder. *Developmental Science, 8*, 141–150.

Spencer, T.J. (2006). Antidepressants and specific norepinephrine reuptake inhibitor treatments. W: R.A. Barkley (red.), *Attention-deficit/hyperactivity disorder: A handbook for diagnosis and treatment* (wyd. 3, s. 648–657). New York, NY: Guilford Press.

Spira, E.G., Fischel, J.E. (2005). The impact of preschool inattention, hyperactivity, and impulsivity on social and academic development: A review. *Journal of Child Psychology and Psychiatry, and Allied Disciplines, 46*, 755–773. doi: 10.1111/j.469-7610.2005.01466.x.

Sterba, S., Egger, H.L., Angold, A. (2007). Diagnostic specificity and nonspecificity in the dimensions of preschool psychopathology. *Journal of Child Psychology and Psychiatry, and Allied Disciplines, 48*, 1005–1013. doi: 10.1111/j.1469-7610.2007.01770.x.

Stiebel, D. (1999). Promoting augmentative communication during daily routines: A parent problem-solving intervention. *Journal of Positive Behavior Interventions, 1*, 159–169.

Stokes, T. (1992). Discrimination and generalization. *Journal of Applied Behavior Analysis, 25*, 429–432. doi: 10.1901/jaba.1992.25-429.

Storch, S.A., Whitehurst, G.J. (2002). Oral language and code-related precursors to reading: Evidence from a longitudinal structural model. *Developmental Psychology, 38*, 934–947. doi: 10.1037/0012-1649.38.6.934.

Strain, P.S., Steele, P., Ellis, T., Timm, M.A. (1982). Long-term effects of oppositional child treatment with mothers as therapists and therapist trainers. *Journal of Applied Behavior Analysis, 15*, 163–169.

Straka, E., Bricker, D. (1996). Building a collaborative team. W: D. Bricker, A. Wonderstrom (red.), *Preparing personnel to work with infants and young children and their families: A team approach* (s. 321–345). Baltimore, MD: Brookes.

Sugai, G., Horner, R.H. (2002). The evolution of discipline practices: School-wide positive behavior supports. *Child & Family Behavior Therapy, 24*, 23–50. doi: 10.1300/J019v24n01_03.

Sulzer-Azeroff, B., Mayer, G.R. (1986). *Achieving educational excellence: Using behavioral strategies.* San Marcos, CA; Western Image.

Swanson, J., Greenhill, L., Wigal, T., Kollins, S., Stehli, A., Davies, M., ..., Wigal, S. (2006). Stimulant--related reductions of growth rates in the PATS. *Journal of the American Academy of Child and Adolescent Psychiatry, 45*, 1304–1313. doi: 10.1097/01.chi.0000235075.25038.5a.

Sylva, J.A. (2005). Issues in early intervention: The impact of cultural diversity on service delivery in natural environments. *Multicultural Education, 13*(2), 26–29.

Szatmari, P., Offord, D.R., Boyle, M.H. (1989). Correlates, associated impairments, and patterns of service utilization of children with attention deficit disorders: Findings from the Ontario Child Health Study. *Journal of Child Psychology and Psychiatry, and Allied Disciplines*, *30*, 205–217. doi: 10.1111/j.1469-7610.1989.tb00235.x.

Tandon, M., Si, X., Beiden, A., Luby, J. (2009). Attention-deficit/hyperactivity disorder in preschool children: An investigation of validate based on visual attention performance. *Journal of Child and Adolescent Psychopharmacology*, *19*, 137–146. doi: 10.1089/cap.2008.048.

Taylor, E.A., Sandberg, S., Thorley, F., Giles, S. (1991). *The epidemiology of childhood hyperactivity.* London: Oxford University Press.

Thomas, C.R., Ayoub, M., Rosenberg, L., Robert, R.S., Meyer, W.J. (2004). Attention deficit hyperactivity disorder & pediatric burn injury: A preliminary retrospective study. *Burns*, *30*, 221–223. doi: 10.1016/j.burns.2003.10.013.

Torgesen, J.K. (2000). Individual differences in response to early interventions in reading: The lingering problem of treatment resisters. *Learning Disabilities Research & Practice*, *15*, 55–64.

Torgesen, J.K., Alexander, A.W., Wagner, R.K., Rashotte, C.A., Voeller, K.K.S., Conway, T. (2001), Intensive remedial instruction for children with severe reading disabilities: Immediate and long-term outcomes from two instructional approaches. *Journal of Learning Disabilities*, *34*, 33–58.

Torgesen, J.K., Wagner, R.K., Rashotte, C.A., Rose, E., Lindamood, P., Conway, T., Garvan, C. (1999). Preventing reading failure in young children with phonological processing disabilities: Group and individual responses to instruction. *Journal of Educational Psychology*, *91*, 1–15.

Tremblay, R.E., Vitaro, F., Bertrand, L., LeBlanc, M., Beauchesne, H., Boileau, H., David, L. (1992). Parent and child training to prevent early onset of delinquency: The Montreal Longitudinal-Experimental Study. W: J. McCord, R.E. Tremblay (red.), *Preventing antisocial behavior: Interventions from birth through adolescence* (s. 117–138). New York, NY: Guilford Press.

Turnbull, A.P., Turnbull, H.R. (2000). *Families, professional, and exceptionality: Collaborating for empowerment.* Upper Saddle River, NJ: Prentice Hall.

van Kleeck, A. (2008). Providing Preschool Foundations for Later Reading Comprehension: The Importance of and Ideas for Targeting Inferencing in Storybook-Sharing Interventions. *Psychology in the Schools*, *45*, 627–643.

van Kleeck, A., Vander Woude, J., Hammett, L. (2006). Fostering literal and inferential language skills in Head Start preschoolers with language impairment using scripted book-sharing discussions. *American Journal of Speech-Language Pathology*, *15*, 85–95.

van Lier, P.A.C., van der Ende, J., Koot, H.M., Verhulst, F.C. (2007). Which better predicts conduct problems? The relationship of trajectories of conduct problems with ODD and ADHD symptoms from childhood into adolescence. *Journal of Child Psychology and Psychiatry, and Allied Disciplines*, *48*, 601–608. doi: 10.1111/j.1469-761oio06.01724.x.

Vitiello, B., Abikoff, H.B., Chuang, S.Z., Kollins, S.H., McCracken, J.T., Riddle, M.A., ..., Greenhill, L.L. (2007). Effectiveness of methylphenidate in the 10-month continuation phase of the Preschoolers with ADHD Treatment Study (PATS). *Journal of Child and Adolescent Psychopharmacology*, *17*, 593–603. doi: 10.1089/cap.2007.0058.

Wagner, R.K., Torgesen, J.K. (1987). The nature of phonological processing and its causal role in the acquisition of reading skills. *Psychological Bulletin*, *101*, 192–212.

Weinger, S. (1999). Views of the child with retardation: Relationship to family functioning. *Family Therapy*, *26*, 63–79.

Walker, H.M., Horner, R.H., Sugai, G., Bullis, M., Sprague, J.R., Bricker, D., ..., Kaufman, M.J. (1996). Integrated approaches to preventing patterns among school-age children and youth. *Journal of Emotional and Behavioral Disorders*, *4*, 194–209. doi: 10.1177/106342669600400401.

Walker, H.M., Severson, H.H., Feil, E.G. (1995). *Early Screening Project (ESP): A proven child-find success.* Longmont, CO: Sopris West.

Walter, H.J., Gouze, K., Lim, K.G. (2006). Teachers' beliefs about mental health needs in inner city elementary schools. *Journal of the American Academy for Child and Adolescent Psychiatry*, *45*, 61–68.

Watson, S.M.R., Keith, K.D. (2002). Comparing the quality of life of school-age children with and without disabilities. *Mental Retardation*, *40*, 304–312.

Watson, T.S., Steege, M.W. (2003), *Conducting school-based functional behavioral assessment: A practitioner's guide.* New York, NY: Guilford Press.

Wehmeyer, M.L., Schalock, R.L. (2001). Self-determination and quality of life: Implications for special education services and supports. *Focus on Exceptional Children*, *33*, 1–16.

Weinger, S. (1999). Views of the child with retardation: Relationship to family functioning. *Family Therapy*, *26*, 63–79.

West, J., Denton, K., Germino-Hausken, E. (2000). *America's kindergarteners: Findings from the Early Childhood Longitudinal Study, Kindergarten Class of 1998–99, Fall, 1998* (NCES 2000-070). Washington, DC: US Department of Education, National Center for Educational Statistics.

Wigal, T., Greenhill, L., Chuang, S., McGough, J., Vitiello, B., Skrobala, A., ..., Stehli, A. (2006). Safety and tolerability of methylphenidate in preschool children with ADHD. *Journal of the American Academy of Child and Adolescent Psychiatry*, *45*, 1294–1303.

Williford, A.P., Shelton, T.L. (2008). Using mental health consultation to decrease disruptive behaviors in preschoolers: Adapting an empirically-supported intervention. *Journal of Child Psychology and Psychiatry*, *49*, 191–200.

Wolraich, M.L. (2006). Attention-deficit/hyperactivity disorder; Can it be recognized and treated in children younger than 5 years? *Infants & Young Children*, *19*, 86–93.

Woodcock, R.W., McGrew, K.S., Mather, N. (2001). *Woodcock-Johnson III Tests of Achievement.* Itasca, IL: Riverside.

Zevenbergen, A., Whitehurst, G. (2003). Dialogic reading: A shared picture book reading intervention for preschoolers. W: A. van Kleeck, S.A. Stahl, E. Bauer (red.), *On reading to children: Parents and teachers* (s. 177–200). Mahwah, NJ: Erlbaum.

Zito, J.M., Safer, D.J., DosReis, S., Gardner, J.F., Boles, M., Lynch, F. (2000). Trends in the prescribing of psychotropic medications to preschoolers. *JAMA – Journal of the American Medical Association*, *283*, 1025–1030.

Zito, J.M., Safer, D.J., Valluri, S., Gardner, J.F., Korelitz, J.J., Mattison, R.E. (2007). Psychotherapeutic medication prevalence in Medicaid-insured preschoolers. *Journal of Child and Adolescent Psychopharmacology*, *17*, 195–203.

O Autorach

Dr George J. DuPaul jest profesorem psychologii szkolnej i dyrektorem instytutu edukacji i pracy socjalnej na Lehigh University w Bethlehem w stanie Pensylwania. Tytuł doktora otrzymał na Uniwersytecie Rhode Island w 1985 r. Ma szerokie doświadczenie w pracy klinicznej z dziećmi z zespołem nadpobudliwości psychoruchowej z zaburzeniami uwagi (ADHD) i ich rodzinami, pełnił również funkcję konsultanta różnych okręgów szkolnych w zakresie pracy z uczniami z ADHD. Jest autorem lub współautorem ponad 160 artykułów naukowych i rozdziałów w książkach poświęconych ADHD i zaburzeniom zachowania wieku dziecięcego. Opublikował trzy książki i nagrał dwa filmy na temat oceny i leczenia ADHD oraz napisał dwie książki na temat opieki zdrowotnej dzieci. W 2008 r. został przyjęty do Galerii Sław Stowarzyszenia Dzieci i Dorosłych z ADHD (Children and Adults with ADHD, CHADD), w tym samym roku otrzymał nagrodę od Amerykańskiego Towarzystwa Psychologicznego w dziedzinie psychologii szkolnej, przyznawaną samodzielnym pracownikom naukowym. Obecnie dr DuPaul zajmuje się badaniem efektów wczesnej interwencji oraz interwencji w szkołach dla uczniów z ADHD, a także oceną i terapią ADHD u studentów college'u.

Dr Lee Kern jest profesorem edukacji specjalnej na stanowisku ufundowanym przez Lee Iacoccę na Lehigh University w Bethlehem w stanie Pensylwania. Pracę doktorską z edukacji specjalnej obroniła na Uniwersytecie Południowej Florydy. Przed uzyskaniem tytułu doktora dr Kern pracowała w szkolnictwie specjalnym jako nauczyciel przedmiotu, specjalista behawioralny i konsultant. Zajmowała się dziećmi i młodzieżą z problemami społecznymi, emocjonalnymi i behawioralnymi. Jej zainteresowania badawcze obejmują trudne zachowania, behawioralną analizę zachowania i interwencje w obszarze programów nauczania. Jest autorką wielu artykułów i rozdziałów w pracach zbiorowych, ostatnio opublikowała książkę *Individualized Supports for Students With Problem Behaviors.* Dr Kern otrzymała granty na kwotę ponad 17 mln dolarów przyznane przez Office of Special Education Programs, National Institute of Mental Health, a ostatnio uzyskała grant centralny, ufundowany przez Institute for Education Sciences. Obecnie pełni funkcję zastępcy redaktora *Journal of Behavioral Education* oraz *School Mental Health* i jest członkiem redakcji siedmiu czasopism naukowych o tematyce edukacyjnej.

NOTATKI

N O T A T K I